中国传媒大学（原北京广播学院）

六十五周年

本人从教六十周年

纪念

二〇一九年九月

中国广播影视出版社

赵玉明近作文集

赵玉明 ◎ 著

不忘初心　牢记使命

在上海中共一大会址前（1979年8月14日）

在浙江嘉兴南湖红船（1992年4月6日）

四个国家一级学会的嘉奖

中国传媒大学捐赠证书

廖祥忠校长前来探望
（2020年1月15日）

2019年赵玉明教授研究生助学金颁奖会留影
（2019年12月19日）

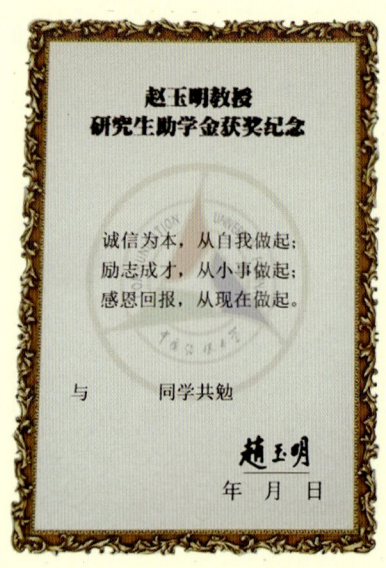

研究生助学金获奖纪念

在新闻学院举办的赵玉明、曹璐从教60年座谈会上的发言（2019年11月23日）

同与会的毕业研究生合影

"广播电视史学：机遇与挑战"学术研讨会（2014年10月18日）

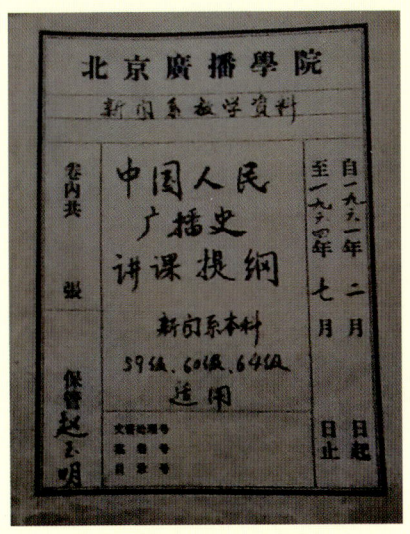

《中国人民广播史》讲课提纲

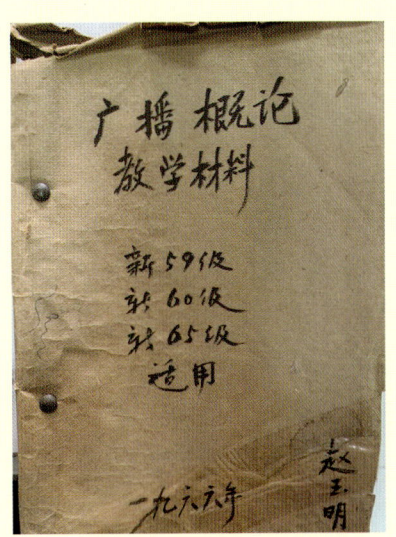

《广播概论》教学材料

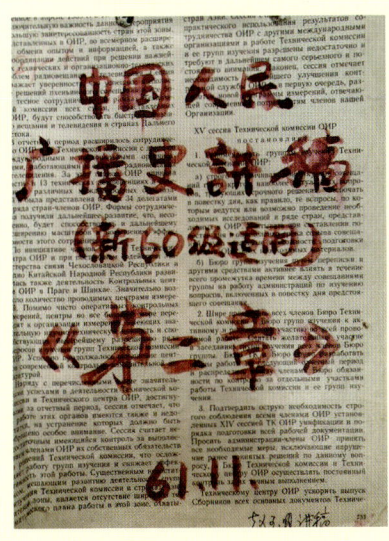

新闻系60级《中国人民广播史》讲稿

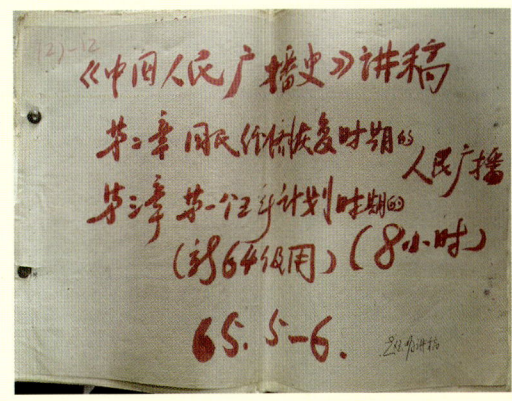

新闻系64级《中国人民广播史》讲稿

为无线系60级组织开设的广播业务讲座

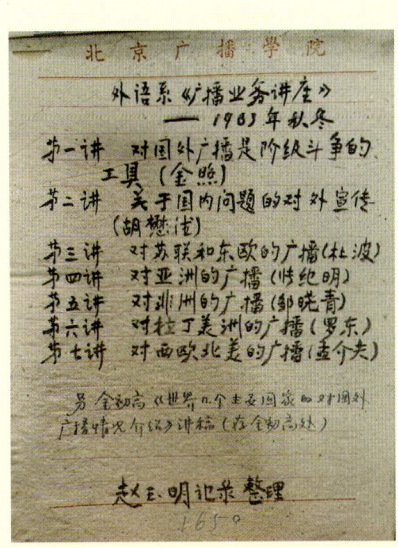

为外语系组织开设的广播业务讲座

《赵玉明文集》第1-3卷

周恩来题词研究成果

《广播电视学学科体系建设研究》
《新修地方志早期广播史料汇编》（上下）

《日本侵华广播史料选编》
《中国抗战广播史料选编》

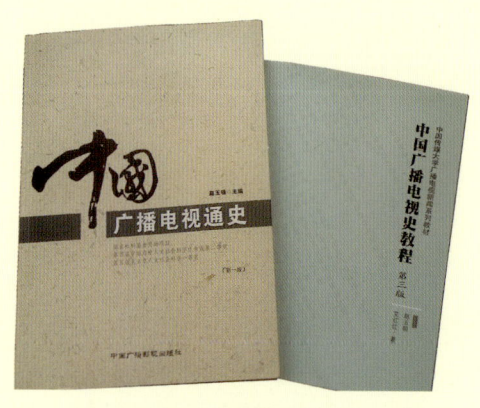

《中国广播电视通史》
《中国广播电视史教程》

学校图书馆一楼116房间

方汉奇新闻史学思想研讨会暨方汉奇从教65周年纪念大会留影（2016年12月17日）

中国新闻史学会创建30周年座谈会（2019年4月3日）

《新闻春秋》专刊（1994-2009）及研讨会论文专辑（2004-2010）

与中国新闻史学会时任会长陈昌凤（左一）、前任会长方汉奇（左二）、程曼丽（右一）合影

在台北与甘惜分（左二）、方汉奇（左三）、李瞻（右二）合影（2010年11月）

中国新闻史学会成立20周年纪念专刊

 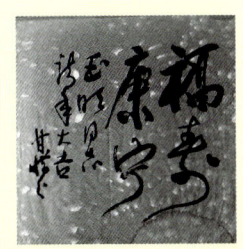
甘惜分老师题赠

《中国广播电视年鉴》第32届年会留影（2016年9月21日）

与《中国广播电视年鉴》编辑部同仁合影（2018年1月5日）　　　　《中国广播电视年鉴》同仁所赠条幅

在北京大学举办的学术研讨会上发言（2018年10月14日）　　　　北京大学校庆120周年中文系55级新闻专业校友留影（2018年5月4日）

在中国新闻学百年暨中国社会科学院新闻与传播研究所40周年学术研讨会上发言（2018年11月24日）　　　　受聘担任中国社会科学院新闻与传播研究所马克思主义新闻学专家顾问（2018年11月24日）

赵玉明八十寿辰留影（2016年）

友人赠

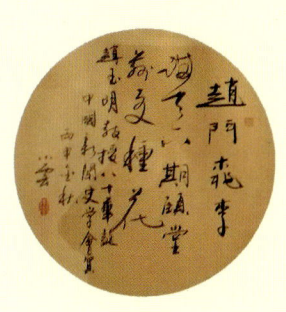
中国新闻史学会赠

朱宝贺、贾延龄夫妇赠

半世纪伉俪相伴永远 八十载风雨一路走来
赵玉明、聂雯夫妇金婚留影（2016年初秋）

全家福（2016年9月3日）

民国时期全家福于天津（1943年10月31日）

兄弟五人与母亲合影于山西旧宅（1986年7月）

全家福于康宁堡旧宅（1983年春节）

全家福于康宁堡旧宅（2008年6月7日）

天安门前留影（1992年10月18日）

关于本书

2014年，中国传媒大学（原北京广播学院）建校60周年，在学校资助下，本人选编并由中国广播影视出版社出版了《赵玉明文集》（三卷本）作为从教55周年的纪念。近几年间，作为一名退休教师，有幸迎来改革开放的新时代，继续发挥余热，力所能及地参加了一些学术性的研讨活动，留下了几多笔墨之作。2019年适逢中国传媒大学建校65周年，特将本人2014年以来所作择其要者辑为《赵玉明近作文集》一卷，作为从教60周年纪念。

本《文集》按年序排列，纵览其内容大致包括如下几个方面：

第一，从事广播电视和新闻传播教育特别是有关广播电视史教研工作和广播电视学学科建设的回忆和建议；

第二，追思新中国广播事业的开创者温济泽和杨兆麟同志的业绩及对有交往的近年来逝世的广电系统领导人田聪明、刘习良同志的回忆；

第三，纪念我国全面抗战爆发80周年和抗战胜利70周年参加有关研讨会的发言及编选日本侵华广播和抗战广播史料始末的说明；

第四，纪念中国新闻教育百年和改革开放40年，有关新中国新闻教育及其开创者业绩的文章和发言等；

第五，其他应邀为有关著作撰写的序言和早期广播史的争鸣文章等。

此外，在附录中收入了《赵玉明文集》（三卷本）的补遗之作及目录、本人教研工作简历（续）、关于本人及著作的评介以及两篇以本人与广电史学研究为题的硕士、博士论文的要目等。

中国广播影视出版社及其前身广播出版社一贯重视广播电视史书的编辑出版，从20世纪80年代起，仅经本人之手出版的就有《中国人民广播回忆录》（四集）、《延安（陕北）新华广播电台广播稿选》、《人民大众的号角——延安（陕北）广播史论》（初版及增订本）、《中国解放区广播史》、《中国广播电视史文集》、《中国广播电视简史》、《中国现代广播简史》、《中国广播电视通史》（新一版）、《广播电视简明辞典》、《日本侵华广播史料选编》、《中国抗战广播史料选编》等十多种，为发展和繁荣广播电视史学教学和研究工作作出了独特的贡献。在此过程中，我与出版社的两三代领导人和有关编校人员结下了深厚的友谊,在此深表怀念和敬意。

这本《赵玉明近作文集》书稿资料的整理、编选、打印、校对等工作得到了艾红红教授、庞亮研究员和他们指导的博士生冯帆、硕士生赵康帅和张玉栋等的热情协助。中国传媒大学的有关领导和部门多年来一直支持本人有关著述的编辑、出版,并给予经费和其他方面的大力支持,在此谨致谢意!

2020年初冬 时年八十有四

我与广院六十年[①]

作为20世纪50年代末,"文革"前参加教学工作的新中国第二代新闻教师也是中国传媒大学的第二代新闻教师,究竟为新中国的新闻教育事业或者说为中国传媒大学的新闻教育做了哪些值得记忆之事呢?

我们这一代人生于战乱年代,成长于新中国时期。作为"十七年一代"的知识分子,与新中国新闻教育的第一代创业者丰富的革命经历和渊博的学识修养相比,由于历史和个人的原因,大都理论功底欠缺,文史修养不足,外文基础薄弱。加之20世纪60年代初以来政治风云变幻,十年"文革""斗批改"不断,下乡劳动、干校改造历经磨难。但共同的特点是追求进步,听从党的召唤,立足岗位奉献。特别是改革开放以来,焕发青春更上一层楼。就我个人而言,作为从教60年、入党近40年的老教师,不忘初心,尽心尽责办好新中国的广播电视新闻教育事业;牢记使命,全力以赴培养新中国的广播电视新闻人才。在新中国新闻教育继往开来的历史上,尽到了自己应尽的职责。回顾从教治学60年的人生,可以说亲身经历了广播学院从艰苦创业、曲折发展到改革创新、开放办学的艰辛光彩的岁月,大概做了如下四个方面的工作:

第一,最基本的是终生从事广播电视史、新闻史的教学研究工作。作为学校1959年的第一批本科教师、1979年的第一批硕士生指导教师和1999年的第一批博士生指导教师,我参与培养了新中国最初的一批广播电视新闻人才,指导了改革开放时期我国的第一批新闻学专业广播电视史方向的硕士生、博士生。所招的第一个硕士生成为学校培养的第一个硕士,所招的一名博士生2010年成为中国传媒大学首位全国百优博士论文获奖者。

为了适应教学工作的需要,20世纪60年代初我在"老广播"的指导下开始收集、整理、编印多种解放区广播史料。在此基础上,改革开放之初编写出版了我国第一本广播史著作——《中国现代广播简史》。21世纪初,在主持完成学校首个国家社科项目的基础上,主编出版了《中国广播电视通

[①] 原载隋岩、哈艳秋主编:《新闻传播学前沿2019》,中国传媒大学出版社2020年2月版。

史》。这两部著作，均多次再版重印，并先后获奖。

为使学校在读学生和初入广电行业的人员获得比较系统、全面的广电知识，受曾参与编纂新闻词典百科的启示，我倡议并主持编纂出版了我国第一部《广播电视词典》和第一部《中外广播电视百科全书》，从而促进了广电知识的归纳、概括和创新。

退休以后，我主持完成了教育部重点人文社科基地——学校广播电视研究中心的重大项目"广播电视学学科体系建设研究"，比较全面地总结了近90年来从广电研究到广电学科建设的进展，提出了广电学科的内容架构和学科定位的建议，并著书出版。

第二，在未曾中断上述教研工作的情况下，我先后担任了新闻系和学校领导的工作10多年（1984—1998）。在新闻系期间，与其他系领导一起将1980年分系后仅有一个编采专业的新闻系逐步发展成为从短训班、本科班到硕士生班的多层次的办学实体，开展了广播课程的函授、刊授、电大等多种形式的教学活动，开办了大陆高校第二个广告学专业（现已发展成为全国高校首个广告学院），积极支持教师发挥主动性，开设了节目主持、新闻心理和广告学等创新型课程，编印了本校乃至全国高校第一套广电特色的新闻学系列教材。新闻系先后被评为全校、北京市新闻系统的先进集体。

从1989年起我担任北京广播学院（中国传媒大学前身）副院长，在分管教学科研工作期间，向广电部提出设立部属高校科研立项和评奖的建议并获准实施，对我校申报博士点发挥了积极作用。经过近10年的不懈努力，1998年在我卸任后，学校终于成功获批新闻学博士点，并于次年开始招收新闻学博士生。在职期间我先后在学校办公会议上建议制定校训、每学期开学举行升旗仪式等，均付诸实施，为校风建设增光添彩。

在新闻系期间，我于1985年作为《中国广播电视年鉴》编委出席首届年会，参与筹办广电年鉴。1989年起，作为校领导分管《年鉴》日常工作并任副主编。1992年起任主编至2017年，前后20多年，是唯一全部参加过第1届至第32届《年鉴》的年会者。在任期间，我广泛联系广电部、中央三台及地方局台有关领导和部门共同携手努力办好《年鉴》。主管《年鉴》期间，主持制定了《年鉴质量管理标准》，并提出把《年鉴》办成全国一流年鉴的奋斗目标。在广电部有关领导支持下，彻底解决了《年鉴》出版和日常经费的短缺问题，使编辑部集中精力于精编《年鉴》。在中央级年鉴评比中，《年鉴》多次获得一等奖，为我国广电事业的发展留下了一笔宝贵的精神财富，为学校增添了荣誉。

在任期间，我参与主持筹建了学校首届董事会，为筹措办学资金开辟了新的渠道。采取多种措施，初步缓解了学校图书馆购置经费的紧张状况。此外，1990年经手倡议并促成中央三台在我校设立了首个社会性奖学金。后又于1997年经手倡议董事会董事单位——星光集团在我校设立研究生奖学金。卸任校领导职务后，我又于2000年牵线，促成原中共中央文献研究室等单位在我校开始评选"周恩来班"。这三项活动持续至今，21世纪之初曾冠以学校"三大奖"的荣誉名义，每年12月初颁发评选结果，召开颁奖大会，成为学校一大盛事。我曾应邀两次在大会上发言，勉励获奖同学诚信为本，励志成才，感恩回报，努力把自己锻炼成为优秀的社会主义建设者。

1998年离开学校领导岗位后，我经常应邀外出参加学术性活动，最初每次回校后口头向学校主要领导汇报有关情况并提出相应建议。从2001年起每半年撰写一份"参加有关会议归来汇报"呈送，至2016年，共30份。2017年起外出活动逐渐减少，不再报告。

第三，积极参与广电系统和新闻传播教育的学术性社会活动，把我校的办学影响扩大到广电系统和全国新闻院系。在这方面我主要做了以下几件事。

其一，1986年代表学校参与筹建中国广播电视学会，并任首届副秘书长。随后于1987年参与成立该会的第二个二级分会——广播电视史研究委员会。历任副会长（1987—1997）、会长（1997—2007）。先后参与主持召开了七次全国性广电史志研讨会，每次均编印专刊。2008年卸任前主持编印了20周年纪念册。

其二，80年代末90年代初，我参与筹建中国新闻史学会，历任副会长、常务副会长、会长至2009年。在主持日常工作期间，筹办了多次国际、国内大型学术研讨会，每次均编印出版一册《新闻春秋》专辑。同时组建成立了最初的三个二级分会。1999年编印史学会20周年纪念专辑。

其三，1992年起，国家哲学社会科学基金项目办公室首次组建新闻学科规划评审组，我作为成员之一，前后参与会议评审工作10多年。我将参会了解到的全国新闻传播科研进展情况及时向校内通报，同时作为校领导专门召开会议，积极推动我校教研人员申报有关项目，使我校获准的立项逐年有所增加，为申报博士点提供了有力的支持。

其四，1997年5月，国务院学位委员会首次组建新闻传播学学科评议组。评议组由三人组成，我为成员之一。在任五年间，先后评审通过我校为1998年继中国人民大学和复旦大学之后的高校第三个新闻学博士点；2000年与中国人民大学、复旦大学同时成为首批新闻传播学一级学科授权点，经学位办批准先后开始招生，提高并完善了我校的办学层次。

此外，我还代表学校应聘担任国家教委（教育部）新闻学学科教学指导委员会副主任委员、原中国新闻教育学会副会长、中国记协理事兼学术委员会委员和多所大学新闻院系的特聘教授等，积极参与全国有关新闻学学科规划、评审和学术交流活动，为办好新中国的新闻传播教育事业竭尽绵薄之力。

正是由于上述各方面工作的需要，改革开放40年来，以北京为中心，从东海之滨到青藏高原，从东北大地到海南宝岛，我的足迹遍及31个省、市、自治区及港澳台地区。此外，还曾受学校派遣访问过日本、美国、东南亚及欧洲一些国家的有关高校和新闻传播机构。令我欣慰的是，到处都有广院学生的身影，中传学子遍天下。

第四，感恩回报，继续完成未竟的捐赠事宜。

一个人的成长和工作中取得的成绩离不开父母的养育之情与社会和国家的培育之恩。作为一名新中国的高校教师，我是在党的教育方针指引下，在学校的教学环境和学生的学习氛围中成长起来的。感恩回报是应有之义。作为教师做好本职工作，教书育人是对社会和国家的最根本的回报。除此之外，力所能及地做一些有益于学校建设和学生健康成长的实事，也是责无旁贷的。

21世纪以来，本人的感恩回报主要集中在两个方面。一方面是公益事业的捐赠，陆续向学校基金、原新闻传播学院阳光基金、"非典"救助、中国新闻史学会等捐款两万多元；另一方面是图书馆的书刊捐赠，先后向学校图书馆、新闻学院资料室、国家图书馆、中国人民抗日战争纪念馆、天津周恩来邓颖超纪念馆等捐赠书刊1000多册。此外还陆续向学校传媒博物馆、校史馆捐赠有关书刊、照片、获奖证书、音像资料等约300件（册）。目前尚有两项有待最后完成的捐赠：

其一是2010年起将因指导博士生论文荣获全国百优博士论文所得的学校给予的各项奖励30万元设立"赵玉明教授研究生助学金"。每年奖励10名学生，每人3000元，今明两年即将发放完毕。这是我校迄今为止第一个以本校教师命名的长达十年的助学金。

其二是 2010 年决定将毕生购买、获赠、交换等所得的一批有广播电视史志特色及相关的书刊资料 1 万册（件）捐赠给学校图书馆，设立"广播电视史志书刊资料研究中心"，供从事相关教研工作的教师、学生参考。目前正在整理之中，将于年内完成。就我多次向学校图书馆、校史馆和传媒博物馆捐赠事，2019 年 6 月 18 日，在校史馆开馆之日，学校向我颁发了捐赠证书。

除我本人上述捐赠外，经我中介，尚有几次重大捐赠。北京广播学院首任院长周新武同志及其夫人夏之平同志于 21 世纪之初将周新武同志保存的自 1949 年 10 月创刊以来 50 年的《新华月报》及在华东新华广播电台的工作日志，还有一批全国广播工作会议史料捐赠我校，现保存在"广播电视史志书刊资料研究中心"。2014 年 10 月，原中央广播局局长梅益同志的子女梅京等将其父自 1948 年至 1996 年近半个世纪的全部日记原件 200 多本和大批历史照片捐赠学校传媒博物馆。我应邀对日记整理、印制工作给予指导。此前，原广电部纪委书记李范笑同志（其丈夫张文焘同志曾长期在学校工作）和原广电部副部长马庆雄的夫人向我校图书馆捐赠政治文史书刊 3000 余册。

除上述诸事外，近 40 年来作为业余爱好，我还收集、整理、研究周恩来题词，撰写并发表了一批专文，先后出版了《周恩来题词集解》和《周恩来题词记事暨研究文集》，倾注了对老一辈无产阶级革命家的敬仰之情。

党和政府、社会和学校对我半个世纪以来从教治学做出的上述业绩给予了肯定和褒奖，使我深受鼓舞，倍感欣慰。除所著、主编的有关广电著作、辞书荣获教育部、国家广电总局和本校的多次奖励外，1992 年我开始领取国务院颁发的政府特殊津贴。1998 年，应中共中央办公厅邀请出席了当年元宵联欢晚会。2009 年荣获中宣部、新闻出版总署颁发的《中国大百科全书》（第二版）编纂出版荣誉证书。2010 年荣获教育部、国务院学位委员会颁发的"全国优秀博士论文指导教师"荣誉证书。2007 年退休之后，荣获学校首批"突出贡献教授"称号。此外，21 世纪以来先后获四个国家一级学会和两个二级学会的表彰，其中有中国广播电视学会首届全国"十佳百优"广播电视理论工作者评选"十佳"之一（2001 年），中国老教授协会颁发的"老教授科教工作优秀奖"（2012 年），中国高等教育学会"从事高教工作逾 30 年高教研究有重要贡献学者"称号（2013 年），中国新闻史学会第二届"终身成就奖"（2016 年）以及中国高等教育学会新闻学与传播学专业委员

会（原中国新闻教育学会）"中国新闻教育贡献人物"称号（2008年），中国出版协会年鉴工作委员会（原中国年鉴研究会）"杰出年鉴工作者"称号（2015年）。

2019年是新中国诞生70周年。10年前，我曾写了一篇题为《欢庆新中国沧桑巨变六十载 我为祖国健康地工作五十年》的文章以为纪念。文中回顾："我这一生可以说有三个'没有离开'，一辈子没有离开广播学院（今天的传媒大学），一辈子没有离开新闻传播教研工作，一辈子没有离开学生。"文末我说，将"度过健康愉快的晚年，迎接新中国70、80华诞"。新中国70华诞，中国特色社会主义建设迈入了新时代。我将满怀信心地继续发挥晚年余热，做些力所能及的有益于学校建设、有益于学生健康成长之事，迎接中华民族伟大复兴的第一个百年梦想，欢庆中国共产党成立100周年，期盼我国全面建成小康社会的光辉愿景早日成为现实。

目录

2014 年

- ◎抗战新闻史与地方新闻史的有机结合
  ——读《桂林抗战新闻史》……………………………………… 3
- ◎半个世纪的广播情
  ——怀念广播先驱温济泽 …………………………………… 10
- ◎我校入选《中国大百科全书》的三位名师 ………………… 15
- ◎在"中华民国新闻史"开题报告会上的讲话要点 ……………… 20
- ◎《中国广播电视通史》（新一版）后记 ……………………… 23
- ◎新中国广播电视史学研究的回顾、反思与建议
  ——在"广播电视史学：机遇与挑战"学术研讨会上的发言 ……… 24
- ◎探寻新形势下广播电视史学创新发展之路
  ——"广播电视史学：机遇与挑战"学术研讨会综述/张大鹏 ……… 30

2015 年

- ◎我校申请新闻学博士学位授予权的回忆 …………………… 41
- ◎半个世纪的情怀 ……………………………………………… 48
- ◎半个世纪的师生情 …………………………………………… 51
- ◎《体媒人物——新中国体育新闻传播口述史》序 …………… 54
- ◎毛泽东题词从来不用印章 …………………………………… 57
- ◎日本侵华广播史略 …………………………………………… 58
- ◎《日本侵华广播史料选编》出版说明 ………………………… 67

◎全面认识抗战历史　大力弘扬抗战精神 …………………………… 69
◎从零起步，从细入手，开展抗战广播史研究 …………………… 77
◎中国抗战广播史略 ………………………………………………… 79
◎二战后轴心国多名主播被判重刑 ………………………………… 89
◎1980 年重新确定延安台开播日期的回忆 ………………………… 93
◎在《百年中国新闻史料整理与研究》开题报告会上的发言 …… 99

2016 年

◎获益终生一册书
　　——我与胡华主编的《中国新民主主义革命史参考资料》 …… 105
◎师恩难忘　感恩图报
　　——悼百岁教授甘惜分老师 …………………………………… 107
◎治学自述 …………………………………………………………… 113
◎赵玉明的新闻教育改革理念与实践/刘英华　刘勇铿 …………… 115
◎退休十年余热在 …………………………………………………… 130
◎从广播电视研究到广播电视学学科建设
　　——在广播电视学学科建设学术研讨会上的发言 …………… 140
◎夯实基础　继往开来
　　——广播电视学学科建设学术研讨会综述/庞亮　冯帆 ……… 146
◎哈尔滨广播无线电台开播事再谈 ………………………………… 150

2017 年

◎《中国现代图像新闻史 1919—1949》序 ………………………… 163
◎一个甲子的师生情
　　——兼祝方汉奇老师九十华诞 ………………………………… 165
◎《中国抗战广播史料选编》出版说明 …………………………… 183
◎三谈哈尔滨广播无线电台开播事 ………………………………… 185
◎我与中国广播电视史
　　——半个世纪的从教回忆 ……………………………………… 193
◎首届新闻传播学学科评议组组建前后 …………………………… 210

◎新华社早期印章初探 ………………………………………… 212

2018 年

◎新中国第一代新闻教育家及其办学思想探析 ……………… 219
◎新中国第一代新闻教师的开创性贡献探究 ………………… 233
◎新中国第二代新闻教师群体特征及其突出贡献探析/冯帆 …… 248
◎发扬晋绥新闻光荣传统　谱写吕梁精神文化新篇
　　——2018 年 3 月 31 日在"纪念《毛泽东对〈晋绥日报〉
　　编辑人员的谈话》70 周年暨中国特色新闻学学科建设
　　研讨会"上的讲话 ……………………………………… 265
◎弘扬晋绥新闻文化　传承吕梁革命精神
　　——访中国传媒大学赵玉明教授/常志刚 …………… 268
◎晋绥解放区与人民广播 ……………………………………… 276
◎我与广播电视工具书 ………………………………………… 286
◎践行延安广播传统的榜样
　　——雨过天晴忆老杨 …………………………………… 293
◎田聪明同志与我校二三事 …………………………………… 296
◎刘习良同志与《年鉴》的情缘 ……………………………… 302
◎甲子忆芳华，我与中传一起走过
　　——专访"中国传媒大学突出贡献教授"赵玉明/尚新英　程晨 …… 305
◎新闻传播类国家社科基金项目早期的回忆 ………………… 311
◎关于开展新闻教师断代群体研究的建议
　　——在"百年中国新闻教育：传承与发展暨北京大学新闻学研究会
　　成立 100 周年学术研讨会"上的发言 ………………… 314
◎我与早期新闻研究所的片断回忆 …………………………… 318
◎韬奋园丁奖评选的片断回忆 ………………………………… 326
◎改革开放 40 年新闻教育发展的八大亮点 ………………… 329

2019 年

◎三次难忘的国庆活动 ………………………………………… 333

◎《新中国体育新闻传播史（1949—2019）》序…………………… 339
◎赵玉明广播电视史学思想研究/何婧　哈艳秋 ………………… 341
◎在从教60周年座谈会上的发言 ………………………………… 359
◎新闻学院召开赵玉明、曹璐教授从教60周年纪念
　　座谈会/周利娟　曹默 ………………………………………… 362

【附录一】《赵玉明文集》补遗（2007—2011年）

◎在第五届吴玉章人文社科奖座谈会上的发言 ………………… 367
◎在学校研究生导师工作会议上的发言 ………………………… 369
◎赵玉明从事高教研究的标志性成果 …………………………… 376
◎周恩来题词探析 ………………………………………………… 378

【附录二】其他

◎《赵玉明文集》（第一、二、三卷）前言及目录 ……………… 395
◎《周恩来题词记事暨研究文集》目录 ………………………… 411
◎赵玉明教学研究工作简况（续）………………………………… 428
◎关于赵玉明教授及其著作的相关评介 ………………………… 430
◎《赵玉明55年广播电视史学道路研究》要目 ………………… 444
◎《赵玉明广播电视史学思想研究》要目 ……………………… 446
◎江山常在掌中看
　　——写在《中国广播电视年鉴》创刊30周年（略）
　　（参见《中国广播电视学刊》2017年第1期）………………… 449
◎为全民族抗战呐喊的中国广播（略）（参见《炎黄纵横》2017年第12期）… 449
◎呐喊，上海广播界的救亡图强（略）（参见《档案春秋》2017年第9期）… 449

2014年

抗战新闻史与地方新闻史的有机结合

——读《桂林抗战新闻史》

一

近日收到南京师范大学新闻与传播学院靖鸣教授寄来的他和徐健、曹正文等著《桂林抗战新闻史》（上下）两卷大作。我一边翻阅该书，一边回忆起我们两人的初次交往。那是在2008年5月，我赴广西南宁在广西大学主持召开中国新闻史学会常务理事会后，应他邀请前往广西师范学院新闻传播学院参观访问。他当时是新闻与传播学院院长。其间，他谈起领衔申请了一项国家社科基金项目，名称为"抗战时期国共合作背景下桂林新闻事业史研究"，并询问我评审情况。当时，我虽是国家社科基金项目新闻学学科评审组成员，但当年适逢轮空，未参加评审会议。但我凭直觉感到这个课题既有地方特色，又有国共合作抗日的背景，这类课题此前少有，如论证充分，估计评审通过的可能性很大。不出他的期盼和我所料，事隔不久，他高兴地告诉我申请课题已获通过，现已逐步开展调研工作。近两三年间，我不断在一些新闻学期刊上看到他和他的课题组成员发表的有关抗战时期桂林新闻事业的有关文章，甚感欣喜。后来，我得知他已于2010年调到南京师范大学新闻与传播学院任教。

斗转星移，与靖鸣教授再次相遇已是5年以后，2013年5月，我应邀到南京师范大学主持一次博士学位论文答辩时，他兴奋地告诉我，前述课题业已结项，最终成果即将出版，书名定为《桂林抗战新闻史》，是他和他的团队齐心协力、攻坚克难的成果，并望我收到书后，予以评介。这即是我写这篇短文的缘由。

---

① 原载《新闻与写作》2014年第1期。

二

地方新闻史、地方专题新闻史是中国新闻史的基础。多年来，学界对抗战时期上海、重庆、北京等地新闻事业史的研究广泛深入，成果颇丰。而这一时期的桂林由于其特殊的政治、历史、文化地位，其新闻事业能得以蓬勃发展，是一个特别有意义的新闻现象，值得深入探究，但由于主客观原因其研究显得较为薄弱，一直鲜有较全面和深入的力著问世。

《桂林抗战新闻史》无疑弥补了桂林抗战新闻事业史研究的这一遗憾和缺陷。《桂林抗战新闻史》是南京师范大学靖鸣教授主持的国家社会科学规划课题"抗战时期国共合作背景下桂林新闻事业史研究"的最终成果。该书以抗战时期闻名遐迩的文化城桂林的抗战新闻事业为研究对象，研究内容既涵盖对当时报业、通讯社和广播电台采编及新闻运作和经营管理的经验、理念乃至教训的梳理和思考；还注重对抗战时期国共合作背景下的国共两党及其他政治势力的新闻事业的运作状况和经验进行比对研究，不仅丰富和完善了我国抗战新闻事业史和中国新闻史的研究领域，而且以独特的视野、翔实的新闻史料为地方新闻史的研究打开了一片新天地。

（一）特殊政治社会背景下的桂林抗战新闻史

作为一门考察和研究新闻事业发生发展历史及其衍变规律的科学，新闻史和新闻理论、新闻业务一样，都是新闻学的重要组成部分。但新闻史同时又是一门历史的科学，属于文化史的范畴，是文化史的重要组成部分。新闻媒体的报道对象几乎涉及所有的社会层面。同时，新闻媒体自身也置身于社会整体中，并且与政治、经济、文化等其他社会部门紧密交织、密切互动。所以，一部新闻史就是一部社会史的缩影，即能够以"新闻业"这一特殊行业来揭示社会的演变情况及规律。因此，真正理解和书写社会史意义上的新闻史，便需要将其放在特殊政治社会背景下来考量。

抗战时期，由于新桂系和蒋介石及中国共产党之间存在微妙的关系，新桂系对待共产党的态度就自然要有别于蒋介石：他们不希望中国共产党壮大，但同时又希望利用共产党制约国民党，因此比较注意和共产党缓和关系、拉近距离。

从外部的政治社会背景而言，中共正确的领导和推动是抗战时期桂林新闻传媒得以较快发展的重要原因；桂林文化城的形成集聚了桂林新闻事业发展的人才，丰富了抗日救亡传播内容；新桂系开明的文化政策是战时桂林新闻传媒发展的客观需要；受众激增是抗战时期桂林新闻事业发展的另一原动力；新闻事业发展的物质条件是抗战时期桂林新闻事业发展的利器。从新闻内部生态而言，桂林新闻界同仁的共同努力是抗战时期桂林新闻事业发展的源泉，他们营造了良好和谐、紧密合作的媒介生态环境；抗战时期桂林新闻事业能得以蓬勃发展，与中国共产党报刊与国民党报刊的紧密合作有着重要的关系。

在这种开阔的特殊政治社会背景下，《桂林抗战新闻史》以不同学科的视角切入了新闻媒介与不同社会单位互动的实践分析；利用政治学的视角来探讨桂林的政治、文化与新闻媒体的关系；运用管理学的思维来分析《大公报》（桂林版）、《广西日报》、《救亡日报》等新闻媒体内部市场化的管理和运营模式，等等。这些理论探讨非但没有因为理论视角的多重化而相互抵消，反而恰恰在这种多元的理论分析中深化了对桂林抗战新闻事业整体性的理解。

（二）生动翔实史料中的桂林抗战新闻史

翔实的史料，"实"即真实确凿的史料，是历史建立自己学科边界的壁垒，以使自己与文学等以虚构性写作为研究对象的学科区别开来。"翔"即详尽完备的史料，是历史学生命力和吸引力之所在。

《桂林抗战新闻史》正是建立在翔实史料基础之上的。该书注重依据报纸文本和从第一手材料入手展开具体研究，从历史事实出发，研究其特殊的新闻现象和问题，从而形成自己的结论和观点。全书历史、全面、客观地研究桂林抗战新闻事业史，还桂林抗战新闻事业史以本来面目。桂林抗战新闻事业史实际上是新桂系统治下的新桂系机关报《广西日报》（桂林版）、民间报纸《大公报》（桂林版）、国民党军报《扫荡报》（桂林版）和中共领导的《新华日报》、《救亡日报》（桂林版）共同发挥重要作用的地方新闻事业专史，作为执政当局的舆论喉舌《广西日报》（桂林版）、《扫荡报》（桂林版）等发挥了主导性作用。为了避免将其写成中国共产党桂林抗战新闻事业史，该书既重视对中国共产党领导下的报刊深入细致的研究，也十分重视对

国民党和其他中间报刊的新闻事业的研究；比较客观地研究和积极评价国民党和新桂系方面的报纸和民间报纸在抗战时期所起到的舆论引导作用以及经营与发展状况。

不仅如此，该书一改过去学界只重视对桂林抗战时期大报进行客观描述的传统，选择了《工商新闻》（每日通讯）、《国防周报》、《正谊》周刊这三份有代表性的小报进行深入的研究，这样的研究不仅能够全面反映报业和新闻事业发展的全貌，也是过去研究所没有的，填补了桂林抗战新闻事业史乃至广西新闻史研究的空白。

同时，该书对桂林通讯社、广播电台和范长江、夏衍等重要新闻人物抗战时期在桂林的新闻活动进行研究，形成研究的一个亮点。抗战时期，桂林的通讯社数量不断增加，但存留的时间都不太长。大多数通讯社设备简陋，经费较为困难，然而各通讯社之间相互支持、宣传抗战，在国共合作背景下，利用桂林特殊的政治和新闻环境，积极宣传抗日，出色地践行自己的使命，在抗战时期的桂林新闻事业史上具有重要影响和地位。该书还论述了当时桂林的两家广播电台——桂林广播电台以及粤西广播电台的节目设置、采编播业务及广播事业发展的总体特点。特别是该书围绕徐铸成在担任《大公报》（桂林版）总编辑这段时间所作的突出贡献进行了阐述，突出了徐铸成利用言论，对国民政府进行舆论监督并支持记者独立公正的新闻报道，维护记者利益的情怀。

翔实的史料，同样离不开"生动的细节"。历史最迷人的地方就是历史事件的细节和历史人物的细节。这种细节不是事无巨细的琐细，也不是鸡零狗碎的家常，而是能够解释历史事件本质和趋势，展示历史人物性格和命运的历史细节。正是在这些历史细节中，那些原本令人费解甚至看似无法理喻的历史事件有了确切的答案，那些原本遥远而陌生的历史人物变得生动起来了，正是在这些历史细节中，历史的复杂性和深刻性才全面彻底地展现了出来。

我国当下有的新闻史撰写中就缺乏这些生动的细节。所以，学界有学者指出当下这样的新闻史差不多等于一份报刊出版流水账，里面难以见到鲜活的人物、鲜活的故事、鲜活的作品，满目多是枯燥的、干巴巴的、死气沉沉的"货物清单"。完全丧失历史细节的新闻史就成为介绍性的概论，显得有些肤浅。当然，捕捉这些精当的历史细节既需要极其细致的耐心，能够在浩如烟海的历史文献中去发掘这些细节，也需要极其敏锐的历史意识，以免在汗牛充栋的历史资料中遗漏这些细节，同时还需要果断的历史判断力以防淹没在无穷无尽的琐碎中去。

《桂林抗战新闻史》中充满着这种精当而且耐人寻味的细节。《大公报》（重庆版）女记者彭子冈的通讯在重庆发不出，桂版总编辑徐铸成便以"重庆航讯"的方式在桂林版上刊发，佐证了抗战时桂林良好宽松的新闻环境；《大公报》（桂林版）广告价格的不断大幅上涨，从一个侧面反映了抗战时期国民经济物价飞涨、通货膨胀的情形；《救亡日报》创刊两周年在抢眼的版面上发表蒋介石和孙科的题词，充分体现了《救亡日报》灵活运用和突出宣传中共的统一战线政策。正是在这些细节中，《桂林抗战新闻史》既妙趣横生又发人深省。

（三）新闻自由理念统摄下的桂林抗战新闻史

章学诚认为史家四长为德、才、学、识。这四"长"中，章氏特别强调"德"并作专论，不是一种书写的偶然，其中有大义存焉。"德者何？谓著书者之心术也。"这里的"心术"，体现了史家的修养、洞见。如果说"才、学、识"是所有历史学科的共性，那么"德"则是个别史区别于其他历史的独特个性。由是观之，"才、学、识"是新闻史与其他社会历史所共有和共通的学科方法、范畴和规范，而"德"，也即"心术"则凸现了新闻史区别于其他社会历史的个性之所在。

媒介独立性在社会文化方面表现为公民自由发表意见的公共平台；在经济方面表现为独立的产权所有者拥有的自由企业；在政治方面表现为独立于政府之外的权力监督。基于这样的理念，从某种意义上讲，一部桂林抗战新闻史就是一部中国人民为争取新闻自由、全力支持抗战的历史。例如，该书对《大公报》（桂林版）的报道、言论、副刊及其经营管理进行深入的论述。《大公报》（桂林版）的言论切合时政、独立敢言，能够激起民众热情，从而使其自觉投身抗战救国。其选题切合时政，涉及政府的贪污腐败、军队纪律、言论自由、出版检查等众多当时社会较为敏感的政治问题和社会问题，其言论立意具有建设性和民生性。而《大公报》（桂林版）的总编徐铸成的新闻自由思想正是桂版言论成功的重要因素。

《大公报》（桂林版）在报道取向上体现了新闻工作的专业特色，在当时的桂林新闻界脱颖而出。抗战以来，《大公报》（桂林版）遵循"不党、

不卖、不私、不盲"的社训,力求经营独立、新闻客观,积累了丰富的实践经验,形成一套相对成熟的新闻理念,特别是其高质量的新闻报道和高效率的报道流程,体现了《大公报》(桂林版)独立的舆论立场、高尚的报格和强烈的社会责任感,昭示了它作为一份专业化报纸的成熟和强烈的新闻精神。特别是它的新闻专电、特写、通讯和专刊文章可谓配套成龙,有血有肉。

在《桂林抗战新闻史》中,我们看到了靖鸣教授和他的团队展示出一种学术素养和学术耐心,书写了一部涵盖新闻事业、制度和思想在内的完整桂林抗战新闻事业史,而且还细致地剖析了三者内在的互动关系,清晰地勾勒出三者合规律、合目的的历史变迁轨迹。这为我们新闻史的书写提供了一种新的路径参考。

概而言之,《桂林抗战新闻史》对当下我国新闻史研究的意义在于:

其一,它启示我们走出新闻史研究的封闭圈子,实现拓宽、挖深与其他学科特别是历史学科的对话与交流,在对话与交流中以期丰富研究资源,提升研究水准,完善研究体系。

其二,从宏观角度而言,《桂林抗战新闻史》对抗战时期广西桂林新闻事业大发展背景下的媒介生态及当时主要传播媒介——报纸的运作与发展问题进行全方位的考察和审视,重点结合当时报刊原件和报人作品、论著等原始文本,对重要的报刊、通讯社、广播电台和新闻人做深入的考察,试图挖掘在国共合作背景下报业(新闻事业)的经营与运作的一般规律和特殊规律。

其三,《桂林抗战新闻史》将新闻事业史置入抗战时期国共合作的特定的历史背景进行研究,探寻抗战时期桂林新闻事业发展的特殊规律。新闻是昨天的历史,通过大量深入细致的研究,再现了滚烫的历史图景,反过来我们看到抗战时期桂林新闻事业的运作与流动轨迹,使今人更能理解特定时期新闻"是什么"和"为什么",并做出客观理性的评判,得到积极的启迪。通过回溯桂林抗战新闻事业发展的历史脉络可以为今天和将来我国党报党刊与其他民主党派报刊、民营媒介的协调与互相合作提供借鉴,特别是在新形势下如何把握舆论导向和营建和谐的舆论氛围等问题提供一定的借鉴意义。更重要的是,从海峡两岸发展的视角分析问题,对今天国内涉台报道,对促进两岸的统一都具有一定的现实指导意义。

三

　　《桂林抗战新闻史》一书系由台湾花木兰文化出版社作为"中国新闻史研究辑刊"初编之 6、7 出版的。花木兰文化出版社近两年曾与我有鸿雁往来。2012 年初夏，我第一次收到该社信件，邀我为其推荐优秀博士论文由该社出版，并委托我向中国传媒大学图书馆推荐该社的文史学术出版物，我遵嘱一一办理。2013 年 9 月，我推荐的刘书峰著《记录中国地方广播电视发展轨迹的权威载体——广播电视志理论与实践初探》，也作为该社《辑刊》初编之 12 出版，我为之作序。

　　《辑刊》主编方汉奇教授是吾师，两位副主编王润泽、程曼丽教授是吾友。由大陆教授主编的新闻史学类《辑刊》，台湾出版社出版，这是一个创举，也是两岸学术文化交流的幸事，应予大力提倡并支持，这也是我评介《桂林抗战新闻史》的又一个缘由。

半个世纪的广播情[①]

——怀念广播先驱温济泽

2014年4月18日是我国人民广播事业的创始人之一、原中央广播事业局副局长、中央人民广播电台原副总编辑温济泽同志的百年诞辰。20世纪40年代中期,他在延安投身于人民广播事业,至70年代末虽调离广电系统,但仍情系广电事业,绵绵的广播情前后延续了半个世纪之久。

温济泽,1914年出生于江苏淮安,1999年以八五高龄仙逝。他在少年时期就接受了深刻的爱国主义教育,15岁时便投身革命事业。1930年加入中国共产主义青年团,1936年转为中共正式党员,他积极从事地下宣传工作,抗议国民党反动统治,其间曾三次被捕判刑入狱。他把监狱当作大学,潜心苦读了大量进步书籍,直至1937年抗战全面爆发,国共实现第二次合作后才得以出狱。之后,他便辗转到达延安。在延安期间,他曾任教于陕北公学,担任中央宣传部干事、中央研究院研究员,历任《解放日报》副刊部秘书、编辑、主编。1946年内战爆发前夕,为加强口头广播宣传,新华社门头广播组扩充为语言广播部(即延安新华广播电台编辑部),温济泽被任命为语言广播部的主任。30余年的广播生涯就此开始。

一、人民广播的开拓者

众所周知,中央人民广播电台的前身是1940年12月30日开播的延安新华广播电台,1946年5月,全面内战爆发前夕,为了使解放区的声音及时地传播到国民党统治区,党中央决定对新华社进行改组,在原来口头广播组的基础上,扩充为语言广播部。温济泽被任命为语言广播部的主任,主要负责延安台每日稿件的编播工作。在这期间,他主持制定了《新华总社语言广播部暂行工作细则》。这是人民广播史上第一份关于宣传工作的规章制度,标志着延安广播宣传走上了规范化的道路。

[①] 原载《广电老年》2014年第6期。

从这时开始，到1947年3月延安台撤出延安前的几个月中，温济泽和十多个编播人员团结奋斗，使延安台的广播有声有色，在加强新闻节目的同时，还开办了对国民党军和国统区的演讲节目，揭露了国民党发动内战的阴谋，支援了国统区的爱国民主运动，解放区的广播宣传在国统区产生了广泛的影响，有力地配合了解放战争的胜利进展，被国统区听众誉为"茫茫黑夜中的灯塔"。

1949年3月，陕北台随新华社迁往北平，改名为北平（北京）新华广播电台，6月间，根据党中央决定，新华总社语言广播部扩充为中央广播事业管理处，领导和管理全国的广播事业，广播从此成为单独的宣传机关，这个阶段，温济泽的工作更加繁忙。1949年10月1日，北京新华广播电台播出了开国大典的实况广播，同年12月5日，北京新华广播电台正式定名为中央人民广播电台，人民广播从此揭开了新的一页。

二、对外广播的探索者

新中国成立后，温济泽任中央广播事业局副局长、中央人民广播电台副总编辑，作为新中国广播事业的主要创始者之一，他继续致力于办好中央台的对内广播，同时在对外广播方面也做了很多有益的探索。

20世纪50年代初，我国国际广播事业有了初步的发展，组建了国际广播编辑部，对外广播开始使用"北京广播电台"的呼号，已经相对独立于对内广播。

1955年年底，中央广播局党组决定让温济泽分工主管对外广播工作，1957年，在中联部召开的一次宣传工作会议上，代表广播局与会的温济泽提出了对内对外宣传要分开而论，要"内外有别"。

应当说，温济泽提出"内外有别"的对外宣传策略是符合当时的实际情况的，然而，在之后反右派斗争扩大化的过程中，他的正确意见受到错误批判，他被划为右派分子，遭到开除党籍、撤销党内外职务的处分，但是，经过对外广播实践证明，他对外广播的基本观点是正确的，而且在今天仍然有着一定的积极指导意义。

三、人才的培养者

反右派斗争后，温济泽被迫离开广播领导岗位。1960年春，他被下放到北京广播学院新闻系工作。我就是在这时与他相识的。起初，由于是"戴罪之身"，他不能登台授课，只能在语言教研组做些教材选编和整理教学参考材料的工作。半年后，他摘掉了"右派"的帽子，到我所在的广播业务教研室工作，终于开始登台讲课。与他在广播学院共处的十多年当中，留给我印象最深的就是他那诲人不倦、勤奋工作的身影。

在广播学院，温济泽先后给新闻系59级、60级、64级和65级的学生讲授新闻写作与广播业务课。他讲课特点非常鲜明，那就是十分注重第一手材料的挖掘和使用。

在学生们的眼里，温济泽是一位温文儒雅、很有气度的老师，他的新闻写作和广播业务等课程，不仅内容丰富，而且绘声绘色。他以自己编选的延安广播稿为范本，生动地向学生们讲授稿件的写作技巧。比如，引用毛泽东撰写的稿件时，他不仅要讲出这些稿件的写作背景和条件，还要解释为什么这样写、这样改，甚至把当年新华社所发的文字稿与口头广播稿一同拿出来比较，让学生们自己去体会和领悟。

课上使用的材料新鲜、丰富，而且从不空口说教，内容实实在在，他每次上课，都必须花几倍的时间来认真准备。细心的学生还发现，将他在课堂上所说的话完整地记录下来，差不多就是一篇逻辑清晰、富有文采的好文章！

温济泽将原本枯燥乏味的写作课讲得栩栩如生，深得学生们的喜欢和爱戴，正如当年他在广播学院的学生，后来成为中国国际广播电台台长的张振华回忆，温老师的课，不仅是生动的业务课，更是受益匪浅的人生课，那种师生同心教与学的和谐气氛甚至使那简堂陋室都为之四壁生辉。

对学生如此，对青年教师的指导，也使我们这一辈的青年教师受益终身，我作为广播史课的教师，在"文革"前的几年中协助他编选《列宁论广播》《广播稿选》和收集整理解放区广播史料。在广播史教学的备课中，我无数次地把遇到的难题，从教学指导思想和方法，史料的收集和编纂，直至解放区广播史中一些细枝末节的问题等，一一地向他请教，并多次和学生们一起听他讲课。正是在他的帮助下，我逐步树立起学好广播史、教好广播史的信心，初步掌握了研究中国广播史的正确方法，从而奠定了我终身从事广电史教学的基础。

四、广电事业发展的关注者

1978年，温济泽调离广电系统到中国社会科学院工作，不久，在胡乔木同志的关怀下，经胡耀邦同志批示，他的"右派"冤案平反昭雪，成为中央机关第一个平反的"右派"。他开始重新走上领导岗位，担负起中国社会科学院研究生院院长的重任，为培养新时期的社会科学人才贡献了自己的晚年岁月。与此同时，他仍心系广播事业，从多个方面关注着新时期广电事业的改革和发展以及广播学院的建设，仅我所知有以下几个方面：

第一，倡议更改中国人民广播诞生纪念日和中国人民对外广播创建纪念日，并积极参与纪念活动。

第二，率先撰写广播回忆录，弘扬延安传统，总结历史经验。

第三，先后担任《中国广播电视年鉴》中国广播电视学会及中广学会广电史研究委员会顾问，关注广电事业特别是广播电视研究工作的开展。

我担任《中国广播电视年鉴》主编期间，每年都将新出版的《年鉴》亲自送往他家中。他仔细翻阅《年鉴》，询问有关情况的情景，给我留下了难忘的印象。1995年是《年鉴》创办10周年。当年8月，他应邀为之题词——"记录奋斗历史，开拓辉煌前程"。

此外，温济泽还继续关注着北京广播学院的发展。改革开放以来，他曾多次重返广播学院，有时是为师生作报告，有时是参加校庆纪念活动。1994年，广播学院创建40周年（按1954年成立计算）校庆前夕，他题词"喜看桃李满天下，来日成果更辉煌"，并写了《给广播学院同学们的一封信》，信中回顾了他在广播学院工作18年间，与学生们结下的深厚情谊，最后祝愿："每个'广院人'，都能创造出无愧于前人的出色业绩！"

纵观温济泽同志的一生，可谓历经坎坷，有顺境也有逆境。在顺境中，他精神振奋，忘我工作，献身于党和人民的事业；更为可贵的是，在逆境中，他也无怨无悔，不计个人荣辱，默默无闻地继续为党和人民的事业贡献自己的聪明才智。

我曾多次获赠他的著作，最后一本是在他逝世后不久出版的《第一个平反的"右派"——温济泽自述》。书的扉页上留有他去世不久前的签名和印

章："谨以此书作为最后的纪念，送给赵玉明同志。"（铅印体，"赵玉明同志"五个字可能是温老夫人钱家楣同志所写）。每逢翻阅他的几本赠书，都会不禁想起他那孜孜不倦、奋笔直书的身影，今天，在他百年诞辰之际，我以古稀之年缅怀我们30多年的交往，回顾他为党和人民努力所作的贡献，也算是略表对温济泽的景仰和怀念之情。

我校入选《中国大百科全书》的三位名师[①]

在迎接中国传媒大学校庆 60 周年的日子里，追忆往昔，不由得想起了 20 世纪六七十年代北京广播学院初创时期在新闻系执教，后来入选《中国大百科全书》的三位名师。他们是已故的温济泽、高而公和齐越同志。

1983 年 6 月，我有幸参与了《中国大百科全书》（第一版）新闻卷的部分组稿、编写工作，担任新闻学编委会中国新闻事业分支学科编写组的成员。编写组主编为中国人民大学方汉奇教授，全组共 13 人，只有我一人来自广电系统。编写组的任务是讨论条目设计、确定撰稿人员和初审入选条目等，其中最棘手、费时最久的是讨论入选的中国新闻界人物名单。其中，广电系统人物的名单是由我初步提出并征求了时任编委会委员左漠野同志和编委会顾问温济泽同志意见，几经斟酌后，经编写组讨论，编委会最后审定的广电方面入选的仅有八人，除上述曾在我校工作过的三位以外，还有长期在广电系统工作的梅益（长期担任中央广播局局长）、夏青（著名播音员）和宋世雄（著名体育播音员）三人。另两人，是新中国成立前夕短期担任中央广播事业管理处处长的廖承志同志和上任不久的广播电视部部长吴冷西同志。介绍他们业绩的《中国大百科全书》（第一版）新闻卷于 1990 年 12 月出版。21 世纪初，《中国大百科全书》（第二版）的编纂工作提上日程。2002 年 10 月，我应聘担任新闻出版学科特约编审。2009 年该书问世，广电系统入选人物略有调整，我校入选的三人保留，只是对条目的释文做了修改。

我校入选的三位同志条目的初稿分别由我、吴志强（新闻系教师）和黄勇（时任我校党委宣传部部长）执笔写成，为供校报读者一睹他们三人的风采和业绩，现将《中国大百科全书》（第二版）所载三人的条目影印附后。限于大百科的体例和条目字数所限，对三人的介绍都比较简略，为使我校师生对他们有较多的了解，就我所知，补充介绍如后。

温济泽同志生于 1914 年，1999 年逝世。2014 年是他的百年诞辰。温济

[①] 原载《中国传媒大学校报》2014 年 6 月 15 日。

泽早年投身革命活动,曾被国民党当局三次逮捕入狱。解放战争时期,他担任延安(陕北)新华广播电台编辑部主任,是一位名副其实的"老广播"。新中国成立后,曾任中央广播局副局长、中央人民广播电台副总编辑。他是由于1957年反右派斗争的扩大化被打成右派分子后,于1960年调入我校新闻系任教的。身处逆境的他,在我校前后17年,无怨无悔,以红烛精神,点燃自己,照亮他人,为培育新一代的广播电视人才尽心竭力。"文革"前的新闻系59级、60级、64级、65级的学生和新闻系的青年教师,都深受他的教益和指导,尊称他为"永远的老师",有的学生撰文怀念他时说,他的不幸成了我们的"大幸"。他主编的《论语言工作》《陕北台广播范文选》《广播稿选》《马恩列斯论报刊·列宁论广播》《毛泽东同志论宣传工作》等成为早期新闻系的重要参考教材。为纪念他的百年诞辰,我校原新闻系的部分师生捐款制作了他的铜像,现陈列在我校博物馆内,供观众瞻仰。今年四五月间,校博物馆还举办了温济泽生平事迹展,向新世纪的我校师生介绍了他光辉战斗的生平业绩。

  高而公同志生于1920年,1976年逝世。他是一位鲜为人知的中央人民广播电台的名记者。1960年2月,他调入我校新闻系,担任采访教研组组长,后任研究员,直至去世。他出生于东北的官宦家庭,但早在初中读书时期即参加了"中华民族解放先锋队",投身抗日爱国活动。高中时期,成为中共党员。1940年,他考入当时迁到四川三台的东北大学政治系,积极组织进步学生开展革命活动。大学毕业后,1944年夏,他在重庆根据党组织的安排担任国民党中央通讯社的外勤记者,偶尔在我党主办的《新华日报》上发表富有战斗性的文章,笔名"古甲"。抗战胜利后,几经辗转,于1945年7月,来到晋冀鲁豫解放区,经短时期学习后,他到河北省深入采访。1947年2月,他撰写的著名通讯《记解放区的一个细胞》在延安《解放日报》上破例连载四天在显著位置刊登。文章发表后,在延安引起轰动,一时好评如潮,并曾受到毛主席的表扬。1947年4月初,高而公调入时在今河北省涉县的新华社临时总社对蒋管区广播部,从事文字广播的编辑工作。同年9月,他调入新华总社语言广播部(即陕北新华广播电台编辑部),主要担负对国民党军广播节目编辑工作,开始了广播编采工作的生涯。当时他编写的一批针对国民党军官兵的广播稿,对象感强,朴实自然,富有口语化特点,很受国统区听众的欢迎,对瓦解和分化敌军发挥了重大作用。

  1949年春天,高而公随陕北台进入新解放的北平。新中国成立前夕,为了准备报道开国大典的盛况，高而公与他人一起负责采编实况广播的稿件，前后忙了一个月之久，终于圆满地完成了任务。全国和全世界聆听的当年10月1日天安门城楼上齐越、丁一岚的现场直播的背后有着高而公等人的辛勤劳动。不久，高而公名副其实地成为中央人民广播电台的记者。他充满着歌颂新中国、歌颂新生活的热情，深入到工农业生产建设第一线采访报道，制作播出了一大批具有广播特点的通讯、特写，感情充沛，生动新颖，赢得了许多听众的赞誉。但由于历史的原因，他的广播稿件或者不署名或者用笔名，因此，当时社会上也很少有人知道高而公其人。

在20世纪50年代，高而公的广播创作有三个高潮。第一个是1950年年初，他深入到山西省文水县云周西村采访，随后写出关于刘胡兰事迹的连续报道，在中央台播出。后来结集出版了《刘胡兰小传》一书，署名梁星。这本薄薄几万字的小册子，曾多次再版重印，风靡一时。90年代初，中国少年儿童出版社的编辑，几经周折来到我校，打听高而公的下落，说是要重印《刘胡兰小传》。我作为学校领导将高的情况据实以告，并说，如果高而公在世的话，他也不会向你们追问版权、稿费之事，尽管重印好了。1992年，该社出版了包括刘胡兰、董存瑞、黄继光和邱少云四人故事的《爸爸妈妈喜欢读的优秀书》（家庭珍藏本）广泛发行，并承蒙赐赠我一函，以作留念。

第二个是1953年3月，他作为中央台记者和播音员、录音员一起携带笨重的钢丝录音机奔赴朝鲜前线，在极端困难的条件下，制作了一批录音报道用电话传回中央台，随后向听众播出。其中最有意义的就是7月27日《关于朝鲜军事停战的协定》签字的录音报道。他关于中国人民志愿军在朝鲜前线浴血奋战的报道，是中央台早期广播录音报道中的珍品。

第三个是20世纪50年代中期，高而公从朝鲜回国后又投身于第一个五年计划建设的报道，他多次前往鞍钢采访，写出了《王崇伦和他的表》《在百吨吊车上》和《炉前的熔炼》等一批系列通讯报道，特别是对王崇伦一年完成四年工作量的报道播出后引起了热烈反响，许多地方的机关、工厂成立了"王崇伦小组"和"王崇伦班"，向王崇伦学习的热潮蔚然成风。

正是在高而公精力和创作的高峰时期，可能是由于长期精神紧张以及情感生活的受挫，他不幸患上了精神分裂症，虽曾多次住院治疗休养，但也不便外出采访了。1958年，他调到中央台《在祖国各地》节目组做编辑工作。在这期间，他专心守在收音机旁，聚精会神地收听、记录着节目内容，并以"乙听者"的笔名在内刊上发表了许多论述广播业务的专文，对广播节目结构、播音风格乃至节目的开头、结尾以及数字的运用等，都提出了自己的独到见解。

1960年2月，高而公调到广播学院新闻系，起初担任采访教研组组长，后任研究员，可能是由于身体和精神上的原因，他并不直接担任教学任务，主要精力用在编采业务的研究上。我们虽曾在一个系，但甚少见面和交谈。60年代初期，适逢中苏在国际共运方面的论战和大讲阶级斗争的年代，高而公对赫鲁晓夫的某些观点有自己的看法，他对文艺战线开展的过火批判也持反对态度。在笔记中他表示要把姚文元批判《海瑞罢官》的文章"用铡刀铡成两段"。1966年春天"文革"爆发后，他成为广播学院最早被批判的对象，被打成"反革命修正主义分子"，关进"牛棚"，受到残酷的迫害。我也被卷入批判他的浪潮中，至今深感内疚。高而公是在1976年冬粉碎"四人帮"之后不久去世的。1979年2月，学校召开平反昭雪大会，宣布为包括高而公等在内的受迫害的校系干部和教师平反昭雪。1985年6月，中央人民广播电台和北京广播学院联合在我校召开了高而公诞辰65周年纪念会，远道而来的高而公在美亲属及生前好友100多人出席。中央台台长杨兆麟、学院副院长李振水等讲话回忆了他的生平和业绩。纪念会前后，高而公的遗著《广播记者采访讲义》《论鲁迅描述自己孩子的素描、速写》以及包括高而公广播作品及他人写的纪念文字在内的《高而公文集》先后由中国广播电视出版社公开出版发行。高而公的业绩始渐为人知。《中国大百科全书》第一、二版将他列入中国新闻界人物，而且是唯一的广播记者，也足以告慰他的在天之灵了。

2009年，中国广播电视协会主办庆祝新中国60年60位有影响的广电人物评选。我作为评委之一，提出将高而公列入，但终因大多数评委对他很少了解以致未能入选。为弥补这一遗憾，我指导《中国广播电视年鉴》青年编辑刘书峰查阅高而公档案和有关图书资料，撰写了《人民广播早期的探索者——高而公》一文，刊于《中国广播》2011年第5期，并经我推荐由刘书峰撰写有关高而公的文章列入即将公开出版发行的《中国传媒人物志》和《中国名记者》丛书之中，使高而公作为广播记者的业绩进一步广为人知。

齐越同志生于1922年，1993年逝世。解放战争时期先后在晋冀鲁豫《人民日报》和新华社任编辑。1947年8月调入陕北新华广播电台从事播音工作。1949年10月1日，他和丁一岚担任新中国开国大典的实况播音。后长期在中央人民广播电台工作，所播的《谁是最可爱的人》《县委书记的榜样——焦裕禄》等影响广泛。1975 年调入我校新闻系担任播音教学工作,1978 年评为教授,是我校也是全国首位播音学教授。1981 年起招收硕士研究生,历年共招收四人,其中包括央视著名主持人敬一丹和现任教育部语言文字应用司司长姚喜双同志。我校校园内有他的塑像,播音主持艺术学院每年举办"齐越朗诵艺术节"活动,至今已进行了 15 届,他的业绩在校内已广为人知,兹不赘述。

在"中华民国新闻史"
开题报告会上的讲话要点

首先对南京师范大学倪延年教授领衔申请的首次获批2013年度国家社科基金重大项目"中华民国新闻史"表示热烈祝贺。这是全国新闻传播院系乃至新闻传播学科特别是新闻传播史研究中的一件大喜事。对江苏省高校特别是南师大的社科研究也是一项标志性的工程。

改革开放以来，中国新闻传播史的研究一直得到国家社科基金的多方关照和支持。据我所知，其中属于新闻传播史类的重点项目为大家所熟知的是中国人民大学方汉奇教授领衔申请"中国新闻事业通史"，是在1988年立项的。但此前还有一个重点项目是由中宣部新闻局主持于1987年立项的"新闻事业与现代化"。我有幸作为两个项目的课题组成员参加了有关研究、编写工作。受方老师主持项目的启示，1990年，我领衔申请的"中国广播电视通史"项目获批为国家社科一般项目。

20世纪90年代初，我被聘为国家社科基金项目新闻学学科规划评议组成员后，在课题指南的编制和立项评审过程中力所能及地对新闻传播史类的科研项目的申请给予支持，力争每年都有新闻传播史类的项目获批立项。据统计，截至2007年，国家社科基金中累计获批的新闻传播史类的项目中有重点项目5个、一般项目30个、青年项目2个、自费项目1个。我也曾参加过某些新闻传播方面重大项目的评审工作，但遗憾的是尚无新闻传播史类的课题。这次南师大的"中华民国新闻史"作为重大项目获批，对新闻传播史的研究来说，是一次重大突破，具有开创意义，值得载入新闻传播史研究的史册。近年来，由于年龄已超过70岁，一般不再参加课题组的评审工作，主要是做前期的通讯匿名预评工作。

南师大方面聘我为"中华民国新闻史"课题顾问委员会执行主任委员并担任这次开题报告会专家组组长，实在愧不敢当。在当前情况下，中国人民大学的方汉奇老师年迈，不便远程前来与会。复旦大学丁淦林老师不幸于2011年病逝。"蜀中为大将，廖化作先锋"，我只能勉为其难了。我愿与各位与会专家共同努力，推进"中华民国新闻史"这一重大课题有序前行，最终顺利完成，为新世纪我国新闻传播史的研究贡献绵薄之力。

下面就"中华民国新闻史"的研究讲几点浅见，供课题组同志们参考。

第一，从"中华民国"讲起。在"文革"前的政治环境中，"中华民国"是个忌讳之词，开会发言、著文编书，一般均以"旧中国"一词代之。中华人民共和国成立前夕，1949年9月22日《人民日报》报道中国人民政治协商会议第一届全体会议开幕消息，配发的社论题目为《旧中国灭亡了，新中国诞生了!》。大概自此以后，"旧中国"就成了"中华民国"的代名词。但"旧中国"这一称谓并不科学，如果说"中华民国"是"旧中国"，那之前的唐、宋、元、明、清怎么说？我记得20世纪80年代初，参加《中国大百科全书》（第一版）新闻卷的有关条目撰写。会上，有关领导同志提出在撰写条目中不要使用"旧中国"的称谓。改革开放之初，中华民国史的研究才重新起步，1985年，张宪文主编的《中华民国史纲》才问世。在此前后，我在中国广播史的教学研究中，也是回避"中华民国"的称谓。将民国时期的广播史分成"旧中国广播史"和"解放区广播史"来讲课、著文。我参与编辑的民国时期上海广播史料一书的名称曰《旧中国的上海广播事业》。

第二，民国新闻史的研究在中国新闻史的研究中占有承前启后的意义。但通常都以中国现代新闻史和相似的称谓代之。以《中国新闻事业通史》为例，其第二卷所涵盖的的内容和涉及的历史时期基本上为民国时期。但开篇首章为"五四时期的新闻事业"。此前民国初年（1911—1918）列入第一卷末章题为"民国初期的新闻事业"。但两卷在行文涉及纪年时均以公元××××年记之，未见民国×年（公元××××年）字样。而第一卷中涉及纪年的表述时，通常虽以公元纪年，但也常见下述纪年，如"光绪十五年（1889年）"或"1897年7月1日（清光绪二十三年六月初二）"等字样。通行的中国现代新闻史的分期一般均为"五四时期的新闻事业""大革命时期的新闻事业""十年内战时期的新闻事业""抗日战争时期的新闻事业"和"解放战争时期的新闻事业"等类似于党史、革命史的分期。在章节标题中很少见到"民国"字样。我所著《中国现代广播简史》和《中国广播电视通史》（上卷）中也均为类似做法。

有鉴于上述情况，我建议"中华民国新闻史"课题在纪元方面一般应以"民国×年（公元××××年）"来表述，加深读者对"民国"纪元的印象。

第三，本次开题报告会提出"民国新闻史的多视角"研究，我认为很有必要。近日,《参考消息》以甲午战争的新视角为题连载了 20 多篇评述,读后大开眼界。以多视角的观察分析写出一部崭新的民国新闻史来,这是在座的参与此项课题老中青三代学者的历史责任。我们这一代（70 岁以上的）已是心有余而力不足了。一代人只能干一代人的事情,这里仅就自己的经历和见解对多视角研究民国新闻史提出一些浅见,为大家交流。

我们这一代人对民国时期新闻事业的认识,是从意识形态领域着眼,从政治军事的视角观察的,简单化地把新闻视为宣传教育的工具、阶级斗争的工具,缺乏多视角地研究民国新闻史。例如从文化视角观察,民国时期虽是北洋军阀统治,但文化事业确有新的发展,出现的一大批大师级的学术人物,其中大部分都与新闻事业有关,如蔡元培、梁启超等。如果仅从政治角度观察,梁启超是改良派,不如民主革命派进步,更不可能与共产党同日而语,在民国新闻史中如何评述梁启超其人其事,就很值得深思。近来,钱理群等教授仅从民国报刊上的广告着力研究,即写出了一部别开生面的文学史来,也给我们以新的启示。

再如从经济视角来观察民国新闻事业。开办新闻事业是要花钱的,各类报刊概莫能外,政党办报虽不着眼于赚钱,但没有钱是办不起来的。民营报刊更是将经营放在重要地位,既要花钱办报,也要以报赚钱来维持发展。又如,从社会视角来观察新闻事业,新闻报道是社会生活的一面镜子,凸现人类社会生活的各个方面,特别是民国时期外来入侵、内部战乱、经济艰困,更使得社会生活纷繁多样。另外,两次世界大战的爆发也给民国新闻事业的发展带来极大的影响,也是不可或缺的国际视角。

最后,从技术视角来观察民国新闻史,报刊要印刷,通讯社离不开电信的发展,广播也需要无线电技术的支持,所有这些都离不开现代化技术的发展。建议在民国新闻史相关章节中能写出技术对新闻事业发展所起的作用和影响。

(2014 年 5 月 8 日)

《中国广播电视通史》（新一版）[①] 后记

《中国广播电视通史》（上下）自 2004 年 1 月由北京广播学院出版社（今中国传媒大学出版社）初版问世，迄今已近十载，其间曾再版重印多次。此次新版《通史》改由中国广播影视出版社出版。付梓之前，根据读者的指正和各章执笔者对所写各章所做的校阅，对全书发现的技术性差错作了更正，同时增补了插图目录和名词索引，以方便读者检索。

新世纪以来，随着对中国广播电视研究的深入开展，在对广播电视史实的挖掘和考证，对广播电视史学观点的评述方面都有新的开拓和进展。在新版《通史》问世之时，也曾考虑适当吸收新成果，以提高《通史》的水平，但鉴于此非一日之功，且书中涉及的某些史实考证和观点评析尚在争鸣之中，难于贸然下笔，故此次新版《通史》总体上仍保持原貌。我在《通史》初版后记中曾说过，这本"《通史》只是中国广播电视史研究的一部铺路式的著作，对中国广播电视发展历史的准确、全面的描述和深层次的分析，只能有待后起之秀来承担了"。"我在此由衷地期盼，今后有志于从事中国广播电视史研究的中青年学者能在断代史和个案研究取得成果的基础上，若干年后再编写出一部崭新的《中国广播电视通史》来。"

在此次新版成书过程中，中国传媒大学教授艾红红和她指导的研究生承担了大量事务性的工作，中国广播影视出版社的领导和高级编辑李晓霖同志为新版问世付出了辛勤劳动，在此谨致谢意。

2014 年 6 月于北京

[①] 本书由中国广播影视出版社 2014 年 9 月出版。

新中国广播电视史学研究的回顾、反思与建议①

——在"广播电视史学：机遇与挑战"学术研讨会上的发言

一、新中国成立以来广电史学研究的回顾与反思

新中国成立以来，广播电视史学研究大致经过了三个阶段。

第一阶段：起源于20世纪六七十年代的教学需求。

1959年，在原北京广播专科学校的基础上组建了北京广播学院（今中国传媒大学）。原专科学校是培养无线电广播技术人员的专科学校，而北京广播学院则是全面培养各类广播电视人员的四年制本科高校。建校之初，设有新闻系、无线电系和外语系。其中无线电系是在原专科学校的基础上建立的，而新闻系和外语系则属新建，特别是新闻系完全是白手起家。当时全国著名的新闻系，北有中国人民大学新闻系，南有复旦大学新闻系，但两校的新闻系均以培养报刊新闻人才为主，并无广播电视新闻方面的课程。以我先后就读的北京大学新闻专业（后并入人民大学新闻系）和人民大学新闻系为例，从来没有上过一堂广电方面的课程。北大、人大和复旦的新闻专业史学课或称报刊史或称新闻史（但几乎不涉及广播），但在广院新闻系的专业史学课，既要借鉴人大、复旦的经验，但无论如何也不能全盘照搬，因此，广院新闻系在建系之初，为最早入学的59级、60级开设了一门新闻广播史课，新闻史方面请在京中央新闻单位的负责人讲《人民日报》、新华社的历史和现状，还有重庆《新华日报》的优良传统等，而广播史方面的则是由新组建的广播史教研组承担的。教研组的负责人康荫、张纪明同志既是老革命，又

---

① 本文据在研讨会上的发言提纲补充、修改而成。后收入哈艳秋主编：《"广播电视史学：机遇与挑战"学术研讨会论文集》，中国广播影视出版社2015年10月版。

是老广播,而康荫同志1958年在新组建的中央广播局业务研究室工作时还曾开始收集、撰写有关中国广播史方面的资料和文章。我和其他两三位刚分配来的从人大、复旦新闻系毕业的青年教师,先后参加了广播史教研组的教学工作,但后来他们陆续调到其他教研组,"文革"前一直承担广播史教学的只有我一个人了。当年,以老带新,我们在广播史方面开设的课程叫"中国人民广播史",从1945年我党开办延安新华广播电台一直讲到1958年的电视开办。在当时的历史条件下,不可避免地是以阶级斗争为纲,对广播系统的反右派斗争和"大跃进"都予以肯定,明显带有"左"的倾向和影响,但敢于把新中国成立以来的广电史搬上课堂,今天看来,还是有点开创精神的。正是新闻系教学的需要,推动了最初的广电史学研究,编写了早期广播史教学大纲和有关参考书籍。

第二阶段:兴盛于20世纪八九十年代广电系统的编史修志热潮。

中国自古以来,就有"乱世用兵、盛世修史"之说。20世纪八九十年代,我国正逢改革开放之初的盛世,在党中央的重视和部署下,全国各系统、各行业掀起一股编史修志的热潮,广电系统也不例外,择其要者有三:

其一是80年代初,中央决定编写一套《当代中国》丛书,系统地论述新中国成立以来各方面建设和发展的历史过程和经验。广电部承担了其中《当代中国的广播电视》一书的组织和编写任务,并为此组建了以左漠野为主编的编委会,广电部各直属有关部门及各省级广电局均组建有关小组或指定专人负责收集史料、提供初稿,最后由该书编辑部汇编加工成书,编委会审定出版。全书上下两册于1987年问世。随后,该书的副产品《广播电视史料选辑》含《中国广播电视大事记》《中国的广播电台》《中国的广播节目》《中国的有线广播》《中国的电视台》《中国的广播电视技术》《中国的唱片出版事业》和《中国广播电视在改革中前进》共八册和《当代中国广播电视回忆录》共三集以及《梅益谈广播电视》等相继问世。此外,1986年广电部主办的《中国广播电视年鉴》创刊,为记录当代广电事业的发展提供了丰富全面的史料。

其二是80年代中期,在中共中央、国务院同意发出的《新编地方志工作暂行规定》推动下,全国新修地方志活动蔚然成风。广播电视志则是新修地方志中出现的新志之一。在各地党委和政府的领导下,各省级广电厅、局分别组建了广电志编委会和写作班子,将编纂出版本地广电志列入了工作日程,截止到90年代末,已出版省级广电志19种及大批地市县级广电志,其中不乏在全国地方志评比和全国广电学术著作评选中获奖的佳作。

其三，八九十年代，广播学院的广电史教学研究工作也取得了新的进展。适应新时期广电史教学工作的需求，广播学院组织了延安（陕北）新华广播电台的旧址考察和征集解放区广播回忆录的活动，并主持召开了解放区广播史讨论会，先后出版了《中国人民广播回忆录》（四集）和《中国解放区广播史》及《人民大众的号角——延安（陕北）广播史话》等书。1987年，《中国现代广播简史》出版，该书为我国第一部比较系统、全面反映民国时期我国广播事业从诞生到发展的全过程的广播史著作。1990年，广播学院牵头申请的广电系统的第一个国家社科项目——"中国广播电视通史"获准立项，对广电史的研究起了积极的推动作用。1987年组建的中国广播电视学会史学研究委员会（后称广播电视史研究委员会）截止到2000年曾经主持召开过五次中国广播电视史志研讨会，促进了这一阶段全国广播电视史志研究工作的开展。

第三阶段：深化于新世纪以来的探索创新之路。

2001年进入新世纪以来，广电史学的研究在此前的基础上进一步探索创新，取得新的进展，兹从四个方面加以简介，挂一漏万处，还望识者补正。

第一，新成果。前述1990年立项的国家社科基金项目"中国广播电视通史"经过十几年的集体努力，由赵玉明主编成书，全书上下卷于2004年出版。该书作为第一部广电通史式著作，比较全面、完整地反映了20世纪中国广播电视发展的全过程。在断代史方面，先后出版了《改革开放中的广播电视（1984—1999）》（刘习良主编）、《中华人民共和国广播电视简史（1949—2000）》（徐光春主编）和《中国广播电视改革发展十年回眸（2001—2010）》（刘习良主编）。在专题史方面，已见到的有《中国广播研究90年》（申启武、安治民著）、《中国广播电视学术研究史稿（1920—2011）》（王文利著）、《中国广播电视研究的演变》（谢鼎新著）和《国际广播电视体育史》（魏伟著）等，此外还有两本在台湾出版的大陆学者的著作《记录中国地方广播电视发展轨迹的权威载体——广播电视志理论与实践初探》（刘书峰著）和《中国宗教广播史》（艾红红著）。在人物研究方面，有《声屏世界里的思想者——梅益广播电视宣传思想研究》（庞亮著）、《中国广播之父——刘瀚传》（陈尔泰著）等。另，前述尚未完成的10部省级广电志全部出齐，第二轮修志工作相继展开。

第二，新课题。据本人所知目前尚有一批省部以上的人文社科项目还在进行之中，如中国广播电视协会承担的《中国广播电视编年史》、哈艳秋承担的《中国当代广播电视史》、艾红红承担的中国民营广播电台史和国家重大社科项目"中华民国新闻史"中的子课题"民国新闻广播史"，以及李栋和姜秀华承担的国家重大社科项目"中国新闻传播技术史"中的子课题"广播技术传播史"和"电视技术传播史"等。

第三，新探索。近几年来，在民国广播史的研究方面，不少学者发现和探讨了一些鲜为人知的新史料，择其要者有邓绍根从保存下来的燕京大学新闻系本科生的上百篇论文发现了1939—1949年写的三篇涉及广播史的论文（参见邓文《燕京大学新闻系广播学术研究探析——学士学位论文的视角》）（载《现代传播》2012年第11期），谢鼎新关于国人早期对电视认知的介绍，戴美政关于云南抗日广播中西南联大师生的作用和影响，宫承波关于晏阳初在河北定县开办对农民广播的探讨等。为深入研究民国广播史提供方便，已将首轮省级及部分市县级广电志中早期广播史料即民国时期广播史料汇编成书，也将付诸出版。

第四，新争鸣。近期以来，中国广播史的争鸣主要集中在两个问题上，一是关于中国人自办的第一座广播电台哈尔滨广播无线电台是否在1923年1月1日开播的问题；二是关于江西中央苏区是否开办过无线广播或有线广播的问题。目前两个问题的争鸣尚在进行中。

上述新世纪以来广电史学研究的进展和成果，也包括争鸣的问题在内，表明广电史学的研究正在逐步深化，不断探索创新之路。

我参加过多次涉及广电史的研讨会，但明确地称作广播电视史学的研讨会还是第一次。这表明，广播电视史学作为广播电视学或者是新闻史学的一门新兴的分支学科，基本上得到了与会同志的公认。今天，从广电史学科建设角度反思已有的广电史研究成果，从我亲身的教学研究经历来说，受个人和时代的局限，其不足之处主要是不同程度地存在着简单化、片面化和泛政治化的问题。

我们这一代的知识分子，出生于旧中国，成长于新中国。按目前对我国知识分子的历史和现状研究，是属于"十七年一代的知识分子"，即是在新中国建立以后、"文革"前成长起来的一代知识分子。这一代知识分子的特点是听从组织召唤，甘于岗位奉献。其中多数人受时代局限，中国古典文化基础薄弱，外文学习时断时续，未能博览群书。加之长期受"以阶级斗争为纲"的影响，思想禁锢，缺乏独立思考的精神，对出身于剥削阶级家庭的知识分子来说，表现得尤为突出。所有这些，都不可避免地对所从事的教学研究工作特别是文科的教研工作带来负面的影响，就广播电视史学来说也属此列。这里以我主编的《中国广播电视通史》为例，谈谈自己的反思之见。

广电史学作为新兴的分支学科，不同于其他传统史学之处在于起点低、无师承，是在借鉴报刊史、新闻史的基础上白手起家逐步成长起来的。《通史》作为第一本全景式描述20世纪我国广电事业从无到有逐步成为广电大国的历史过程，其成绩自不待言。但受个人和时代的局限，《通史》不同程度上存在着简单化、片面化和泛政治化的问题，也亟待反思，以图再进。

其一，就简单化而言，主要是指将多种属性和功能的广播电视单一化为宣传工具的性质，按照什么历史背景下，广电宣传了什么，有何种影响和作用等的模式来写作。对广电事业在人类社会文化发展中的地位和作用，很少涉及。又，广电事业是一项科学技术性很强的事业，但科技发展对广电事业的推动和促进作用，在《通史》中也难见叙述。又如，民国时期的宗教广播对听众的影响和作用，寥寥几笔带过，缺乏应有的分析和评述。

第二，片面化主要表现在对民国时期的民营广播多贬之为腐朽没落、低级庸俗，否定过多，对其在传播科学文化知识方面的积极作用，缺乏评述。对国民党的广播中抗日宣传着墨不多，未能从国共合作共同抗日的角度予以评述。另一表现是对新中国的广电事业的成绩赞颂过多，但对反右派斗争、"大跃进"和"文革"中的广电事业负面作用，未能予以深入的分析，以吸取历史经验教训。上述片面性，在省级广电志中也有不同程度的反映。

第三，泛政治化的倾向，表现在分析广电发展和宣传作用以及对民国时期各类广播电台的评述上，以政治划线，缺乏科学的批判和分析，这一点在强调以阶级斗争为纲的年代尤为突出。进入改革开放年代，提倡解放思想、实事求是以来曾有所改进，但仍有待深化探讨，加以克服。

二、广电史学研究创新的几点建议

广电史学的研究过程实质上也是不断创新的过程，从无到有是创新，从有到好，也是创新，而且是高层次上的创新。如果说20世纪是广电史学研究的开创和建立阶段，那么，21世纪必将是广电史学研究的创新和发展阶段。

1. 从对广电属性的认知来看，已出版的广电史著作基本上是将广电作为宣传工具展开述评的，而对广电的技术属性、产业属性则着墨不多，从广电的文化属性来探讨其发展之路，还有待深化。

2. 从广电史的分期来看，基本上是按革命史、党史、国史的分期模式处理的，如何着眼于专业史、行业史的角度探讨突出广电特点的分期模式，尚待突破。

3. 对错综复杂的民国时期的广播史来说，解放区部分比较充实，而对北洋时期的广播以及后来的国民党广播、民营广播、宗教广播和形形色色的外国在华广播来说，无论从史料的占有及对不同形态广播的述评都比较单薄，缺乏如实、深入的记载和分析。明年是抗日战争胜利70周年，但我们至今尚无一本分析批判日伪广播的著作，对日伪广播史料的发掘和整理的工作也亟待着手。

4. 对中国广电史料的搜集、整理和使用上，基本上还处于手工操作阶段，如何运用数字化手段加以处理，尚属空白。民国时期的广播史料散见于各种报刊书籍，可谓少而散。新中国时期广电史料又可以说是多而杂。期盼中青年同志能够有志于运用数字化的手段将丰富多样的广电史料加以整理出版，为教学研究提供方便。

5. 广电史学的研究有待在"引进来"和"走出去"方面寻求突破。我这里讲的"引进来"，是指将国外的广电史著作译成中文，供我们研究中国广电史参考。"走出去"，是指将中国的广电史著作译成外文，使中国广电史的成果，为国外同行所知。目前，我们在这两方面几乎还是空白，期盼有朝一日能形成中外广电史著作互动交流的良好格局。

目前，广电史学的研究，正如本次研讨会会名表明的那样，面临着"机遇与挑战"并存的局面。在媒体融合的时代，随着广电行政机构和大学专业划分的调整，广电史学的教学研究工作亟待走出困境，另闯新路。这方面，只能寄托在座或未在座的有志于广电史学教研工作的中青年同志了。

(2014年10月18日)

探寻新形势下广播电视史学创新发展之路①
——"广播电视史学：机遇与挑战"学术研讨会综述

张大鹏

当前，数字化、全球化浪潮和社会转型的现代化趋势，重塑着新闻传播领域的复杂多重"结构"，广播电视的既有传播理念与节目形态也随之发生着深刻的改变，大数据等信息技术的发展为受众进入广播电视史学的研究领域提供了便利条件，不同地区、不同领域间的学术交流活动也越来越频繁。这样的时代条件为广播电视史学研究注入了新的活力，带来了新的发展机遇，同时也使之面临着如何应对新的媒介生态环境、创新研究方法、拓宽研究视阈等困难和挑战。

在全国人民欢庆祖国 65 周年华诞、中国传媒大学迎来建校 60 周年之际，2014 年 10 月 18 日，由中国传媒大学、中国新闻史学会联合主办，中国传媒大学新闻学院、文科科研处和《现代传播》杂志社承办的广播电视史学学术研讨会在中国传媒大学举办。本次研讨会以"机遇与挑战"为主题，回顾总结中外广播电视史学在教学、科研、学科建设及人才培养等方面的成就和经验，解析当前中外广播电视史学面临的机遇与挑战，以期推动广播电视史学的创新发展。中国传媒大学新闻传播学部副部长、新闻学院院长刘昶教授主持会议开幕式。中国传媒大学副校长袁军、原国家广电总局副总编辑黄勇、中国新闻史学会会长程曼丽、中国传媒大学赵玉明、南京师范大学倪延年、中国国际广播电台陆智舫、清华大学郭镇之、中国传媒大学文科科研处处长段鹏、新闻传播学院党委副书记刘自雄等领导和专家学者为大会致辞或作大会主旨发言。2015 年为纪念赵玉明教授从教 55 周年，由中国广播影视出版社出版的《赵玉明文集》（三卷本）也在会上颁发给了与会的代表，该文集由广播电视卷（上）、广播电视卷（下）以及新闻传播卷三卷构成，全

---

① 原载哈艳秋主编：《"广播电视史学：机遇与挑战"学术研讨会论文集》，中国广播影视出版社 2015 年 10 月版。

三卷244篇文章，144万字，文体包括论文、研究报告、访谈、述评和书序等。总体上汇集了赵玉明教授半个世纪以来教学科研的成果（专著、辞书除外），从教治学的经历和认识以及人世沧桑的回顾与思考，也标志着广电史学界新老传承，继往开来，收获希望。

本次研讨会分为开幕式、主旨报告、论坛研讨等环节，与会代表围绕论坛主题，热烈讨论，各抒己见，碰撞出了思想的火花，在以下几个方面达成了共识。

一、忆古今，新闻传播研究教育重镇中的特色学科

袁军副校长在致辞中说，广播电视史学一直是中国传媒大学一个重要的研究领域，也是我们在全国兄弟高校中独具特色的一个研究方向。广电史初创阶段的三大奠基者康荫、张纪明、温济泽皆在传媒大学担任过教学研究工作。此后，赵玉明教授扛起了中国传媒大学乃至全国广播电视史研究的大旗。中国传媒大学自1979年招收广电史硕士研究生至今，共培养博士、硕士总计130余人，其中博士、博士后30人。60年来，先后培养了郭镇之、姚喜双、哈艳秋、艾红红等一批知名的教授，使传媒大学成为公认的广播电视史研究教育重镇。

在学术研究成果方面，赵玉明教授1990年主持的广电系统第一个国家社科项目、也是中国传媒大学第一个国家社科项目"中国广播电视通史"，在2004年问世，至今连续出版10年，荣获第四届中国高校人文社会科学优秀成果二等奖和第五届吴玉章人文社科奖二等奖，本书被方汉奇教授誉为"广播电视史研究的二部集大成的专著"。此后传媒大学以赵玉明教授为领军人的广电史研究团队，又先后承担并完成省部委课题"中华人民共和国广播电视简史""中国电视史"等。哈艳秋教授承担的"邓小平新闻思想研究""十年市场经济与广播电视改革""日本侵华时期的日伪广播研究""当代中国广播电视史（1949—2009）""我国广播电视制播分离研究"等国家、省部级课题，也取得了丰硕的学术成果。

近些年来，传媒大学广播电视史学研究者多次参与广播电视史学术争鸣，继续在广电史研究领域勤奋耕耘。从2001年开始至今赵玉明与陈尔泰之间的学术争鸣，涉及中国现代广播史的研究对象、范围以及对外国人在华办广播电台的评价等重大问题，对廓清中国现代广播史中的一些基本问题具

有建设性意义。2008 年庞亮副教授撰写论文与江西省赣州市电台相关同志，就苏区广播是否是中央人民广播前身展开学术争鸣，不仅有助于厘清这段历史史实，其意义更在于厘清了广播电视史研究中对重大历史做出结论的标准问题。这些真正具有学理意义的学术争鸣，成了一个学科成熟的标志。

二、讲政治，研究传播马克思主义新闻观有所作为

马克思主义新闻观，是马克思主义关于工人阶级及其政党新闻事业的工作性质、工作原则和工作规律的一系列基本观点。广播电视史学研究要坚持正确的政治导向，为党的新闻事业培养合格人才，必须始终把马克思主义新闻观教育放在首位。中国传媒大学丰纯高副教授认为，新闻史的教学，特别是中国新闻史、中国广播电视史的教学，在研究和传播马克思主义新闻观方面可以而且应该大有作为。第一，中国共产党领导新闻广播电视工作所形成的一系列路线、方针和政策，都继承、体现和发展了马克思主义新闻观。这些方针和原则包括实事求是的思想路线——真实性原则，群众路线——全党办报、群众办报，还有党性原则、耳目喉舌的性质定位、政治家办报的方针等。这些路线、方针和政策，是马克思主义新闻观的重要内容，直到今天仍然要继续坚持。第二，党的新闻事业 90 多年、广电事业 70 多年的历史积淀，为宣传和论证马克思主义新闻观提供了丰富的素材。如《解放日报》改版、解放区新闻界反"客里空"运动、党报编辑部与"同仁报""独立性"等进行的斗争、延安新华广播电台在艰难困苦的环境下开创和坚持，等等，这些重要事件都有其来龙去脉，有利于正面讲解马克思主义新闻观。第三，除中国共产党新闻广播电视事业的史实史料外，中外新闻广播电视事业史上其他一些著名人物、机构、新闻政策，也为论证和讲解马克思主义新闻观提供重要材料。如《申报》史量才与《大公报》张季鸾同为知名报人但截然不同的人生命运、英国弥尔顿既是"出版自由"口号的提出者同时也是出版检查制度的实施者的悖论、原社会主义国家苏联、波兰等国的新闻政策和新闻改革带来的影响和后果等材料，发人深省。第四，当前新闻传播学研究领域，一些非马克思主义新闻观、反马克思主义新闻观，被人利用新闻史实和史料进行宣讲和扩散，在广大师生特别是青年学子中产生了不良影响。广播电视史学研究和教学要正确地展现史实和史料，理解和诠释史实和史料，就必须坚持马克思主义新闻观，这种坚持是必要性与可行性的统一，是政治性

与学术性的统一，应该理直气壮，旗帜鲜明。

三、重镜鉴，致力广播电视重大理论研究

以史为鉴，这是古往今来写史修史的重要意义所在。新世纪我国广电的改革发展和整体转型，仍处在进行时。如何忠实记录我国广电事业发展的重要进程与成就、成功经验和失误的教训，并尽可能地加以论述，对今后广播电视深化改革、持续发展起到镜鉴作用，是各级广电史论研究人员特别是各级广电领导者十分重视的问题。原国家广电总局副总编辑黄勇结合编写《中国广播电视改革发展十年回眸（2001—2010年）》谈了为广电史著书立说，特别是做好广播电视重大理论研究的经验体会。一是正确定位、定原则。该书编写组一开始就把这部书定位为当代中国广播电视史书，以记录新世纪前十年我国（不含港澳台地区）广播电视发展史实为基本内容，重点梳理、总结、反映这十年广播电视改革发展的重要进展、成就、变化、影响以及经验教训。要求研究和撰写工作本着实事求是、客观公正、忠实记录的原则，以叙事为主、评论为辅、突出重点、以点带面，力求真实、准确、鲜明、精练，以概述为文稿总体风格，用第三人称写法，评论要客观、辩证、理性，用语要恰如其分，观点要经得起历史检验。二是科学设计架构大纲。从全局性、系统性、科学性、专业性考虑，将该书的基本架构设计为1个绪论，10章共33节，再加一个附录大事记。10章分别为广播电视体制改革、广播电视宣传工作、广播电视对外宣传与传播、广播电视公共服务建设、广播电视产业发展、广播电视科技发展与应用、广播电视视听新媒体发展、广播电视行政管理、广播电视队伍建设、广播电视政策理论研究与评奖工作。这10章内容，基本上涵盖了广播电视的整体改革发展状况。三是选好研究与撰稿人员。将上述人员应具备的条件定为：对所承担的任务部分，应有全面的了解和把握，在相关领域具有较为深入的研究并已取得一定成果，具备较强的研究与写作能力。最后实际承担全书研究写作任务的人员共有27人，其中中广协会7人、中央三台3人、总局机关7人、发展研究中心9人、传媒大学1人。其中任中广协会学术委员会委员的有6人。他们全都具备上述条件，其中一部分人更是相关领域的资深专家和领军人物。四是解决好难点问题。在编写和审稿中遇到的主要问题有：时间起始问题。原定为2000—2009年，后据权威颁历机构紫金山天文台的权威发布，改为2001—2010年；评

价问题。尤其对体制改革问题，如何评价没有依据，并且争议较大。编写组本着实事求是的原则，以实际效果作判断，只论事，不涉人，均予正面回答，不回避失误；写作风格问题。有的初稿不符合"概述"写法，风格不一致。经修改，尽量往"概述"靠近，或作顺序上的调整，或删除部分内容，求得大体上的一致。

四、有担当，为中国广播电视事业存史立传

盛世修史编志。近年来我国广播电视志和广播电视史的编纂都取得了丰硕的成果。虽然同为对广播电视历史的叙述和梳理，但二者编纂上却有着明显的差异。中国传媒大学哈艳秋教授认为这种差异主要表现在五个方面：从记述内容上看，广播电视史记载内容相对集中，重在记"往"；广播电视志记载内容全面宽泛，重在记"今"。从编排方式上看，广播电视史纵排横写；广播电视志横排纵写。从性质与功能的定位来看，广播电视史重在"述"史，体现作者的主观意志；广播电视志重在"存"史，只能记录客观史实。从语言表达来看，广播电视史的语言灵活多变；广播电视志的语言严谨规范。从编写组织和人员构成来看，广播电视史多由个人或专家学者完成，少数为政府项目；广播电视志则是政府的行政组织行为，需要众多广播电视部门和人员的通力配合。但史志之间显著的区别和鲜明的特点并不妨碍它们各自发挥所长、取长补短、相辅相成、谋求共同发展。在新时期，广电史志只有各自发挥特点，共同服务于建设有中国特色的社会主义广播电视事业，才能经世致用流传后世：史志应互为补充，展示更为全面的历史，最大限度地还原历史。史志应互为印证，增强广播电视史志的可信性，提供看待历史的多维角度。史志的编纂应体现鲜明的中国特色。更加鲜明地坚持以马列主义、毛泽东思想、邓小平理论和"三个代表"重要思想为指导，运用辩证唯物主义和历史唯物主义的观点和方法来记录、分析和研究广播电视的历史。

编史修志是一项清贫而艰苦的工作。中国国际广播电台史志办高级编辑陆智舫介绍了国际台对外广播存史立传进展及成果，并结合多年编史修志工作的经验谈到，编史修志是一种职业，更是一项事业，要求史志工作者把心思集中于本职，把精力倾注于岗位，把才智奉献于工作，尽职尽责，精益求精，用实际行动诠释"守土有责""干一行，爱一行，专一行，精一行"的爱岗敬业精神。一是必须坚持走群众路线，坚持"开门办史"理念，牢固树

立"史志工作靠大家"观念。不仅要注重调动自身的工作积极性，还可以邀请一些学识渊博、德高望重的老同志投身编史修志事业，打造一批懂史写志、敬业爱岗的专业人才，形成联手编史修志的全方位机制。比如目前国际台各中心（室）、各部门都有了自己的史志编撰人员和总撰稿人，各自成立了部门志编委会，史志编撰呈现出竞相争先的良好局面。针对所开展的史志工作举办史志培训班，邀请业内专家学者，围绕史志的概念、性质、功用、体例结构、行文规范和质量标准等，进行专题研讨，为增强工作实效奠定了基础。二是严把政治关、史实关、质量关三大关口。从选题策划、确定章节到具体编写，都反复敲定、斟酌，做到事无巨细、亲力亲为。比如在编《CRI创业者风采》一书过程中，编写组共收录了200位老同志的事迹，其中的140多位老同志的事迹是由实地采访完成的。书中收录的400多张照片，是从近6000张照片中精挑细选出来的。对于书中收录的200位被采访者的录像光盘，都做了审看，并将初始光盘存在的问题一一做笔录。实行严格的三审三校制，按照审、校稿要求和任务分工，一遍遍地检查错别字，斟酌格式和措辞。三是注重创新工作方式。通过实地调研、考察交流等方式，认真学习有关编史修志条例，学习各种史志通讯、杂志的写作方法，到史志工作先进部门和行业典型进行调研，借鉴他人的先进经验等，使原来"冷部门"的史志办充满生机和活力。

五、善创新，在新媒体时代延伸突围

当前，世界进入了传播媒介多元呈现与融合发展的新阶段，传播景观发生了根本变化。在数字化的笼罩下，技术方式你中有我、我中有你，传媒国界被穿越。视听媒介仍然在人们的日常生活和传播交往中扮演着核心的角色，但在网络环境中，文字摄影、声音、图像的界限不再泾渭分明。媒介融合的时代，尤其是移动互联网的蓬勃发展，对广电史的研究提出了全新要求。在这样的时代条件下，广播电视史研究该向何处延伸和突围？清华大学郭镇之教授认为，首先，要求研究理念更新迭代。比如突破既有的研究框架，从行业史、文化史的角度进行研究。其次，在研究方法上应有所创新。将信息化的新技术、新方法应用于广播电视史学的研究领域中来，使广播电视史学的研究更加科学、规范。比如采用大数据手段进行史料的处理，进行定量分析研究。最后，在研究视野上应有所拓展。广播电视史学的研究也需要关注现实，不能只埋头史料，要紧跟时代的步伐。只有对现实有了深刻认

识,广播电视史学研究才能用历史的眼光对现实进行研讨,为解决现实问题提供借鉴。当下广播电视的机遇和挑战来自新媒体,这就要求在开展广电史研究时,更多地关注当下,将研究领域扩展到互联网、多媒体这些方面。加强对技术变迁与传播发展过程的研究,对新媒介的技术、制度、社会功能和内容影响的研究,和对互联时期传媒融合的广播电视体制与机制研究。

六、向未来,思考构建"中国广播电视史学"学科体系

目前,"中国广播电视史学"研究成果有较深厚的积淀,并且形成了专业的研究队伍和完整的专业人才培养体系,建立了专业研究机构并持续开展学术活动,研究成果对国家政策制定或决策具有一定影响力。很多专家学者提出应思考和构建"中国广播电视史学"学科体系。对此,赵玉明教授认为,如果说20世纪是广电史学研究的开创和建立阶段,那么,21世纪必将是广电史学研究的延伸和发展阶段。第一,从对广电属性的认知来看,已出版的广电史著作基本上是将广电作为宣传工具展开述评的,而对广电的技术属性、产业属性则着墨不多,从广电的文化属性来探讨其发展之路,还有待深化。第二,从广电史的分期来看,基本上是按革命史、党史、国史的分期模式处理的,如何着眼于专业史、行业史的角度探讨突出广电特点的分期模式,尚待突破。第三,对错综复杂的民国时期的广播史来说,解放区部分比较充实,而对北洋时期的广播以及后来的国民党广播、民营广播、宗教广播及至形形色色的外国在华广播来说,无论从史料的占有及对不同形态广播的述评都比较单薄,缺乏如实、深入的记载和分析。第四,对中国广电史料的搜集、整理和使用上,基本上还处于手工操作阶段,如何运用数字化手段加以处理,尚属空白。第五,广电史研究有待在"引进来"和"走出去"方面寻求突破。

南京师范大学倪延年教授认为,构建"中国广播电视史学"学科的基本条件已经具备,当前要做好三方面准备:一是界定研究对象。"中国广播电视史学"的研究对象应该是中国广播电视发展进程中的"所有"历史现象及其所蕴含的内在规律。"中国广播电视史学"研究的是"中国"的广播电视史,是产生、发展、变化于"中国"这块土地上的广播电视历史,而不包括其他国家广播电视的历史,这是"中国广播电视史学"研究对象的物质存在独特性。"中国广播电视史学"研究的是中国广播电视的"历史",而不是"现状"或"未来",这是"中国广播电视史学"研究对象的时段独特

性。二是明确研究内容。中国广播电视史学的研究内容至少应包括如下几方面：（1）"中国广播电台"建设发展史；（2）中国广播电视新闻活动产生发展史；（3）中国广播电视技术发展的历史；（4）中国广播电视艺术发展的历史；（5）中国广播电视管理的发展历史；（6）中国新闻广播教育的发展历史；（7）中国新闻广播对外交流发展史；（8）中国广播电视研究的发展历史。三是确立学科地位。"中国广播电视史学"在知识体系中的地位是："哲学"统领下的，"社会科学"部类中，"新闻学"和"历史学"交叉后形成"中国新闻历史学"的分支学科，"中国专门新闻史学"的次分支学科。"中国广播电视史学"可发展和细化为以下专门学科：中国广播电（视）台建设史、中国广播电视新闻活动史、中国广播电视技术发展史、中国广播电视艺术发展史、中国广播电视管理史、中国广播电视教育史、中国广播电视对外交流史、中国广播电视研究史。与会代表一致认为，建立"中国广播电视史学"学科体系，最终是为了探寻中国广播电视发展的历史规律，以史为鉴，就是通过对历史现象的研究发现其中规律而给今人以启示，避免今人重复前人的错误，少走弯路。

在论坛讨论环节，与会代表结合广播电视实践发展，从不同领域不同视角，知人论世，探讨新形势下广播电视史学创新发展之路。部分学者聚焦近年来我国广电节目形态、内容和体制改革与发展，探讨新形势下广播电视史学研究新尝试，部分学者注重名家泰斗思想理论的挖掘，对左荧、温济泽等人的新闻宣传思想进行分析研究。有的学者分析早期共产党人承担革命者和广播人的双重角色，还原他们在从事广播工作时体现的工作状态，进而透视出早期中共广播人从业背后的历史责任与社会担当。有的学者谈到用新文化史的方法研究广播史。有的学者考察分析国外民族广播事业的发展概况和特点，在差异化发展中寻找共性，对我国民族广播的发展提出可行性意见。整体上看，大多数研究者能够更加自觉地关注和重视广播电视历史、人物的研究，做到研究对象从局部到全局的扩展，同时吸取现代历史科学的研究方法，实现研究手段从传统到现代的革新，这也是未来很长一段时间的广播电视史学研究的焦点和热点。本次研讨会由新闻学院哈艳秋发起并担任统筹和组织工作，会议研讨热烈、内容丰富、圆满顺利。会议期间中国国际广播电台向与会代表赠送了70套国际台史志办多年研究成果的资料光盘。研讨会上还组织与会代表参观我校传媒博物馆。

2015年

我校申请新闻学博士学位授予权的回忆[①]

改革开放之初，1978年，我国开始正式招收研究生。当年，中国人民大学、复旦大学和新组建的中国社会科学院新闻研究所首招新闻学硕士研究生，并于1981年分别获新闻学（当时属法学学科，后划归文学学科）硕士学位授予权。

我校于1979年，首次招收两名新闻学硕士研究生。1981年，我校成为首批硕士学位授予单位，但授予学科为语言学。1984年我校获新闻学硕士学位授予权。同年，中国人民大学、复旦大学获新闻学博士学位授予权。

一

1989年3月，我开始担任北京广播学院副院长，当时作为学校领导班子中有史以来的第一个教授，也是唯一的教授，主要负责分管学校的教学和科研工作。当月，我第一次参加国家教委召开的会议即是部署第四批博士点的申报、审核工作。回校后，我向办公会议汇报了有关事项，并初步回顾和梳理了我校研究生教育的现状。当时，我校作为硕士学位授予单位已有五年历史，有新闻学、语言学、现代汉语、中国现当代文学、国际共产主义运动、通信与电子技术和电磁场微波技术等7个硕士点，粗略比较一下，就教学和科研总体实力而言，以新闻学为强，初步具备申博的基础，但与教委有关文件规定的申博必备条件相比，差距甚大。

第一，申报博士点的学科，最基本的条件是需要由五名以上知名教授、副教授构成的学科梯队，并有三个以上比较稳定的学术研究方向。

我校新闻学硕士点从1979年建立已有十年历程，其间也曾有三次申博机会，但因尚无新闻学方面的教授，只能"望博兴叹"。1987年，我校始有第一个新闻学教授——康荫，但他已届七十高龄的离休之年，1988年苑子熙、朱羽君和赵玉明三人晋升教授，但苑已七十高龄。新闻学方面的高级职

[①] 原载《中国传媒大学老教授文集》2015—2016年度。

称教师共有十人左右,但分布在新闻系、新闻研究所、电视系和外语系四个部门,互相之间缺乏沟通,多数同志倾力于专业教学,学科意识不强,构不成比较稳定的研究方向和学科梯队。

第二,申报博士点的学科要有鲜明的特色,居国内同类学科前列,具有领先的地位。具体地说,即要有国家级和省部级科研项目并获省部级奖励。

我校的新闻学学科始于1959年,其有别于人大、复旦新闻学学科之处在于以广播电视见长,但长期以来处于部门办学的状态,按广电系统要求对口培养学生,优势在于学生毕业分配,"皇帝女儿不愁嫁"。不足之处在于忽视按学科建设培养人才的办学规律,一个新闻学学科分属几个系所,一个系有时又兼有两三个学科,形不成学科优势,以致造成多年来新闻学学科既没有国家级科研项目,也很少有省部级科研项目和奖励。教委和北京市曾有科研项目和相应奖励,但因我校既非教委直属院校,又不是北京市属高校,所以立项和获奖的可能性甚少,而广电部又未为所属高校设立科研项目和相应奖励。我校曾在中国广播电视学会主办的学术论文、著作评选中多次获奖,但按教委规定,学术社团评奖不计入有关申博项目中。

第三,申报博士点的学科要有比较齐全先进的教学科研设备和相应充足的教学科研经费作为物质保障。

我校用于新闻方面的广播电视设备,由于有广电系统特别是广电部的有力支持,相比于其他兄弟院校还是具有较大的优势,基本上能满足教学科研的需求,但在教学科研经费方面,则往往捉襟见肘,缺口甚大,难以保证。我校日常开支主要依靠国家拨款,其中教职员工的工资支出占了绝大部分,日常行政生活开支也是必需的,其余用于教学科研的经费占很小的比例。1989年至1991年间,每年用于教研经费不过百万元左右,其中科研经费弹性很大,如1992年、1993年每年科研经费只有40万元左右,比原定80万元的指标少了一半。这里以图书经费为例,可见一斑。1995年,国家拨款为1500万元左右,按国家教委有关文件规定,每所高校图书经费应为当年国家拨款的5%,但我校因经费紧张,当年拨款中只有23万元用于图书经费,尚不足2%。90年代初,我校的纵向和横向的科研经费,才刚刚起步,数额也很少。

在上述情况下,当时我校新闻学学科显然不具备申博必备条件。实现申博愿望有待于未来的努力。

二

如何逐步化解上述三个难题，成功实现新闻学申博的愿景？涉及上下左右方方面面的问题，其中既有思想认识问题，也有实际工作中的问题；既与上级主管部门广电部有关，又与学校相关系处有关。从1989年初具申博愿望到1998年实现申博愿景，前后历时近十年，经历了两届学校领导班子，就我个人来说，恰好是从上台之日到下台之时，其间酸甜苦辣的滋味一言难尽，谨就个人亲历亲闻简忆如下。

第一，在加强学科建设的背景下，提倡积极参与广电系统和高校新闻院系的学术活动，提高我校新闻学学科的学术水平和知名度。

90年代初，我校又一批"文革"前任教的知名大学新闻系毕业的王珏、曹璐等10多人被评为教授。与此同时，一批具有广电特色的新闻学教材和专著相继问世，其中一些论文、著作和教材还先后在北京市和中国广电学会的学术评选中获奖。

与此同时，我和其他有关教授分别参加了新闻和广电部门有关机构、社团的活动，如中国新闻教育学会（我任副会长）、国家教委高校新闻学教学指导委员会（我任副主任委员）、中国记协主持的韬奋新闻奖、范长江新闻奖评选（我任评委）、中国广电学会主办的广电论文、著作评选（我多次任评委）。1992年6月，中国新闻史学会成立大会暨第一届学术研讨会在我校召开。所有这些，都在不同程度上提高了我校新闻学科在社会上的知名度，也促进了我校新闻学学科学术水平的提高。

1993年7月，国家教委发布《关于重点建设一批高等学校和重点学科的若干意见》，我国高校"211工程"建设启动。据此，从1994年年初开始我校开展了相应活动，并制定了力争迈入"211工程"的《纲要》，其中要项之一即提高科研水平，加强重点学科建设。当年，根据分工由我抓学科建设。经过初步调研，2月间，我在全校系处干部会议上提出了深化教改、抓好学科建设的设想，其要点是强调以学科建设为龙头，在思想认识上引导教师淡化部门观念，增强学科意识，在组织上可以考虑将临近相关学科组建学部或者叫学院，如工程学部（学院）、新闻学部（学院）、艺术学部（学院）等，有些特殊的系科可保留单独建制，建议讨论、确定校级重点学科，并进而申报建设部级重点学科的设想。我的发言获得与会者的积极响应，后经办公室会议讨论，我把发言稿整理后即发各单位供改进工作时参考。

1995 年 3 月，我校成立第一个二级学院工学院（后更名为信息工程学院），后又相继成立了新闻传播学院（1996 年 3 月）、播音主持艺术学院（1996 年 6 月）和电视学院（1996 年 3 月）等，初步理顺了管理体制，解决了学科内的分割、封闭状态，优化了资源配置。

1996 年 6 月，学校确定新闻学等五个学科为校级重点学科，初步加大了投入力度，同时准备申报为部级重点学科。上述各项举措，为新闻学申报博士点奠定了基础。

第二，在引导积极申请国家社科基金项目的同时，大力推动广电部设立部级高校科研项目和奖励。

1986 年，我在新闻系任职期间，参与了国家社科"七五"重点项目"新闻事业与中国现代化"和"应用学科高层次专门人才培养途径多样化研究"中的共同子课题"高层次新闻业务人才培养途径多样化研究"的研究工作，并任课题组副组长。这是我最早知悉有国家社科项目之事。1987 年，我参与了方汉奇教授主持的《中国新闻事业通史》第二卷的部分编写工作。次年该项目被列为国家社科重点项目，我参与了申请事项，并邀温济泽、秦川两位新闻界前辈作为推荐者。在此期间，我还参加过一次国家社科项目新闻学科组的评审工作。

1989 年春，我担任学院副院长分管教学科研工作时，才了解到迄今我校尚无国家级社科项目，由于有上述两三年亲历国家社科项目的申报、评审工作，我萌生了带头申报国家社科项目的念头。当时，我有一项社会职务是中国广播电视学会广播电视史研究委员会副会长。该会成立于 1987 年，我是发起人之一，经与会长杨兆麟同志（他和我同是上述《中国新闻事业通史》编委会成员并兼广电部分的执笔人）商定联合部分地方广电局史志办同志和我校有关教师共同申请"中国广播电视通史"作为国家社科项目。1990 年该项目荣获批准，课题经费只有两万元，但却是我校第一个国家社科项目。此后，我积极引导学校教授申报国家社科项目，并为有关部门负责人和部分教授讲解申请程序和有关事项。1992 年 5 月，我应聘担任国家社科基金项目新闻学学科评审组成员，同年，曹璐教授领衔申报的"国际卫星直播对我国的影响和对策"获批国家社科项目。此后，几乎每年我校均有获批项目。

1996 年 4 月，我校一举获得三项国家社科项目。在欣喜之余，我趁热打铁向广电部教育司并分管高校的田聪明副部长书面汇报了上述情况并提出了广电部设立高校科研立项和奖励的建议。同年 6 月，广电部将我的上述建议写入部属高校人文社科研究"九五"规划要点之中。当年，经评审后，我校获广电部高校人文社科项目 24 个，资助 65 万元。同时，广电部又配套资助教委立项的 15 个科研项目 33.8 万元，加上其他方面的科研经费，使我校 1996 年的科研经费达到 134.7 万元，创造了历史最高水平。1997 年 3 月，全校已有省部级以上科研课题 44 个，我主持召开了课题负责人会议，要求保证科研精力上的投入，按期保质完成任务。

关于部级科研奖励，也逐步落实。首届（1996 年度）部级高校文科科研优秀成果奖经评审，我校共获著作、论文奖一、二、三等 10 个，同时还根据我的建议将此前我校在中广学会主办的全国性广电学术论文、著作评选中获奖的作品也确认具有首届部级高校文科科研奖的同等级资格。这样，使我校获奖名单上又增加了一、二、三等奖 14 个。

所有上述成果，都为我校迈进"211 工程"和填报申请新闻学博士点表格增加了有力的数据。

第三，为多方筹措办学资金出谋划策，大力争取广电部和广电系统的积极支持。

国家对高校的拨款大致分为两类：一类为日常教育经费，由国家拨款中开支。另一类为基建经费，由广电部立项，财政部拨款。此外，再无大的经费来源。当时，刚开始收取学费，但数额不大。如何多方筹措办学资金，有待另寻途径。

90 年代初，我在参加一次新闻界好稿评选活动时，听到一个消息。北京市规定，从在京新闻单位的广告收入中提取 5% 作为北京市教育经费的补充。返校后我向学校主要领导汇报此事，并建议向广电部提出，可否从中央三台主要是中央电视台的广告收入中提取一定比例，作为广电系统教育经费的补充，并可以此为由不向北京市缴纳此项费用。可能是我的这次建议起了作用。但校内有关领导如何向广电部反映此事并使之成为现实，因我未曾参与，故不了解详情。1994 年 10 月，广电部为了改进部属院校的办学条件，推动广电教育改革和发展，进一步提高教育质量和办学效益，作出《关于设立广电部教育基金的决定》，基金来源主要是从中央电视台的广告总收入（扣除成本）按 2% 比例征收。为合理和有针对性地使用基金，广电部组建了教育基金管理委员会，广电部副部长田聪明为主任，我代表学校参加管委会的有关活动（此项教育基金后改称教育专项补助金）。1996 年 6 月，田聪明

副部长主持的部属高校工作会议上,决定将上述教育补助金用于加强部属各校学科建设,特别是支持我校进入"211工程"项目,其中包括资助新设立的部级高校科研项目和部级奖励以及补助各校图书购置经费等。

1994年1月,学校提出申请列入"211工程"项目,并积极开展了各项工作,其中之一即筹建一批包括新闻学在内的部级重点学科,广电部对此予以大力支持,1996年7月,一次性补助有关资金3200万元,并决定此后每年为我校学科建设提供保障资金4000万元。

解决办学经费的另一来源是筹建学校董事会,争取董事单位的大力支持。1993年春,我接受了筹建董事会的任务。第二年6月,我校董事会成立,广电部副部长何栋材任董事长,我任副董事长(常务)兼秘书长,我在成立大会上作了关于董事会章程起草经过的说明,我在任期间(1994—1997)先后参与主持召开了两次董事会议和六次董事长会议,广电系统的各董事单位在办好广院在筹措资金方面发挥了重大作用,其中仅为学校用于投入"211工程"建设提供的资金就有近1000万元。

1997年春,第七批申报博士点工作启动。经过前述近十年的多方面不懈努力,特别是前面几个困扰多年的难点问题的逐步解决,为此次我校申请新闻学博士点,奠定了坚实的基础。

三

1997年5月,我应聘担任国务院学位委员会学科评议组成员。当年,新闻学由文学门类中的二级学科提升为一级学科,定名为新闻传播学,下设新闻学、传播学两个二级学科,并组建首届新闻传播学学科评议组。学科组由中国人民大学方汉奇教授、复旦大学丁淦林教授和我三人组成,负责起草本学科简介材料并将评审有关院校申报新闻传播学的博士点、硕士点事项。同年9月初,我开始参与主持我校新闻学申报博士点有关工作,经过一个多月与有关院系、部门反复商榷协调,于10月下旬完成了填表申报工作并于月底上报。

在填写的新闻学博士点申报材料中,我校列入了中国广播电视史、新闻理论、广播新闻、电视新闻和广告学五个研究方向,其学术带头人依次为赵玉明、王珏、曹璐、朱羽君和黄升民五位教授,另有主要学术骨干10多名教授、副教授。令人遗憾的是在此期间,王珏教授不幸于10月22日病逝。

在申报材料中显示 1992 年 1 月至 1997 年 8 月间，我校新闻学学科已有教授 16 人，副教授 24 人，出版有关学术专著 64 部，发表论文近 300 篇，先后获国家级奖两次，省部级奖 26 项，其他奖 19 项。1994—1996 年，先后批准立项的国家级、省部级及其他科研项目经费达到 310 万元，年均在 100 万元以上。截至 1997 年，还承担着相应科研项目 62 项，有关实验室 6 个，设备投资达 1800 多万元。上述填报的各项材料，内容翔实可信，充分显示了我校以广播电视为特色的新闻学教学科研多年来取得的优异成绩。

1998 年 2 月，学校领导班子调整，我不再担任副院长职务。同年 5 月，国务院学位委员会学科评议组第七次会议在北京京西宾馆举行。会议期间，新组建的新闻传播学学科组在召集人方汉奇教授主持下，我们三人首次评审各高校呈报的有关新闻传播学博士点、硕士点的申请报告。经讨论评审投票，我校申报的新闻学博士点事项顺利通过，同时通过的还有中国社会科学院研究生院申报的新闻学博士点及中国人民大学、复旦大学申报的传播学博士点。同年 6 月，经国务院学位委员会审核后公布。与此同时，我校申报的广播电视艺术学博士点也获批准。至此，我校进入了全国 348 个博士学位授予单位之列，实现了广电系统博士点零的突破。

1999 年 2 月 3 日，《光明日报》刊登了我校招收博士研究生的信息，两个学科，共有八名校内导师、两名校外兼职导师，其中新闻学三名导师各招收一人，他们是广播电视史方向赵玉明、广播新闻研究方向曹璐、电视新闻研究方向朱羽君。当年 9 月，首次招收的三名新闻学博士生艾红红、王宇和殷乐入学。回顾我校 40 多年办学历程，1959 年开始招收本科生。20 年后，1979 年首招硕士研究生。恰好又过 20 年，1999 年首招博士研究生。20 年上一个办学层次，既是巧合，又是办学历史的必然。2002 年，三名新闻学女博士生经过三年刻苦学习，分别通过博士学位论文答辩，作为我校培养的首批新闻学博士，各自走向新的工作岗位。我校新闻学教育再上新台阶，掀开了我校办学崭新的一页。

半个世纪的情怀①

2014年初秋，在中国传媒大学（原北京广播学院）迎来校庆60周年之际，来自全国各地的广播学院新闻系64级编采、电视和播音班的几十位校友在入学50年后分别相聚，我欣然应邀与会。师生一堂，实属难得。

1964年在新中国历史上是个大庆之年。正是在国庆15周年的前夕，新闻系64级的同学们作为广播学院一度面临下马又重新恢复招生后的第一批本科大学生走进了学校的大门。我是1959年从中国人民大学新闻系毕业分配到广播学院新闻系作为广院的第一批本科生教师登上讲坛的，5年后与你们相逢在灰楼，绵延半个世纪的师生情谊从此开始。今天，50年后我们又难得重逢，不禁引起了我的绵绵怀念之情。

首先，深切怀念广播学院和新闻系的创业者和老一辈的教师。50多年前，中央广播局的领导梅益、周新武等同志高瞻远瞩，预见到广播电视事业未来的发展急需大量的专门人才，决定将在广播技术人员训练班基础上建立起来的北京广播专科学校升格为北京广播学院。1959年9月7日，梅益、周新武同志在59级开学典礼上讲话，勉励全校师生努力办好学校，为广播电视事业培养优秀的专门人才，会后并与全体师生合影留念。据周新武同志的日记记载，当年曾有梅益兼任广播学院院长之议，但后来他推辞了，于是由周新武副局长兼任院长，并任党委书记，副院长左荧（后继任党委书记）兼新闻系主任。左荧还将他当时分管的地方广播部和研究室的全部人员划归新闻系，充实教学研究力量。梅益、周新武和左荧同志是名副其实的广播学院和新闻系的创业者。

在新闻系开办之始的老一辈教师中，令人怀念的有康荫（副系主任）、苑子熙（教研室主任）和温济泽等同志。温济泽原为中央广播局副局长，1958年被错划为右派，遭遇了人生的不幸。但正如新闻系同学所说的那样，温老师不幸被贬到新闻系教书，成为我们的"大幸"。他的深情教诲，循循

---

① 原载《岁月钩沉——中国传媒大学（原北京广播学院）新闻系64级学友50年岁月回眸》，2015年编印，此文为其序。

善诱的教风，给学生们留下了难忘的印象。

我这里要告慰同学们的是，梅益、周新武、左荧和温济泽等同志虽然离开我们已有十几年甚至近30年，但历史并没有忘记他们。最近几年，在有关部门包括学校领导的支持下，先后公开出版了《周新武纪念文集》《永远的怀念——温济泽纪念文集》《八十年来家国——梅益纪念文集》和《风范长存——左荧纪念文集》。我有幸分别作为编委、副主编和主编参加了上述四本纪念文集的征稿、撰稿工作。新闻系的不少师生也撰写了回忆文章。2014年是梅益、温济泽同志的百年诞辰，有关部门分别重新增订再版了《梅益百年纪念文集》和《温济泽百年诞辰纪念文集》，传媒大学还举办了"永远的怀念——温济泽生平事迹展"。

其次，深切怀念令人难忘的原广播学院所在地——复兴门外的灰楼。一座五层大楼办起一所大学，今天看来简直是不可想象。当年的灰楼现已不存，原址上建起了十多层的中国广播电视音像资料馆，但灰楼墙上当年"团结、紧张、严肃、活泼"八个大字的标语可能还留在不少师生的记忆之中。

在灰楼生活的几年可以用三句话来概括，那就是艰苦的办学条件、勤奋的学习风尚和敬业的工作精神，也可以说是广院创办初期的特色。正是艰难困苦、玉汝于成的精神哺育了广院最初一代的学子。今天，传媒大学的办学条件远胜于当年的灰楼，但艰苦创业的精神仍需要发扬光大。

再次，深切怀念与64级同学的师生之情。50年前，你们从祖国的四面八方来到首都，迈进广播学院的大门。其实，我们作为青年教师，与你们的年龄相差无几，不过大八九岁。我们可以说都是生在旧社会，长在红旗下，同属于"十七年一代"的知识分子。这一代青年的特点是听从召唤，甘于奉献，兢兢业业。令人惋惜的是，1966年春天的"文革"风暴中断了你们的正常学习，不少同学不同程度地卷入了派系内斗，伤害了师生情谊。1968年，你们毕业分配时，大都未能如愿地走上向往的新闻和广电工作岗位。值得庆幸的是，你们毕业之后经受了基层工作和艰苦生活条件的考验，不仅没有消沉下去，反而积极应对，终于迎来了改革开放的新时期。在新的工作岗位上，你们焕发了青春热情，奋起直追，为祖国的繁荣富强贡献了自己的聪明才智。你们离开学校后不久，广播学院再次下马，我们则到中央广播局河南淮阳五七干校劳动改造。1973年，广播学院再度复办。我们又回到了新闻系的教学岗位。

回顾我们师生50年来的经历，深深感到个人的成长与国运、校运的兴衰紧紧地联系在一起。国运盛则校运兴,校运兴则个人成长顺利;反之,若国家发展遭遇挫折,则学校必然衰微,个人的前途命运也随之沉浮多舛。

  50年来,新闻系的老师们从来没有忘记你们。在新闻系建系30年、35年和40年之际,在历届校友支持下编印的纪念册其实就是校友的通讯录。通讯录中第一部分是按年级排列的学生名册,第二部分是按部门、按地区排列的学生名册。我每逢到中央广播局有关部门和中央三台,特别是到外地出差,总是随身携带一册,走到哪里,打开一看,就能找到新闻系校友的踪迹,随之相约会见,畅谈师生之情,合影留念。50年来,世事沧桑,不变的是师生之情,尤其怀念的是在改革开放的新时期,你们在不同的工作岗位上贡献自己的青春年华,做出的杰出业绩,所有这些,都为学校争得了荣誉,写进了学校的史册。

半个世纪的师生情[①]

今年，适逢原广播学院新闻系 65 级同学入学 50 周年。65 级同学准备于 9 月间返校参加今年校庆活动，同时在同学们中征文编印一本回忆性文集，以作纪念。值此师生即将相逢前夕，又翻阅了征文书稿，不禁引起了我对早期广院和 65 级同学们的绵绵怀念之情。

首先深切怀念广播学院和新闻系的创业者和老一辈的教师。50 多年前，中央广播局的领导梅益、周新武等同志高瞻远瞩，预见到广播电视事业未来的发展急需大量的专门人才，决定将在广播技术人员训练班基础上建立起来的北京广播专科学校升格为北京广播学院。1959 年 9 月 7 日，梅益、周新武同志在 59 级开学典礼上讲话，勉励全校师生努力办好学校，为广播电视事业培养优秀的专门人才，会后并与全体师生合影留念。据周新武同志的日记记载，当年曾有梅益兼任广播学院院长之议，但后来他推辞了，于是由周新武副局长兼任院长，并任党委书记，副院长左荧（后继任党委书记）兼新闻系主任。左荧还将他当时分管的地方广播部和研究室的全部人员划归新闻系，充实教学研究力量。梅益、周新武和左荧同志是名副其实的广播学院和新闻系的创业者。

在新闻系开办之始的老一辈教师中，令人怀念的有康荫（副系主任）、苑子熙（教研室主任）和温济泽等同志。温济泽原为中央广播局副局长，1958 年被错划为右派，遭遇了人生的不幸。但正如新闻系同学所说的那样，温老师不幸被贬到新闻系教书，成为我们的"大幸"。他那深情教诲、循循善诱的教风，给学生们留下了难忘的印象。

我这里要告慰同学们的是，梅益、周新武、左荧和温济泽等同志虽然离开我们已有十多年甚至三十余年，但历史并没有忘记他们。最近几年，在有关部门包括学校领导的支持下，先后公开出版了《周新武纪念文集》《永远的怀念——温济泽纪念文集》《八十年来家国——梅益纪念文集》和《风范

[①] 原载《春华秋实五十年——北京广播学院新闻系 65 级编采班校友文集》，中国国际广播出版社 2015 年 9 月版，此文为其序一。

长存——左荧纪念文集》。我有幸分别作为编委、副主编或主编参与了上述四本纪念文集的征稿、撰稿工作。新闻系的不少师生也撰写了回忆文章。去年，适逢梅益、温济泽同志百年诞辰，又分别编选出版了《梅益百年纪念文集》和《温济泽百年诞辰纪念文集》。对温济泽同志怀有特殊感情的65级同学还积极集资（曹璐老师和我也应约资助若干）制作了温济泽铜像，又与学校博物馆及温济泽家属合作筹备了"永远的怀念——温济泽生平事迹展"，并于去年4月18日在传媒大学博物馆举办了铜像揭幕和开展仪式。为60周年校庆活动增添了生动的校史教育的内容，引起了在校师生的热情关注。

其次，深切怀念令人难忘的原广播学院所在地——复兴门外的灰楼。一座五层大楼办起一所大学，今天看来简直是不可想象。当年的灰楼现已不存，原址上盖起了十多层的中国广播电视音像资料馆，但灰楼墙上当年"团结、紧张、严肃、活泼"八个大字的标语可能还留在不少师生的记忆之中。

广院灰楼最初几年的生活可以用三句话来概括，那就是艰苦的办学条件、勤奋的学习风尚和敬业的工作精神，也可以说是广院创办初期的特色和初步形成的优良校风。正是艰难困苦、玉汝于成的精神哺育了广院最初一代的学子。

65级同学入学之初，适逢国民经济恢复好转之际，学习环境有了新的改善。但世事难料的是，仅仅半年之后，1966年春天爆发的"文革"中断了正常的学习生活秩序，刚刚形成的优良校风也遭到破坏。不久，全校师生搬迁到今天定福庄的校址。在陈伯达、江青、张春桥、姚文元一伙屡次到校煽动下，广院始终处于动乱之中。1969年春，全校教职工和在校的65级学生又被迫迁移到河北省望都县张庄农村，开展所谓的"斗、批、改"运动，折腾了将近一年时光，才返回定福庄。在张庄的几个月里，新闻系的师生可以说是同吃、同住、同劳动，结下了至今难忘的特殊年代独有的师生情谊。不久，65级同学陆续分配走上工作岗位，广院随之下马。在校的教职员工都被送到中央广播局河南淮阳五七干校劳动改造，直到1973年广院恢复，才陆续返校重建校园。

第三，深切怀念与65级同学的师生之情。50年前，你们迈进广播学院的大门。我们之间年龄相差10岁左右，都是生在旧社会，长在红旗下的属于"十七年一代"的知识分子。这一代青年的特点是听从召唤，甘于奉献，兢兢业业。1970年，你们打起背包分赴长城内外、大江南北，走上了建设社会主义祖国的前沿阵地。由于历史的原因，你们中大多数未能分配到广电工作岗位上。50 年来，新闻系的老师们从来没有忘记你们。在新闻系建系 30 年、35 年和 40 年之际，在历届校友支持下编印的纪念册其实就是校友的通讯录。通讯录中第一部分是按年级排列的学生名册，第二部分是按部门、按地区排列的学生名册。我每逢到中央广播局有关部门和中央三台，特别是到外地出差，总是随身携带一册，走到哪里，打开一看，就能找到新闻系的校友的踪迹，随之相约会见，畅谈师生之情，合影留念。50 年来，世事沧桑，不变的是师生之情，怀念的是你们为祖国建设特别是为广播电视事业作出的贡献。我们总是关注着你们在报刊上发表的新闻通讯，在广播电视中播出的视听节目。你们中更多的是在基层单位贡献了自己的青春年华。所有这些，都为学校争得了荣誉，写进了学校的史册。

　　如今，我们都已是古稀上下、白发苍苍的老人了。最后祝同学们们健康欢度晚年，全家幸福安康。以之为序，纪念我们半个世纪的师生情谊。

《体媒人物——新中国体育新闻传播口述史》[①] 序

2010年，薛文婷的博士学位论文《中国近代体育新闻传播历史研究（1840—1949）》荣获全国优秀博士学位论文，为中国传媒大学（原北京广播学院）实现了全国优秀博士论文零的突破，为学校争得了荣誉，作为指导老师，我也甚感欣慰。此后，有一次，她和我谈起了下一步的研究设想。根据我多年从事新闻史和广播电视史教学、研究的历程和体会，我说，你的博士论文只写到新中国成立之前的1949年，可以说是中国体育新闻传播史的上篇，下一步应着手考虑如何写出下篇来，也就是1949年新中国成立以后的体育新闻传播史，再过若干时候，可把上下篇融会贯通，写出一部中国体育新闻传播通史来。作为在北京体育大学从事体育新闻传播史教学、研究的教师来讲，这是一项基础性的工程，既有益于提高体育新闻传播史的科研、教学水平，同时也丰富、充实了中国新闻传播史的内容。她也向我表示了将向着上述方向努力的愿望。

在随后的两年里，天遂人愿，薛文婷乘势而上，先后将《新中国体育新闻传播史》和《中国体育新闻传播史》作为教育部全国优秀博士学位论文作者专项资金资助项目和国家社会科学基金一般项目申请立项并获得批准。她在着手进行《新中国体育新闻传播史》研究之初，没有像《中国近代体育新闻传播史》研究那样仅停留在从老旧报刊和文史著作中搜求体育新闻传播史料，而是独辟蹊径，采用访求当代体育传媒人物口述史的方式，寻获了一批鲜活的体育传播史料，从而为撰写《新中国体育新闻传播史》打下了坚实的史料基础。功夫不负有心人。薛文婷和她的团队在北京体育大学强有力的支持下，经过近两年的不懈努力，终于完成了对50位当代体育传媒人物口述史的采制和播出，这就是摆在我面前的几十万字的《新中国体育新闻传播口述史》书稿的由来。在此期间的2013年1月5日，她还策划举办了一次《体媒人物》开播仪式暨体育新闻传播口述史座谈会，我在会上就结合

[①] 薛文婷主编，清华大学出版社2015年6月版。

20世纪80年代征集人民广播回忆录的做法和体会对体媒人物口述史的工作提出了一些可供参考的建议。

翻阅薛文婷主编的《新中国体育新闻传播口述史》书稿，我认为她主持的这次当代体育传媒人物口述史，有以下几个亮点：

第一，所选取的体育传媒代表性强，覆盖面广。从全书的宏观布局来看，包括通讯社篇、体育专业报刊篇、综合性报刊篇、广播篇、电视篇和新媒体篇六个部分，各部分篇幅大小略有区别，但其中涉及的新华社、中新社、《人民日报》《光明日报》《中国青年报》《北京晚报》《新民晚报》以及《中国体育报》《新体育》为代表的诸多体育专业报刊，中央人民广播电台、北京人民广播电台、中央电视台、北京电视台、广东电视台、浙江电视台等传统媒体，另有腾讯网和网易两家新兴媒体，都可以说是新中国成立60多年来体育新闻传播方面的佼佼者。

第二，所选取的体育传媒人物职业角色较为齐备，个性鲜明。《新中国体育新闻传播口述史》选择的50位体媒人物，既有经历新中国体育事业半个世纪沧桑巨变的耄耋老人，也有改革开放以来异军突起的中青年一代，有体育媒体方方面面的负责人，更多的是不同角色的体媒一线人物，他们之中有报刊、通讯社的文字、摄影记者和评论员，有广播电视媒体的播音员、解说员和主持人，他们的共同点是视体育报道为第一生命，力图更快、更准、更全面地将重大体育赛事的进程和体育的真谛传播给广大受众。

第三，50位代表性体育传媒人物的口述相当全面、完整地反映了新中国成立以来各个历史时期特别是改革开放新时期我国运动员参与的国内外各项重大体育竞赛所取得的光辉成就和展现的精神风貌。由于是亲历者的口述，读者的阅读感受更加真实、亲切、动人。

第四，薛文婷和她的团队主持的这次新中国体育传媒人物口述史的活动，没有止步于声像文字资料的整理、加工，而是在网络上以《体媒人物》为栏目名称陆续播出了50期，可谓是传统媒体与新兴媒体融合的一次成功尝试。

第五，从教学的角度来讲，这次体媒人物口述史的采制活动前后历时两年，参与的师生累计多达80余人，其中既有教师，又有博士生、硕士生和本科生。这种团队作战的方式既锻炼了教师的组织能力，又提高了学生的实践本领，无疑是广播电视和体育新闻传播史相结合的教学改革的一次有益实践。

　　这次《新中国体育新闻传播口述史》的出版,只是迈出了"新中国体育新闻传播史"课题研究的第一步,今后的路还长,任务也更艰巨。作为《新中国体育新闻传播口述史》的顾问,我期待薛文婷和她的团队能继续持之以恒地不懈努力,为中国体育新闻传播史的教学和研究工作作出新的贡献,是为所盼。

2014 年夏末秋初

毛泽东题词从来不用印章[①]

贵刊2014年第12期刊登拙文《毛泽东为人民广播题词手迹辨伪》中，曾提及毛泽东为人民广播题词原手书并无印章，而网传毛泽东题词手迹署名处有印章两枚显系伪作。这一观点从2015年第2期《百年潮》刊登的杜忠明《傅抱石精心治印，毛泽东婉言谢绝》一文中又获新证。

杜文中称，1959年著名画家、金石家、篆刻家傅抱石调来北京与另一名画家关山月一起为新建成的人民大会堂绘制巨画《江山如此多娇》。毛泽东为此画题写了"江山如此多娇"六个大字。傅以为按照中国画的传统习惯，在画上题字，需盖上题字者的印章。为此，傅特地精选石材，亲自动刀刻制了两方巨大印章，一为白文"毛泽东"，一为朱文"毛润之印"，供毛泽东选用。杜文接着写道，毛泽东题字之后，"有人问毛泽东要不要盖印？毛泽东认为，大凡自己的书法和题词，都没有盖印，这回也不必破例了吧，不盖为宜。这样一来，傅抱石费尽心力镌刻的这枚大印就用不上了。周恩来也同意毛泽东的意见，认为《江山如此多娇》置设于庄严的人民大会堂，必然要让千秋万代瞻赏。主席题字很多，从未钤印，这里突然出现了他的印章，不但显得不伦不类，而且会让人费解，甚至造成真假之误。"后来，傅抱石拟将所治之印赠给毛泽东，也被毛泽东婉言谢绝了。

另，《毛泽东为人民广播题词手迹辨伪》一文刊出后，有友人阅后问及，文中提及的广电系统的正式出版物也将伪造的毛泽东题词作为真迹收入书中，不知所指何书？可否明确指出，以引起注意，再勿误用。答曰：此书名《划破夜空的灯塔》，由中国国际广播出版社2012年1月出版，见该书第105页。

[①] 原载《中国广播》2015年第4期。

日本侵华广播史略[①]

2015 年是中国人民抗日战争暨世界反法西斯战争胜利 70 周年。人们在欢庆胜利节日的同时，总是伴随着对胜利到来前苦难时日的回忆。此时此刻，作为一名终身从事广播电视史教学工作的教师，又曾一度参与办过新闻节目的广播工作者，深感有责任将日本帝国主义者在中国广播史上写下的侵略罪行告知国人，特别是中年一代的广电人，借以激励广电人爱国敬业的精神，倾力办好新时期的广播电视，为改革开放的伟大事业服务。

众所周知，1931 年，日本侵略者悍然发动九一八事变，逐步侵占了我国东北地区的广大领土，中国人民抗日战争的序幕自此揭开。但鲜为人知的是日本对我国广播主权的侵犯和在我国开办殖民广播的历史，却可追溯到 20 世纪 20 年代中期日本在大连建立的广播电台。由此，日本开始了长达 20 年之久的对我国广播事业全方位、多层次的侵略活动。

距今 120 年前，沙皇俄国借清朝政府在甲午战争中失败之机，以"租借地"的名义霸占了我国的辽东半岛（今辽宁省南部）。1905 年爆发在我国领土上的日俄战争以俄国的失败而告终。随后，日本强迫清政府将辽东半岛的"租借权"转让与日本。日本随即将辽东半岛作为日本的一个州来统治，称为"关东州"，并设立殖民统治机构——关东都督府，作为进一步侵吞东北继而灭亡中国的跳板。

广播是 20 世纪 20 年代初作为新兴传媒工具而问世的。日本的第一座广播电台开办于 1925 年 3 月。不久，为配合侵华活动，日本将它开办到中国。1925 年 8 月 9 日，由日本"关东州递信局"开办的大连广播电台开始播音，该台呼号为 JQAK（第一个英文字母为 J，按当时国际有关条例规定为日本无线电台呼号的标志），发射功率 500 瓦。这是日本侵略者在我国东北境内开办的第一座广播电台。大连台不同于一般外国商人在中国开办的广播电台，它是日本帝国主义的官办电台，是殖民性质的广播电台。起初完全仿照日本国内广播电台，只有日语广播，为日本侵略者服务。后来为了麻痹和毒害中

[①] 原载《中国广播》2015 年第 5—6 期。

国听众才办起了汉语节目。这是日本帝国主义者侵华广播活动的开端。此后20年间，日本侵华广播活动日益猖獗，概括起来，有以下几个方面。

一、侵占我国广播电台，大量开办日伪广播

1931年九一八事变后，日本在逐步侵占我国东北领土的同时，先后攫取了我国东北仅有的两座广播电台即沈阳广播电台和哈尔滨广播电台，并改办成日伪广播电台。1932年3月，日本帝国主义扶持的傀儡政权——伪满洲国在"新京"（即长春）成立。同年10月，"新京电话局"设立的演播室开始播音。第二年，以之为基础成立了伪"新京放送局"，呼号为MTAY，发射功率为1千瓦。截至1945年日本投降前，日本侵略者在当时伪满境内共建立日伪广播电台26座。

1937年七七事变后，日本陆续侵占我国华北地区，先后掠夺我国在北平、天津、太原和青岛等地的广播电台办起一批日伪广播电台，并私自将北平改称"北京"，在当地建立了伪"中央广播电台"。1938年，日本入侵当时的绥远省、察哈尔省和山西省北部，先后在张家口、大同和包头等地办起了一批日伪广播电台，按现今华北地区计算，总计办起日伪广播电台16座。

1937年八一三淞沪抗战后，日本先后占领上海、南京、武汉和广州等地，在今华东和中南地区先后办起日伪广播电台19座，其中南京为汪伪"中央台"所在地。

在此之前，1895年被迫"割让"与日本的台湾也于1928年开办日伪"台北广播电台"，而后又在台南、台中、嘉义和花莲等地开办日伪广播电台。此外，1941年太平洋战争爆发后，日本占领香港，将原港英当局的广播电台改办为伪"香港放送局"。

综上所述，日本帝国主义在自1925年起至1945年先后总计在我国境内办起日伪广播电台60多座，遍布和覆盖我国的半壁江山，不但数量上远超过中国的官办广播电台，而且发射功率也十分强大，仅伪满广播的发射功率即达300千瓦左右，而抗日战争时期，国民党官办广播的总发射功率最高不过140多千瓦。

二、组建广播监管机构，严密控制广播电台

日本侵略者把控制通信、广播作为侵略中国的一个重要手段。日本在伪满的内部机密文件中称"把握满洲国的通信权在推行我国的国策上是绝对必要的"。日本关东军司令部炮制的《满洲电信及广播事业统治方案》中规定了控制伪满通信、广播事业的原则及办法，并以之为据，于1933年9月成立了伪"满洲电信电话株式会社"（简称伪"电电"），全面垄断包办了东北地区的电报、电话、广播三项事业的大权。伪"电电"成立后，将上述已成立和将成立的伪满各地的广播电台统一控制起来。随后，在其占领的华北地区先后在北平成立了伪"华北广播协会"（简称伪"华广协"），在张家口成立了伪"蒙疆广播协会"，分别控制了北平、天津、唐山、太原和张家口等地的日伪广播电台。在此之前，还在台湾成立了伪"台湾广播协会"管辖台湾各地和厦门的日伪广播电台。

1938年3月，日本占领上海后，其军事当局宣布成立伪"上海广播无线电监督处"，并立即"接管"原国民党广播电台，成立伪"大上海广播电台"，宣布"接收"原国民政府"所实施之监督电台、取缔及指导播音等有关之一切事务"，同时勒令上海民营广播电台向其登记。在占领南京之后，1940年3月，日本侵略者策划成立了以汪精卫为首的伪"国民政府"。次年2月，汪伪政权组建了伪"中国广播事业建设协会"（简称伪"中广协"）。该会声称将要"负责接收各地日军电台"，"统一管理"沦陷区广播电台。伪"中广协"由汪伪宣传部长林柏生兼任理事长，但实际权力仍由日本军方掌握。1941年3月26日，在南京上演了一出日本军方将其控制的伪"南京广播电台"交还伪"中广协"的丑剧。随后伪"中广协"将该台改名为伪"中央广播电台"，呼号XGOA，频率660千赫。其台名、呼号、频率与国民党重庆中央台的完全一致，借以混淆视听、蒙蔽舆论。为此，重庆国民党中央广播事业指导委员会于4月间发出声明，揭露真相，呼吁"全国听众勿为所弄"。1943年6月，汪伪政府炮制的《战时文化宣传政策基本纲要》中更进一步提出，要"强化中国广播事业建设协会，严厉取缔敌性广播，并谋对外宣传之积极与强化"。

在伪"电电"、伪"中广协"等日伪组织的控制下，沦陷区的原国民党广播电台均被"接管"，各地的民营广播电台在遭受到重重打压、迫害下均

先后停办，日伪广播之声弥漫在沦陷区的上空。

三、制定广播法规，管控收听范围

日本侵略者在其占领地区扶植的伪政权及上述伪"电电"、伪"中广协"、伪"华广协"等广播管控机构陆续出台了一批伪法规、章程、条例等，其重点除严密控制广播电台的设置、频率的分配等外，还对收听工具和收听范围加以种种限制，如伪满当局强制中国居民购买只能收听到当地日伪广播的廉价收音机，严厉取缔6个电子管以上的收音机，借以限制收听重庆和苏联、欧美的广播。凡发现有收听外台者予以镇压。据报道，伪满当局1940年曾以收听外台为由，一次逮捕19名外国人士。在华北地区，日伪当局同样强制推销廉价收音机，并下令登记收音机用户，按月缴费，同时强令没收可以收听短波的设备，发现收听非日伪广播者以"国事犯"论处。

南京汪伪政权及伪"中广协"先后制定颁布了《装设无线电收音机登记暂行办法》《无线电收音机取缔暂行条例》及其《实施细则》等法令。按照上述伪法令，据1942年11月统计，不包括租界范围，上海市已登记收音机9972户，同时将短波收音机列为"违禁收音机"严加取缔，勒令持有者到指定地点改装，违者将"处以一年以下徒刑、拘役或3000元以下罚金"。1942年9月，汪伪"行政院"向伪"上海市政府"发出"训令"，内称"为普及广播宣传起见，将向日本定制优良收音机，以最低廉价出售"，计有三灯收音机3000架、四灯机2000架，"通令各军政机关及各级党部酌量购置"。同时还将五灯以上收音机列为"违禁收音机"。并制定"持有特许标准"，成立"特许委员会"审核持有者名单。特许委员会由"中国方面"及"日本方面"代表共五人组成，其成员为伪政权当地最高行政官署及当地警察机关代表各一人，日本当地领事馆、特务机关及宪兵机关代表各一人，由此可见审核之严厉及审核权控制在日本方面。有关档案材料显示，汪伪"上海市政府"秘书长因公需要使用短波收音机，要经伪市长批准，但还需致函日本宪兵队特高课审查核定，其管控收听范围之严，可见一斑。

四、开展殖民奴化宣传，麻痹毒害中国听众

为配合日本军事侵华活动，各地的日伪广播电台大量开办汉语节目，对

占领区内的中国听众开展殖民奴化宣传。以伪满为例,1939年出版的伪满《广播年鉴》中声称:"对建国(指伪满洲国)时间不长国家观念比较薄弱的民众进行民族协和、王道精神、日满一德一心方面的指导,提高国民的国家意识,努力建成东亚协同体,是汉语广播的根本方针。"伪满广播极力为傀儡政权涂脂抹粉,把它说成是"独立的新国家",妄图把我国的东北地区从整个中国分割出去,纳入日本军国主义的"大东亚共荣圈"之内。为毒害东北青少年,1939年伪满"民生部""教育司"还制订三年计划建立中小学校广播网,在伪"电电"协助下,为各校配备收音机,"以便增进教育效果"。

在华北地区,1941年起,日寇先后开展了五次"治安强化运动"。日本华北方面军制订的《"治安强化运动"实施计划》中强调,要利用广播来"宣传东亚新秩序的观念",由汉奸头面人物如伪"华北政务委员会"委员长王揖唐、伪"治安总署"督办齐燮元、伪"教育总署"督办周作人等先后出面作关于"治安强化"的广播讲演,同时还规定由伪"华广协"向"管内及敌地区进行广播,并由地方各电台作为本地新闻进行广播"。日军还特别支援伪"华广协"一批广播发射设备和对重庆广播的定向天线,用来"对重庆进行广播宣传攻势"。

在日本军方和汪伪政权的指导监督下,伪"中广协"在其《组织章程》中宣称:"本会以集中全国官民力量以及联合友邦热心人士倡导社会协助政府发展广播事业,加强广播宣传,以促进国家建设,东亚复兴为宗旨。"汪伪政权为推进"反共睦邻"的投敌卖国的政策,规定汪伪广播中的新闻节目稿件由日本派遣军报道部、日本驻南京"大使馆"情报部和汪伪"中央社"提供。每逢发生重大事件,汪伪"中央台"都安排"临时讲演"节目,借以配合日军的侵略活动。如1941年12月太平洋战争爆发,汪精卫立即到伪"中央台"发表广播讲话,鼓吹协助日本进行了"大东亚战争"。汪伪"中央台"还与日本、伪满进行了所谓"交换广播",庆祝"中日满合作"。40年代初,汪伪政权为巩固其汉奸统治,频繁开展所谓"清乡运动",一方面从军事上"围剿"华中地区抗日武装;一方面从政治上、精神上麻痹、毒害中国人民。此时,日伪广播中相继举办"清乡讲座""清乡宣传周"之类的节目,予以配合。

总之,日本侵略者在其占领区内先后开办的60多座日伪广播电台均为日本帝国主义灭亡中国的反动目的服务。其广播内容概括起来不外乎以下几个方面：第一，配合日寇军事、政治攻势，宣扬所谓"大东亚圣战"，鼓吹"建立东亚新秩序"；第二，极力贩卖封建法西斯文化思想，以所谓"大和精神"毒害听众，对中国听众进行亡国灭种的文化教育；第三，大量播出如《支那之夜》《满洲姑娘》《蔷薇处处开》等靡靡之音，腐蚀人们的意志，粉饰日本军国主义的血腥统治。

五、轰炸破坏中国电台，封闭民营广播电台

1937年8月，淞沪抗战爆发，日军飞机开始轰炸南京，设在灵谷寺的国民党中央台短波台遭到袭击而停播，工程师蒋德彰不幸殉职。此后，中央台发射台所在地屡遭轰炸。11月23日起该台停止播音。由长沙广播电台暂替播音。在此前后，中央台的设备开始拆迁西运。在重庆时期的中央台及新建的国际广播电台也屡遭轰炸，但因防范严密，未停止播音。在日寇的军事进攻下，原设在城市中的一些地方台纷纷迁往偏僻地区播音，如福州台迁往永安，改名为福建台。西安台迁南郑改称陕西台，长沙台迁沅陵改称湖南台等。据1938年年底统计，国民党官办广播电台仅剩六七座，发射功率不足11千瓦，损失相当严重。

日伪对其占领区的民营广播电台也极尽迫害之能事。上海是中国民营广播电台的发源地和大本营。1937年八一三事变后，日本占领上海的非租界地区，当时上海30多座民营台中，亚美、华美等几座民营台自动拆机停播，以示无声抗议。对大多数尚在播音中的民营台，勒令限期向日军占领当局登记，否则不准继续播音。对在租界继续播音的民营台，日本要求不得有反日宣传的内容，同时又制造借口采取干扰、抢劫、破坏甚至投掷炸弹等手段对民营电台加以威胁、迫害。1941年太平洋战争爆发后，日军占领租界地区，对尚存租界地区虽已登记的民营台一律加以封闭。从此，在日本占领地区内，中国的民营台荡然无存。

六、广泛收集中国广播情报，编印书刊吹嘘是日伪广播

近百年以来，日本一直热衷于收集中国的政治、经济、军事和地理情报，与此同时，为配合利用广播开展侵华活动，也注重收集中国有关广播的资料信息。以伪"电电"为例，1936—1937年间编印了多辑《中国广播情

势》资料，内容包括当时中国政府有关部门制定的条例、法规，如《中华民国民营广播无线电台放送取缔规则》以及上海、平津等地的广播动态等。其中 1937 年 1 月《中国广播情势》第五辑又标为《广播参考资料》卷八，题为《中华民国主要 52（个）广播电台一览》，由伪"电电"营业部广播课编印，全部译自国民党中央广播事业管理处编印的《广播周报》第 105 期（1936 年 9 月 22 日出版），内容为当时中央台及各地方台的台名、频率、广播节目及播出时间等，中国广播的现状几乎一览无余。上述有关中国广播的资料，无疑为日本广播侵华提供了重要的信息和情报。

此外，各地的日伪广播机构还编印了多种中日文的广播书刊，歪曲、抹杀历史真相，渲染日伪广播的业绩。如伪满的《满洲广播年鉴》（1939 年、1940 年版），除了以文字、照片、图表等形式记载伪满广播事业的发展情况外，在《邻近诸国的广播事业》栏目中竟然将台湾、"北中国"的广播事业与日本、苏联的广播事业并列，日本侵略者割裂中国的企图昭然若揭。《满洲电信电话株式会社十年史》（1933—1943 年，上下册）、《满洲广播事业说明》（1939 年，伪"电电"编）等书刊、小册子中，将名为"株式会社"（中文意即有限责任公司）的伪"电电"，公开宣称是具有与"官厅相等之特权，并有代行国策之重大责务，且一旦有事之际，有直接充任军方一大通信兵力之义务"。书中别有用心地将伪满电台对我国东北和华北地区广播的汉语播音称为"满语"播音，以期契合于伪满洲国的需求，分割我国领土的企图，暴露无遗。

有侵略就有反抗。一部中国的近现代史，从某种角度可以说是一部帝国主义侵略中国的历史，也可以说是中国人民反侵略斗争的历史。针对日本广播侵华的种种罪恶行径，在中国人民抗日战争的全部历史中，中国的广播工作者和被侵略、压迫的中国人民也写下了反抗斗争的一页。

以国民党中央台为代表的中国官办的广播电台虽然在抗日战争全面爆发初期遭到了严重的破坏，但中央台在西迁重庆之后，在英美等国的协助下逐步恢复，并于 1939 年 2 月正式开办了对国外广播，定名为"国际广播电台"（英文简称 VOC，意为"中国之声"），最多时采用 20 多种语言，面向欧美、苏联、日本、东南亚及我国被占领的东北、华南等地播音。除国际台外，昆明台、贵阳台等也开办了对国外广播，其中以昆明台为最，发射电力为 50 千瓦。此外，还在重庆建立电波研究所和收音站。国民党当局还创办战地流动广播电台和军中播音总队，担负对敌军广播的任务，此外还注重发展西南、西北地区的广播事业,以适应战时宣传的需求。据1943年上半年统计,官办广播电台已有16座,发射总功率达142千瓦,略超过战前的规模。国民党的广播宣传在抗战时期,总的来说坚持了国共合作共同抗日的大方向,重庆的中央、国际两台举办的广播讲演节目,经常邀请中共代表、抗日将领、爱国人士和国际友人,如周恩来、冯玉祥、李济深、郭沫若、沈钧儒、黄炎培、爱德华(印度援华医疗队队长)等发表抗日广播演讲,呼吁国内外反法西斯力量团结起来,打败德、意、日法西斯,争取世界和平。1938年,汪精卫叛变投敌后,中央、国际两台举办了讨伐汪逆广播节目,国民党政要及各界代表人士纷纷发表广播讲演,谴责汪逆卖国罪行。宋霭龄、宋庆龄、宋美龄三姐妹对美的广播讲话,促进了美国朝野了解中国抗日斗争的进程,对推动美国援华抗日起了积极的作用。国民党广播还与驻重庆的英美广播公司合作编制广播节目,与莫斯科广播电台合作互办对苏、对华音乐节目,促进了两国文化的交流。日本反战同盟的有关人士也在重庆发表广播讲演,劝告日本人民勿受军阀蒙蔽,呼吁他们起来反战。此外,针对日本广播的造谣污蔑,重庆广播电台也予以驳斥和揭露。总之,以中央台为代表的国民党广播的抗日爱国的宣传在大后方和沦陷区有着相当广泛的影响。需要指出的是,国民党广播在抗战宣传中,仍有很大的片面性。广大听众无法从国民党的广播中了解到中共领导下的八路军、新四军等人民军队英勇抗敌的事迹,在国民党顽固派发动反共高潮之际,国民党的广播予以配合,播出污蔑中共及其领导下的人民军队的节目。

中国的民营广播电台在抗战全面爆发初期表现出了极大的抗日救国热情。1937年八一三淞沪抗战爆发后,上海的几十座民营台在上海各界抗敌后援会的支持下,邀请各界爱国人士发表抗日救亡讲演,发动市民捐款捐物支援前线抗敌将士,编写抗战歌曲、广播剧反复播出,激励广大听众的爱国抗日斗争。茅盾对此曾著文称赞:"无线电播音在抗战宣传上确实起了很大的作用,这方面的工作人员也确实尽了最大的努力。"上海沦陷后,有的民营台拒绝向日本军事当局登记,自动拆迁停播。有的利用租界当局与日本占领当局之间的矛盾,在租界地区坚持播音,播出一些爱国进步的歌曲,动员听众捐款捐物支援前线,为支援抗日做了一些有益的工作。

在中国共产党领导下的陕甘宁边区,1940年12月30日,第一座人民广播电台——延安新华广播电台开始播音,尽管延安的无线电技术条件十分困难,但延安台一直断断续续地坚持播音,报道了在中共领导下的八路军、新

四军等抗日武装打击歼灭日本侵略军的消息和有关评论。不少听众从中受到鼓舞和教育,投身到抗日战争的洪流之中。延安台的播音因技术条件障碍于1943年春暂时停止了播音。

在沦陷区的中国民众怀着对日本侵略者的仇恨,盼望早日从敌寇铁蹄下解脱出来。不少民众利用自行改装的短波收音机偷听重庆乃至欧美、苏联的广播,从中得到一些有关抗日战争和反法西斯战争的消息。在日伪广播电台工作的怀有爱国心的中国人员,有的用怠工方式表示不满,有的用影射方法编制广播节目揭露日伪的黑暗统治。不少敌占区的居民抵制日伪推销的廉价收音机。老舍的著名小说《四世同堂》以艺术形式再现了沦陷后的北平爱国市民偷听南京(沦陷前)、重庆广播,拒绝购买廉价收音机的情节。上海不少市民被迫深居简出,躲在家里偷听短波广播,盼望早日"天亮"(指抗战胜利到来)。1945年8月10日晚,在南京伪"中央台"工作的富有爱国心的中国人员把重庆广播中播出的日本政府通过瑞士发出照会请求投降的消息通过汪伪"中央台"播送出去,使听到这一胜利消息的市民兴奋不已。

1945年8月,经历了14年艰苦抗战的中国人民终于迎来了抗日战争的伟大胜利。这是近百年来在反对外来侵略斗争中取得的第一次全面性的伟大胜利。

抗日战争的伟大胜利标志着日本侵华广播在中国的彻底终结。从此永远地结束了日本帝国主义对中国广播主权的侵犯和日伪广播的殖民奴化宣传的历史。在抗日战争胜利之际,国民党的官办广播事业由于接收了一批日伪广播电台,获得了新的发展,国统区的民营电台也重获新生,陆续恢复了播出。尤其值得关注的是,在中共领导下一度中断播音的延安新华广播电台恢复了播出,与此同时,东北地区的抗日人民军队还将接收的一批伪满广播电台改建成人民广播电台。所有这些都为中共领导下的解放区广播事业的发展奠定了基础。这在中国广播史上是具有重大意义的事件,值得广大的广电工作者永远纪念。

[注:限于篇幅,多处引文未注明出处,如需进一步了解有关情况,请参阅作者主编的《中国广播电视通史》(中国广播影视出版社出版)中的有关章节。]

《日本侵华广播史料选编》[①] 出版说明

2003年5月，我在《中国现代广播史料选编》（本人主编，汕头大学出版社2007年6月版）一书的编后记中说，该书分为上、下两编，上编为北洋政府和国民党政府管理下的广播事业史料，下编为中国共产党领导下的人民广播事业史料。所选史料起于20世纪20年代初中国境内出现第一座广播电台到40年代末中华人民共和国成立前夕将近30年间有代表性的广播史料，并写明"日伪广播史料尚待搜求整理，故《选编》未收入这方面的史料"。

2015年是中国人民抗日战争暨世界反法西斯战争胜利70周年，为弥补《选编》一书的缺憾，特将我和哈艳秋教授几十年来收集的以及谢鼎新教授、刘书峰副编审近年来收集的日伪广播史料加以筛选整理，编为《日本侵华广播史料选编》一书出版。这既是对日本侵华广播罪行的一次声讨和清算，也是对抗日战争胜利70周年的纪念。

本书依据日本侵华广播的历史进程和状况，分为六个部分，第一部分为伪满广播史料，第二部分为华北日伪广播史料，第三部分为汪伪广播史料，第四部分为日伪台湾、香港广播史料，第五部分为各地广播电视志载日伪广播史料，第六部分为日本侵华广播大事年表及其他。日本侵华广播史料散存中外，数量众多，但收藏分散，搜求不易，选编更难，但自信本书所收有关史料，基本上可以反映出日本侵华广播的概貌。本书中上海日伪广播史料，均选自本人参与校审的《旧中国的上海广播事业》一书（该书由上海市档案馆、北京广播学院和上海市广电局合编，档案出版社、中国广播电视出版社1983年12月出版）。本书中入选史料除标题外，内容均保持原貌，相信读者自会以分析批判眼光对待。入选史料大部分为中文，收入的日文史料，由中国传媒大学李立军副教授译出。少量中日文史料影印收入书中，以保持原貌。书中每篇史料的题注中说明史料的来源和出处。长期从事中日文化交流工作的大连工业大学刘爱君教授特地托友人寄来《日本广播年鉴》等所载

[①] 本书由中国广播影视出版社2015年8月出版。

有关史料的复印件。中国传媒大学在读研究生张立雷和徐敏也为出版本书做了相关工作。

为便于我国学者了解日本学者对在华广播的研究成果，本书中特选译和编入了贵志俊彦等著的《战争·广播·记忆》一书中的有关史料和该书目录等。为此，特向该书作者表示感谢。

目前尚无一本全面系统地揭露批判日本侵华广播的专著，为使读者了解日本侵华广播的概貌，在附编部分特收入本人撰写的《日本侵华广播史略》一文，以供参考。又，为弥补前述2007年版《选编》一书的不足，本书的附编部分还特收入了谢鼎新教授近年来收集的民国时期若干电视史料及蔡志勋同志对《旧中国的上海广播事业》一书的勘误表。

最后，需要说到的是，这本《选编》仅是引玉之书，对于有志于深入研究日本侵华广播活动的中青年学者来说是远远不够的。我期盼若干年后，经过多方搜集史料、深入研究探讨，有一本国人所著的日本侵华广播史问世，这既是对历史的告慰，也是对这段中国广播史上的不幸一页的必要交代。

编选不足之处，尚希识者指正。

2015年初春 时年七十有九

全面认识抗战历史　大力弘扬抗战精神[①]

2015年是中国人民抗日战争暨世界反法西斯战争胜利70周年。轰轰烈烈的全民族抗日战争是我国现代史上的重大事件。作为离退休的一代,从中小学课本到大学课堂上不止一次地学习过这段历史,不少离休的老同志还是这场伟大战争的亲身参与者和经历者。但是由于历史的原因和认识上的局限性,很长一段时间对抗日战争历史的认识还存在着一些不够全面、准确、深刻之处。2015年以来,借抗战胜利70周年之际,翻阅有关书刊,重温抗战历史,匡误反正,获益良多,兹举数例,就教识者。

一、抗日战争不仅八年

其一是,我们经常说八年抗战,这是指从1937年七七事变到1945年日本投降这段历史。其实,1937年七七卢沟桥抗战是指日本发动全面侵华战争,中国开始全国抗战。但早在此前,1931年日本发动九一八事变,挑起局部侵华战争的同时,中国抗日救亡高潮迭起,东北沦陷区军民打响抗战第一枪开始,就宣告了中国局部抗战已经开始。所以抗日战争应该从1931年算起,至1945年胜利结束前后共计十四年。不能简单地用"八年抗战"说法取代十四年抗战的历史事实。近日,中央电视台在第一套节目黄金时间播出的电视连续剧《东北抗日联军》,即形象地再现了20世纪30年代以来东北各界爱国军民在白山黑水之间英勇抗敌,涌现出诸如杨靖宇、赵一曼、赵尚志等人以生命和鲜血写下的悲壮史篇。

二、国共合作抗战到底

其二是,一段时间里,我们出版的有关历史书中讲到抗日战争时期的国

---

① 本文作为代前言,收入哈艳秋主编:《"勿忘历史:抗战新闻史"学术研讨会文集》,中国广播影视出版社2016年7月版。

民党时，总是说它"消极抗日、积极反共"。而国民党方面则指责共产党"游而不击"。这两种说法，今天看来都是片面的，不符合抗战历史的真相。如果真的是国民党"消极抗日"，共产党"游而不击"，那么日本侵略者是谁打败的呢？历史事实的真相是，在抗日战争时期，国共两党合作，结成广泛的抗日民族统一战线。当时居领导地位的国民党拥有强大的人力、兵力和物质资源，在与日本侵略者的战斗中处于正面战场的地位，先后发动和组织了多次著名的战役，粉碎了日本侵略者企图速战速决占领中国的野心。国民党军的爱国将领和广大士兵英勇奋战、血洒沙场，付出了巨大的牺牲，值得永远纪念。共产党领导的八路军、新四军、华南抗日游击队、东北抗日联军积极开展敌后抗战，开辟了大批抗日根据地，与正面战场在战略上相互配合，不但延缓了日本帝国主义的侵略步伐，而且逐步成为全国抗日的主战场。在抗日战争时期，国民党顽固派虽然有时掀起反共高潮，但不居于主导地位。国共合作共同抗日一直是主流，而且坚持到了抗战胜利。

近年来，两岸紧张关系的缓解，逐步走向携手共谋和平发展之路，对抗日战争时期国共合作共同抗日历史事实的认识也渐趋相近。2014年9月1日，经党中央、国务院批准，民政部公布的第一批抗日战争中顽强奋战、为国捐躯的300名著名抗日英烈和英雄群体中既有东北抗日联军、八路军、新四军中广为人知的杨靖宇、左权、马本斋、彭雪枫等先烈，也有国民党军将领佟麟阁、赵登禹、王铭章、张自忠和戴安澜等的英名。在台湾军方编印的2015年抗战英烈纪念月历中，也将左权列为"国军少将"。

三、日寇暴行岂止"三光"

其三是，对日本侵华战争中的法西斯暴行揭露得不够全面。通常只是说"三光"政策，即日本侵略军对占领区的中国人民实施"烧光、杀光、抢光"的法西斯暴行。其实，日本侵略军的罪行远不止"三光"政策。还有如残杀我30万无辜同胞的"南京大屠杀"及其他屠戮惨案；对重庆、武汉和多个城乡的野蛮轰炸；违背国际公约，实施细菌战、化学战；掠夺我国大批劳工赴日强制劳动；以及摧残中国妇女的"慰安妇"暴行等。除此之外，日本的法西斯暴行还包括对中国经济、教育、文化的刻意摧残，其中包括对我国的新闻、报刊、广播领域的侵略行径。所有这些都有必要经过认真的调查研究，著文成书，公之于众，使日本侵略者的法西斯暴行永远钉在历史的耻辱柱上,让后人永志不忘,绝不容许日本军国主义复活,重演历史悲剧。

这里还需要特别指出,在宣传方面,为配合日本帝国主义对我国军事侵略活动,宣传日本侵华"战果",渲染日本士兵效忠天皇的武士道精神,鼓吹"大东亚战争"而开展了一系列"软实力"的侵略活动。在日本侵华部队中有一支被称为"笔部队"的报纸、通讯社和广播电台的记者,随日军的侵华活动,活跃在中国各地。此外,早在1931年九一八事变之前,日本就在中国领土上办起了报纸和广播电台,这不是一般意义上的文化交流,而是为日本侵华制造舆论的宣传工具。九一八事变之后,日本在中国办起了一批日伪报刊和广播电台,报刊的情况我不太了解,暂且不谈。仅就广播而言,日本先后在我国东北、华北、华东和中南等地的占领城市中先后办起日伪广播电台六七十座,影响所及遍布半个中国。日本侵略者还在各地大力推销只能收听当地日伪广播的日制收音机,借以抵消重庆、苏联和欧美的广播影响,麻痹和毒害中国听众的民族意识和反抗精神。此外,日本侵略者还大肆轰炸国民党官办广播电台,摧残封闭我国民营的广播电台,妄图扼杀中国人民的抗日之声。遗憾的是,我们在这方面的研究还远远不够,除有关的文章结集出版外,尚无全面系统揭露日伪新闻(广播)专著问世。

四、文武战线全面抗日

其四是,业已出版的多种中国抗日战争史的书籍,着重评述了中国军队包括国民党军队的正面战场和中共领导下的人民军队的敌后战场与日本侵略者进行的军事斗争。这是首要的、毫无疑义的。但与此同时,对文化战线上的抗日斗争的评述却显得薄弱。深入研究文化战线的抗日斗争史,并给予足够的篇幅加以评述是十分必要的。

毛泽东在1942年《在延安文艺座谈会上的讲话》中曾说过:"在我们为中国人民解放的斗争中,有各种的战线,就中也可以说有文武两个战线,这就是文化战线和军事战线。我们要战胜敌人,首先要依靠手里拿枪的军队。但是仅仅有这种军队是不够的,我们还要有文化的军队。这是团结自己、战胜敌人必不可少的一支军队。"回顾从1931年起的十四年的抗日战争可以说是一场全面的战争,既有军事政治方面的斗争,也有经济文教方面的斗争。这是由于日本对中国的侵略是全面的,因而抗日战争也必然是全面的。仅就文化教育战线而言,日本配合其军事侵略活动极力摧残中国的文化教育事业,同时开办日伪文化教育机构,推行"文化殖民"和文化侵略活动,妄图毁灭中华文化,实现"东亚共荣"的"梦想"。日本的软实力侵略活动激发了中国广大爱国知识分子的民族义愤,在国共合作共同抗日的历史背景下,展开了一场针锋相对的有声有色的文化抗战。

令人欣慰的是,在2015年的抗战胜利70周年的纪念活动中,文化抗战的业绩有了进一步的反映。仅以首都两报为例,《人民日报》在8月间先后以"嘹亮的抗战歌声"和"铭记抗战中的音乐"(戏剧、电影、摄影、美术、文学)为题,推出了系列专版文章。《光明日报》于八九月间先是连续刊登了"口述东北文化抗战史"专栏,继而又以多个版面刊登了"抗战中的大学"专刊(4个版面)和"抗战中的文化力量"特刊(10个版面),比较全面地反映了教育、新闻、戏剧、诗歌、电影、科技和美术各条战线的抗日斗争。从上述报道中显示了文化抗战在振奋民族精神、激励前线官兵斗志和培育抗战人才方面发挥的积极作用,为抗战胜利70周年纪念增添了新的光彩。但报刊的文化抗战宣传局限性较大,不够系统、全面,同时也难以保存、查找。我们期盼,在今后抗战胜利的纪念活动中能有一部全面反映中华民族文化抗战史的著作问世,为中国人民抗日战争史谱写新的篇章。

五、盟国宣布日本投降

其五是,1945年8月日本投降,也即中国人民抗日战争胜利暨第二次世界大战结束。但日本投降一事应如何表述?通行的说法是1945年8月15日中午12时,东京广播日本天皇的《终战诏书》宣布日本无条件投降。但这一说法实际上并不准确,也不符合历史的真实情况。

1945年7月26日,中、美、英三国发表敦促日本政府无条件投降的《波茨坦公告》(同年8月8日苏联加入)。8月9日,日本政府决定接受《公告》。10日,日本政府第一次提出乞降请求,但表示希望同盟国保证"不损害天皇陛下作为至高统治者之皇权"。次日,日本政府的上述乞降请求被四国回绝。8月14日,日本政府再次乞降,表示不附带条件接受《公告》。对此,中美英苏四国政府予以同意,并商定于8月15日7时(重庆时间,华盛顿时间为8月14日19时)四国政府分别用汉语、英语、俄语同时在重庆、华盛顿、伦敦、莫斯科通过广播向全世界宣告:日本政府已正式无条件投降。随后(重庆时间9时),蒋介石在重庆中央广播电台发表《抗战胜利告全国军民及世界人士书》。一小时后，东京时间中午 12 时，日本广播电台播出日本天皇宣读《终战诏书》的录音（这是在前一天录制的），表示接受《波茨坦公告》，但通篇并无"无条件投降"甚至"投降"的字样。

这里首先应当明确的是，日本无条件投降一事，应当由谁来宣布？即应由同盟国宣布，还是应由日本方面宣布？按照国际惯例，战败者可以乞降，但考察其乞降的真伪与否、接受与否，并做出正式决定即拒绝或接受，则是战胜国的权利和荣誉。此前，法西斯德国于 1945 年 5 月 8 日无条件投降是由苏美英同盟国正式宣布的。据此，日本无条件投降一事的准确表述应是：1945 年 8 月 15 日，中美英苏四国政府宣布日本无条件投降。或者可以简明地说 1945 年 8 月 15 日，日本无条件投降。但不能说 1945 年 8 月 15 日日本天皇宣读《终战诏书》宣布日本无条件投降。前已言及，因为《诏书》通篇并无"无条件投降"或"投降"的字样，这里有必要对《诏书》加以剖析，认识其真实的面目和意图。

第一，从《终战诏书》的称谓来看，"终战"即终止战争，意即不打了。"不打"并非投降，更不是无条件投降。另，"诏书"是裕仁作为天皇向日本臣民发布的，并非是对中美英苏四国要求日本无条件投降的《波茨坦公告》的答复。

第二，《诏书》中所说的"终战"，乃是指 1941 年开始的与英美之间"已阅四载"的战争，并不包含 1931 年以来对中国的侵略战争以及对亚洲其他国家的侵略战争。这样《诏书》就从根本上抹杀了第二次世界大战的反法西斯战争的性质，全盘否认了对我国长达十四年的侵略犯下的滔天罪行。

第三，《诏书》对日本为何发动侵略战争的解释是"为希求帝国之自存与东亚之安定"，进而为"东亚解放而努力"。这与当年的日本侵华期间大肆宣扬的建立"大东亚共荣圈"如出一辙，丝毫看不出日本天皇对当年发动的侵略战争有任何悔过之意。

第四，为什么要"终战"？《诏书》的回答并不是因为战败。《诏书》也始终不承认日本战败，而是认为"如仍继续作战，则不仅导致我民族之灭亡，且将破坏人类之文明"。这样一说就把宣称"终战"的日本侵略者打扮成挽救日本民族乃至人类文明的救世主了。

如上所述，作为对当年日本发动侵略战争拥有最终决策权的裕仁天皇的《终战诏书》通篇渗透着皇国史观。它事实上成为今天以安倍晋三为代表的

日本极右翼势力为20世纪日本军国主义发动的侵略战争辩解,为其犯下的侵略罪行翻案的精神支柱。不久以前,安倍就公然声称:明治(发动甲午战争时的日本天皇年号)、昭和(裕仁在位时的年号)时期日本人可以做到的事情,"现在的日本人也应该可以做到",鼓吹复活日本军国主义的面貌昭然若揭。日本于投降后70年的2015年8月15日,首次公开裕仁的《终战诏书》原版录音用意究竟何在?值得深思。

六、中国抗战贡献巨大

其六是,有的抗战史书中孤立地写日本侵略中国,中国反抗日本侵略,未能全面地将中国人民的抗日战争与世界反法西斯战争结合起来加以研究,进而阐明中国坚持十四年抗日战争对世界反法西斯战争胜利作出的巨大贡献。

中国人民抗日战争是世界反法西斯战争即第二次世界大战的重要组成部分。但由于历史的偏见,西方二战史学者通常将1939年法西斯德国入侵波兰作为二战的开始,而事实上,1931年日本发动九一八事变对华局部侵略,中国开始局部抗战,即已揭开了二战的序幕。在整个二战期间,由于中国万众同心、英勇奋战,牵制了日军的大批军力,使之无力北上侵犯苏联,也推迟了它南下侵略的企图。中国充分发挥了反法西斯战争东方主战场的作用。1941年12月太平洋战争爆发后,中、美、英、苏为首的同盟国建立了国际反法西斯统一战线。1942年1月,中国战区成立,统一指挥中、英、缅及在越南、泰国的同盟国军队。在此之前,应英国之邀,中国远征军还曾赴缅甸作战,沉重地打击了日本侵略军的嚣张气焰。

综观整个第二次世界大战,在反法西斯的同盟国中,中国对日军的抗战开始最早(1931年)。而德国对波兰及欧洲的侵犯始于1939年,进攻苏联是1941年6月,日本轰炸珍珠港发动太平洋战争是1941年12月。近日公布的调查研究结果显示,中国长达十四年的反抗日本法西斯侵略是苏、美、英反法西斯战争时间的两三倍。中国军队共毙、伤、俘日军150余万人,占日军在二战中伤亡总数的70%以上。中国长期坚持独立抗击日本侵略军,是东方唯一的二战战场,为世界反法西斯战争的胜利作出了重大的贡献。毋庸讳言,中国在二战中付出了的牺牲也最大,中国军民伤亡3500万以上,约占世界二战各国伤亡人数总和的三分之一。在二战期间，据不完全统计，按照1937年的比价，中国官方财产损失和战争消耗达1000多亿美元，间接经济损失5000亿美元。对日本帝国主义侵略中国犯下的滔天罪行，必须予以彻底调查，对当前日本右翼势力否认侵略的野蛮罪行，必须予以强烈谴责和声讨。

历史是最好的教科书。在抗日战争胜利70周年、我国进一步深化改革开放的今天，重温十四年的抗战历史、大力弘扬抗战精神的历史意义和现实意义就是要求我们不忘历史，牢记国耻，面向未来，为实现中华民族伟大复兴的中国梦而不懈奋斗！

【附】
日本裕仁天皇《终战诏书》（中译文本）

朕深鉴于世界大势及帝国之现状，欲采取非常之措施，收拾时局，兹告尔等忠良臣民：朕已饬令帝国政府通告美、英、中、苏四国，愿接受其联合公告。

盖谋求帝国臣民之康宁，同享万邦公荣之乐，斯乃皇祖皇宗之遗范，亦为朕所眷眷不忘者。前者，帝国之所以向美、英两国宣战，实亦为希求帝国之自存与东亚之安定而出此，至如排斥他国之主权，侵犯他国之领土，固非朕之本志。然交战已阅四载，虽陆海将兵勇敢善战，百官有司励精图治，一亿众庶克己奉公，各尽所能，而战局并未好转，世界大势亦不利于我。加之，敌方最近使用残酷之炸弹，频杀无辜，惨害所及，实难逆料。如仍继续作战，则不仅导致我民族之灭亡，且将破坏人类之文明。如此，则朕将何以保全亿兆赤子，陈谢于皇祖皇宗之神灵乎！此朕所以饬帝国政府接受联合公告者也。

朕对于始终与帝国同为东亚解放而努力之诸盟邦，不得不深表遗憾；念及帝国臣民之死于战阵，殉于职守，毙于非命者及其遗属，则五脏为之俱裂；至于负战伤，蒙战祸，失家业者之生计，亦朕所深为轸念者也。今后帝国所受之苦固非寻常，朕亦深知尔等臣民之衷情，然时运之所趋，朕欲忍所难忍，耐所难耐，以为万世之太平。

朕于兹得以维护国体，信倚尔等忠良臣民之赤诚，并常与尔等臣民同在。若夫为情所激，妄滋事端，或者同胞互相排挤，扰乱时局，因而迷误大道，失信义于世界，此朕所深戒。宜举国一致，子孙相传，确信神州之不灭。念任重而道远，倾全力于未来之建设，笃守道义，坚定志操，誓必发扬国体之精华，不致落后于世界之进化。望尔等臣民善体朕意。

御名御玺

昭和二十年八月十四日

从零起步,从细入手,开展抗战广播史研究[①]

2015年是中国人民抗日战争暨世界反法西斯战争胜利70周年。中国传媒大学与中国新闻史学会联合主办的本次"勿忘历史:抗战新闻史"学术研讨会,在新的历史时期,对于抗战新闻史的深入研究,又将再次起到积极的推动作用。这是继十年前中国新闻史学会与南京大学等有关高校联合主办"抗日战争与新闻传播学术研讨会"之后的又一次有关抗战新闻史研究的学术盛会。正因为如此,今天的学术研讨会也可以说是近十年来抗战新闻史研究成果的又一次检阅和交流。我预祝这次研讨会圆满成功。

今天我发言的题目是:从零起步,从细入手,开展抗战广播史研究。

众所周知,广播是20世纪初出现的新兴媒体。在14年的抗日战争中,广播作为海陆空之外的"第四战线",在对敌斗争中发挥了无可替代的重要作用。新世纪以来,关于抗战广播史的研究已初步引起学界和业界的关注。例如中国广播电视学会广电史研究委员会主办的2003年"第六次中国广播电视史志研讨会"和2005年"第七次中国广播电视史志研讨会",均有一批抗战广播史的论文交流。本人主编的《中国广播电视通史》(上卷)中也有涉及抗战广播史的专门章节。为了迎接本次研讨会的召开,今年以来我主编了一本《日本侵华广播史料选编》(中国广播影视出版社2015年8月版),写了两篇专文,一篇是《日本侵华广播史略》(刊于《中国广播》2015年第6—7期,已收入上述《选编》一书),另一篇是《中国抗战广播史略》(将刊于《现代传播》2015年第11期)。但所有这些相对于我们所期待的一部系统、完整的抗战广播史,只能说是从零开始,作为引玉之砖,呼唤有关同志更多地关注抗战广播史的研究。

2015年7月30日,习近平同志在中共中央政治局第25次集体学习时,提出要"深入开展中国人民抗日战争研究",并且特别指出,我们对抗日战争的研究还远远不够,要继续进行深入系统的研究,他强调提出对抗日战争

[①] 本文据2015年10月17日在"勿忘历史:抗战新闻史"学术研讨会上的发言补充、修改而成。后收入哈艳秋主编:《"勿忘历史:抗战新闻史"学术研讨会文集》,中国广播影视出版社2016年7月版。

的研究"总体要深,专题要细"八个字的要求。相对于宏观的中国人民抗日战争史的研究,中国抗战广播史无疑属于专题研究的范畴,应当从"细"字入手,在"细"字上狠下功夫,写出一本"让历史说话,用事实发言",全面反映中国抗战广播的专题史著作。现根据本人对抗战广播史的初步了解,提出以下一些意见和建议供与会同志参考。

第一,中国抗战广播史的基本内容应包括两个方面:一方面是日本配合军事行动对中国广播领域的侵略(包括建立日伪广播电台、开展殖民奴化广播宣传以及破坏轰炸中国广播电台等),另一方面是中国广播应对日本侵略采取的相关措施(包括开展抗日宣传及迁移、新建广播电台等)。

第二,中国的抗战广播阵营主要由三个方面组成,即国民党的官办广播电台、民营广播电台和中共领导下的人民广播电台。在国共合作的大背景下,三类广播电台在14年抗日战争的不同历史阶段,既有相互配合各自开展抗日广播宣传的共性,同时又有各自的特点。

第三,中国的抗战广播是世界反法西斯广播的重要组成部分。在抗日战争时期,重庆作为抗战广播的中心,与苏、英、美广播电台均有不同形式和程度的合作,协同开展与法西斯广播针锋相对的斗争。

第四,中国传媒大学的前身是北京广播学院,多年来作为最早开展广播史研究的院校,理应责无旁贷地担负起领衔抗战广播史研究的重任,同时也要与抗战广播的代表性地区,如南京、上海、重庆、昆明等地的有关高校、科研、档案部门的教研人员,加强联系,密切合作,可考虑联合申请国家或省部级社科项目,共同开展抗战广播史的研究。同时还要加强与港台地区和日本有关学者的沟通与交流,倡议海峡两岸学者共写抗战广播史。

第五,在时间与步骤安排上,可考虑在前述《日本侵华广播史料选编》的基础上,着手选编一本《中国抗战广播史料选编》,在掌握比较充分史料的基础上,编写一本《中国抗战广播史》,期盼能在五年后,中国人民抗日战争胜利75周年时问世。

中国抗战广播史略[①]

2015年是中国人民抗日战争暨世界反法西斯战争胜利70周年。70年前，中国人民经过14年的浴血奋战终于取得了全民族抗日战争的伟大胜利，谱写了中华民族历史上的光辉篇章。在14年的全民族奋起抗战的艰苦岁月中，中国的广播事业虽然受到日本帝国主义的严重摧残，但并没有也不可能被摧垮。国民党的官办广播电台、民营广播电台以及中国共产党创办的人民广播电台在国共合作抗日的大背景下，克服重重困难，战胜日寇的干扰和破坏，坚持不中断播音，为动员和激励全国军民抗日救亡斗志和增强世界进步力量的反法西斯斗争发挥了积极作用，写下了中国广播史上难忘的悲壮一页。兹基本上以时间为序对14年的抗战广播略加记述，以留纪念。

一、"九·一八"到"一二·九"期间的广播

1931年，日本侵略者发动"九·一八"事变的第二天，北平广播电台即"停止播送娱乐节目，以报告暴日出兵消息"，并且停播戏曲节目，改为宣讲节目，呼吁警惕日本的侵略行径，一个月后才逐步恢复戏曲节目。当月，南京国民党中央广播电台即改订播音时间，在一段时间内停播音乐，增加特种报告，揭露日本的暴行和侵略阴谋。上海92岁高龄的爱国老人马相伯从1932年11月起，连续四个月发表了12次国难广播演说，呼吁"立息内争，共御外侮"。有些广播电台慑于国民党当局不抵抗政策的压力，无法直接宣传抗日救国，于是选播了一批表现历史上爱国题材的话剧和广播剧，如《卧薪尝胆》《岳飞》《花木兰从军》和《文天祥》等，以鼓舞国人的爱国斗志。

1932年，日本侵略上海，制造"一·二八"事变。当时驻上海的十九路军将士激于民族义愤，在爱国将领蒋光鼐、蔡廷锴等的率领下，不顾国民

[①] 原载《现代传播》2015年第11期，后收入哈艳秋主编：《"勿忘历史：抗战新闻史"学术研讨会文集》，中国广播影视出版社2016年7月版。

党当局的撤退命令，毅然奋起战斗，给日本侵略军多次沉重打击。十九路军的淞沪抗战，振奋了上海各界人民的抗日斗志，纷纷组织义勇军、敢死队、救护队奔赴前线。上海各广播电台及时播送前线抗战消息，亚美广播电台还与南京中央台和杭州、上海等地的官办、民营台联合组织"国难声中的临时播音节目"，及时播报淞沪御侮状况及各项消息，以告慰内地同胞。此外，亚美电台的创办人苏祖圭、苏祖国兄弟利用广播积极组织募捐衣物、医药、款项和交通工具。上海及周围的广大爱国听众积极响应，踊跃捐赠。大批慰问品及时送到前线，激励了将士们的抗日斗志。为此，坚持指挥淞沪抗战的蒋光鼐等人曾致函该台表示感谢。1933年元旦，该台邀请著名爱国人士马相伯、梅兰芳、杜重远发表广播讲演，宣传使用国货，呼吁抵制日货。随后，为纪念"一·二八"一周年，亚美电台于1月26日至31日编排播出了专门的节目，其中包括"一·二八"纪念播音开场白及事变始末介绍、"一·二八"战事每日大事记、哭周年，同时还播出了苏祖圭编写的广播剧《恐怖的回忆》，借以使市民不忘国耻，保持警惕。

国民党当局破坏淞沪抗战后，将十九路军调往福建"剿共"。蔡廷锴、蒋光鼐、陈铭枢等十九路军爱国将领，不满蒋介石的反共政策，与李济深等人于1933年11月在福建宣布成立"中华共和国人民革命政府"，公开宣布反蒋抗日，并秘密与中国共产党取得联系。革命政府接管了已在试播中的福州广播电台，并于17日开始播音，每天上午播送人民政府的施政报告，下午播送国内外新闻、商情、广告等。蔡廷锴曾多次到福州台发表广播讲演，报告人民政府的主张，谴责国民党当局独裁卖国政策，号召同胞奋起抗日救国。不久，十九路军的爱国活动遭到国民党当局的镇压而失败。该台被国民党当局接管。

1935年"一二·九"爱国运动爆发前后，著名音乐家聂耳、冼星海、吕骥和任光等分别和诗人田汉、塞克、安娥等合作创作了《毕业歌》（1934年）、《义勇军进行曲》（1935年）、《救国军歌》（1936年）、《热血》（1936年）、《打回老家去》（1936年）等一批振奋民族精神的抗日救亡歌曲。许多广播电台反复播出这批歌曲的唱片，从此，"起来！不愿做奴隶的人们！把我们的血肉，筑成我们新的长城……"的歌声通过无线电波，响遍中华大地，鼓舞着广大爱国同胞奋起与日本帝国主义作英勇斗争。

在日军紧逼、国难当头之际，国民党内的一些富有爱国精神的有识之士也愤然慷慨陈词，大声疾呼停止内战团结抗日。其中最有代表性的是冯玉祥将军，1936年春天起，他多次到国民党中央台发表抗战救国的广播讲演，反复宣讲"只要我们彻底抗战，失败者必定是日本，最后胜利者必定是我们"。

二、西安事变期间的广播

1936年12月12日，西安事变爆发，爱国将领张学良、杨虎城为了逼蒋抗日，发动兵谏，扣留了蒋介石，同时下令接管了西安广播电台，创办了《解放日报》，利用报刊、广播告知国人西安事变真相，宣传抗日救国的八项主张。12月14日、15日两天，张学良、杨虎城先后到广播电台发表讲演，报告了西安事变的原委，阐明了抗日救国的主张，并且揭露了国民党亲日派造谣污蔑的可耻伎俩。张学良在广播讲演中特别指出："现在南京方面把我们的电讯隔断，并且给我们造了好多谣言。他们不愿意国人知道我们在这里做些什么，真是一件不幸的事。我们希望国人明了真相。我们不愿意任何人利用机会造内乱，给侵略我们的帝国主义造机会，我们只求有利于国家民族，至于个人的毁誉生死，早置之度外。"16日，张学良又指派秘书长吴家象代表他发表广播演说，再次向全国民众报告西安事变真相。

17日，应张、杨两将军的电邀，中共代表周恩来等到达西安。周恩来在与各方紧张协商解决西安事变的繁忙工作中，十分注意做好宣传工作。周恩来亲自审阅每周宣传纲要，并指示中共地下党员王炳南等协助办好广播宣传。当时西安台除办有国语节目外，还用英、俄、德、法、日语报告新闻，并举办《抗日救亡言论》专题讲座，邀请各界知名人士讲述抗日救亡的理论和方法，邀请解放剧社演播抗日独幕剧《刀伤药》。周恩来还邀请著名美国进步记者史沫特莱主持英语节目。她与英国记者、新西兰人贝特兰、德国人王安娜等先后参加外语广播，为中国人民的抗日救亡事业作出了可贵的贡献。

同年12月下旬，西安事变和平解决，西安广播电台的抗日广播告一段落。

三、"七七"事变到"八·一三"期间的广播

从1937年"七七"事变到"八·一三"日军进攻上海淞沪抗战，作为民国时期广播电台最大集中地的上海，二三十座广播电台以极大的热情投入

抗日救亡运动的广播宣传活动,与上海广大群众的救亡运动汇成一股洪流。在"八·一三"前后,上海市各界代表组成的抗敌后援会积极组织上海市民援助前线抗日将士,并邀请各界爱国人士到广播电台发表广播讲演。

抗敌后援会的组织机构中专设有广播组并制定《战时广播电台统一宣传办法》。上海的民营台均以时事报告、劝募款物、战时常识、抗战文艺为主要内容,并聘请各界名人开办救亡广播讲演,同时聘请专人分别以英、法、俄、德、日、朝等各种外语对外广播,揭露日本侵华的反动企图,表明中国人民的抗战决心。10月20日,当时在上海的宋庆龄亲自到美商RCA广播电台发表题为《中国走向民主的途中》的英语讲演。在此前后,上海文化界救亡协会又组织文化界知名人士到广播电台发表救亡广播讲演,其中有郭沫若的《抗战与觉悟》、钱俊瑞的《抗战胜利的基础》、胡愈之的《抗战中的国际形势》、许广平的《鲁迅与抗日战争》等,为保卫上海大声疾呼。

上海的曲艺、戏剧、电影、音乐各界救亡组织和爱国人士纷纷利用广播电台进行募捐宣传,取得了明显的效果。8月中旬,上海曲艺界救亡协会分别在中西、华东、富星等电台举行募捐播音三天。9月4日,梅兰芳、周信芳等为募集救国公债及慰劳前方将士举行平(京)剧大会串播音。此后一段时间内,抗日救亡歌曲《出征歌》《救亡之歌》《伤兵慰劳歌》等,爱国戏剧《大家一条心》《最后一课》《放下你的鞭子》《第七个"九·一八"》等在几个电台连续不断地反复播出。著名剧作家洪深、夏衍、孙瑜、于伶等创作的揭露汉奸卖国、配合抗日斗争的广播剧《开船啰》《"七·二八"那一天》《最后一课》《以身许国》和田汉等人发表的一批短剧本,都曾由救亡演剧队第十二队(队长于伶、石凌鹤)、十三队(队长陈铿然)等在电台广播过,取得了很好的宣传效果。从8月到11月上海沦陷这一阶段,上海军民的战斗精神可歌可泣,上海电台的广播宣传有声有色。对此,茅盾曾给予相当高的评价,他在《救亡日报》上撰文说:"无线电播音在抗战宣传上确实起了很大的作用,这方面的工作人员也确实尽了最大的努力。"

四、"保卫大武汉"中的广播

1937年11月下旬,日本侵略军进攻南京前夕,国民政府决定迁都重庆,部分党政机关先行转移到武汉办公。中共代表团也移驻武汉。由此到1938年10月武汉沦陷的近一年间,武汉成为中国抗战的领导中心,汉口广播电台也一度与长沙广播电台联合接替了国民党中央台的播音,从而担负起中国抗战中枢喉舌的历史使命。在抗战初期的抗日高潮中,武汉的广播声震长空,为"保卫大武汉"作出了重要贡献。

1938年春夏,蒋介石、冯玉祥、周恩来、彭德怀、邵力子等各方面代表人物纷纷在汉口台发表广播演讲,激励民众的抗日斗志。4月7日至13日,武汉举行抗战扩大宣传周活动。8日,周恩来在《新华日报》上就如何进行抗战广播宣传发表专论,强调指出,宣传周要扩大到前线,首先利用每天的广播演讲,鼓舞前线浴血奋战的将士。他还指出:"这次武汉抗战宣传周,应当成为全国抗战宣传的开始。武汉宣传动员的成绩,将成为全国宣传动员的模范。"11日,周恩来应邀到汉口台发表了题为《争取更大的新的胜利》的广播讲演。他在讲演中肯定了鲁南台儿庄胜利的意义,分析了日军侵略的新动向,并且提出了争取更大胜利的几项条件,号召巩固全民族的团结,不断夺取前线斗争的新胜利,最后打败日本帝国主义强盗。周恩来在撤离汉口辗转赴重庆途中,11月7日,还曾在长沙广播电台向全省发表过一次广播讲话。郭沫若领导下的军委会政治部第三厅下设三个处,第五处管一般宣传,处长胡愈之;第六处管艺术宣传,处长田汉;第七处管对日宣传和国际宣传,处长范寿康(兼)。第七处的对外广播宣传以日语为主,兼用英、法、俄语。在武汉期间,第三厅团结大批文化界的爱国人士,利用广播进行了新闻、讲演、戏剧、音乐等多方面的抗日宣传活动,在广大群众中产生了重大影响。郭沫若在武汉期间,先后发表了《把有限的个体生命融化进无限的民族生命里去》《追悼牺牲的王铭章师长》《抗战以来日寇损失概观》《节约与抗战》《纪念"八·一三",保卫大武汉》的广播讲演,揭露日本军国主义的侵略本质,呼吁全体人民团结起来,奋起抗日,争取民族解放斗争的最后胜利。1938年5月,他在《第三厅工作报告》中多次提到利用广播播出新闻、歌曲、戏剧、讲演进行抗日宣传活动。著名的日本友人绿川英子、鹿地亘等人站在反侵略战争的正义立场上,积极参加了反对日本侵略的广播宣传活动,表现了崇高的国际主义精神。此外,三厅还有专人负责每天监听日本电台的广播,然后整理成情报资料,送给八路军办事处和国民党军事委员会各部门。武汉声势浩大的抗日宣传活动,一直持续到1938年10月武汉失守。

五、中国抗战广播的中心——重庆

1937年全面抗战开始后，南京国民党的中央台一方面减少了一般文艺节目，增加了战争新闻的报道，另一方面增建防空工程，保护广播设备，以防敌机轰炸。在日军飞机连续轰炸中，中央台虽略有损失，但并未中断播音。11月初，日军进逼南京，中央广播事业管理处人员开始疏散。20日，国民党政府宣布迁都重庆。三天后，中央台在播出了"告别广播"后停止了在南京的播音，随后将部分广播设备拆卸运往重庆。12月13日，南京守卫战失败，日军占领南京。中央台和地方台在坚持播音、拆迁转移中，中央台工程师蒋德彰、江西台工程师侯恩铭、福建台台长钟震之先后以身殉职。据1938年年底统计，国民党广播电台仅余六七座，总发射功率不到11千瓦，和抗战爆发前夕的规模相比，国民党广播事业的损失相当严重。

1938年3月10日，国民党中央台在重庆恢复播音。在重庆期间，由于得到英、美在广播设备方面的多次援助，国民党的广播事业逐步恢复并有新的发展，特别是正式开办了对国外的短波广播，该台发射功率35千瓦，1940年1月定名为国际广播电台，英文名称"Voice of China"，简称 VOC，意为"中国之声"。呼号为 XGOX、XGOY。该台办有对欧洲、对北美、对苏联东部及我国东北部、对日本、对华南和东南亚以及对苏联6套广播节目，分别使用英语、德语、法语、荷兰语、西班牙语、俄语、日语、越南语、马来语、泰语、缅甸语、朝鲜语、印地语以及国语和厦门话、广州话等语种播音，最多时达20多个语种（包括汉语方言），每天播音10多个小时。国际台的节目内容，以新闻和时事述评为主，几乎全部采用中央社电讯稿和《中央日报》刊登的新闻、评论，以及中宣部国际宣传处和美国新闻处提供的稿件。英美广播公司的记者，通过中宣部国际宣传处的介绍，即可到国际台直接播出自编的节目，并通过本国的广播电台届时转播。国际台每晚还办有对美国广播的英语记录节目1—2小时，由旧金山专门机构收录转播。

除国际台办有对国外广播外，昆明广播电台、贵阳广播电台也分别使用英语、日语、马来语、法语、越南语、缅甸语对外广播。

作为抗战广播中心的中央、国际两台为防御敌机轰炸，都建筑了地下防空设施。在日军飞机多次狂轰滥炸中，由于有所准备，两台的播音一直未曾中断。为适应战时广播的需求，国民党当局还在重庆建立了电波研究所和收音站，并且配合前线作战宣传，开办了战地流动广播电台和军中播音总队，担负对前线作战部队和对敌军广播任务。此外，在战时，还注重发展西南、西北地区的广播事业，其中，以新建的昆明台发射功率最大。

经过多年的恢复和重建，据1943年上半年统计，国民党官办广播电台已达到16座。发射功率142千瓦，略超过战前的规模。

在重庆期间，中央、国际两台除及时报道前线战况外，还举办过不少广播讲演节目，邀请共产党的代表、抗日将领、国民党内的抗战派、爱国人士和国际友人如周恩来、冯玉祥、李济深、郭沫若、沈钧儒、黄炎培、爱德华（印度援华医疗队队长）等向国内外发表广播讲演，号召国内广大同胞团结起来共同抗日，呼吁国内外反法西斯力量团结起来，打败德、意、日侵略者，争取世界和平。1939年5月31日，周恩来应邀在中央台发表了题为《二期抗战的重心》的广播讲演。他告诫人们要提高警惕，努力发展生产，深入敌后，建立抗日根据地，广泛开展游击战争，争取最后胜利的到来。在汪精卫公开投敌之后，中央、国际两台举办了讨伐汪逆的广播节目，并由各地方台同时转播，先后应邀到电台发表广播讲演的有林森、曾虚白、郭沫若、吴铁城、陈立夫、戴传贤、居正、于右任、孙科、张伯苓、翁文灏、何应钦、邵力子、李德全等人。在国际宣传方面，驻重庆的英美广播公司的记者自行编排节目，利用国际台向本国播出，从而扩大了中国抗日斗争在国际上的影响。宋霭龄、宋庆龄、宋美龄三姐妹的对美广播讲话，对于促进美国朝野了解中国，援助中国的抗日斗争，起了一定的作用。1944年3月12日，孙中山先生逝世19周年之际，美国举行了纪念日活动。宋庆龄再次应邀到国际台发表了对美广播演说，题为《孙中山与中国的民主》。重庆《新华日报》发表社论高度评价她的广播演说，社论说，这次对美广播演说，把孙中山遗嘱的真谛和精神，说得清清楚楚，也把中国人民对政治局势的意见传播到了海外。这不仅帮助了美国人民对孙中山遗嘱的认识，也增进了中美人民间的友谊和团结。毫无疑义，全国人民将为孙中山民主主义的实现而加紧奋斗，这个奋斗将决定抗战和建国的胜利。经过中苏文化协会的安排，中央台与莫斯科广播电台互相举办专题音乐节目，1939年冬，莫斯科电台曾先后五次对华播送苏联名曲及民间音乐节目。1940年3月18日，中央台首次对苏播出音乐节目，内容有抗战歌曲、民族乐曲等，此后还多次举办对苏音乐广播，音乐的交流促进了中苏两国人民之间的友好关系。日本反战同盟的有关人士也曾在重庆广播电台发表讲演，劝告日本人民勿受军阀欺骗，呼吁他们一致反抗侵略战争。此外，针对日本广播对中国的造谣、污蔑，重庆的广播电台给予了一定程度的驳斥和揭露。以中央台为代表的国民党电台进行的爱国抗日广播，在大后方和沦陷区的广大爱国同胞中有着相当的影响。

毋庸讳言，在重庆期间的国民党广播在大力宣传全民奋起抗日救国主张和有关报道的同时，也播出了不少不利于国共合作共御外侮的消极内容。人们很难从其广播中了解到中共领导下八路军、新四军等人民武装英勇杀敌的真实情况，以及中共有关抗日斗争的正确主张和政策等。

六、西南联大助力抗日广播

抗日战争时期，由西迁昆明的北京大学、清华大学和南开大学联合组建的西南联合大学，不但为保存和发扬中华文脉作出了巨大的贡献，同时还以培养了一批优秀的科学家、文学家等专门人才闻名于世。但是鲜为人知的是西南联大的师生还全力参与昆明广播电台的技术、宣传、管理等各项工作，为中国的抗日广播宣传作出了独特的贡献。

1940年8月1日，新筹建的昆明广播电台开始正式播音，发射功率60千瓦，占当时官办电台总功率的37%以上，是当时中国最大功率的广播电台。昆明台抗日广播宣传以国语广播为主，同时办有广州话、厦门话、闽南话、上海话以及英、法、越、日、缅、泰、马来语等多种语言的节目，面向全球广播，俨然是当时中国的第二国际广播电台。

昆明台之所以办得有声有色，海内外影响日益扩大，得力于西南联大的积极支持与参与。据不完全统计，在昆明台任专职或兼职的西南联大师生有133人次之多，成为昆明台编播主力军。更为突出的是昆明台依靠西南联大的教授、专家群体组织起名人演讲、学术讲座等节目，使昆明台的抗日宣传除新闻报道、文艺节目及对外广播等外，更具有文化抗日的特色。西南联大教授为主体的广播讲演节目，以抗日救亡为主题，充满了激昂的爱国精神，应邀到昆明台作广播讲座的有蒋梦麟、曾昭抡、陈岱孙、马约翰、贺麟、钱端升、任之恭、梅贻琦、汤用彤、闻一多、潘光旦和吴宓等，每次广播讲座之前，均在报刊和广播中预告，有些广播稿还刊于《云南日报》，以扩大影响。

七、延安之声中的抗战广播

中国共产党领导下的人民广播事业始于 1940 年 12 月 30 日开播的延安新华广播电台。该台是使用共产国际援助的苏联制造的广播发射机建立起来的，发射功率 300 瓦左右，呼号是 XNCR（英文意即"新中华广播"）。每日的广播稿由新华社广播科提供，发射台址在延安西北的王皮湾。延安台开播的消息中号召"备有收音机者，可赶快按时收听，借以收罗一切正确真实之新闻材料，并可粉碎敌伪投降派所进行之欺骗国人之一切虚妄宣传"。延安台每天播出的内容有：中共中央重要文件、《新中华报》、《解放》周刊以及《解放日报》的重要社论和文章、国际国内的时事新闻（着重报道八路军、新四军的抗敌消息）、名人讲演等，文艺节目中主要播出抗日歌曲，如《大刀进行曲》《游击队歌》《五月的鲜花》等。1941 年 11 月 7 日，延安台播出的毛泽东的广播讲演中号召全国人民加强团结，驱逐日本强盗出中国，呼吁全世界人民团结起来，把世界反法西斯的斗争推向更高的阶段。

延安台于 1941 年 12 月 3 日又开办日语广播，主要对象是侵华日军。在延安的日共领导人野坂参三倡议并参与创办。他还负责审定日文广播稿。

延安台环境艰苦、设备简陋，加之发射功率不大，日常的播音时断时续，坚持到 1943 年春，因电子管损坏不得不暂时停止播音。但延安台坚持抗战广播的精神，正如一首为该台创作的歌曲中表达的那样："我们是新中华的战士，是共产党的喉舌……向全国的人民，向全世界的工农，传播党的主张，指导神圣的抗战，粉碎亲日派的阴谋，推动时代向前，驱逐日寇出境，重建祖国河山。"

八、中国广播传出日本投降的特大喜讯

1945 年 7 月 26 日，中美英三国发表敦促日本政府无条件投降的《波茨坦公告》（同年 8 月 8 日，苏联加入）。8 月 10 日，日本政府第一次提出乞降请求，但表示希望同盟国保证"不损害天皇陛下作为至高统治者之皇权"。作为日本乞求投降的消息曾在广播中播出。次日，日本的乞求被中美英苏四国回绝。8 月 14 日，日本政府再次乞降，表示不附带条件接受《波茨坦公告》。同日，中美英苏四国政府接受日本政府投降。1945 年 8 月 15 日 7 时

（重庆时间，华盛顿时间为 8 月 14 日 19 时），中美英苏四国政府在重庆、华盛顿、伦敦、莫斯科分别用汉语、英语、俄语通过广播同时宣布：日本政府无条件投降。当天中午，蒋介石在重庆中央广播电台发表《抗战胜利告全国军民及全世界人士书》。一小时后，日本广播中播出了日本天皇宣读《终战诏书》的录音，表示接受《波茨坦公告》。同年 9 月 2 日，日本政府向中美英苏同盟国签署了投降书，无线电广播将这一特大喜讯顷刻间传遍全世界。至此。第二次世界大战宣告结束，中国人民抗日战争暨世界反法西斯战争取得最终的胜利。

1945 年 8 月，中国人民抗日战争的伟大胜利，为我国广播事业的发展带来了新的机遇，有着重大的历史意义。

其一，抗日战争的胜利永远结束了日本帝国主义对中国广播主权的侵犯和日伪广播的殖民奴化宣传。

其二，国民党的官办广播事业在接管了一批日伪广播电台后有了新的发展，国统区的民营广播电台在战后也逐步恢复。

其三，延安台在抗战胜利声中恢复播音，同时，又将接管的一批日伪广播电台改建为人民广播电台，为人民广播事业的再发展奠定了新的基础。

（注：本文根据本人主编的《中国广播电视通史》中的有关章节改写并作了补充）

二战后轴心国多名主播被判重刑[①]

第二次世界大战期间，法西斯德国、意大利和日本结成的侵略集团称为"柏林—罗马—东京"轴心，三国后被称为"轴心国"，与之作战的中、苏、美、英、法等国称为"同盟国"。

轴心国在与同盟国除海、陆、空的作战外，还特地开辟第四战线——利用无线电广播开办柔性广播节目，开展瓦解对方军心、涣散对方斗志的心理战。为此目的，德意日轴心国政府的喉舌机构特地物色了一批原籍同盟国的男女播音员作为节目主播，开办专题节目。第二次世界大战后，轴心国的多名主播因之被法庭判以重刑，以儆后来。兹选其中数人加以介绍如下。

一、"哈哈勋爵"威廉·乔伊斯

威廉·乔伊斯（William Joyce）1906年出生于美国纽约，父母为已入美籍的爱尔兰侨民。他少年时代返回爱尔兰，后在伦敦的大学读书。由于参军从政均不如意，他被法西斯主义标榜的均贫富、大众政治、振兴经济等口号吸引，从而加入"英国法西斯同盟（BUF）"，被任命为宣传主管兼副主席，后又另行组建了极右翼组织"国家社会主义联盟"，狂热鼓吹法西斯主义。1939年，在英德两国正式开战前，他携妻逃到纳粹德国。

在德国，乔伊斯投身于汉堡的帝国广播公司不来梅广播站。1939年9月18日起，他主持的《德国来电》（Germany Calling）节目，开始对英国听众广播。一段吹嘘德军在波兰前线的战果新闻之后，他以纯正的爱尔兰口音劝说英国民众和政府早日与德国化干戈为玉帛。他的这档节目，在英国拥有不少听众，据1940年夏天统计，固定听众有600万人，不定期收听者1800万人。《德国来电》节目对英法领导人嬉笑怒骂的评论和别出心裁的广播剧成

[①] 本文根据刘怡《出卖口音也出卖灵魂 谁在为轴心国心理战广播》一文改写。原文载《国家人文历史》（半月刊）2015年第10期。本文载《中国广播》2015年第10期，署名"广史"，后收入哈艳秋主编：《"勿忘历史：抗战新闻史"学术研讨会文集》，中国广播影视出版社2016年7月版。

为伦敦街头热议的焦点。由于他年轻时与人斗殴受伤,右侧脸颊留下一条疤痕,嘴唇无法合拢,使得播音时带有明显的气声,笑起来也很夸张。据此,英国听众给他起了个绰号——"哈哈勋爵"(Lord Haw-Haw,旧译哈哈爵士)。他主持的节目表现出了狂热的反犹主义和对希特勒的过分推崇,但他机智、幽默、能言善辩,有时即兴念起顺口溜,用尖刻的语言讽刺英国政客,为他迎来了不少听众,使《德国来电》节目收听率居高不下。不过,当德军开始对英国全面狂轰滥炸之后,乔伊斯的收听率神话也就破产了。因为即使最厌恶本国政府的英国人也不会欢迎德国炸弹的光临。乔伊斯的播音一直坚持到1945年4月30日,还出版了一本名为《英格兰的黄昏》的书。不久,他在汉堡被英军俘获,由于企图逃跑,又被击伤大腿。

1945年9月,伦敦中央刑事法院以叛国罪判处他死刑。他的上诉被驳回。1946年1月3日,乔伊斯在旺斯沃思监狱被绞死。

二、"嘻哈勋爵"弗雷德里克·卡尔滕巴赫

弗雷德里克·卡尔滕巴赫(Fred W. Kaltenbach)是德裔美国人,毕业于芝加哥大学历史系,后在中学任教。1933年出于寻根意识到柏林大学攻读博士学位,其间对纳粹党推行的"民族革命"深信不疑,后娶德国女子为妻。1939年加盟帝国国家广播公司(RRG),主持对北美的广播,成为纳粹网络的第一个美籍播音员。1940年9月,他主持的《致信艾奥瓦》(Letters to Iowa)以昔日中学教师的朴实语气,对丘吉尔和罗斯福大加诋毁,呼吁美国民众抵制"这两个战争贩子",被称为"元首"(指希特勒)的美国喉舌。

与"哈哈勋爵"相对应,作为纳粹对美心理战广播节目的主播,被盟军称之为"嘻哈勋爵"(Lord Hee-Haw)。他主持的这档节目在美国影响甚大,为此,1943年美国哥伦比亚特区大陪审团缺席指控他犯有叛国罪。1945年5月,苏军攻克柏林时,身患高血压和心脏病的卡尔滕巴赫被俘,同年10月病死在拘留所。

与他同时的另一美籍播音员,罗伯特·贝斯特(Robert Henry Best),是哥伦比亚大学新闻系的优秀毕业生,被纳粹德国的宣传部长戈培尔看中,从而加入帝国广播公司,在其主持的节目中连篇累牍地大骂"战争贩子罗斯福"和"犹太人控制世界的阴谋"。1942年贝斯特还在《猜猜我是谁先生》(Mr. Guess Who)的节目中大骂"犹太劣等民族"。由于当时哥伦比亚广播公

司设在纽约的监听站录下了他的许多节目，成为战后指控他的罪证。最终，贝斯特被判无期徒刑。1952年病死在狱中。

三、"轴心国莎莉"米尔瑞德·吉拉斯

米尔瑞德·吉拉斯（Midred Gillars），女，肄业于美国俄亥俄州韦尔斯利大学，曾在巴黎当过模特和裁缝，后在柏林被"嘻哈爵士"的副手看中成为纳粹德国对美心理战的女主播。她主持的广播节目《家，甜蜜的家》，以激发美军的思乡病为目的，后又增播被俘美军家信，她的播音作为美军茶余饭后的消遣，影响了美军的作战情绪。她出演的广播剧《入侵的幻想》引起了诺曼底登陆新兵的恐惧。二战后，美国法庭根据她的上述主播活动，判处有期徒刑10年，1961年获释。

四、"东京玫瑰"户栗郁子

户栗郁子，女，1916年出生于美国洛杉矶，其父母为日本移民，毕业于加州大学洛杉矶分校，她头脑聪明，口才不俗。1941年日美开战时，她正在东京探亲，由于是美籍，被日本政府归类为"敌性公民"，领不到购买粮食和生活用品的所必需的供给卡，她的生活陷于困境。

太平洋战争爆发后，日本为加强对美军的心理战攻势，决定为日本广播协会（NHK）东京放送局开办的《零点时间》（*The Zero Hour*）广播节目在全国招募具有流利英语会话能力的女性作为主播，以软性宣传来达到既定目的。日军大本营陆军第8课（宣传、谋略课）委任课员恒石重嗣少佐找到了户栗郁子，要求她为日本政府工作，否则就以间谍罪枪毙她。随后，1943年11月起，户栗郁子正式加入《零点时间》节目组。

《零点时间》广播节目主要内容是播发被俘盟军官兵家信和音乐，以激发美澳士兵的反战情绪，每天一小时，原以男主播担纲，但影响不大，启用户栗郁子后，该节目前半部分朗读战俘家信，后半部分由她主持播送幽默广播剧和流行音乐。恒石重嗣坚持要求该节目遵循"柔性宣传"原则，以亲情、爱情话题激发美军士兵的厌战情绪，减少"皇军战无不胜"之类的空洞吹嘘。户栗郁子很好地领会了这一要求。她主持的节目很少提及正在进行的战争，更多的是谈论音乐、英语笑话、体育比赛及和平年代的市井生活。她

还借用《纽约每日新闻》著名的连载漫画"小孤儿安妮"的标题,自称"孤儿安妮",把美军士兵叫作"我的孤儿兄弟""小笨蛋们",播音结束时以诙谐的口吻来一句:"这里是你们最亲爱的敌人安妮!"户栗郁子的播音赢得了美国大兵的好感,他们为她起了个绰号,叫"东京玫瑰"。到1945年8月日本战败为止,户栗郁子一共录制了340期《零点时间》节目。

  二战后,盟军总司令部调查人员裁定户栗郁子无助敌行为,她和丈夫、同事日裔葡萄牙人菲利佩·达基诺决定返回美国定居。但到1948年,美国加州检察官向旧金山联邦地区法院提起公诉,对户栗郁子控以8项重罪。1949年9月,她被裁定叛国罪名成立,处10年徒刑,罚款1万美元。但到1976年有两名证人承认,为迎合战后反日的情绪,他们在FBI(美国联邦调查局)胁迫下作了伪证。1977年美国总统福特宣布特赦户栗郁子,并恢复她的公民权。2006年户栗郁子亡故。

1980年重新确定延安台开播日期的回忆[①]

2015年是我党领导创办的延安新华广播电台开播暨中国人民广播事业创办75周年。近年来，有同志著文对1980年重新确定延安台开播时间为1940年12月30日提出质疑。也有同志向我询问1980年重新确定延安台开播时间的有关情况。35年前，最初参与倡议重新确定延安台开播日期并建议更改人民广播事业创办纪念日之事者有三人，即温济泽、杨兆麟同志和我。温已于1999年去世，杨目前卧病在床。年近耄耋之年的我，有责任将1980年重新确定延安台开播日期之事告知关心此事的同志。

1980年春天，中共十一届三中全会之后，党的实事求是的优良传统重新得到恢复和发扬。历史科学研究再现新的生机，中断了十多年的中国广播史教学研究工作也开始逐步恢复。

5月间，温济泽同志把杨兆麟同志和我找到一起，说起新华社的同志经过调查研究，提出新华社的历史应从1931年11月7日在江西瑞金建立的红色中华通讯社算起之事，并由此联想到延安新华广播电台的开播日期长期以来一直被认为是1945年9月5日并将这一天作为中国人民广播创建纪念日。但20世纪70年代初中央广播事业局在筹备延安广播历史展览时，曾发现了延安台早在40年代初就开始广播的史料，是否也应提出重新确定延安台开播日期，并进而建议更改人民广播创建纪念日，以求真实地反映人民广播的早期原貌。三人商定由我起草一份调查报告，说明当年延安台的筹建和开播的情况，然后进一步商定建议更改人民广播创建纪念日之事。

在起草调查报告的过程中，我把70年代初发现的有关延安台40年代初开播的报刊和档案史料，例如，党中央机关报《新中华报》、中央军委三局机关刊物《通信战士》、山东地区党组织机关报《大众日报》和中共中央北方局机关报《新华日报》（华北版）以及重庆国民党当局侦测延安台广播的档案材料一并加以比较研究，以便从中找出可靠的答案。

[①] 原载《中国广播》2015年第12期。

为便于分析说明上述史料，现列表如下：

消息来源	刊登时间及报刊	台名	呼号	开播时间	开播性质	波长	播音时间	备注
大众社	1941年1月16日山东《大众日报》	未提及	XNCR	1940年12月30日	对外广播	28米	19~21点	顺序号①
新华社启事	1941年1月26日延安《新中华报》	新华社广播电台	XNCR	1941年2月1日（预告）	开始播音	28米	10~11点 20~22点	②
中央军委三局	1941年年初《通信战士》第×期	新华广播电台	XNCR	1941年3月1日（预告）	正式播音	28米	20~23点	③
本报特讯	1941年4月3日《新华日报》（华北版）	延安新华社国语广播电台（标题为"延安新华广播电台"）	XNCR	1941年4月1日（预告）	正式试播	30.5米	14~15点	④
						61米	18~19点	
						61米	21~24点	
国民党当局内部函件	1941年3月15日	未提及	XNCS	1941年3月1日	成立开始广播	28米	10~11点 20~22点	⑤从内容看，显系据《新中华报》刊登的新华社启事报告，但略有不同。

从上述表中比较分析可以得出以下初步结论：

第一，①②③④四条消息中虽然台名不一，播音时间有所不同，但指的都是同一个广播电台，即后来定名的延安新华广播电台，理由是四条消息中的呼号均为XNCR，前三条消息中的波长均为28米。第⑤份旁证材料可能是潜伏延安的国民党人员据②向重庆方面的报告，波长与②相同，而开播日期较②延后一个月，呼号中将 XNCR 报告为 XNCS。

第二，前四份材料中台名不一，波长和播音时间以及对开播使用的不同用语不断调整，恰好反映出延安台正处于试验广播期间的特点。

第三，关于延安台的开播时间，前四份材料有四种说法，采用哪一种较为合适呢？为此颇费心思。当年中央军委三局组建的九分队负责延安台选址、土建、动力供应、天线安装以及发射机调试等基建工作。加之，当时播音员也属九分队的编制，故三局刊物《通信战士》提供的第③份材料，应属具有相当可信性。同样，当时新华社负责编写口语广播的稿件，第②份材料也应属于权威发布，但引起注意的是第②③份材料以及第④份材料中提到的开播时间均属预告性质，那么1941年2月1日、3月1日或4月1日当天是否开播了呢？并未见后续报道，这就有两种可能：一种是预告了，但当天因故并未开播；一种是确实开播了但又中断了，故又有后来的再次预告。反复斟酌，采用第②③④份材料中的开播日期的任何一种说法，均难以确定，相比之下，似乎第①份材料的说法，即1940年12月30日的说法更为可信，因它是在事实发生后于1941年1月16日报道的，这表明延安台确实于1940年12月30日开播了。值得注意的是，第①份材料中还特别强调"山东各军政机关、民众团体，备有收音机者，可赶快按时收听，借以收罗一切正确真实之新闻材料，并可粉碎敌伪投降派所进行之欺瞒国人之一切虚妄宣传"。另，九分队队长傅英豪在题为《第一座红色广播电台》（发表于《人民日报》1961年12月31日，后收入《星火燎原》第6集，人民文学出版社1961年12月第1版）的回忆录中曾提及1941年1月下旬，延安台播出了毛泽东代表中央军委就"皖南事变"发表的命令（1月20日）和谈话（1月22日），从而证实延安台1941年1月仍在继续广播。

当时对第①条消息的来源及涉及的陕甘宁边区政府办广播一事也作了初步分析。刊登第①条消息的《大众日报》是中共山东地区党组织的机关报，它创办于1939年1月1日，大众社即山东大众日报通讯社的简称，1941年6月改称新华社山东分社。从消息内容分析，可能是根据有关材料改写而成的。至于为何使用"陕甘宁边区政府"的名义来办广播，其原因尚待进一步查证。这里提供相关背景材料可供了解和认识此问题参考。据中共党史记载，1937年七七事变后，根据国共两党达成的口头协议，按照团结抗日的原则，随后原陕甘宁革命根据地进行了更名改制的工作。9月6日，原陕甘宁革命根据地的苏维埃政府正式改称为陕甘宁边区政府，此政府是国民党当局公开承认的。原中华苏维埃政府机关报《新中华报》改为陕甘宁边区政府机关报。1939年2月7日，该报又改组为中共中央机关报，同时仍兼陕甘宁边区政府机关报。我们揣测在此背景下，延安台最早对外使用陕甘宁边区政府名义来办，可能是出于统一战线策略的考虑。

根据上述认识，我起草了《延安新华广播电台筹建和试播始末》调查报告的初稿，提出延安台的筹建和试验广播可以追溯到1940年，首次开始试验广播的时间为1940年12月30日。6月21日，温济泽致函中央广播事业局局长张香山同志，建议将中国人民广播事业创建纪念日更改为1940年12月30日，并附上修改后的上述调查报告和他写的《关于新华社和延安新华广播电台的诞生日期问题》一文。

不久，张香山听取了老同志的意见。12月9日，他又主持召开局党组会议，讨论了由杨兆麟起草以及金照、张纪明和我签字的拟同意温济泽建议的报告，并作了有关决定。在报请中央宣传部批准后，中央广播事业局于12月23日发出了将人民广播创建纪念日由1945年9月5日更改为1940年12月30日的通知。当年12月29日，中央广播事业局举行了纪念人民广播创建40周年座谈会。此后45周年、50周年、60周年乃至70周年都举行了不同形式的纪念活动，对发扬延安广播优良传统、总结历史经验，推动广播电视的改革创新发挥了积极的作用。

在1985年纪念45周年之际，中央人民广播电台成立了筹备组，台长杨兆麟兼任组长，我为副组长之一。杨和我分别带队到延安（陕北）台多处旧址拍摄电视片。该片后定名为《人民广播风云录》，于当年12月30日在央视首播（遗憾的是该片至今下落不明，望知情者告知）。杨兆麟在延安、陕北指导拍片时，在王皮湾的延安台发射台旧址两孔石窑洞之间的石壁上，镌刻了由他起草并手书的碑文："中国人民广播诞生地一九四〇年十二月三十日，延安新华广播电台在此开始播音。这两孔石窑洞是动力间和机房，播音室在河对岸的一孔土窑洞里。为纪念人民广播事业诞生四十五周年而题。"此处后来成为瞻仰人民广播诞生地的必列之处。

与延安台开播有关的还有一事，即延安台呼号XNCR的含义问题。20世纪60年代初，曾在1941年年初参与筹备延安台日语广播的张纪明同志告诉我：X是国际有关组织规定的中国无线电台呼号的首个字母，N是New，C是Chinese，R是Radio的字头，意即新中国广播。几十年来，我一直沿用这个释义。最近四川的老广播、熟悉英语的陆原同志来信称：Chinese与China

不同，译为"中国"欠妥，可译为"中华"。这样，XNCR 的含义为"新中华广播"比之于"新中国广播"更为确切，既接近于"延安新华广播电台"之名，又与当时延安《新中华报》、新华通讯社名称协调一致。我在新版的《中国广播电视通史》中已采用了"新中华广播"这一释义。

20 世纪 90 年代初期，在与中国人民解放军总参谋部通信部从事我党、我军通信史研究的同志交往中，从他们提供的《中国人民解放军通信兵大事记》（1987 年 12 月编印）中查到如下一则记载："1941 年延安新华广播电台经 10 个月之筹建与试验，于 11 月 7 日（苏联十月革命节）正式开始播音，呼号 XNCR。每日 21 时至 22 时播出，虽然声音较弱，节目不多，但已取得了打破敌人政治封锁的初步胜利。从 12 月 3 日起，每星期五的（经查 1941 年 12 月 3 日为星期三，此处可能有误。——笔者注）17 时 30 分由日本同志（袁青子）用日语对日广播一次，根据对日广播频率附近突增的干扰推测，这种广播已有相当的成效。"（据中央军委三局一处《1941 年工作报告》）

我将上述材料向温济泽、杨兆麟同志通报后，他们认为《大事记》中讲的延安台是 1941 年 11 月 7 日正式播音，我们提出更改人民广播创建纪念日的依据是延安台 1940 年 12 月 30 日首次播音，虽然是试验性质的，但两者并不矛盾。况且，纪念日之事已经被中宣部批准，没有必要再提出更改的建议了。当时还谈到现已查明中共一大不是 1921 年 7 月 1 日召开的，而是 7 月下旬召开的，但作为建党纪念日仍定为 7 月 1 日。但《大事记》中关于延安台 1941 年 12 月 3 日起开始日语广播的记载，却引起了温济泽的注意。1993 年年初，他致信广电部部长艾知生、中国国际广播电台台长崔玉陵，建议对上述日语开播之事作认真调查，把它搞清楚。已退居二线的副台长兼总编辑胡耀亭受国际台分党组委托承担起调研任务。他经过半年多的辛勤劳动，于 1994 年写出了调查报告，确认延安台的日语广播开始于 1941 年 12 月 3 日，并建议将中国人民对外广播开播的日期也定为这一天。1995 年 3 月 15 日，广电部党组正式批准国际台的报告，确定中国人民对外广播开播的日期为 1941 年 12 月 3 日。第二年 12 月初，国际台举行了中国人民对外广播创建 55 周年纪念活动。此后，每逢 5 或 10 均举办相应的纪念活动。2011 年 12 月 3 日是中国人民对外广播暨中国国际广播电台创建 70 周年纪念日。

1992 年 7 月，总参谋部通信部编著的《中国人民解放军通信兵史》出版，该书第一编革命战争时期有关章节中，对延安台的开播作了如下表述："延安新华广播电台口语广播于 1940 年 12 月 30 日首次播音。经过一段时间

试播，于 1941 年 11 月 7 日正式播音。"（见该书第 87 页，军事译文出版社出版）

2010 年 11 月，新华通讯社史编写组所著《新华通讯社史》第一卷在有关章节中，对延安台的开播作了如下表述："1940 年 12 月 30 日，延安新华广播电台开始播音，呼号为 XNCR……延安台编制属军委三局，业务归新华社，广播稿由新华社广播科供给。"（见该书第 197—198 页，新华出版社出版）

至此，延安台 1940 年 12 月 30 日首次播音的史实，在与之相关部门的史书中均予以确认。

在《百年中国新闻史料整理与研究》开题报告会上的发言①

首先热烈祝贺王润泽教授申报的 2015 年国家社科基金重大项目"百年中国新闻史料整理与研究"获准立项。今天作为该项目的顾问出席开题报告会，我感到十分高兴。这是我有幸第三次参加国家社科基金新闻史方面重大项目的开题报告会。此前，作为国家社科基金重大项目首个新闻史方面项目的是 2013 年获准立项的南京师范大学倪延年教授申报的"中华民国新闻史"，第二个是南京大学韩丛耀教授主持的"中国新闻传播技术史"。这三个重大项目先后获批，标志着新闻史的研究在申报国家社科基金方面取得了突破性的进展。此前，众所周知，方汉奇老师主持的"中国新闻事业通史"于 1987 年获批国家社科基金的重点项目，为我们高校新闻院系 20 多年来申报国家社科基金项目打开了一扇大门。以后陆续有一批新闻史方面的项目分别作为重点项目、一般项目和青年项目获准立项。上述各类项目的成果为提高高校新闻传播史教学和科研水平发挥了有目共睹的积极作用。近日，有关报刊刊载称：经济学史的研究是经济学研究的基础。套用这句话也可以说新闻史的研究是新闻学研究的基础。只有打牢基础，新闻学研究的大厦才能更加牢固宏伟。

我从 20 世纪 90 年代初起作为国家社科基金项目新闻学科评议、规划组成员，参加过多次不同层次的项目评审。从一般项目到重点项目再到重大项目的立项，这意味着新闻传播学研究层次和水平逐步有所提高，同时也意味着由方汉奇老师、宁树藩老师和丁淦林老师等老一辈新闻史学者开创的新闻史研究，后继有人，不断发扬光大。我个人认为，作为重大项目应当具备开创性、基础性和引领性的特色。每个重大项目的立项、开题、推进和最终结项完成，都可能遇到一些难题。但我相信，作为一项功在当代、利在千秋的大事，课题的主持者和参与者都会尽心竭力，作出应有的贡献。

我本人主要是从事中国广播电视史教学研究工作的，作为新闻事业史重

---

① 本文根据发言稿整理补充而成。

要组成部分的广播电视史的教研工作是北京广播学院开创的。我个人参与其中50多年来的体会是从广播电视史料特别是民国时期广播史料收集、整理开始,逐步建立和完善广播电视史的教学内容和体系。在20世纪60年代初起,先后参与编印了10多种广播史料,均在内部出版。改革开放以来我参与或主持征集、编选出版的《中国人民广播回忆录》(四集)、《解放区广播历史资料选编(1940—1949)》《延安(陕北)新华广播电台回忆录新编》《延安(陕北)新华广播电台广播稿选》《旧中国的上海广播事业》《中国现代广播史料选编》《日本侵华广播史料选编》和《中国抗战广播史料选编》(待出)等,对于收集、整理、编选和出版广播史料其中的甘苦深有体会。现仅根据自己收集、整理和编印出版广播史料的体会和认知对整理和研究近百年中国新闻史料,完成课题既定任务,提出以下的几点建议和意见,与主编和参与同志交流、商讨。

第一,本课题内容涉及的四个全面覆盖即时间覆盖、媒体覆盖、地址覆盖和领域覆盖。个人认为四个全面覆盖应以媒体覆盖为主,从古代的报刊、近代的通讯社、现代的广播、当代的电视到当今的网络、新媒体构成了百年新闻事业的主体内容,以之为纲,提纲挈领来统率全课题,未可知否?

第二,外国(人)在华新闻活动,其时间之长、国别之多、规模之大、影响之深是百年来在世界各国中绝无仅有的,其中大致可分为几类,一类是文化交流性质的,一类是商业性质的,一类是侵略性质的,一类是军事性质的,也可能是一类为主,兼有其他作用的。应当作为课题的重点加以研究。

第三,要开门搞课题,走出高校新闻院系新闻史教学研究的小圈子,与档案馆、方志馆、图书馆和有关教研机构和社团如中共中央文献研究室、中共中央党史研究室及相关党史、国史、军史学会、研究会等加强联系和交流,互通有无,丰富课题内容,仅以新修地方志为例,近年来已出版的省、地、市、县级新闻(报刊)、通讯社志、广电志等数以百计,其中颇有若干一手史料为过去所忽视。近几年,我和艾红红、刘书峰将20世纪90年代以来出版的29个省、自治区和直辖市和部分地级市广播电视志中有关民国时期的广播史料摘编成《新修地方志早期广播史料汇编》一书,明年将由中国广播影视出版社出版,也可以说为整理和研究百年新闻史料中的民国广播史料作出了一点贡献。此外,近日报刊报道,湘潭大学出版社2014年9月出版的《红藏:进步期刊总汇(1915—1949)》,全书428册,3亿余字,收入有关期刊151种。我认为对我们的课题也很有启示价值。我还建议在适当的时候，可以课题组或中国新闻史学会的名义邀请上述有关方面的代表召开课题汇报交流座谈会，并请国家社科规划办公室有关领导到会指导。

第四，加强与港澳台新闻史界的互动和交流，特别是台海两岸的互动，尤有意义，提倡共享史料，共写史书。另，欧美亚太地区有关机构中也有丰富的中国新闻史料有待发掘，可斟酌情况，量力而为。

第五，课题进展和完成后，建议在中国人民大学新闻学院建立新闻史料库，为研究者提供学术交流互动的平台。

（2015 年 12 月 20 日）

2016年

获益终生一册书

——我与胡华主编的《中国新民主主义革命史参考资料》

春节期间，偶阅《新华文摘》2016年第3期书末刊登的"百年商务百年书影——商务印书馆早期图书书影征集活动"启事。启事中云，征集对象为1978年以前商务印书馆出版的图书。不由得想起书柜中存有的胡华主编的《中国新民主主义革命史参考资料》一书。该书版权页所载，为1951年4月初版，5月再版，恰在征集范围之内。这本书是我在初中读书时购置的，至今已60年有余，在我的几千册藏书中无疑属于爷爷辈的了。

今天再次翻阅这本书，我的思绪回到了60多年前……

1949年年初，天津解放。当年，我小学毕业，考入通澜中学，该校虽为私立，但新中国成立之初，校内政治热情高涨。10月1日，新中国成立，当天下午全校师生与天津市大中学生齐聚广场，收听了从广播中传来的开国大典的实况转播，散场以后，师生一路高唱革命歌曲，直到午夜始返回学校。50年代初，抗美援朝战争爆发，在教学中加强了对中国革命史和美帝侵华史的教育。当时的中学教师都是从旧社会过来的，讲起中国古代史来，夏商周秦汉、唐宋元明清，驾轻就熟、有声有色，但讲起现代史，什么五四运动、北伐战争、七七事变、万里长征、抗日战争……名词概念一大堆，内容却简单生硬，显得力不从心。但讲课中说到这是"新民主主义革命史"的新颖提法，引起了我的注意，深印在脑海中。

少年时期，大都求知欲强，我也不例外。但学校设备简陋，连个图书室也没有。邻近的书店变成了寻找课外参考书的必到之地。当时，商务印书馆在天津城东南角有个门市部，离父亲工作场所不远，在那里我曾购买过装帧方便的64开横版本的动物学、植物学等参考书。大约是1951年夏秋之间一天，忽然发现售书台上放着厚厚的几本书，仔细一看，原来是《中国新民主主义革命史参考资料》，稍稍翻阅目录，正是我渴求的内容，迫不及待地看了一阵子，很想买下来，一看定价是35000元（旧币），囊中羞涩，忍爱放下，过了几天凑足了钱，终于买回家中。先在封面和内封上盖了小学同学为我刻印的名章，又包上书皮，小心翼翼地存放起来。我甚至还把这本书的广告也剪下来，贴在了该书封面的背页。从此，这本书跟随着我一直到今天。其间，几十年来，曾经多次搬迁，忍痛割爱处理了一批又一批书，但这本书却一直舍不得处理，成为我初中时期保存下来的唯一一本书。

《资料》一书按历史时期从五四运动到抗战胜利分为四编，每编又分为"重要历史文献与论著"和"史实补充"两个部分。全书内容厚重充实。我对它的阅读、理解和利用有一个认识的过程。中学时期，我对书中的"史实补充"部分最感兴趣，它使我对现代史上的若干重大事件有了初步的感性认识。但对"文献与论著"部分只记住了几位建党初期领导人代表作的篇名，对内容却理解不深。大学时期，先后在北京大学中文系新闻专业和中国人民大学新闻系学习。这时期，书中的"文献和论著"部分恰恰成为学习政治理论课和新闻史论课经常翻阅的重要参考材料，有时候还和同宿舍的同学们共同研读其中的一些篇目。

1959年，我大学毕业，分配到新创办的北京广播学院新闻系任教，开始从事中国广播电视史的教学工作。当时，系里的老同志告诉我，广播史是一门从来未有过的课程，白手起家，要从收集、整理广播历史资料开始，没有或缺乏史料是无法从事教研工作的。此时，我又从《资料》一书中受到启示，一方面收集老广播写的回忆录，类似书中的"史实补充"部分，另一方面收集有关广播的论著，类似"文献与论著"部分。"文革"前，还尝试着编印了两三本广播史资料的小册子。改革开放后，广电史的教学工作恢复了正常秩序，经过二三十年的不懈努力，我先后主编或参与主编了《中国人民广播回忆录》（四集）、《延安（陕北）新华广播电台回忆录新编》、《延安（陕北）新华广播电台广播稿选》和《旧中国的上海广播事业》等书，为我个人及有志于从事民国时期广播史研究的同志提供了基础型史料。与此同时，在充分占有史料的基础上，我先后出版了《中国现代广播简史》（本人著）和《中国广播电视通史》（本人主编）。一门新兴的专业——广电史学科终于逐步建立起来，并获得新闻史学界的认同。

师恩难忘　感恩图报

——悼百岁教授甘惜分老师

  2016年新年甫过。1月8日竟传来中国人民大学甘惜分教授不幸病逝的噩耗。虽说甘老师已届百岁高龄，按民间说法应为喜丧，但作为八十岁的学生回忆起一个甲子以来的师生情，如今难以再见慈貌、聆听宏论，毕竟不胜悲切。

  我坐在书桌前，撰写此文时，抬头看，书架上放着甘老师签名赐赠的《甘惜分文集》（三卷本）和他主编的《新闻学大辞典》；低头看，书桌玻璃板下，压着甘老师赐赠的两幅墨宝；手头边，是近日从相册中找出来的多幅与甘老师的留影……这一切将我的记忆拉回到60年前风光秀丽的北大燕园中初见甘老师的情景。

  1955年，我从天津三中毕业考入北京大学中文系新闻专业。北大新闻专业是在接收原燕京大学新闻系基础上建立的，师资队伍主要由两部分构成，一部分为原燕大新闻系的老师，如原燕大新闻系主任蒋荫恩教授、曾任代主任的张隆栋老师等，还有一部分是从老解放区调入的中文系副主任兼新闻专业负责人的罗列以及蓝芸夫、孙觉等同志，甘老师也是其中之一。记忆中，他们四位均为副教授，但只有甘老师为我们上过课。当时的新闻教育受学习苏联的影响，开了一门课叫"新闻工作理论与实践"，甘老师主讲新闻理论部分。记忆中，他在讲课中虽然讲了不少苏联报刊理论的内容，但还是注意结合我党办报的历史和他自己从事新闻工作的经验。面对大课堂上我们55级百人左右，正逢盛年的甘老师侃侃而谈，议论风生。当时没有教材，连个讲课提纲都没有，上课只能笔记听课内容，以备考试之用，讲课内容印象最深的有两点，一是报刊的党性原则及思想性、战斗性、群众性和真实性。还有就是无产阶级报刊和资产阶级报刊的区别，这个题目还是当年的考试题。这是我对甘老师的初步印象。1958年，北大新闻专业并入中国人民大学新闻系，我们55级、56级、57级的学生也随之进入人大新闻系继续学习。当时正逢"大跃进"年代，我们55级又开始了毕业实习，与甘老师很少接触了。大学毕业后，我分配到新创办的北京广播学院新闻系任教。再次和甘老师有较多的接触,已是改革开放的新时期了。师生交往中,有几件事给我留下了深刻的印象,至今铭记心头。

一

在改革开放春风的吹拂中,60多岁的甘老师焕发青春,重扬斗志,1978年成为中国人民大学也是新中国首批新闻学硕士生指导教师。第二年,北京广播学院(今中国传媒大学)也开始招收新闻学硕士生,我当时虽是讲师,但适逢政策宽松,也有幸成为硕士生指导教师之一,但深感缺乏经验,于是萌生了再向当年人大执教的老师叩门请教的念头。甘老师和方(汉奇)老师是我最先想到的。甘老师时住今张自忠路三号(当年为铁狮子胡同一号,简称"铁一号")的红二楼宿舍,成为我经常造访之地。甘老师得知我招收的是广播史方向的研究生,就叫我多向方老师请教,说你们都是搞新闻史的。我说史论一家,教书育人的道理是一样的。他谦虚地说,招收研究生,我也是首次,那就多交流吧。在来往期间,我还接触了他招的研究生,甘老师还让我看他们写的论文,记得还参加过一次论文答辩。有位研究生还到过我家,但遗憾的是事隔30多年,没有记住他们的名字。多次向甘老师请教,从中获知指导研究生的要旨在于提倡多读书、勤思考,引导到第一线作调查研究,才能写出合格的论文来,从而增强了我带好研究生的信心。

80年代初,我开始具体主持征集解放区广播回忆录的工作,在一次与甘老师交谈中,我说,您在的晋绥解放区当年没有办过广播电台,但是,您听过延安广播吗?我的提问引起了甘老师的回忆,他说,1947年在新华社绥蒙分社时,我曾戴着耳机利用收报机听过陕北台的广播,并且抄收下来办起"广播小报"。后来调到晋绥总分社,又根据新华总社的要求组织过被俘的国民党军高级将领写家信,供陕北台播出⋯⋯我笑着对他说,原来您还是位不在编的陕北台编辑呢?甘老师根据我的请求,撰写了《历史机缘识广播》一文。甘老师不仅回忆了组织战俘写家信的情况,还特地总结了两条体会和经验,有史实有理论,显示了甘老师的学术修养确是不凡。甘老师的回忆文章收入《中国人民广播回忆录(续集)》(中国广播电视出版社1986年11月版)。《甘惜分文集(第二卷)》也收入此文,并在题注中称"本书收入时作者对个别内容有所修补",可见甘老师对此文的关注之情。

征集人民广播回忆录与甘老师还有一事值得一记。1946年5月31日,晋绥解放区的《抗战日报》（后改名为《晋绥日报》）曾刊登了署名"徐挺秀"写的一首诗《听延安 XNCR 广播》（XNCR 为延安台的呼号），诗中形象地反映了当时晋绥军民收听延安广播的情景和感受。我很想找到这位作者请他写一篇回忆录，但茫茫人海何处去找"徐挺秀"呢？有一次，在与甘老师闲谈中，我顺便询问，您在晋绥解放区工作过，听说过"徐挺秀"这个人吗？甘老师不假思索地说，我知道，但他后来改名叫"徐明"了，你要找到他就行了，但他今在何处？我也不知道。此后"徐明"这个名字一直留存在我的脑海里。80 年代初，我给我校新闻系编采专业 77 级同学上课前夕，翻阅新生的履历表，以便了解情况，加强师生交流。忽然在徐永青的材料中发现其父名为"徐明"。我不禁喜出望外，课余之时，我找到小徐，询问其父情况，果然在晋绥解放区工作过，我请他向其父问好，并说了前述一诗的情况，如果确是其父所写，望请他写一篇回忆当年收听延安广播的文章。不久，小徐将其父所写的《延安之声鼓舞军心》回忆录交给我。后来，此文收入《中国人民广播回忆录》（广播出版社 1983 年 5 月版）。不久，我将此事告知甘老师。

顺便交代一句，甘老师和徐明所写的两篇回忆录，后来又均收入为纪念人民广播创建 60 周年编印的《延安（陕北）新华广播电台回忆录新编》一书（中国广播电视出版社 1990 年 12 月版），为延安（陕北）台留下了珍贵的可靠史料。

90 年代初，应甘老师召唤，我曾参与过他主编的国内第一部《新闻学大辞典》一书的部分编纂工作，分工负责广播电视方面条目的拟定、组稿和部分编写工作。甘老师选中我承担这部分工作，可能是因为我此前曾主编出版过《广播电视简明辞典》，并且送他指正留下的印象。在编纂过程中，《大辞典》的编委多次到甘老师家开会，不大的书房，有时五六个人，有时两三个人，围绕着有关《大辞典》的编纂指导思想、编纂原则等问题交换意见，甘老师及时作出归纳总结。这些后来都写入《大辞典》的"序言"之中，这里就不再重述了。甘老师对《大辞典》条目的拟定、撰写和审阅工作更是不厌其烦地叮嘱。他还特地对我说，编委中大多数都是搞报刊出身，广电方面仅你一人，你要加倍小心。幸好我未辜负甘老师的期望，完成了分工的任务。1993 年 5 月，《新闻学大辞典》出版后，举办过座谈活动，后来几位编委还在甘老师家中留下了一张合影，以为纪念。

参加甘老师主持的《大辞典》编纂工作，使我受益良多。与《大辞典》

相比，前述我主编的那本《简明辞典》明显单薄，未能反映出广播电视学科和广播电视事业的基本面貌，如不及时增订，难免误人子弟。随后，我参照从甘老师处学来的组织编纂辞典的工作方式和方法，主持了历时三年的《简明辞典》的增订工作，并于1999年出版了《广播电视辞典》，由原来的60多万字增加到近百万字，条目的分类和释文也比原来有了新的调整和改进。《辞典》出版后我呈送甘老师指正。新版的《辞典》受到了读者的欢迎，并于2007年重印了一次。

二

感恩回报是我国传统美德之一，学生回报师恩也属其列。对甘老师几十年来对我的有声教诲和无声的影响，在感恩之余，也想着回报一二。

1993年盛夏，大陆新闻学者一行17人，分别以个人名义应台湾政治大学邀请赴台出席"1993中文传播研究暨教学研讨会"。这是两岸隔绝将近半个世纪以来大陆新闻学者的一次破冰之旅，17人分别来自中国人民大学、复旦大学、北京广播学院及中国社会科学院新闻研究所等单位。甘老师是其中最年长者，当年76岁，也是名望最高者，受到接待方的格外关照。在研讨会分组会上，甘老师作了题为《再论新闻学与历史学》的发言（后收入台湾政治大学新闻系主编的《中国大陆新闻传播研究》，即研讨会论文汇编，1995年5月印行。《甘惜分文集》第二卷也收入此文，但注明原载《新闻界》1996年第2期。两个版本对照有多处删改）。当时因分组不同，未能聆听甘老师的宏论。但引起我关注的是，甘老师不但是新闻理论的权威，而且对历史学以及新闻学与历史学的关系也深有研究。在访问、参观中，作为比甘老师小20岁的后生晚辈，我多次陪伴左右，略尽回报之心，因此留下了多张合影。在阿里山、日月潭游览之余，甘老师成为台湾记者的重点关注对象之一，面对记者的频频发问，甘老师应付自如，对答如流，后来台湾报纸以"一个方向多种声音"为题报道了对甘老师的访问。甘老师关于"多声一向"的基本观点，请参阅《甘惜分文集》第二卷中的有关文章，这里不再赘述。

2012年春，相识多年，友情甚笃的《人民日报》海外版编委沈兴耕同志来访，交谈之余，看到了我的书房。他说，海外版有个栏目叫"名人书斋"，已连续刊登多年，不久前，我们刊登了中国人民大学方汉奇教授的书房，我看你的书房，也值得刊登。我说方老师的书房我去过，犹如书山书海一般，而且方老师又是新闻史学界的权威，当然应当刊登。我的书房看起来既小又简陋，不值一登。另外，说起书房来，中国人民大学甘惜分教授的书房也有特色，比我的更有代表性，甘老师也是新闻学大家，而且年近百岁，身体尚健，现住处离人民日报社不远。你们如果采访，我可代为联系。我当即把甘老师的电话告知。过了一些时候，沈兴耕电话告知我说，甘老近日身体欠佳，不便接受采访，需要过一阵子再说，那就只能先采访你了。至此，我也不便推辞。7月23日，沈兴耕与摄影记者潘衍习同志前来采访本人书房，后刊于该报8月3日版。采访之余，我又与潘记者商议采访甘老师之事，几经联系，定于9月9日前往。当天适逢教师节前夕，潘记者特地买了一束鲜花献给甘老。当天，甘老精神抖擞，谈笑风生。采访之余，他将不久前出版的《甘惜分文集》（三卷本）签名赠与我俩。9月14日，海外版"名人书斋"专栏刊登了"甘惜分书房"照片，照片中甘老端坐在书桌前，凝神静坐，神采奕奕，文中起首四句藏头诗："甘苦同志与党群，老当益壮探新闻，惜阴博览群书事，分付东风桃李芬。"言简意赅地评述了甘老的一生，读来兴趣盎然。这篇图文并茂的报道，再次使甘老师的晚年风貌，借海外版的东风传向五湖四海。使我没有想到的是，这竟是我最后一次见到甘老师。事后，我将甘老师题写的"博览群书 独立思考"八个字的赠言压在书桌的玻璃板下。我领会这八个字对我们这一代大多数知识分子有很强的针对性。我们这一代人普遍是古文基本不懂，外文基本不会，加以时代的局限，确是未能博览群书，也欠缺独立思考。但今生已届八十，很难再有大的改观，只好有待来生了。

2015年年初，中国新闻史学会会长陈昌凤同志在电话中说起，史学会今年将举办"新闻传播学国家级学会奖"评选活动，其中有一项"终身成就奖"，我们准备提名人大方（汉奇）老师、复旦大学宁（树藩）老师，询问我有何意见。我即回答，二老当之无愧，完全同意。我再提名一位即人大的甘（惜分）老师。不过可能有同志以为甘老师是新闻理论的教授，不是新闻史的教授，我要说的是史论是一家，甘老师不仅是新闻理论的教授，而且对新闻史也很有研究，发表过不少关于新闻史、报刊史方面的论文。另外，甘老师本人经历也可以说是一部现当代新闻史的缩影。后来陈昌凤告知我，评选委员会一致同意推荐上述三位老教授为终身成就奖候选人并经公示后，于8月21日举行颁奖典礼。此前，4月17日，甘门弟子在中国人民大学为甘

老举办百岁庆生活动时,陈昌凤亲手将获奖证书授予甘老师。我因事前不知,未能躬逢盛会,但也暗自为自己能在甘老师生前最后的日子里为他点个赞颇感欣慰。

【外一节】扑克牌上的甘老师

还有一件与甘老师有关的轶事,可能知道的人不多。从中也可以看出甘老师的社会影响远超出新闻教育界。21世纪之初,有一次,我和友人到前门老舍茶馆欣赏曲艺节目。中间休息时,顺便到茶馆内的小卖部一游,发现出售的商品中有一套名为"老报人"的扑克牌,盒面上有王韬、梁启超、张季鸾和储安平的四人头像。

作为中国新闻史课的教师,不禁觉得既新颖又有趣,于是购买了一套,想着将来上课时给学生一看,以活跃课堂气氛。购买后,仔细观赏,盒面上方写的是"河北玛雅扑克文化有限公司,2006年4月22日出品",并注明"学习·欣赏·珍藏专用(限量发行)"等字样。打开盒后,逐张欣赏,发现符合扑克牌常规,分为红桃、黑桃、方块、梅花各13张,另大小王各一张,共54张。"大王"为"梁发","小王"为"王韬",其余52张收入我国近现代以来著名报人52名,每人头像一张,并附有三五十字的简介,绝大多数均已过世,有生卒年份。当时尚在世者仅有四人,意想不到的是,其中年龄最长者竟然是甘老师。扑克牌标志为红桃Q,简介中称:"甘惜分(1916—),生于四川省邻水县,抗战胜利后,调任新华社记者和编辑,1949年任新华社西南总分社采编部主任,主编《新闻学大辞典》。"过了几天,我给甘老师打了个电话,告知此事,他当时在电话中大笑着说,竟有此事,人家都把我当商品卖了,我尚不知,哪天你拿来让我看看。

后来我想着再买一套送给甘老师,哪想竟然售罄,于是我复印了一套,寄送给了甘老师,不知道他是否还保存着。

治学自述①

回顾新中国成立半个多世纪以来中国广播电视史研究的发展历程，目前，广播电视史学作为广播电视学或者是新闻史学的一门新兴的分支学科，基本上得到了学界与业界的认同。今天，从广电史学科建设角度反思已有的广电史研究成果，从我亲身的教学研究经历来说，以我主编的《中国广播电视通史》为例，受个人和时代的局限，其不足之处主要是不同程度地存在着简单化、片面化和泛政治化的问题。

广电史学作为新兴的分支学科，不同于其他传统史学之处在于起点低、无师承，是在借鉴报刊史、新闻史的基础上白手起家、逐步成长起来的。广电史学的研究过程实质上也是不断创新的过程，从无到有是创新，从有到好也是创新，而且是高层次上的创新。如果说20世纪是广电史学研究的开创和建立阶段，那么，21世纪必将是广电史学研究的创新和发展阶段。立足当今，已有的中国广电史研究成果，在以下几个方面还有待提高和突破。

第一，从对广电属性的认知来看，已出版的广电史著作基本上是将广电作为宣传工具展开述评的，而对广电的技术属性、产业属性则着墨不多，从广电的文化属性来探讨其发展之路，还有待深化。

第二，从广电史的分期来看，基本上是按革命史、党史、国史的分期模式处理的，如何着眼于专业史、行业史的角度探讨突出广电特点的分期模式，尚待探讨。

第三，对错综复杂的民国时期的广播史来说，解放区部分比较充实，而对北洋时期的广播以及后来的国民党广播、民营广播、宗教广播和形形色色的外国在华广播来说，无论从史料的占有及对不同形态广播的述评都比较单薄，缺乏如实、深入的记载和分析。

第四，对中国广电史料的搜集、整理和使用上，基本上还处于手工操作阶段，如何运用数字化手段加以处理，尚属空白。民国时期的广播史料散见于各种相关档案、报刊、书籍，可谓少而散。新中国时期广电史料又可以说

---

① 原载《中国新闻传播学年鉴》（2015）。

是多而杂。期盼中青年同志能够有志于运用数字化的手段将丰富多样的广电史料加以整理出版,为教学研究提供方便。

第五,广电史学的研究有待在"引进来"和"走出去"方面寻求突破。从国内来讲,"引进来"是指引进其他相关史学学科的治学理念、经验和成果,借以提高广电史学的研究水平。"走出去"是指要使广电史学的研究与其他相关史学学科研究加强交流互动,使之了解广电史学的成果。从国际来讲,"引进来"是指将国外的广电史著作译成中文,供我们研究中国广电史参考。"走出去"是指将中国的广电史著作译成外文,使中国广电史的成果为国外同行所知。目前,我们在这两方面几乎还是空白,期盼有朝一日能形成中外广电史著作互动交流的良好格局。

赵玉明的新闻教育改革理论与实践[①]

刘英华　刘勇铿

一、筚路蓝缕：初任新闻教师阶段（1959—1977）

1959年赵玉明从中国人民大学新闻系毕业，来到刚刚升格为本科院校的北京广播学院，从学生身份转为教师身份，成为新闻系的第一批本科生教师，从此开始了半个世纪的新闻教育之路。

20世纪60年代初的北京广播学院教学设备简陋，那时的新闻系也正值初创时期，作为来自中国人民大学新闻系等综合性大学文科的应届毕业生，赵玉明是教师来源的新生力量之一。

赵玉明初到广院，先后在广播史教研组、广播业务教研室担任新闻系59级、60级、64级、65级新闻广播史、中国广播史和广播概论课等课程的教学工作。作为刚刚本科毕业来到新闻系任教的年轻教师，为了积累教学经验，尽快适应教师角色，赵玉明在"老广播"的带领下，边干边学边教，逐步熟悉教学业务，逐步成长起来。院系领导对办好新闻系，开创广播电视新闻教育非常重视，赵玉明全身心地投入到了教学工作当中去。

为了教好广播史课程，赵玉明坚定地认为打好研究基础至关重要，于是他采取了理论与实践并举提升教学能力和水平的方法。在实践方面，他常常到北京图书馆查看与广播史有关的各种书刊，到中央广播局的档案室翻看所有能找到的关于延安（陕北）台的广播稿和有关史料，从这些书刊、广播稿和史料中挖掘广播史教学资料，不断充实和提升自己，再在课堂上倾情传授给学生；在理论方面，为了给59级的学生讲好广播史课程，他努力挤出课外时间再次回到中国人民大学去旁听报刊史的课程，逐步认识到何为人师，学会了如何教授学生，如何跟学生沟通，如何打造最有教学效果的课堂。

到"文革"前夕时，赵玉明俨然已经初步成为一位教学娴熟、经验丰富

[①] 原载《中国新闻传播教育年鉴》（2016）新闻教育家系列。

的新闻系教师。即使后来受到"文革"的影响，北京广播学院迁址至现在所在位置，等待它的命运是"试行停办"，但赵玉明依然没有停下新闻学教育实践的步伐。

1969年至1970年，他同全校其他师生一样，成为下放的一员，开展劳动锻炼。他同在校教师和65级学生在河北农村同吃同住同劳动，白天下地劳动，晚上政治学习。学校下马后，1970年秋，他同其他大多数广院职工一起被下放到中央广播局河南淮阳"五七干校"。1970年11月初，中央广播局因为筹备延安广播历史展览的需要，将赵玉明调回北京。在之后的一年时间里，赵玉明充分发挥自身广播史方面的经验积累，和几位老广播一起投入到了延安广播历史展览的筹备当中去，默默进行着没有课堂和学校的新闻学教育实践。

1971年延安广播历史展览结束后，赵玉明被分配到中央人民广播电台新闻部上班，成为业界的实践者和探索者。赵玉明在新闻部的工作是编辑，主要参与早晨"报摘"和晚上"联播"节目的工作，这项工作持续了一年半有余。在这项工作中，他真正把新闻学理论应用到了新闻实践当中去，并在新闻实践中检验和修正理论，在新闻实践中进一步明确新闻学教育需要改进的地方，为以后重新回归到新闻教学工作中打下了坚实的实践基础。

1972年冬，北京广播学院恢复，在淮阳"五七干校"的教职工陆续返回北京。1973年春天赵玉明也返回了三年来魂牵梦萦的新闻系，回归到了他热爱和渴望的新闻教育事业中。重新恢复的北京广播学院满目苍凉，赵玉明和其他复课的教师一道不畏艰难，一边修整校园，一边备课，准备迎接新生前的所有工作。1974年和1975年，新闻系恢复招生，两届工农兵学员相继报到，赵玉明在新闻系广播业务教研室担任74级、75级广播概论课的教学工作。

总之，这一时期赵玉明正在从一个初出茅庐的大学毕业生成长为广播电视的教育工作者。

二、崭露头角："文革"后新闻系任教阶段（1978—1983）

"文革"结束后，全国各项工作开始拨乱反正，北京广播学院的教学工作也逐渐步入正轨。1978年，恢复高考后的首届（77级）大学生入学。1980年，广院的教学机构作了较大幅度的调整，原来有七八十人四个专业的大新闻系分为四系、一所、一部，基本上奠定了后来广院教学机构的格局。调整后的新闻系只剩下了编采专业（后改称新闻学专业）一个专业，拥有十多名教师，其中就包括留下来的赵玉明。他先后承担了编采专业四年制本科班77级、78级、79级和暑假后入学的80级共四个班约150人左右的广播史课的教学。

1978年国家恢复了中断十多年的研究生培养制度。同年7月赵玉明应邀参加了中国社会科学院新闻研究所首届硕士研究生入学口试、阅卷及录取等项工作。1979年，在当时广院确定的第一批硕士生指导教师中，赵玉明位列其中，开始招收新闻学专业广播史方向硕士研究生。1979年赵玉明开始指导他新闻教育生涯中的第一名硕士研究生。

伴随着北京广播学院院系学科调整的完善，教师职称评审工作也开始恢复。1978年12月，根据教育部的部署，广院开始了"文革"后的第一次教师职称评审工作。赵玉明等"文革"前到校任教的中年教师均评定为讲师。在20世纪80年代初，学校积极吸收符合条件的中年教师入党，在这样的背景之下赵玉明于1981年6月加入中国共产党。1983年，赵玉明晋升为副教授。

这一时期赵玉明曾任新闻系广播史教研室主任，在此前后分别为新闻系、文编系和播音系的各年级开设中国广播史课。教学科研工作要不断提高水平就必须与调查实践结合起来，才可以收到事半功倍之效，赵玉明对此坚信不疑，在60年代开始任教之初就形成了这一观念。但由于时代和条件的限制，直到1980年秋他才实现了自己到延安去的愿望，一方面瞻仰革命圣地，另一方面考察延安台旧址，以充实教学研究的内容，这也是广院第一次学术性调研活动。

1979年夏天，赵玉明随新华社历史调查组到延安和瓦窑堡开展调研，初步了解了延安台旧址的情况，为广播史调研做了准备，之后他向新闻系正式提出调研计划并获得学校批准，决定以"北京广播学院"名义组成延安（陕北）新华广播电台历史调查组。赵玉明作为策划组织者和组员加入此次调研活动。1980年秋在齐越等老广播的带领下，调研正式启动，经过近一个月行程约3000公里的调查访问，先后考察了延安（陕北）台的编辑部、播音室和发射台的14处旧址，记录和拍摄了大批人民广播史的第一手资料。这次调查为之后中央广播事业局更改人民广播诞生纪念日和筹备清凉山上的延安广播历史展览提供了可靠的史实依据。

从 1959 年开始从事中国广播史教学工作起，赵玉明就暗下决心要编写出一本中国广播史，经过这次调研活动之后他的这一理想逐步成为现实。调研结束之后，赵玉明和研究生一起整理编写了《调查报告》和《调查日记》。作为成果，他开始着手三件事：第一是多方收集、分类整理了已有的广播史料，特别是开始征集解放区广播回忆录；第二是陆续主持或与他人合作出版了《中国人民广播回忆录》（共四集）、《解放区广播历史资料选编》、《人民大众的号角——延安（陕北）广播史话》和《旧中国的上海广播事业》等书；第三便是开始构思中国现代广播史的框架，并陆续写成初稿在《北京广播学院学报》上连载，后来还印成小册子，名曰《中国广播简史》，1983 年被全国新闻高级职称评审委员会编印的《全国新闻系统测试复习提纲》指定为参考书目之一。

总之，这一时期赵玉明的新闻学术与教育实践用一个字概括就是"严"。这里面包含了三层含义：一是教学工作的严肃，二是治学的严谨，三是对学生要求的严格。

三、才华试水：二次创业的新闻系领导阶段（1984—1988）

1980 年分系以后，新闻系开始结合教学科研的要求，逐步迈出了开放办学的步伐。通过调入"文革"前名牌大学新闻系毕业且有多年新闻实践工作经验的老毕业生，选拔留用本系优秀的本科毕业生和获得硕士学位的研究生等，在此基础上分系后组建的史论编采等教研室也逐步发展起来，使全系的教学科研力量不断得到加强，为二次创业奠定了人才基础。

新闻系二次创业时期之初，一度面临系领导班子缺位的困难情况。学校及时调整充实领导班子，1984 年 3 月赵玉明开始担任新闻系副主任，分管教学科研和招生工作。1985 年春，赵玉明开始主持新闻系日常工作。1986 年 8 月任代理系主任职务。1988 年 1 月开始任新闻系主任。赵玉明本人也于 1988 年 5 月晋升为教授。

在赵玉明担任新闻系领导时期，和其他系领导一起，团结全系教职员，齐心协力使新闻系的各项工作正常有序展开，教学科研不断进步，逐步摆脱了新闻系重建初期师资力量薄弱，教学设备奇缺，培养模式单一的状况，新闻教学硕果累累。赵玉明带领全系员工主要从以下几方面开拓了新闻系的迅速发展和进步。

（一）增加办学层次和组织编写广电特色教材

由于刚刚经历十年"文革"，广电系统新闻干部青黄不接，新参加工作的青年干部大都没有经过专业培训，很难适应工作需要，而大学招生人数有限，且学制三四年，远水不解近渴，于是新闻系开办的不同学制在职培训应运而生，主要形式有为地方广电局台办短期培训班、干专班、研究生班和助教进修班以及函授教学、电大讲座等。

新闻系从1959年开办到1980年分系时，由于多种原因，虽曾经编印过如《中国新闻广播文集》及各专业的参考性教材，但尚无一套适应本系教学需要的系统性教材。而此时新闻系的基本教学力量经过十几年的磨炼，加之广院停办期间，不少教师都曾到中央三台工作过一段时间，都不同程度地积累了广播新闻的实践经验，为编写有本系特点的教材打下了基础。

为此，以赵玉明为代表的新闻系领导不失时机地号召大家边讲课、边编写教材。功夫不负有心人。经过两三年的埋头写作，到1986年春，第一套八种新闻广播业务系列教材在内部出版，首先供本校新闻学专业的函授专修科急用，经过试用再加修订调整后，从1987年起由中国广播电视出版社作为广播电视新闻系列教材陆续公开出版。为了适应广电系统培训业务干部和外校开办广电专业的需求，1988年，又在上述八种系列教材的基础上，加以补充、提炼，推出了《实用广播电视新闻学》（上下），后由本校出版社公开出版，内容上进一步突出了广电新闻学的特色。执笔者中既有本系老教师，又有青年教师，以本系教师为主，还有校内其他单位的教师和广电部地方宣传局的同志，是一本集诸家之长的教材。

（二）组织编纂广电辞书扩大新闻系的影响

赵玉明在分管教学科研工作的实际工作中感到广播电视学是一门年轻的、具有蓬勃发展前景的学科，但是一直缺乏一本广播电视专业的工具书，这给广播电视的研究人员特别是众多师生的工作和学习带来诸多不便。于是在1987年，赵玉明提出编纂《广播电视简明辞典》的建议，并得到学校领导的大力支持，由新闻系牵头，组织校内部分师生，还邀请了中央三台等单位的有关同志共同撰写了1800多个条目。1989年校庆前夕，中国第一部中

型广播电视专业辞典问世了。十年后,《广播电视辞典》再次修订,成为广大广播电视工作者和研究者了解广播电视不可或缺的案头书。

(三)创办全国第二家广告学专业

分系之后,新闻系只有一个专业即新闻学专业,发展空间不大。1984年,赵玉明应邀到厦门大学新创办的新闻传播系讲学的同时,了解到该系已开办中国大陆第一个广告学本科专业,赵玉明随即向该系咨询了筹办广告学专业的事项。

回京后,赵玉明立即向学校作了汇报,并提出由新闻系筹办广告学专业的建议,此建议经学校原则同意后,广告学专业的筹办工作也紧锣密鼓地开始了。筹办工作从两方面着手,一方面在系内选拔优秀毕业生留校送到广告部门开办的培训班学习,同时动员系内具备条件的教师进行新闻、广告教学双肩挑,一边教好新闻专业课,一边准备广告专业课。

与此同时,利用在京的有利条件,除在广电系统调查外,赵玉明又先后组织人员到中宣部新闻局、国家工商局广告司、中国广告协会、中国对外经济贸易广告协会以及中国广告联合总公司和其他广告公司作广泛调查,内容包括广告管理、广告业务、广告人才需求等。这些调查有的由校领导带队,有的由赵玉明本人牵头进行,这个过程持续了两三年。

1988年11月,国家教委批准了北京广播学院呈送的开办广告学专业的论证报告,广院成为中国大陆第二个开办广告学专业的高校。1989年秋,第一届广告学专业本科生入学。

(四)撰写代表作《中国现代广播简史》一书

赵玉明在20世纪80年代初撰写的《中国广播简史》小册子在这一时期得到了进一步修改和提升。1986年经过充实修改后以《中国现代广播简史》为名印成内部教材使用。1987年由中国广播电视出版社正式出版,至今包括再版重印,印数已达两万册以上。这本书是第一部比较系统、全面记述1923—1949年中国广播事业的专著,填补了中国广播史研究的空白,丰富了中国新闻史的内容。这本书在中国广播电视学会1990年主办的首届全国广播电视学术著作评选中曾获二等奖。

总之，这一时期赵玉明的新闻学术教育思想渐进成熟。

首先，努力营造和谐宽松的学术环境，使教师各施所长，把主要精力集中到教学研究之中。改革开放以来，随着知识分子政策的逐步落实，教师教书育人的积极性普遍提高，以赵玉明为代表的系领导因势利导，着眼于发挥教师的主动性和创造性。

其次，发挥广播学院新闻系优势，探索开放式办学新路。

当时，新组建的新闻系虽然弱小，但却有两个与生俱来的优势：一是全国广电系统本科高校中唯一的一个新闻系，二是全国高校新闻系学科中唯一一个独具广电特色的新闻系。要实行开放式办学就要充分发挥上述两个优势，从两方面着手：一是要走出校门，闯进广电系统一显身手，在广电改革开放服务中，提升自身的业务水平；二是广泛参与全国新闻学科乃至新闻业界的有关活动，扩大视野，发挥广电优势的积极作用。

从此，本着为广电改革开放服务的宗旨，不同层次的在职培训应运而生，一度形成办班高潮，这一时期的新闻系先后轮流派出有关教师为各地广电局台以及广电部地方宣传局举办的全国性广电系统新闻培训班讲课，既为十多个省市的地方局台培训了干部，又提高了学校和新闻系在广电系统的声誉和影响力，同时也有利于教师接触广播宣传实际，反过来又提升了校内教学水平。

此外，从广泛参与全国新闻学科乃至新闻业界的有关活动来说，作为众多新闻院系中唯一具有广电特色的广院新闻系在新闻教育领域乃至新闻业界大有用武之地。从1979年中国社科院新闻研究所创办《新闻研究资料》起，赵玉明和新闻系有关教师就多次在该刊发表广播史方面的文章，并参加有关新闻史编写的研讨会。80年代初，应广西大学新闻系教师之邀共同商讨编写《中国新闻业史》一书，首次将民国时期的广播事业写入史书之中。1983年春，教育部为筹备召开新中国成立以来首次新闻教育座谈会，专门组织了调查组，赵玉明等人均参加该组活动，负责分管广电系统的调查工作。同年春，《中国大百科全书》第一版编纂工作启动，赵玉明开始参与新闻卷中广播电视部分条目的组稿和撰稿工作，后任新闻卷编委会中国新闻事业分支编写组成员。随后，赵玉明还参加了中国记协组织的《新闻工作手册》中广电条目的有关工作，为此后由新闻系牵头组织校内教师编纂中国第一部广电专业辞典——《广播电视简明辞典》工作打下了基础。1984年，又和兄弟院校新闻系共同参与组建中国新闻教育学会，11月该会成立。1986年6月，

赵玉明作为新闻系副主任兼广播史教研室主任策划和组织召开了解放区广播史研讨会，这是改革开放以来北京广播学院主办的第一次学术研讨会。1987年，赵玉明作为课题组成员分别参加了"十五"期间国家社科重点项目"中国新闻事业通史"和"新闻事业与现代化建设"的部分科研工作。1986年，他代表学校参与筹建中国广播电视学会，并任首届副秘书长，1987年，赵玉明又和几位老广播一起组建了中国广播电视学会史学研究委员会。

在此期间，广院新闻系被评为北京市新闻系统先进集体，赵玉明本人也被评为北京市优秀新闻工作者。

在赵玉明的带领下，这一时期的新闻系正是由于注重发挥上述两个优势，经过近十年的不懈努力，终于走出了一条开放式办学的新路，不仅扩大了北京广播学院的社会影响，也为提高培养人才的质量打下坚实的基础。日后也证明，80年代陆续走出校门的毕业生经过二三十年不等的实践磨炼，涌现出一批在广电系统和行业以及其他岗位上的优秀人才，这些既是广院新闻系办学成功的业绩也是学校对社会贡献的缩影。

四、砥砺前行：走上学校领导岗位阶段（1989—1998）

1989年3月，经群众代表推荐、民主评议、学院党委讨论和考核并经广电部批准，赵玉明走上了北京广播学院领导岗位，是学校领导班子中的第一位教授。作为副院长，主要分管教学科研工作，后来又增管《中国广播电视年鉴》、广播学院董事会等工作。在这一时期的教学实践当中，赵玉明是典型的"双肩挑"，既要分管学校教学科研管理工作，也要完成自身教学科研任务，并真正做到了于公于己两不误。除此以外，九年间他积极参与促成了几件对学校长远建设有益的实事，值得一记。

（一）"中央三台奖"的设立与实施

1989年春天，赵玉明刚进入学校领导班子不久，了解到广院对学生的奖励除国家设立的人民奖学金外，尚无社会上提供的奖学金，于是萌生了请为之输送了几百名优秀毕业生的中央三台（中央人民广播电台、中国国际广播电台和中央电视台）在广院设立奖学金的想法。这样一来既可以奖励广院优秀学生，又便于中央三台从中发现和选用合格人才，一举两得。经过与中央三台领导和人事部门多次联系磋商，1989年校庆之际达成一致意见并签署了协议书。

1990年12月8日，首届中央三台奖学金颁奖大会在广院举行。赵玉明代表学校汇报了中央三台奖学金的设立和评审经过。大会向首次获奖的8名优秀学生和6名优秀教师（含教育工作者）颁发了获奖证书和奖金。从此，每年一度的中央三台奖的评审和表彰成了广院重大活动之一，迄今为止已颁发26届，受到了全校师生的特别关注，成为学校最高荣誉的奖励。1997年，他卸任校领导前夕，又促成了民营企业星光集团在广院设立了研究生奖学金，每年20万元，迄今已颁发了19届。

（二）首获国家社科基金项目

以赵玉明为课题负责人提出申报"中国广播电视通史"为国家社科基金项目。1990年年底，该项目荣获批准，成为广院乃至广电系统的第一个国家社科基金项目。此后，从1992年起，赵玉明应聘开始担任国家社科基金项目新闻学学科规划、评议组成员。从这一年起，广院每年均有新闻传播学方面的申报课题被批准列入国家社科基金项目。国家社科基金和广电部级课题的立项以及历年的获奖成果，对提高广院和广电系统的科研水平起到了积极的促进作用，也为广院申报新闻传播学博士点和进入"211工程"高校增添了有力数据。

（三）原广电部部级科研立项和部级奖学金的建立

1996年4月，赵玉明第五次作为新闻学学科评审组成员参加全国社科项目评审会议。经评审，广院在新闻学学科方面一举获得三个立项，资助总金额达到7.3万元，这是1990年来最多的一次，标志着广院科研水平和竞争力有了新的提高。

会后赵玉明起草了《关于全国哲学社会科学"九五"规划工作暨项目评审会议情况汇报——兼谈对我部设立高校科研立项和奖励的建议》，报送原广电部教育司。在报告中就设立部级科研立项和奖励，提出了三条建议，希望能以此为契机，使上述愿望早日实现。《建议》得到了原广电部领导的肯定，在6月召开的广电部部属高校工作会议上作了进一步讨论，并将有关

内容写入部属高校人文社科研究"九五"规划要点之中。经评审后,当年广院即获得广电部人文社科科研立项 24 个,资助 65 万元,同时广电部又资助在教委立项的 15 个科研项目 33.8 万元。加上其他方面的科研经费,使广院 1996 年的全年科研经费突破 100 万元,达到 134.7 万元,创造了历史最高水平。第二年,广电部部级高校科研奖励也开始实施。

(四) 参与筹建学校首届董事会

1993 年 3 月,新一届学院领导班子组成,经研究将筹建广播学院董事会列入议事日程,并决定由赵玉明负责筹备,担任具体筹建工作。接受任务后,赵玉明通过对国内十多所建有董事会和教育基金会的高校的调查,了解到建立董事会的有关程序、组建原则和取得的成果。

1994 年年初,赵玉明和有关同志起草的董事会章程(草案)和有关报告,经过学校讨论后,很快得到原广电部的批准。7 月中旬,校董事会成立大会召开,33 个董事单位的代表与会,会上倡议各董事单位和广电系统"有钱出钱,有力出力",共同办好广播学院。会议通过的《章程》中明确了董事会是广播学院最高层次的办学咨询机构,对办好广播学院发挥指导、支持和桥梁三种作用。会议决定由赵玉明担任副董事长(常务)兼秘书长,负责董事会的日常工作,至 1998 年卸任,短短几年中为学校筹措了近千万元的办学资金。

(五) 主抓《中国广播电视年鉴》扭亏为盈

《中国广播电视年鉴》(以下简称《年鉴》)是受原广电部现国家新闻出版广电总局的委托,由广院编纂的。1985 年经原广电部批准召开了首届年会。第一届《年鉴》编委会成立时,当时赵玉明任编委。1989 年 4 月调整编委会后,赵玉明任副主编。首卷《年鉴》(1986 年版)于 1987 年出版。1993 年组建第二届编委会后,赵玉明任主编至今。

《年鉴》编委会换届前后面临的最大困难是经费短缺,从 90 年代起,原广电部对《年鉴》的拨款逐渐减少。为了缓解经费困难问题,《年鉴》先是由广播学院和中央电视台合编,由中央电视台每年资助部分印刷费。《年鉴》经费的困难初步得到缓解。

为彻底解决经费困难问题，经与编辑部同时反复研究，决定三管齐下。第一，在1995年内两次写报告，提出将《年鉴》日常经费列入广电部事业费范围内，从1995年起每年拨给补助经费5万元（1998年增至10万元）。第二，1998年学校领导班子换届，赵玉明不再分管《年鉴》日常工作，但在这一年的编委会主任会议上决定，中央人民广播电台、中国国际广播电台也参与合编《年鉴》，并提供一定经费。第三，《年鉴》编辑部也积极采取多种措施，如适当收取费用刊登广播电视台台标、彩页和台庆专辑，奖励特约编辑扩大《年鉴》发行量，办理广告经营许可手续等。在《年鉴》各编委会的通力协作下，终于在赵玉明离开《年鉴》领导岗位之际，经费困难问题得到解决，并且扭亏为盈，为办好《年鉴》，提高《年鉴》质量，保证按期出版奠定了物质基础。

（六）解决学校图书馆经费紧缺问题

自赵玉明分管学院图书资料工作特别是图书馆以来，面临着两个方面的严峻问题，一是应拨图书经费不到位，二是图书价格猛涨。

1996年5月17日召开了一次全院图书资料工作会议，根据会议的讨论，赵玉明起草了《关于加强和改进图书资料工作的意见》。为了多方筹措图书资料经费，《意见》中提出了多项措施，主要有：

第一，学院本年确保国家拨款的3%作为图书事业费；

第二，学院每年计划外收入的2%拨交图书馆作为图书事业费的补充；

第三，每年向原广电部教育补助金申请50万元的专业书刊补助费；

第四，学院董事会每年从基金投入所得中拨出10万元作为专业书刊补助费。

经过多方面努力，到1997年，广院当年图书经费达到90万元，创造历史最高水平，初步解决了广院图书经费紧缺的问题。

（七）主持编撰中国第一部广电专业百科全书

20世纪80年代初赵玉明曾参与《中国大百科全书·新闻卷》的部分组织、撰稿工作。但他发现受制于百科全书的编写体例，完整的广播电视知识被分别编入新闻卷、文学卷和电子学卷，对需要寻求广播电视完整知识的人来说很不方便。因此，在 90 年代初，赵玉明积极倡议并组织学院的部分教师开始编写广电专业百科全书。在框架体例、部类划分、条目设置、目录编排、释文撰写和资料选编方面几经斟酌，经过三年多的努力，这部《百科全书》于 1994 年出版并获得了原广电部高校科研成果一等奖。

（八）参与学校申请博士学位授予权和进入"211 工程"高校的前期准备工作

广院申博的历程始于 1989 年春天。当时赵玉明刚刚走上学校领导岗位，作为副院长分管教学研究工作，外出参加的第一次会议就是部署关于第四批申报博士点的工作。此后历经 1992 年、1996 年第五、第六批申博工作，虽未能实现突破，但奋斗的脚步却从未停止。特别从 1993 年以后，在明确争取进入"211 工程"高校行列过程中，加大了对学科建设的投入力度。这些都为申请博士点创造了有利条件和奠定了扎实的基础。

1996 年赵玉明任教育部新闻学科教指委副主任委员。1997 年 5 月，新闻学升格为一级学科，首次组建新闻传播学学科评议组，赵玉明成为国务院学位委员会首届新闻传播学科评议组成员之一，并且是广院第一个进入学科评议组的成员。在赵玉明成为新闻传播学学科评议组成员的前后五年间，学科评议组先后两次召开评审会议。1998 年第一次评审会议，广院顺利通过新闻学博士点的评审，广院实现了历史上乃至广电系统高校博士点零的突破。2000 年第二次评审会议，广院成为新闻传播学一级学科点（含传播学博士点）。这一年，广院还同时成为新闻传播学博士后流动站。这在广院新闻传播学学科建设和人才培养以及全校的发展史上都是具有重大意义的事件，同时也为广院争取进入"211 工程"打下了坚实的基础。

此外在这一时期，1992 年赵玉明成为当年全校四名获 100 元档政府特殊津贴的专家之一。1997 年起，赵玉明开始任中国广播电视学会广播电视史研究委员会会长，负责规划并组织了四届中国广电史志研讨会。1991 年，赵玉明成为中华全国新闻工作者协会（以下简称"中国记协"）第四届理事会理事，后又连任第五届理事直至 2001 年。在此期间，赵玉明又先后担任中国记协主持的"韬奋新闻奖"第一届至第三届评委和"范长江新闻奖"第二届评委。

总之，赵玉明在这一时期的新闻教育实践硕果颇丰，学术教育思想日臻成熟。在广播电视史学研究上，赵玉明提出了一系列新观点和新理论。他认为，从某种意义上说，广播电视史学研究的创新较之于广播电视理论和实务研究的创新难度更大些，在广播电视史学的研究上应坚持创新；在新闻学教学理念上，赵玉明提出了"授之以鱼，不如授之以渔"的教学理念。赵玉明在他所承担的研究生中国新闻史课中注重教给学生学习和研究的方法，重视对学生能力的培养。

五、余热生辉：卸任学校领导重归教学科研阶段（1999—2006）

1998年2月赵玉明卸任北京广播学院领导职务，这一期间他曾经任职的新闻系在经历了半个世纪的发展历程后，终于扩建成了新闻传播学院，而北京广播学院也于2004年正式更名为中国传媒大学。

卸任后的赵玉明重归教学科研，继续为中国广播电视新闻教育事业发光发热。1999年赵玉明成为学校首批博士生导师，招收了新闻学专业中国广播电视史研究方向的首名博士生。从2004年开始，赵玉明又成为本校新闻传播学博士后流动站第一批合作导师，先后招收博士后科研人员三人，与之共同进行有关课题的科学研究工作。到2007年赵玉明退休为止，共指导了12名博士生。

赵玉明离开学校领导岗位后，先后辞去学校董事会的常务副董事长职务，不再负责《中国广播电视年鉴》的日常领导工作，但仍兼任《年鉴》的主编职务。

2001年，经学校推荐，在中国广播电视学会主办的首届全国"十佳百优"广播电视理论工作者评选中，赵玉明被评为"十佳"之一。从2001年起，赵玉明开始担任北京广播学院教育部人文社科基地——广播电视研究中心首届学术委员会主任，并于2005年起主持该中心的重大课题，致力于推动广播电视学学科的建设工作。

2004年赵玉明作为课题负责人的国家社科基金项目"中国广播电视通史"结项完成并著书出版发行。《通史》采用"寓论于史，论从史出，史论结合"的治史方法，详细记述了1923年至2000年的中国广播电视事业，并对不同阶段广播电视事业发展的规律做了深刻探讨。这部著作先后获第四届全国高校人文社科研究优秀成果二等奖、第五届吴玉章人文社科一等奖。

继1994年《中国大百科全书》新闻卷及《中外广播电视百科全书》问世十年后，2004年赵玉明又参与到了《中国大百科全书》（第二版）新闻学

分支学科部分的编撰工作中。为了缅怀广院老一辈创业领导人，赵玉明参与征集、撰稿并主编了《周新武纪念文集》《永远的怀念——温济泽纪念文集》《八十年来家国——梅益纪念文集》和《风范长存——左荧纪念文集》。

2002 年，赵玉明参与筹建并任副会长的中国新闻史学会进行换届准备工作。同年 11 月召开的中国新闻史学会年会上赵玉明被推举为常务副会长，主持学会日常工作，学会秘书处移到在北京广播学院。2004 年，赵玉明担任中国新闻史学会会长。在赵玉明任会长期间，学会主要通过三种方式来打造《新闻春秋》这一品牌出版物：首先是继续编辑《新闻春秋》专刊；其次是将学会主持出版的论文集也定名为《新闻春秋》专辑，公开出版；再次是与新闻业界的报刊如《中华新闻报》《新闻与写作》等合办《新闻春秋》专栏，及时刊发有关学会的报道和新闻传播史方面的文章、史料等。

2004 年，北京广播学院更名为中国传媒大学后，新闻传播学院进一步发展，后扩展成为新闻传播学部。

六、不渝不辍：退休以后的教学科研阶段（2007 年至今）

2007 年，赵玉明从中国传媒大学教学岗位上正式退休，被返聘为博士生导师及《中国广播电视年鉴》主编。同年，被评为本校首批二级教授。这一年 9 月 10 日，在中国传媒大学教师节庆祝大会上，学校领导宣读了《关于授予赵玉明等四位教授"中国传媒大学突出贡献教授"称号的决定》。

在此期间，赵玉明完成了对指导的博士生和合作的博士后的教研任务，使他们顺利结业。2008 年 11 月赵玉明获得中国高等教育学会新闻学与传播学专业委员会授予的"中国新闻教育贡献人物"称号。2009 年获得中宣部、新闻出版总署授予的为编纂《中国大百科全书》（第二卷）"作出的突出贡献"荣誉证书。2010 年指导博士研究生薛文婷完成的博士论文《中国近代体育新闻传播历史研究（1840—1949）》被评为全国优秀博士论文，这也是 1999 年全国百篇优秀博士论文评选以来，中国传媒大学第一次获得这项殊荣。赵玉明也因此获得了教育部、国务院学位委员会颁发的"全国优秀博士论文指导教师"荣誉证书。赵玉明将获得学校的各项奖励总计 30 万元设立为"赵玉明教授研究生助学金"，用于奖励中国传媒大学学习成绩优良且生活困难的研究生，迄今已颁发五届。

2012 年，赵玉明主持完成了中国传媒大学广播电视研究中心立项的教育部人文社科重点研究基地重大项目——"广播电视学学科体系建设研究"，对广播电视学的学科地位和架构等提出了比较系统完整的见解。同年9月获得中国老教授协会授予的"老教授科教工作优秀奖"。

2013年是中国高等教育学会成立的第30个年头，学会常务理事决定对从事高教工作逾30年，对高等教育事业作出过重要贡献的30位学者进行表彰，赵玉明教授成为新闻传播学方面唯一获此表彰的人员，这也是国家、社会、时代对这位资深的广播电视教育工作者致以的崇高敬意。

2014年在校庆60周年、赵玉明从教55周年之际，汇编半个世纪以来教学科研成果（专著及辞书除外）、从教治学经历和认识以及人世沧桑回顾和思考的三卷本《赵玉明文集》问世。在这之后，他参与主编的《广播电视学学科体系建设研究》和《新修地方志早期广播史料汇编》相继出版。近年来，他已决定将半个世纪以来收集到的有关广播电视、新闻传播的史志书刊资料几千册（件）全部无偿捐赠给中国传媒大学图书馆，筹建"广播电视史志资料研究中心"，以供开展相关教研工作需求。

老骥伏枥，志在千里。几十年的时间里，伴随着中国广播电视学科和中国广播电视教育事业的发展壮大，赵玉明起承转合的教学科研经历也成为中国广播电视新闻教育工作者集体的缩影。现在，赵玉明虽已离开中国新闻教育事业的一线岗位，但他依旧孜孜不辍，继续不断为中国新闻教育事业作出贡献。

退休十年余热在[1]

  2007 年年初，我办理了有关退休手续，时七旬始过。迟退十年是因学校对校内首批博导延退的有关规定所致。当年教师节大会上，学校宣布了《关于授予赵玉明等四位教授"中国传媒大学突出贡献教授"称号的决定》，对我和张颂、张凤铸、朱羽君四名首批退休博导予以表彰。今八旬将至，回顾匆匆十年岁月，自问尚无闲过。我本着退休初衷"不闲着、别累着"这六个字安排日常起居生活。虽有慢性病在身，但践行老年人要管住嘴、放开腿的箴言，至今精神尚可，余热仍存。今逢老教协征文，简要回顾十年来的几件尚值得一记之事，与同辈交流，共慰晚年。

一

  2007 年 1 月退休手续办完，本拟从当年起不再招收博士生，但此前有关招生信息业已公布，且尚有报考本人所招研究方向者。在此背景下，我招收了最后一名博士生。此时加上此前尚未毕业者，当年尚有在读博士生九名，另有两名尚未出站的博士后。指导他们完成学业，顺利结业，是我退休返聘后的首要任务。历经六个寒暑，到 2012 年九名博士生先后通过论文答辩，均获得博士学位。两名博士后也分别顺利通过研究报告出站。十一名学子或走向新的岗位或返回原单位工作，为繁荣和发展祖国的新闻传播教学研究事业不断作出新的贡献。

  2008 年是改革开放 30 年，我为老教协征文撰写《我校 30 年来的十个"第一"》，次年 1 月校报刊登。

  2009 年为新中国成立 60 周年大庆之年，也是我参加工作到本校工作 50 年，我为老教协征文撰写了《欢庆新中国沧桑巨变六十载，我为祖国健康地工作五十年》一文。我校校报连载，《北京大学校友通讯》2011 年第 2 期也予以刊载。当年，中国传媒大会授予我"金长城奖·共和国 60 周年传媒影响力人物"证书。

---

[1] 原载《中国传媒大学老教授文集》(2016)。

二

2010年10月，我指导的08届博士生薛文婷的论文《中国近代体育新闻传播历史研究1840—1949》荣获当年全国百优博士学位论文。这是自1999年百优论文评选以来新闻传播学学科第四篇获奖论文，也是我校首次获此殊荣，实现了零的突破。我也因之获得了教育部和国务院学位委员会颁发的"全国优秀博士论文指导教师"的荣誉证书，为此校刊2011年4月9日刊登了该报记者对我和薛文婷的专访。7月20日，我应邀在研究生院召开的研究生导师工作会议上发言介绍了自己30多年来指导研究生的做法和体会，与到会老师们交流互动。

2011年3月，学校制定并公布了《中国传媒大学全国优秀博士学位论文奖励办法》，规定每篇百优论文奖励50万元，其中奖励范围包括优秀论文作者、指导教师、导师团队及导师所在单位等，各项奖励落实到本人名下总计为30万元。如何使用这笔经费，经过慎重考虑，我建议设立一项研究生奖助学金，用来奖助学习成绩优良、家庭困难的研究生。我的家人支持这一想法。经学校办公室会议同意，由研究生院负责组织实施。该项奖励由2011年开始实施，每年3万元，奖励10名研究生，每人3000元，至今已颁发五届。前三届奖励对象为新闻传播学类研究生，名为奖助学金，从第四届起扩大范围至全校研究生，改名为助学金，进一步明确以扶助学习成绩优良的贫困生为对象。前三届每年与全校"三大奖"即中央三台奖、星光研究生奖和"周恩来班"颁发、命名大会同时举行。我曾应邀在两届会上发言。我在发言中简要回顾了本人直接或间接促成"三大奖"设立情况，对设奖单位和部门表示感谢；同时勉励获奖同学"诚信为本，从自我做起；励志成才，从小事做起；感恩回报，从现在做起"，使自己成长为一名优秀的社会主义建设人才，为实现中华民族伟大复兴之梦而奋斗。从第四届起，本项奖励改由研究生院主办，单独颁发。参加者除获奖同学外，还有获奖学生的指导教师和所在部门负责人等。去年薛文婷也应邀到会，师生共聚一堂，畅所欲言。

2011年本校老教授协会授予我第二届"科教工作优秀奖"。次年荣获中国老教授协会授予"老教授科教工作优秀奖"。

三

教书育人，关注下一代的成长，始终是一名教师的神圣职责，作为一名退休老教师，曾经的校系领导更是责无旁贷。近几年来，我分别应学校关工委、团委、学生处、新闻传播学部和广告学院的邀请，多次与在校同学们座谈、交流。

2014年是我校创建60周年的大庆之年，当年4月30日、5月28日，我以《讲校史·话传统·说成才》为题，以自己在校55年的亲身经历和体会，分别与有关院系的同学们座谈，其中概括介绍了我校的三个优良传统：一是以培养广电人才为重点，办学特色鲜明；二是有一支敬业奉献的教师队伍；三是勤奋苦学的学风，勉励同学们在成才的道路上立德做人，奋力前行，践行社会主义核心价值观，为实现中华民族的伟大复兴梦奋斗终生。

周恩来是万千学子学习的楷模和典范。使学习周恩来精神、培育一代新人制度化和机制化是一项重大的社会主义精神文明建设工程。在许多高校和中学开展的"周恩来班"评选活动即是其中成功范例之一。新世纪之初，我因搜集、研究周恩来题词，在与中共中央文献研究室第二编研部多次交往中，得知该部即上述活动的主要组织者。随后，经我牵线搭桥，我校时任党委副书记的李焕生同志与有关部门负责人拜访二编部领导，双方就我校开展评选"周恩来班"活动达成共识。从2001年起，我校首届"周恩来班"评选活动开展，至2015年已先后评选十一届"周恩来班"，每年"周恩来班"评选和命名活动已成为我校社会主义精神文明建设的重大活动之一。其间，我多次应申请周恩来班的班级所在单位的邀请，以"学习周恩来题词，弘扬周恩来精神"为中心，与同学们座谈，并向他们赠送我作为特邀主编的《周恩来题词集解》一书，鼓励他们努力践行周恩来精神，胸怀大志，勤奋学习，勇于担当，努力争做社会主义祖国的建设者。

2015年12月，荣获我校关工委颁发的"中国传媒大学关心下一代工作特殊荣誉证书"。

四

继续完成已获批准的科研项目，是我退休后的另一重要任务。2005年，作为教育部人文社科重点研究基地——中国传媒大学广播电视研究中心重大项目"广播电视学学科体系建设研究",由我领衔申请获准立项,课题组由校内外教授和研究人员九人组成。

我为何主持申请这一项重大项目呢?这是我基于几十年来长期从事广电史教研工作和多次参与涉及广电条目的辞书长期思考的结果。广播电视作为20世纪的新兴媒体,从无到有,从弱到强,已经走过了七八十年的历程,广播电视的研究也随之逐步发展起来。20世纪末,广播电视的学科定位问题也提到议事日程。1992年国家技术监督局颁布的国家标准《学科分类与代码》中将"广播与电视"列为"新闻学与传播学"范围内的二级学科,下设"广播电视史""广播电视理论""广播电视业务""广播电视播音"等三级学科,但"广播与电视"的学科名称尚不规范,与此同时又将"广播电视文艺"列为"文艺学"学科范围内的三级学科。此前,早在80年代老一辈广电工作者左漠野、温济泽等著文呼吁"广播电视有学",建议建立广播电视学。有鉴于此,我在2002年5月发表了《谈谈广播电视研究与广播电视学科建设》一文。同年7月8日,我致函国务院学位委员会建议将广播电视学作为二级学科列入新闻传播学一级学科内。但广播电视学究竟应是一门什么样的学科?其学科含义、架构及定位等问题,都亟待深入探讨、系统论述,否则广播电视学学科建设只能流于空谈。这即是我提议申请立项的缘由。

该项课题组成立后,随即分工开展调研工作,并于2006年12月16日,主持召开了"广播电视学学科体系建设研究"学术研讨会,听取有关专家的意见和建议。为推动研究开展,2007年至2009年先后由学校广电研究中心以"中国广播电视学科体系建设研究""百家纵论广播电视学"和"广播电视学科建设大家谈"为题,编印了三期《媒介研究》,汇编了广电学科建设研究的初期成果及有关论述。此后,历时五年于2011年6月提交终结报告书,2012年获准结项,2015年10月,赵玉明、艾红红、庞亮主编的《广播电视学学科体系建设研究》一书由中国广播影视出版社出版,全书一册48万字,分上下两卷,上卷为广播电视学学科体系建设研究总论,下卷为广播电视学研究述评。

为推动广播学学科建设研究,2009年倡议并参与主持召开首届中国广播学学术研讨会,至今已举办五届。

五

1994年10月，我倡议并主编的我国第一部广播电视百科全书——《中外广播电视百科全书》由中国广播电视出版社出版，作为校庆40周年献礼。当时《人民日报》、中央人民广播电台、《光明日报》等媒体均予报道并加以评介。初版印刷5000册，1996年该书获广电部高校科研成果一等奖，不久该书售缺，出版社建议增订再版。

1999年年底，我领头申请的广电总局所属高校科研项目"中外广播电视百科全书（增订版）"获准立项，资助经费为1.5万元。次年1月，我校教育部人文社科重点研究基地——广播电视研究中心成立，我任学术委员会主任。当时我即建议将该项目列为中心项目，由中心领衔组织实施。我当时的设想是广电研究中心组织增订广电百科全书，名正言顺、顺理成章。这一建议获中心同意。2002年3月20日，召开了由我校有关系、所、部门等负责人参加的第一次编委会议。会上，均表示支持此项工作，部分编委随即开始研究编纂体制和条目增删事宜。但时隔不久，研究中心表示不再承担增订此书的日常工作，遂告搁浅。

2005年年初，经与科研处磋商，该处表示愿意承担此书的日常组织编纂工作。2005年3月7日，由时分管校领导丁俊杰主持召开了第二次编委会议，再次推动该项工作。会上并无不同意见，但会下除个别部门外，大都按兵不动，遂再次宣告搁浅。听说是因为资助经费太少，缺少推动力量，难以安排落实。回想当年初编"百科"时并无经费支持，但均乐于参与，真是不可同日而语。

新世纪初，我校开展申请"211"工程高校活动，并陆续制定并实施了两期规划。2007年年初，我听说即将制定"211"工程三期规划，随即于3月6日向学校领导递交了《关于将〈广播电视辞典〉和〈中外广播电视百科全书〉的增订工作列入"211"工程三期规划的建议》。《建议》认为专业辞典和百科全书作为一门成熟的学科是不可或缺的工具书，我主编的《广播电视辞典》由我校出版社出版两次印刷1万册，早已售罄，最近也向我提出增订再印之事。另《百科全书》也待增订。2004年，市场上还出现了以"中国广播电视出版社"名义出版（经询问并非该社出版），署名"杜鹃"主编将上述《中外广播电视百科全书》改头换面为《中国广播电视百科全书》精装三册，售价高达798元的盗版书。遗憾的是，我的上述建议未获批准。至此，我也再无能为力了，只好向科研处说明情况，请求撤销该项目，资助经费除少量支出外，余数交回。

此外，退休前即参与《中国大百科全书》（第二版）新闻卷的有关编纂工作，并任新闻学学科特约编审、新闻学分支学科副主编。2009年，参加该书出版总结表彰大会并获中宣部、新闻出版总署颁发的荣誉证书。

六

广播电视史教学研究是我终身从事的专业工作。2012年我指导的博士生毕业，我的教学工作结束，但研究工作并未终结。回顾退休以后，在广电史的研究方面主要做了以下几项工作。

1. 2009年1月，应中广协会之邀，担任《中国广播电视编年史》编委会副主任委员，多次参与审定该书初稿。此外，还担任该协会学术委员会委员至2013年。

2. 2010年在《现代传播》第2、3期发表《再谈中国现代广播史研究中的若干问题——与陈尔泰同志商榷》（上下），就哈尔滨广播无线电台开播时间等问题与陈尔泰开展争鸣。

3. 2012年8月28日，应邀参加中广协会召开的"中国第一座广播无线电台"论证会，就黑龙江广电局、台提出的"1923年1月1日哈尔滨广播无线电台开播"事发表了不同意见。此次发言未经我同意做重大删改后刊登于王云鹏、张君昌主编的《中国传媒前沿观察》一书（中国国际出版社2013年8月版）。无奈之下，先于《现代传播》2014年第6期发表《〈关于中国早期"哈尔滨广播无线电台"开播时间的个人意见〉的补正》一文，又于同年7月将原文刊于中国传媒大学新闻传播学部新闻学院编《新闻传播学前沿2013—2014》一书（中国传媒大学出版社2014年7月版），以正视听。又撰《哈尔滨广播无线电台开播事再谈》一文，将刊于《新闻传播学前沿2015》一书。

4. 2013年《现代传播》第1期发表与庞亮合写的《江西苏区口语广播探究》一文，就20世纪30年代初江西中央苏区有无口语广播与有关同志展开讨论。本年获中国高等教育学会授予的"从事高教工作逾30年·高教研究有重要贡献学者"证书。

5. 2014 年 10 月 18 日，应邀出席我校与中国新闻史学会主办的"广播电视史学：机遇与挑战"学术研讨会，并发言回顾了新中国成立以来广电史研究历程并提出改进广电史学研究的几点建议。全文收入这次研讨会论文集。

6. 2015 年为纪念抗日战争胜利 70 周年，编选出版了《日本侵华广播史料选编》（中国广播影视出版社 2015 年 8 月版），倡议并参加了我校召开的"勿忘历史：抗战新闻史"研讨会，在会上发言提出编写中国抗战广播史一书的建议。从今年开始收集整理有关史料，编选《中国抗战广播史料选编》一书，争取明年出版，以纪念抗战全面爆发 80 周年。

7. 2016 年 3 月，我与艾红红、刘书峰主编的《新修地方志早期广播史料汇编》（上下），由中国广播影视出版社出版。这部前后历时 10 多年收集整理摘编了当时 29 个省、自治区、直辖市及 30 多个地市级广电志中涉及民国时期的广播史料约 120 万字，其中还包括台湾省志中有关记载，可谓民国时期广播史料之集大成之书。

8. 2014 年，中国人民广播事业创建者梅益、温济泽同志百年诞辰之际，我参与主编了《梅益百年纪念文集》一书，并为《温济泽百年诞辰纪念文集》一书撰稿，还分别参加了有关部门和其家属举办的有关纪念活动。

9. 经我联系，梅益子女将其生前 1948—1996 年日记全部 277 册捐赠我校博物馆，并于 2014 年 10 月 24 日签署捐赠协议。随后成立梅益日记整理和研究小组，我担任指导工作。

10. 2014 年 9 月，我主编的《中国广播电视通史》（新一版）由中国广播影视出版社出版。该书此前已由我校出版社印刷三次，累计印数在 1.5 万册以上。2007 年该书先后获第四届高校人文社科研究优秀成果二等奖、中国人民大学第五届吴玉章人文社科奖一等奖。2008 年，我主编的《中国广播电视图史》由南方日报出版社出版。2009 年，与艾红红主编的《中国广播电视史教程》由中国广播电视出版社出版。

七

2007 年退休之际，我还担任着两个学术社团的主要领导职务：一是 2004 年起担任的国家一级社团——中国新闻史学会会长职务，二是 1997 年起担任的中国广播电视学（协）会广电史研究委员会会长的职务。按照民政部的有关规定，会长任职年龄上限为 70 岁，两个学术社团由于多种原因，推迟至 2009 年换届。此后，我被分别推选为中国新闻史学会名誉会长、广电史研会顾问。

我从 2002 年起担任中国新闻史学会常务副会长主持日常工作起，至 2009 年换届，前后历时 7 年。其间先后主办或合办有关研讨会、培训班、展览会、座谈会 30 多次，编印《新闻春秋》专刊 7 期，《新闻春秋》论文集 9 辑，《新闻春秋》专栏文章 40 余篇，活动范围遍及大陆多地及港台地区，组建了三个二级学会，开办了一个教学研究基地。2009 年换届之前，主持编印了《中国新闻史学会成立 20 周年纪念专刊》。

我从 1997 年起，担任中广学会史研会会长，至 2009 年换届前后历时 9 年。在此期间先后主办了第 4—7 次中国广电史志研讨会，编印了历次研讨会专辑，参与了中广学会主办的多次广电著作、论文评选活动。2009 年换届前，主持编印了《编修广电史志　记录声屏变迁》的史研会成立 20 周年（1987—2007）纪念册。

此外，我从 1992 年起即担任国家社科基金项目新闻学学科评审组成员，多次参与评审有关课题。2007 年还参加当年重大指标项目评审。此后至今年，多次参与通讯评审工作。近年来还分别主持或参与了南京师大、南大和人大三项国家社科重大项目的开题论证会。又，2008 年应聘担任北京大学新闻学研究会导师。

八

2014 年是我校校庆 60 周年，也是本人从教 55 周年。此前，2007 年我校第一批博士生导师年届 70 退休之际，学校曾作出对已退休或将退休的八名首批博导资助出版个人文集的决定。回顾我在校半个世纪的教研工作历程，本人既深感荣幸，又心怀感激，决心在晚年倾力完成编选个人文集的任务，作为校庆献礼，以不辜负学校的厚望。当年，荣获中国传媒大学 60 年"突出贡献奖"。

在编选《文集》过程中，经再三斟酌，也听取了有关同志的意见，将个人文集之事适当扩容，定名为"广播电视学学科建设书系"，其中之一为个人文集三卷，另为前述的《广播电视学学科体系建设研究》和《新修地方志早期广播史料汇编》。成书后共 6 册总计 300 余万字，其中个人《文集》三卷 140 万字，收入图片 200 多幅。《文集》从总体上来说汇集了本人半个

世纪以来的教研成果（专著、辞书除外）、从教治学的经历和认识以及人世沧桑的回顾与思考。上述书籍陆续出版后分送学校有关领导和部门，其余用作学术交流。2016 年 6 月，荣获中国新闻史学会授予的"终身成就奖"。

校庆 60 周年前后，我校原新闻系 59 级、64 级、65 级同学纷纷返校参加纪念活动，我应邀与会座谈，并先后为 59 级校友主编的《永远的灰楼》、64 级校友主编的《岁月钩沉》和 65 级校友主编的《春华秋实五十年》作序，回顾广院创办的艰苦岁月和优良传统，缅怀广院老一辈创业者，再续与各届校友的师生情谊。

九

我校 2013—2014 年度《老教授文集》中首篇收入了我写的《情系周总理题词三十五年》一文，回顾了我从 1977 年起收集、整理、研究周恩来题词的经过以及 2013 年《周恩来题词集解》一书出版的曲折过程，其中的酸甜苦辣自不待言。但《集解》一书由于多种原因，有些我已收集到的题词未能悉数收入，加之《集解》出版后，又陆续收集到一些周恩来题词，为免遗珠之憾，我又编成《周恩来题词编年纪事》书稿，另将历年来在报刊上发表的有关周恩来题词研究的文稿及相关文章汇编成《周恩来题词研究》书稿。我将前者作为上卷，后者作为下卷汇编为《周恩来题词记事暨研究文集》近 40 万字，内部出版，供与周恩来研究有关单位和个人以及有关同志交流之用。

十

1985 年，我校提出编纂出版《中国广播电视年鉴》建议获广电部批准。当年 12 月，第一届年会在门头沟百花宾馆召开，我作为编委与会。从此，开始了我与《年鉴》长达 30 年的情缘。1989 年，我任副主编，同时作为学校领导分管《年鉴》日常工作。1992 年组建第二届编委会起，我任《年鉴》主编，全面主持《年鉴》工作。1998 年，我卸任学校领导职务后，不再兼管《年鉴》日常工作。当时，我向学校领导表示待学校分管《年鉴》领导同志两三年后熟悉有关业务后，即可兼任《年鉴》主编。届时，我即辞去主编职务。孰料，此后十多年间学校频繁更换《年鉴》分管领导，尽管 2007

年我已退休，但主编一职仍沿袭至今未变，当年还主持召开了《年鉴》创刊20周年座谈会，发表了题为《与开放时代共进与广电改革同行》的纪念访谈。近几年来《年鉴》编纂出版工作正常运转。21世纪以来屡获嘉奖。2015年，我荣获中国出版协会年鉴工作委员会颁发的"杰出年鉴工作者"称号。2016年《年鉴》将迎来创刊30周年。年初，我已向学校有关部门表示，我已年届八旬，精力有限，不宜再任主编，望于今年第32届年会前，确定新的人选以确保《年鉴》编纂出版工作正常运转。

除上述未了事项外，还有一件拟拖延至今，使我未能如愿之事。

2012年，我决定将50多年来收集的有关广播电视史志书刊资料约4000册（件）捐赠给学校图书馆，并经协商利用上述书刊资料设立"中国广播电视史志资料研究中心"，图书馆拨给约100多平方米房间以供使用。不久，我将家中部分藏书送到学校。但令人遗憾的是，至今由于学校图书馆迟迟未能解决所需要必备的二十几个书架、书柜，以致分散多处的有关书刊至今未能集中起来，更不知何时能对外开放，以供教研使用。

自1995年从事中国广电史及新闻史教学以来，为适应教研工作需要，我收集、购买和获赠了大批有关书刊。近几年来，除保留捐赠学校书刊外，还陆续将部分书刊捐赠国家图书馆四次计630多册。此外，还多次向我校图书馆和新闻学院资料室以及兄弟院校图书资料馆捐赠有关书刊。我的心愿是使书刊发挥其应有的价值和作用，不要沦为废纸处理。

从广播电视研究到广播电视学学科建设

——在广播电视学学科建设学术研讨会上的发言[1]

一、从广播电视研究说起

我国广播电视研究的萌芽,从某种意义上来说,自广播电视在我国问世起,即已开始。以广播为例,1923 年 1 月,外国人在上海开办我国境内第一座广播电台,当时报刊即有报道和评论。次年《东方杂志》第 21 卷第 18 期发表曹仲渊《三年来上海无线电话之情形》一文,可以视为广播研究的滥觞。民国时期,我国虽无电视问世,但在国外无线电传播影视之事,也已引起我国学者的关注。30 年代初,《东方杂志》《中国无线电》等刊物均陆续刊文予以介绍。二战之后,1946 年著名学者胡道静在《新闻史上的新时代》一书中预言:新闻事业在经历了"口头新闻""手写新闻""印刷新闻"之后,已进入了一个新的阶段即"广播新闻"时代,再一个新世纪,将成为"电视新闻"的时代了。新中国成立后,广播电视事业有了新的发展,广播电视研究也步入了新的阶段,虽有收获,但历经曲折,直到 80 年代改革开放之后始有突破性进展。1986 年,在中国广播电视学会成立大会上,老一辈的广电工作者呼吁广电研究应从新闻学的框架中分离出来,建立独立的广播电视学。1990 年,闫玉主编的《中国广播电视学》的问世,标志着广播电视基础性理论研究的最新成果。此外,在广播电视史、广播电视实务的研究方面也取得了新的进展,一批新成果陆续问世。

但与此同时,在学界有一个现象引起了我的注意。1983 年,我应邀担任《中国大百科全书》(第一版)新闻卷中有关广播电视条目的部分组稿、撰稿工作。这时,我发现新闻卷中只收入有关广播电视的一般条目及广电新闻条目,而广电文艺方面的条目如广电文艺、广播剧、电视剧等分别归入文学

---

[1] 本文根据 2016 年 10 月 15 日发言初稿补充而成,后收入艾红红、庞亮主编:《广播电视学学科建设:历史、现状与未来》,中国广播影视出版社 2018 年 3 月版。

卷和戏剧卷，广电技术条目则划归电子学卷。对此，我感到广播电视知识有一种被割裂的感觉。此事对有志于学习广电知识的青年学子特别是广播学院的师生来说殊为不便。换言之，时代呼唤一部比较系统全面地反映广电知识的入门之书，作为迈入广电大门的简捷便利的途径。我想到了利用参与编写"大百科"条目学到的本领，应当着手编纂一本广播电视方面的工具书。1985年，我向广院领导建议组织校内有关系所老师的力量，编纂出版一本广播电视辞典。那时也没有什么立项、经费之说，由新闻系牵头，邀请一些系所的老师共议几次，又征得广电部有关机关和中央三台的支持，众志成城，经过几年的努力，我国第一部广电专业经典——《广播电视简明辞典》于1989年出版。几年后，作为广电部项目，经补充增订去掉"简明"两字的《广播电视辞典》于1999年问世。在此期间，我还倡议并主编的我国第一部广电百科全书——《中外广播电视百科全书》于1994年出版，广电辞典和百科全书的编纂和出版，将广电方面几十年来的研究成果，比较系统、全面地展示出来，为建立广播电视学学科奠定了初步的基础。

二、广播电视学学科定位始末

在上述背景下，广播电视学作为一门新兴学科逐步得到了社会的认同。如1992年11月，国家技术监督局颁布的《学科分类与代码》中将"广播与电视"列为"新闻学与传播学"学科范围内的二级学科。同时，在"广播与电视"范围内列入了"广播电视史""广播电视理论""广播电视业务"和"广播电视播音"等三级学科。这里显然将"新闻学与传播学"视为一级学科。

至于新闻学的学科定位和归属问题，在研究生培养的学科、专业目录中，在80年代始终是个争执不休的问题。1981年，国务院学位委员会组建，按学科门类分布下设若干学科评议组。起初，将新闻学定为法学门类一级学科社会学内的二级学科，故1990年以前毕业的新闻学专业的硕士生，均授予法学学位。1990年10月国务院学位委员会和国家教育委员会联合下发的《授予博士、硕士学位和培养研究生的学科、专业目录》中，新闻学被列入"法学"门类所属"社会学"一级学科和"文学"门类所属一级学科"中国语言文学"下的二级学科，学生毕业可授予法学或文学学位。至于广播电视则只字未见。由此可见，若想最终解决广播电视学的学科地位问题，首先必须提升新闻学学科的地位，将其由二级学科提升为一级学科。与此同时，在国务院学位委员会评议组内，新闻学方面的代表仅有一人，第一、二届为复旦大学王中教授，第三届为中国人民大学方汉奇教授。

1996年年初，国务院学位委员会办公室发文拟调整一级学科的设置问题。当时，方老师在文学学科评议组内提出将新闻学提升为一级学科的建议，并获评议组内一致同意，上报学位办。与此同时，复旦大学丁淦林教授作为教育部人文社科咨询委员会唯一的新闻学方面的代表也呼吁此事。我当时作为广播学院副院长分管教学科研工作，就此事开会征求校内有关部门和教授的意见，也形成相应的意见上报。另外，我又于同年6月7日以个人名义致函学位办详述了关于将新闻学科列入一级学科的建议。经过多方面的努力，1997年，国务院学位委员会、国家教委颁布的新制定的研究生学科、专业《目录》，终于将新闻学由二级学科提升为一级学科，定名为"新闻传播学"，下列两个二级学科即新闻学与传播学。当年，国务院学位委员会在组建第四届学科评议组时，首次设立新闻传播学学科评议组。方老师为评议组召集人，丁老师和我为学科组成员。我们首先讨论和制定了新闻传播学以及新闻学、传播学的学科简介。当时并未涉及广播电视学的学科定位问题，有关高校招收研究生时，一般均将广播电视学方向列入新闻学专业内。

2000年，教育部开展人文社会科学重点研究基地建设工作。当时有关文件规定，重点研究基地以二级学科为基础设立。新闻传播学只有两个二级学科，人民大学以新闻学为基础申报建立新闻与社会发展研究中心，复旦大学以传播学为基础申报建立信息与传播研究中心，我分别应聘担任两个研究中心首届学术委员会的委员。广播学院怎么办？几经研究，最后借鉴有关高校以综合研究为名，突破二级学科的局限设立敦煌学、徽学研究中心的做法，提出开展以广播电视为基础的综合研究申报国家重点研究基地。此一申报于2001年获批。同年6月广播学院广播电视研究中心（以下简称"中心"）成立，是全国100多个人文社科重点研究基地中唯一一个以广电传媒为研究对象的综合性研究基地，下设广电新闻、广电艺术、广电语言以及广电经营和管理四个研究所。我当时以离职不久的校领导身份参与了中心的酝酿和筹建工作，其间，曾提名我为中心主任，我坚辞未任，后担任中心两届学术委员会主任之职至2006年。广播电视虽以综合研究为名申报重点研究基地，但教育部在基地建设和管理上，却将其归入新闻传播学的学科范围之内。当时，教育部规定，每个基地每年可申请两个重大课题，如获批准，每项资助科研经费 20 万元。2002 年年初，国务院学位委员会在《工作要点》中提出要继续做好研究生学科专业《目录》的调整工作。据此，同年 7 月初，我致函国务院学位办提出在新闻传播学一级学科内增设广告学、广播电视学为二级学科的建议。此前，学位办已批准有新闻传播学博士点的高校可以自主设立若干二级学科专业点。据此，截至 2002 年已有复旦大学、中国传媒大学分别将"广播电视学""广播电视新闻学"列入新闻传播学一级学科点内的二级学科，并开始招收研究生。至此，广播电视学作为一门新兴学科的定位之事告一段落。

三、从提出课题到结项

2002 年 5 月，我应邀在南京大学以《谈谈广播电视研究和广播电视学学科建设》为题的专题讲座中，回顾前述从广电研究起步到广电学建立的历程，但究竟如何界定广播电视学的研究对象、学科体系及其特点等，却有待于进一步的探讨和争鸣，以推动和促进广播电视学的健康发展。正是在此背景下，2004 年，中心通知我可考虑领衔申报一项重大课题，为获批准，可列为教育部人文社科重点研究基地重大项目。我与有关同志多次交换意见后，遂以上述多年来一直酝酿的有关广播电视学学科建设的问题为中心，提出"广播电视学学科体系建设研究"课题，组织有志于此课题的同志加以论证后，正式提出申请，并于 2005 年获批，原拟 2008 年完成，其间因课题组个别成员调整，同时又增加了新的子项目最终于 2011 年 6 月完成结项报告。2012 年 11 月批准结项。

从课题获批到结项，前后历时六年半，经历了三个阶段，兹简述如下：

第一阶段（2005—2007），课题组认真讨论、修改和完善原有子课题设置，于 2006 年年底举办了"广播电视学学科体系建设"研讨会，首次编印了《广播电视学学科体系研究》专辑，在《现代传播》开辟"学术沙龙：广播电视学学科建设"栏目，刊发有关文章。2007 年中期检查合格。

第二阶段（2008—2010.6），梳理相关文献史料，陆续刊发阶段性成果，继续编印《百家纵论广播电视学》和《广播电视学科建设大家谈》两期专辑，先后在《现代传播》《安徽大学学报》《暨南大学学报》发表多篇相关论文。课题组倡议并与中央人民广播电台联合召开"首届中国广播电视学研讨会"（此会后多年延续，至 2016 年已召开六届）。

第三阶段（2010.7—2011.6），陆续提交结项成果及结项报告。在 2010 年 7 月召开的"广播电视学学科建设"课题论证会上提交了最终结项成果，并提出将广播电视学列为一级学科的建议。

此外，课题组成员王文利的《中国广播电视新闻研究简史》、高金萍的《西方电视研究评析》和申启武的《中国广播研究 90 年》，在此期间先后出版。另外，谢鼎新还发现了一批中国早期电视研究的史料。

2012 年本课题获批结项后，王文利的《中国广播电视学术研究史稿》、谢鼎新的《中国广播电视研究的演变》及本课题结项成果，赵玉明、艾红红、庞亮主编的《广播电视学学科体系建设研究》相继出版。

本次研讨会结束后，将再出一本研讨会论文集作为本课题的最终结束。

四、关于广播电视学列为一级学科的几句话

在本课题组于 2010 年 7 月召开的论证会上，提出了将广播电视学列为一级学科的建议。

在 1997 年颁布的研究生学科、专业《目录》中属于人文社科范围内有哲学、经济学、法学、教育学、文学和历史学 6 个学科门类，其中文学门类中有 4 个一级学科即中国语言文学、外国语言文学、新闻传播学和艺术学。2011 年颁布的《目录》中将艺术学从文学门类中分列出来另立为学科门类，内有 5 个一级学科即艺术学理论、音乐与舞蹈学、戏剧与影视学、美术学和设计学。

鉴于某个学科在研究生学科、专业《目录》中的定位和升级对人才培养和学术研究的影响和作用日益凸显，近年来在人文社科界关于学科建设的讨论和争鸣形成一大亮点。2016 年有关报刊曾发表专文，提出将"国学"列为学科门类。2017 年春，在全国政协会议期间，有的委员在报刊上刊文，提出将"民间文艺学"列为一级学科，有的委员建议将语言学从文学门类中分列出来，成为与文学平列的学科门类。在此前后，新闻传播学界也有学者考虑到新闻传播学涉及的方方面面早已超出文学的范围，建议将新闻传播学从文学门类分列出来成为独立的学科门类。我们提出将可以自主设立二级学科广播电视学升列为一级学科正是在此背景下提出的。这里顺便就"新闻传播学"作为一级学科的称谓问题提出个人意见。"新闻传播学"从字面意思来看，它研究的是新闻的传播，而不包括非新闻的传播研究，例如广告传播、文艺传播等，更不可能涵盖传播学研究的内容如组织传播、人际传播乃至健

康传播等。有鉴于此，本人建议将一级学科"新闻传播学"的称谓改为"新闻学与传播学"，这样既可涵盖其所属两个二级学科，又可与前述国家技术监督局1992年颁布国家标准《学科分类与代码》中的相应的一级学科的称谓一致起来，从而有利于我国学科名称的规范与统一。

  我们深知，某一学科的定位和升级，既要在本学科范围内酝酿和讨论，也要由主管部门听取相邻学科专家的意见，然后做出相关决定。我们对于广播电视学学科的定位和升级并不急于求成，但愿意为此做出不懈努力，以促进广播电视学学科的繁荣和发展。

夯实基础　继往开来[①]

——广播电视学学科建设学术研讨会综述

庞亮　冯帆

2016年10月15日,"广播电视学学科建设"学术研讨会在中国传媒大学召开,众多学者和业界专家齐聚一堂,围绕赵玉明教授主持的教育部人文社科重点研究基地重大项目"广播电视学学科体系研究"终期成果进行了热烈讨论,并对新形势下广播电视学科的建设和发展提出建议。

一、从无到有:广播电视学学科发展的历史路径

从20世纪20年代广播作为一种传播工具诞生以来,中国的广播电视研究走过了90多年的历程,已经成为一门新兴学科,并逐步建立起有中国特色的广播电视学学科体系。2016年恰逢中广联合会成立30周年,与会代表一致认为此时召开会议,对梳理广播电视学学科发展历史、探讨学科体系建设进程具有十分重要的意义。

赵玉明教授回顾了中国广播电视学学科从无到有的发展历程。广播电视学学科最初设立的目的在于为刚刚兴起的广播电视教育教学服务。随着社会的发展,特别是改革开放后伴随着广播电视事业的蓬勃发展,相关研究亦呈现出欣欣向荣的新景象。但以"广播电视学科"和"广播电视学"作为独立研究主体的内容却相对较少。与此同时广播电视学科作为隶属于"新闻与传播学"下的一个二级学科已越发显示出与美学、电影学、社会学、心理学、政治学、语言学等学科相交叉的特点。种种原因导致目前学界对广播电视学学科地位的认识存在诸多误区。针对上述情况,赵玉明教授提出有必要加强广播电视学学科体系研究,明确广播电视学的学科定位。

中国传媒大学艾红红教授梳理了我国广播电视事业从20世纪20年代诞

[①] 原载《现代传播》2016年第12期,后收入艾红红、庞亮主编:《广播电视学学科建设:历史、现状与未来》,中国广播影视出版社2018年3月版。

生至今的发展历程，从时间维度上将其细分为三个阶段并总结了各阶段的发展特点和规律；同时她还从学科建构的维度上梳理了改革开放以来广播电视理论、实践和历史研究等层面的创新和突破。在发言中，她特别谈到了1985年至2012年广播电视学学科建设的历程：从理论设想到相对完整的二级学科，广播电视学学科建设走过了曲折发展的30年，经验和道路都值得认真反思。这也凸显了赵玉明教授明确广播电视学学科定位，进一步加强广播电视学学科体系研究的重要意义。

中国传媒大学周亭研究员回顾了本课题从立项直至最终结项的全过程。阐释了自己作为课题参加者在进行广播电视学学科体系研究的十年中从赵玉明教授和其他课题组成员身上所收获和学习到的成长与经验。

二、百尺竿头：广播电视学学科建设应夯实史论研究

广播电视学具有时代性、实践性和综合性，呈现出跨学科和基础性的特点，有自己独特的研究对象和范畴、内涵、外延以及知识链条体系。随着新媒体技术的不断发展，广播电视学学科体系中的实务研究和现象研究受到越来越多的重视，而作为学科基础的史论研究却被忽视。针对这种情况，中国人民大学新闻传播学院王润泽教授认为，越是在技术日新月异变化的当下，就越是凸显出夯实史论研究的重要意义。中国传媒大学刘自雄副教授也认为，现阶段广播电视学学科建设中应强调基础研究，以平衡当前广播电视学术研究的浮躁氛围。

华中科技大学石长顺教授在发言中高度评价了赵玉明教授及本项目在广播电视学学科建设方面的开创性贡献。谈到学科建设方面的不足和问题，他认为当前我国广播电视学学科建设、研究及其影响与广播电视发展的现状存在不小的差距。这些差距集中表现在广播电视学学科体系建构与广播电视媒介地位的失衡；广播电视学理论研究与中国特色经典学说相脱离；广播电视学界探索与业界实践相游离等方面。应对这些问题，首先应建立以广播电视理论的历史演进为经度，以广播电视理论的研究范畴为纬度的坐标系。采用理论整合法将不适合我国政治文化因素的内容"削平"；将需要突出的理论学说"磨尖"；将学科特色"同化"为系统，逐步实现从广播电视"述评"性研究到学科主体性的自觉表达。中国人民大学周小普教授也对广播电视学学科建设的现状表达了相似观点，认为与其他学科的建设相比，当前广电学

科建设仍存在诸多不足，仍有较大的上升空间。

湖南师范大学王文利教授在发言中强调了要从"内在观念建制和外在社会建制"这两个层面上考察学科建设。按照这个标准，当下的广播电视学学科建设研究存在着"学科的'独立地位'需巩固""部分理论及方法论机械移植""部分子学科名不副实""理论批评和学术论争意识不强""重视应用研究，忽视基础理论研究"等突出问题。此外，中国传媒大学成文胜副教授、刘书峰副编审也分别从教育教学实践和广播电视志中早期人物的写作特点和不足等细节入手，分析了当前广播电视学学科建设和广播电视学发展过程中一些亟待解决的问题。

三、砥砺前行：广播电视学学科建设需着眼未来

面对发展中存在的诸多现实问题，专家们纷纷建言献策。《传媒教育研究》杂志社张志君总编辑提出了"注重四个维度，借助三种力量"的观点。他认为广播电视学学科的良性发展应建立在对时间维度、空间维度、理论维度和实践维度的全面把控上。要处理好"瞻前"与"顾后"，"本土"与"域外"，"内化"与"呈现"以及"表象"与"本质"的关系，借助政府力量、学界和业界力量来完善学科体系建设。

南京财经大学谢鼎新教授在以《广播学科史的重写》为题的发言中呈现了民国框架下的独特研究视角。他提出，使用"民国框架"进行广播电视学学科史论层面的研究具有还原历史、拓展内容、建构模式等多方面的价值，这对于改变当前广播电视史较多从革命史观出发的现状，研究中国广播电视发展背后更深层的社会环境，发掘以往游离于广播史之外更多相关内容以及强化广播史研究的实证性、本土性和学术性都有十分积极的促进作用。

重庆大学齐辉教授以及北京语言大学高金萍教授则从抗战时期日本对华广播侵略与殖民宣传和正在进行的2016年美国总统大选中广播电视的表现这两个案例深入剖析了广播电视学学科建构中史学研究与应用业务研究的具体方法。

当前新媒体环境下呈现的变局，给广播电视学学科发展带来了新的机遇和挑战。是选择故步自封还是主动拥抱互联网，与会专家也给出了自己的看法。清华大学郭镇之教授提出，广播电视学学科体系建设应关注新兴媒介，特别是网络音视频的发展。石长顺教授强调，要着力建构新型主流媒体，从

现代广播电视的传输体系、多元化传播主体、传播话语体系、传播体系发展这四个方面加强研究。《现代传播》主编胡智锋教授在肯定当前广播电视学学科建设的成果突破的同时，也表示广播电视不仅遭遇到新兴媒体的冲击，各种新兴学科也在冲击着尚未完全建成的广播电视学科。他提出面对这种喜忧参半的局面，广播电视学科应顺势而为，跨媒介、跨学科、跨文化的多维度实现对新媒体环境的兼容。

本次研讨会话题非常全面，不仅包含广播电视学学科体系建设，更包含对广播电视学发展历史、发展现状和发展趋势的反思评价及预测考量。专家们呈现的研究集中代表了当前我国广播电视学学科建设研究领域的最新成果和最高水平，必将为我国广播电视学学科体系建设以及广播电视学研究的发展提供更广阔、更丰富的视阈、方法和理论。

哈尔滨广播无线电台开播事再谈[①]

《新闻传播学前沿 2013—2014》刊登了我于 2012 年 8 月 28 日在中国第一座广播无线电台论证会上的发言,对哈尔滨广播无线电台 1923 年 1 月 1 日开播事发表了本人的意见。近日翻阅了中广协会史研会等编《广播电视历史研究文存(2009—2014)》(以下简称《文存》,中国国际广播出版社 2015 年 1 月版),发现其中有以下几篇涉及哈台开播事的报告、发言、论证材料及有关报道等,篇目如下:

张聪:在史研会 2012 年年会上的工作报告(2012 年 9 月 18 日)(第 19—22 页);

张君昌:哥德巴赫猜想与历史研究——在史研会 2012 年年会上的补充发言(时间同上)(第 34—39 页);

徐春生:纸上得来终觉浅,绝知此事要躬行——年会发言(时间同上)(第 47—50 页);

中广协会召开"哈尔滨广播无线电台"开播日期论证会(中广协会学术部、史研会秘书处)(第 75—76 页);

关于"哈尔滨广播无线电台"开播日期的论证材料(黑龙江省广播影视局、黑龙江人民广播电台,2012 年 7 月)(第 77—86 页);

史研会 2012 年年会暨第二届全国历史题材广播电视节目创新论坛在哈尔滨落幕(第 335—336 页)。

现就其中涉及哈台开播事及相关问题再谈几点意见,与有关同志商榷。

一、何谓"无人提出否证"?

2012 年 8 月北京论证会后,曾有同志向我建议将我在会上的发言稿发

---

① 本文收入《新闻传播学前沿 2016》,中国传媒大学出版社 2016 年 7 月版。

表，当时我考虑到内部研讨会上的发言不宜公开，且有待于黑龙江方面对会上专家发言的认可程度再作考虑。黑龙江方面的同志在论证会结束前发言中曾对发言专家表示感谢，接受提出的宝贵意见，并欢迎与会专家到黑龙江考察。但过后的事实证明并非如其所言。

同年9月，中广协会广电史研会年会在哈尔滨召开。北京论证会的参加者、黑龙江人民广播电台媒资中心主任徐春生同志在年会上的发言中继续坚持哈尔滨广播无线电台是1923年1月1日开播的观点，并称："八月末，在京听取了协会邀请的12名国内权威专家的建议性意见（会上发言的只有6位专家——笔者注），尽管就目前掌握的材料尚不能拿出肯定的结论，但所有专家都未提出否证。"（参见《文存》第49—50页）与此同时，黑龙江方面在年会上分发的陈尔泰著《中国早期广播史料题识选注》等三本书中都有一篇《总序》，署名为"中广协会广电史研究委员会、黑龙江人民广播电台，2012年8月31日"（经询问广电史研会会长张聪，他对此并不知情——笔者注）。这篇《总序》六七百字，关键的话大概是三句：第一句是黑龙江广电局上报材料标明"1923年1月1日，哈尔滨广播无线电台开播"；第二句是在哈尔滨召开的调研质询会上"黑龙江方面的有关专家一致认可论证的结果"（对此笔者存疑，北京的专家下车伊始即提出几个质询问题，而黑龙江方面专家却连一点疑问也没有？）；第三句是引用杨波同志在北京论证会上总结发言中说，会上发言同志对哈台1923年1月1日开播之事"无人提出否证"（笔者当时在会上，未听到此话。经询问，杨波也称未讲过此话。——笔者注）。

这是2012年8月黑龙江方面在对北京论证会后的第一次公开表态。他们对6位专家两个小时左右的发言至少也提出的十几个质询问题，均不作正面回答，而是以"无人提出否证"六个字一语轻轻带过。

何谓"否证"？本人经查《辞海》《现代汉语词典》均无此词。但经查阅由陈尔泰在北京论证会上分发的《题识选注》中多次提及"歧证""反证""否证"等，惜未作解释。他在北京论证会上的书面发言中也提到"至今尚未见反证、否证"云云。可见，徐春生发言和《总序》中的"无人提出否证"的观点早在北京论证会之前就已提出了。但究竟什么是"否证"？黑龙江方面从未作说明。在徐发言后，中广协会学术部主任、广电史研会秘书长张君昌在年会的补充发言的注释中对"否证"作了解释。其文曰："'否证'又作'证伪'，即用直观证据证明一种假设的错误。这是奥裔英国科学哲学家波普尔提出的一个哲学概念。其理论核心是一切科学的命题都是可以进行证伪的，那些未被否证的学说可以暂时成立，经过多次证伪试验而未被否定的学说，其公认度较高。"（见《文存》第39页注①）笔者学识浅陋，未听说过这位科学哲学家的大名，也不知道这一哲学概念出自何处。但从释意上看可能是指自然科学的试验而言。但笔者以为自然科学的试验对人文社科而言未必皆能套用。至于黑龙江方面使用的"否证"一词的用意是否如张所说，不得而知。

综观黑龙江方面多次提及的"无人提出否证"一语，笔者揣测是否有两重含义。

一是指北京论证会上发言的专家皆未对哈台于1923年1月1日开播一事作出否定的判断。这确是实际情况，其原因是6位发言专家出于对黑龙江方面多年来研究成果的尊重。但不容忽视的是，6位专家不约而同从不同的角度和程度，对哈台于1923年1月1日开播之事提出大约的十几个质询问题，我认为在某种程度上也带有"否证"之意。遗憾的是，黑龙江方面对上述质询问题迄今未作出正面的回答。以至于连张聪在前述年会的工作报告中也说："推论（哈台于1923年）1月1日开播，尚缺少直接证据。特别是物证，还需继续努力收集。"（《文存》第20页）张君昌也在前述补充发言中说："在没有直接证据出现之前，（哈台于1923年1月1日开播之事）只能说这是推论，而推论不能当作结论。"（《文存》第36页）

二是指北京论证会上的专家未能提出哈台另外的开播时间。黑龙江方面认为如无其他开播时间，那就是没有"否证"。既然"无人提出否证"，那么哈台于1923年1月1日开播之事也就不容置疑了。

如果黑龙江方面确实是如此认为的，那就是真有点强人所难了。试想，应邀与会的北京方面的专家皆未对黑龙江广播史或哈尔滨广播史有过专门研究，只不过根据黑龙江方面提供的论证材料和陈尔泰在会上的发言提出若干质疑问题而已，一无彻底否证黑龙江方面观点之意，二是期盼再作进一步的调查取证工作，以期有确切的结论。

从徐春生在年会上的发言中可知，为论证哈台于1923年1月1日开播一事，黑龙江局、台从领导到有关部门同志做了大量工作。从2011年6月至2012年8月北京论证会召开，大约有一年多的时间，其中有半年多的时间"媒资中心的工作几乎'唯陈老（即陈尔泰）马首是瞻'"，为他配备了"两位专职秘书"，中心"所有员工成为陈老专职打字员"。先是于2012年7月在哈尔滨召开了调研质询会,继而于 8 月又在北京举办了专家论证会,并为北京论证会赶印了近 40 万字的"论证材料"。同年 9 月,又将上述 40 万字的"论证材料"一分为三,分别印成三本书,发给参加 2012 年史研会年会的 50 多位代表。黑龙江局、台为此事付出的大量的时间和人力、物力可想而知。唯一没有提到的是为了上述活动,黑龙江台究竟付出了多少劳务费、会务费、调研费、印刷费、论证费以及差旅住宿费等。

徐春生同志在北京论证会结束之前的讲话中表示对与会提出质疑的专家表示敬意和感谢(这是客气话),接受他们所提出的宝贵意见(事实并非如此),欢迎他们到黑龙江实地考察(这是一句空话)。北京论证会后,黑龙江方面并未邀请与会发言专家前往黑龙江"考察"。如果黑龙江方面果真有诚意,只要拿出一半为"陈老"服务的时间和实力,来接待北京方面的专家,我想哈台开播时间论证之事定会有一个接近真实情况的成果出来。

哈台何时开播,本来是个学术问题,不同的观点和见解可能长期存在。但由于黑龙江局、台以行政的手段介入,急于求成,以致造成今天的局面,这可能是当初未曾料到的。哈台作为国人自办的第一座广播电台(即使按 1926 年 10 月 1 日开播计算),自 20 世纪 80 年代以来,已逐步为学界和业界所公认。但黑龙江台不满足于此,而是要进一步"考证并引起业界关注的'哈尔滨广播无线电台于 1923 年 1 月 1 日开播,应是境内第一座广播电台'的论证工作"(徐春生语,见《文存》第 47 页)。我国广播史书通常认为 1923 年 1 月 23 日美国人奥斯邦在上海开办的广播电台为我国境内出现的第一座广播电台(加"境内"两字,是因该台为外人所办,称之为我国的第一座广播电台易引起误解)。为了论证哈台开播早于奥斯邦台开播的观点,陈尔泰先是自我否定哈台于 1926 年 10 月 1 日开播说,不久又提出 1923 年伊始开播说,继而又提出是 1923 年 1 月 1 日开播说并为黑龙江局、台所认可并加以支持,于是有了上述所说的 2012 年七、八、九三个月的质询会、论证会和年会等的各项活动,以上即是"无人提出否证"论出台的前后背景。也正是在上述背景下,2013 年年初,我才决定将在北京论证会上的发言公开发表,但又遭到主编和出版社的多处不当删改(详见下文)。无奈之下,才将发言原稿交由《新闻传播学前沿 2013—2014》全文发表。

二、史研会为何参与"编辑整理"黑龙江局台的论证报告？

2012 年 7 月，黑龙江省广播影视局、黑龙江人民广播电台向中广协会提交了《关于"中国第一座广播无线电台"的论证报告》和《对中广协会调研组专家质询的答复》等，并附有近 40 万字的《中国第一座广播无线电台史实论证》资料汇编。7 月 27 日，中广协会将上述材料转发给拟于不久将召开的"中国第一座广播无线电台论证会"的有关专家。同年 8 月 28 日论证会在北京举行。

前述《文存》第 75—76 页收入了中广协会学术部、史研会秘书处《中广协会召开"哈尔滨广播无线电台"开播日期论证会》的有关报道，有几点引起我的注意。

一是该文将原发函称的"中国第一座广播无线电台论证会"改称为"哈尔滨广播无线电台开播日期论证会"。

二是将发给与会专家的原黑龙江局、台提供的上述《论证报告》，说成是"由黑龙江局、黑龙江电台撰写，经史研会编辑整理的《关于'哈尔滨广播无线电台'开播日期的论证材料》"。（请注意，黑龙江局、台提供的材料，名叫《关于"中国第一座广播无线电台"的论证报告》。）

论证会、论证报告改名之事，暂且不论。关于史研会"编辑整理"黑龙江局、台的论证报告一事，有几个待解的谜团。

其一，为什么要"编辑整理"黑龙江局、台的《论证报告》？

其二，既是"编辑整理"，那就必然有增删修改之处，究竟增删了什么内容？又修改了什么内容？为什么要作增删修改？所作的增删修改，黑龙江局、台同意吗？

其三，提交北京论证会专家的《论证报告》是"编辑整理"之前的，还是之后的（开会之前和会上均未提及此事）？

其四，史研会做的"编辑整理"工作，中广协会是否知情或者同意？

三是《文存》在该报道之后，在第 77—86 页收入了署名黑龙江局、台 2012 年 7 月的《关于"哈尔滨广播无线电台"开播日期的论证材料》。这个《论证材料》即为北京论证会提供的《关于"中国第一座广播无线电台"的论证报告》的修改稿，不但题目有改动，内容方面稍加对照也有多处删改。这次删改是黑龙江方面删改的？还是史研会"编辑整理"的？均未加说明。

四是史研会除了对《论证报告》做了"编辑整理"外,对黑龙江方面为北京论证会提供的《对中广协会调研组专家质询的答复》是否也作了"编辑整理"呢?

我之所以提出这个问题,是因为北京论证会上我在发言中说到哈尔滨"当时民间并无收音设备"一事。当时,陈尔泰反问我,谁说的?我回答是《答复》中说的。对我的回答,他颇有不解之意,似乎他并不知道《答复》中有这句话。此事过后,2013年年初,当我将在北京论证会上的发言稿交给中广协会学术部供编印中广协会学术委员会换届文集(即中国国际广播出版社2013年11月出版的《中国传媒前沿观察》一书)之用时,作为学术部主任、该书主编之一的张君昌在未经我的同意,除对我的发言作了多处重大删改外(详见本人所写《〈关于中国早期"哈尔滨广播无线电台"开播时间的个人意见〉的补正》一文,刊于《现代传播》2014年第6期),还将我发言中三次提及的"当时民间并无收音设备"删去两处,另一处可能是漏删了。当我问他这是为什么时,他的回答是"这句话是有人加上去的,所以删去"。我问他是何人加上去的?他表示不愿回答我的质询。

顺便提出,《文存》收入了黑龙江局、台提供的《论证材料》,反复论证了哈台于1923年1月1日开播之事。但为什么不收入北京论证会上对《论证材料》和陈尔泰发言提出质疑的发言呢?其他专家有否文字材料,我不了解,但至少我是有一篇文字发言稿的(对此,协会学术部、史研会是知道的)。这样做,怎么能使关心此事的同志了解正反两面的不同意见,进一步推动就哈台开播事的争鸣呢?

三、哈尔滨广播无线电台是1923年1月开办的吗?

2012年9月18日,中广协会广电史研委会会长张聪同志在2012年史研会年会的工作报告说到关于哈尔滨广播无线电台的开办时间,他认为"推论(1923年)1月1日开播,尚缺少直接的论据,特别是物证"。接着他提出新的说法:"目前多数同志认为可以接受的是,1923年1月在哈尔滨出现了中国人(刘瀚)开办的电台,对于这个研究成果,《中国广播电视编年史》将以适当方式加以反映。"(见《文存》第20页)

哈尔滨广播无线电台(以下简称哈台)究竟是哪年开办的?

自20世纪80年代初以来,关于哈台开播时间,黑龙江局、台的《论证材料》中称，检索有关书刊的年月记载和表述多达 30 多种，代表性的说法有三种。

其一是 1926 年 10 月说。

20 世纪 80 年代初，陈尔泰和丛林两人经多方调查考证，提出哈台于 1926 年 10 月 1 日开播，并合作撰写《哈尔滨广播无线电台的诞生》（1982 年 6 月初稿）提供给 1983 年 7 月在吉林长春举行的中国广播电视史座谈会交流。座谈会上，陈代表丛林作了联合发言，介绍了调查哈台开办历史的经过和体会。会后经我推荐该文发表于《北京广播学院学报》（季刊）1983 年第 4 期。为扩大该文的影响，我又建议陈将该文作进一步修改，交由中国社会科学院新闻研究所主办的《新闻研究资料》发表，这即是后来该刊第 30 辑刊登的陈尔泰《中国第一座广播电台》一文（1985 年 4 月出版）。至此，哈台于 1926 年 10 月 1 日开播，作为中国人办的第一座广播电台之事逐渐广为人知。中国新闻史、中国广播史的有关著作中也陆续采纳此说。1996 年 6 月出版的黑龙江省广电厅主编的《黑龙江省志·广播电视志》（陈是该书编委之一），在《概述》中明确记载："1926 年 10 月 1 日，由中国人创办的中国历史上第一座无线广播电台——哈尔滨广播无线电台正式播音。"

2012 年 5 月，陈尔泰在为《无线电交涉解决》写的题识中说，1926 年 10 月 1 日哈台开播的说法"从此谬种流传，影响很恶劣。笔者发现后，在感到也曾误信而遗憾的同时自知有误自改之，曾于 1983 年、1985 年在相关文章中'补正'，放弃 1926 年 10 月 1 日哈广开播的说法，改为 1923 年开播。（既然 1983 年就放弃此说，为何年内还将 1926 年 10 月 1 日哈台开播的文章交由《北京广播学院学报》发表呢？过了两年又交《新闻研究资料》发表？并于 1988 年将该文送交中广学会参加第一届广电学术论文评选呢？——笔者注）但未得到业内重视，这里进行再次订正之"。这里，陈尔泰认为 1926 年 10 月说是"谬种流传，影响很恶劣"，明确地声明"放弃"此说，并希望"业内重视"他的这一声明。（陈著《中国早期广播史料题识选注》第 73 页，参见黑龙江广电局 2012 年 7 月编印的《中国第一座广播无线电台史实论证》一书）

其二是 1923 年伊始说。

陈尔泰在放弃 1926 年 10 月说之后，陆续刊文提出 1923 年伊始说，即哈台是 1923 年伊始开始广播的。1923 年伊始，是个模糊概念，究竟是什么时间呢？笔者见到的陈尔泰关于 1923 年伊始说的具体说法有两种：

第一种，陈尔泰在 2008 年 1 月出版的《中国广播史考》第 29 页说 "哈尔滨广播电台开播大体上是在 1923 年伊始"，具体来说是 "在 1923 年 1 月 19 日以前，能不能（原文如此，疑为 "但不能"——笔者注）说准是哪一天？尚未发现直接的文字记载"。

第二种，陈尔泰在 2009 年 1 月出版的《中国广播史学批评建构》中经过一番论证后，在第 117 页说哈台 "开播的时间即可确定在 1 月 18 日之前的半个月左右区间之内"。具体时间，他未点明，但推算下来大概是 1923 年 1 月 3 日前后。

对陈尔泰的 1923 年伊始说，笔者曾在《再谈中国现代广播史研究中的若干问题》（载《现代传播》2010 年第 2 期）提出质疑。随后，陈以《关于中国广播史若干问题的讨论》为题作了回应（同上刊，2010 年第 12 期），继续坚持伊始说。但此后，他又提出了哈台 1923 年 1 月 1 日开播说，这表明他已放弃或否定了伊始说。

其三，1923 年 1 月 1 日说。

陈尔泰作为个人提出的此说，我本人最初见之于陈尔泰所写《中国广播发祥》一文，载王铁主编的《最美丽的岁月电波》一书（哈尔滨出版社 2012 年 4 月版）。文内称刘瀚 "于 1923 年 1 月 1 日创建了中国第一座广播电台——哈尔滨广播无线电台"（见该书第 440 页），但并无详细论证。同文的附年表《20 世纪 20 年代中国广播》仍写 "1923 年 1 月哈尔滨广播无线电台"（第 453 页）。同书的陈尔泰的另一文《旧中国广播电台历史本相摭述》还写着 "1923 年伊始，哈尔滨广播无线电台开播"（第 454 页）。这无疑表明此时陈对 1923 年 1 月 1 日开播说法尚在模棱两可之中。对陈的 1923 年 1 月 1 日哈台开播说，该书在正文前面的《广播电台在世界的百年发展轨迹（1910—2010）》的大事年表中竟无一字的表述，仍然写为 "1926 年 10 月 1 日最早的官方公营广播电台在哈尔滨试播"。又该书第 460 页贾大雷文章称 "1926 年 10 月 1 日……哈尔滨广播无线电台正式广播"。第 464 页《哈尔滨的广播发展背景（1926—1949）》一文也称："1926 年 10 月 1 日，哈尔滨广播无线电台正式广播。" 这表明该书的主编并不认同 "1923 年 1 月 1 日说"。该书为诸多文章汇编，有 80 万字之多，按出版周期半年计算，陈尔泰文提出 1923 年 1 月 1 日说可能在 2011 年夏秋之间。大约在此期间，据陈讲，2011 年 11 月，黑龙江省广电局广电史志办主任朱连君通知他，中广协会学术部要来哈尔滨了解中国广播开端历史问题，叮嘱他做好准备。随后，陈尔泰于2012年5月完成了《中国早期广播史料题识选注》并写了《前言》和《后记》。在对有关早期广播史料的《题识选注》中，陈第一次全面系统地论证了哈台于1923年1月1日开播之事。黑龙江广电局将该书作为"论证材料"之一上报中广协会，将陈的个人观点上升为黑龙江广电局的官方观点，并且由陈在北京论证会上发言。论证哈台于1923年1月1日开播事的《题识选注》一书达160多页，但与1923年1月1日开播直接或间接有关的不过20多页。直接关系到1月1日的史料不过一两条。

第一条是第39页《韩迭声谈刘瀚》，全文为：

"我和刘瀚算是河北老乡，他支持哈尔滨通讯社，热情爽快，1923年元旦，我去会刘瀚，刘瀚正在转角楼前屋后院地忙着开播，可是我不懂广播无线电，看看广播的装置，也不知道内部详情。广播我不懂，说不出什么。""以前，我没有说刘瀚的许多好处，但我也不能说刘瀚的坏话。"这是1984年5月8日，陈在北京韩住处的访谈记录（韩生于1892年，访谈时年92岁）。那么当时究竟开播了没有？韩未作说明。刘瀚及其他相关之人也未留下片言只字。笔者认为当时刘瀚只是在做无线电传播语言的试验而已，并非有广播电台开播之事。但陈仅凭韩的这段话就进而断定，韩"见证了哈尔滨广播电台1923年元旦开播"。另，韩谈话中关于刘瀚的"好处""坏话"之说也颇令人费解。陈对此曾有说明，但只是个人看法，并无旁证。韩早已作古，只能留下遗憾了。

另，关于"元旦"的含义，通常都认为是公历某年一月一日。但据民俗史著作称，"元旦"一词在民国前，通常指农历正月初一。民国元年（1912年）起才将公历1月1日定为元旦。1923年已是民国十二年，当时称元旦，当指公历1月1日。但是民间的通俗说法，往往不以政府规定为准。韩的谈话说"1923年元旦"究竟是指1923年1月1日呢，还是指1923年农历正月初一（2月16日）呢？这尚有待于查阅和了解当时哈尔滨报纸的有关报道和当地的习俗，才能最终确定。

第二条是第28页引自《满洲电信电话株式会社十年史》（以下简称《十年史》）下卷第877页的"大事年表"所载"1923年哈尔滨市广播开播"及"东北政权吉林、齐齐哈尔无线电台设立……"此处只有年份并无月日，但陈先是将前述对韩迭声的访谈中的1923年元旦与此联系起来，于是1923年元旦开始广播就顺理成章了。后是2012年5月18日在档案馆查到了齐齐哈尔无线电台于1923年1月1日成立的史料，由此推断与之并列的哈尔滨广播无线电台也是 1923 年 1 月 1 日开播的。按此推断，那么吉林无线电台也应是 1923 年 1 月 1 日设立的了？不知有否根据？

黑龙江方面的论证报告多处引用伪满编著的《十年史》一书，并在《对中广协会调研组专家质询的答复》中称赞该书"时空有序，前后统一，类别照应，自恰不悖"，"总体上是可以采信的"，并指责有同志对该书的质疑态度是"不严肃、不可取的"。既然如此，这里不得不提及的是该书上卷尚有一处关于哈台的记载，这是黑龙江方面始终未提及的，也可能是不愿提及的，笔者从友人处见其译文，现转述如下：

"1925 年（日本大正十五年），东三省政府曾制订出在奉天（沈阳）和哈尔滨两地建立广播电台的计划。根据这项计划，首先在哈尔滨成立哈尔滨广播电台，这个电台由奉天无线电台总局管辖，于 1926 年（昭和元年）10 月开始实施广播，后来在 1928 年元旦于长官公署新建台竣工，标出电力 1 千瓦，674 千周周率，用华俄两语开始正式播音。此台的广播成为满洲东北广播事业的起源。"（见该书上卷第七篇《会社的广播事业》第一章总论第二节事业十年概况（一）前史）又，1943 年伪满洲电信电话株式会社编印的《电电的十年》之八《放送事业的十年》一节中也有同样的记述。

前文述及哈台 1923 年伊始说，连陈尔泰自己也不再提了。而 1923 年 1 月 1 日说，在北京的论证会上发言的 6 位专家不约而同地均对这一说法表示难以认可，认为所提供的证据说服力不足，还需再作调查。在这种情况下张聪同志也认为"推论 1 月 1 日开播，尚缺少直接的证据，特别是物证"。但提出"多数同志认为可以接受的" 1923 年 1 月哈台开办说，不知"直接的证据、特别是物证"在哪里？"多数同志"又指哪些同志，什么范围内的"多数同志"，其根据何在？这些"多数同志"有关 1923 年 1 月哈台开播说的文章或发言在哪里？

在短时间内说不清哈台 1923 年开播之事的情况下，我建议《中国广播电视编年史》还是暂以《黑龙江广播电视志》概述中开头的两段话加以表述为宜：

"1923 年春，设在哈尔滨的东三省无线电台开始试办无线电通讯业务，把电报通讯从军用中分解出来。副台长刘瀚用军用马可尼野战电话机改装成广播发射机，自装话筒和收音机，进行无线广播实验，获得成功，并开办了临时广播。1925 年 8 月开始进一步改装发射机，提高功率，准备正式建立广播无线电台。"

"1926年10月1日，由中国人创办的中国历史上第一座无线广播电台——哈尔滨广播无线电台正式播音。它的呼号是：XCH，发射机功率100瓦，波长280米，广播频率1071千赫。广播无线电台的创建者刘瀚被任命为哈尔滨广播无线电台台长。台址设在哈尔滨市道里外国八道街18号（今端街16号）。"

2017年

《中国现代图像新闻史 1919—1949》[①] 序

2016年初秋，南京大学韩丛耀教授寄来他及其团队历时五年完成的《中国现代图像新闻史 1919—1949》一书的目录及有关材料，嘱为该书出版撰写序言一篇，以壮行色，盛情难却，勉力为之。

提笔之际，不由再次翻阅了此前他寄赠的六卷本《中国近代图像新闻史 1840—1919》一书。2010年，我应邀为该书所作的序言中称韩丛耀教授等所著之书有三个创新之处，即构建了以图像为主的新闻史的新模式，探讨了图像新闻理论的新观点，提出了图像新闻史研究的新方法，为中国新闻史的研究开辟了一条新的途径。欣喜之余，我在和他的交谈中建议再次跃马扬鞭申请一个国家社科基金项目，把中国现代图像新闻史也做出来，为中国新闻史的研究再添异彩。韩丛耀教授不负众望。2011年，他领衔申请的"中国现代（1919—1949）图像新闻传播史研究"果然获批国家社科基金项目。为了做好这个项目，2012年盛夏，他主持开办了一个中国现代图像新闻史的研讨班，吸收一批有志于从事中国现代图像新闻史的中青年同志相聚一堂，切磋研讨，共谋大计。我也曾应邀讲课与研讨班学员交流互动，顺便参观了他收集的新闻图像资料，对他的用功之勤、收藏之丰不胜钦佩。

即将呈现在读者面前的十卷本《中国现代图像新闻史 1919—1949》，是韩丛耀教授等沿着前述《中国近代图像新闻史 1840—1919》开辟的在新闻史研究新途径上的又一次艰苦的实践。成书期间，他们详尽地考察了1919—1949年间中国出版的数百种图像新闻出版物，去粗取精，去伪存真。在展现中国现代社会生活图景的同时，构建了一部翔实的中国现代图像新闻传播史。

回顾自戈公振所著《中国报学史》1927年出版以来90年的中国新闻史研究的历程，20世纪问世的中国新闻史的著作、教材林林总总几近百种，其中以90年代出版的方汉奇主编的三卷本《中国新闻事业通史》最具代表性，但大都是以文为主，偶有若干插图，限于报刊书影和人物图像，且数量很

[①] 韩丛耀等著，南京大学出版社2017年9月版，全书共十卷。

少。21世纪之初,随着读图时代的到来,南方日报出版社相继推出系列传媒图史,如《中国新闻图史》(丁淦林主编)、《中国广告图史》(黄升民等主编)、《中国广播电视图史》(赵玉明、艾红红主编)、《中国通信图史》(黄和生主编)、《中国出版图史》(肖东发主编)以及福建人民出版社的《中国新闻事业图史》(方汉奇、史媛媛主编)等。这批传媒史著作的特点是以文为主、文图并茂。相比之下,韩丛耀等所著的两部图像新闻史的特点,可以说是以图为主、图文并茂。仅就《中国现代图像新闻史1919—1949》一书而言,我认为该书有三个亮点,值得读者关注。

其一是,全书章节的划分打破大多数新闻史著作沿袭党史、国史分期的做法,按照图像新闻和摄影新闻自身的特点和发展脉络将正文分为四编五十一章,每编的章节安排既有一个时期图像新闻出版的宏观概览,又有代表性画报的研究综述、统计分析和场域阐述。而所选择的代表性画报中,革命进步的画报、国民党当局所办画报、民间通俗画报、日伪卖国画报兼而有之,对其各做不同的政治评价和艺术判断。

其二是,在传统的中国新闻史研究中,比较重视定性研究,而对定量研究的重视稍显不足。韩丛耀教授主持的图像新闻研究中则创造性地使用统计软件进行图像分析,将图像新闻"内容分析"的量化作业与样本新闻图像的"构成性诠释"紧密结合,探索出一套全新的图像新闻传播史研究方法,使研究成果具有直观的说服力和可信度。

其三是,作为全书第五编的"1919—1949图文出版大事记",对五四运动以来至新中国成立之前30年间问世的数以百计的新闻图像出版物、数以千计的画报择其要者,并对应相关日期和事件加以勘误校正,以简约清晰的文字编撰成中国现代图文出版大事记,极具史料和检索价值。

从图像新闻史的研究起步,到构建"图像新闻史学"体系,是一个漫长的探索过程。祝愿韩丛耀教授和他的团队同心协力持之以恒,不断做出新成绩,为繁荣和发展中国新闻史的研究作出新的贡献。

2017年春节前夕

一个甲子的师生情[①]

——兼祝方汉奇老师九十华诞

60年前,1956年,当时我正在北京大学中文系新闻专业就读。那是一个向科学进军的年代,北大校园里弥漫着青年学子求知奋进的气氛。在中国报刊史课上,我第一次领略了方汉奇老师的课堂风采,当年30岁的方老师风华正茂,讲起近代报刊史上的报坛逸事和风云人物,随手拈来,娓娓而谈,听得我有时连笔记也停下来了。当年的北大学生上课没有教材,学生全靠记笔记来学习。报刊史课作为新闻专业学生的史论基础课,一般来说,学过、考过,也就放在一边了,走向新闻采编岗位后就很少过问了。但对我来说,却是个少有的例外。1959年我从大学毕业后分配到新创办的北京广播学院新闻系任教,从此开始了广播电视史的教学生涯,也开始了与方老师更上一个台阶的师生情缘,而且绵延了一个甲子之久。[②]

一、以师为范 终生从教

方老师生于1926年。1953年到北大任教,1954年聘为讲师,后到中国人民大学任教。1978年首次招收硕士研究生,1979年评为副教授,1983年评为教授。中共党员(1984年加入)。1984年首次招收博士生,2004年开始指导博士后,同年退休返聘,2009年被授予(首批)荣誉一级教授。

我生于1936年,与方老师的教学经历大体相近,可以说是以方老师为榜样,从教终生。1959年到广播学院任教,1978年定为讲师,1979年首次招收硕士生,中共党员(1981年加入)。1983年晋升副教授,1988年晋升教授(事后始知方老师是当年北京市高校高教职称的评委),1999年首次招收博士生,2004年开始指导博士后,2007年退休返聘,同年评为二级教授。

[①] 原载《新闻爱好者》2017年第11期,刊登时将副题改为"兼祝方汉奇老师九十一华诞"。另,未刊登本文的附表。

[②] 本文中有关方老师的事迹,均参见刘泱育著《治学与治己:方汉奇学术之路研究》(中国书籍出版社2013年11月版)和《方汉奇传》(江苏人民出版社2016年1月版),特致谢意。

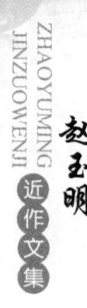

方老师一生以教师为业，只担任过几年的新闻系报刊史教研室主任。我则因工作需要，先后担任过广播史教研室主任、新闻系副主任、主任以及广播学院副院长等职务长达十几年，但一直未脱离教学第一线。

在教书育人方面，我多次得到方老师的指教，有意思和巧合的是：

1978年，方老师招收的第一批两个硕士生，其中冯迈（冯金水）是广播学院新闻系64级的学生，曾经上过我的课。

1984年，方老师首次招收的两名博士生，其中郭镇之，是我指导的第一个硕士生。1985年我的女儿赵虹考入人大新闻系，方老师也为她们班讲过报刊史课。

2004年，方老师首次招收的博士后艾红红，是我指导的第一个博士生。

1982年，方老师参加了郭镇之的硕士毕业论文答辩。由于当年广播学院尚无新闻学硕士学位授予权。经方老师联系协调，邀请中国人民大学彭明教授主持，她在人大通过了硕士学位论文答辩，经审批后，获得中国人民大学法学硕士学位（当年新闻学属于法学学科）。2002年方老师主持了艾红红的博士学位论文答辩。此后，我应中国人民大学的邀请，多次主持或参与了方老师指导的博士论文答辩。2006年方老师指导的博士生彭兰的论文获全国百篇优秀博士论文。2010年我指导的博士生薛文婷的论文也获全国百篇优秀博士论文。

二、照虎画猫　砥砺前行

方老师领衔中国新闻史的研究，以身示范、著述等身，为中国新闻史的研究作出了重大贡献，被誉为戈公振《中国报学史》后的又一高峰。作为后进，我沿着方老师指导、开辟的研究之路，以广播电视史为鹄的，邯郸学步，一路走来，总算没有辜负方老师的期望。

方老师生于动乱年月，但早年壮志，以集报为趣，走上了报刊史研究之路。20岁出头即发表万字论文《中国早期的小报》连载于《前线日报》之《新闻战线》周刊上。"文革"前发表的报刊史文已达到了30多篇。我则大学毕业后分配到了广播学院任教，开始了广播史的教学工作。将近30岁时，始在《广播业务》上发表千字文《毛主席的〈目前形势和我们的任务〉是怎样播送的？》。"文革"前在内部刊物上发表的广播史文不过寥寥几篇而已。

80年代改革开放以来，方老师重返教坛之后，焕发青春，单篇著述源源不断，继而结集出版，又主持多项新闻史教材、专著的编著工作。我也奋力前进，沿着方老师的科研之路，一步一步地向前迈进，也可以说方老师在新闻史领域是怎样做的，我也照虎画猫在广电史方面砥砺前行，以求进取。列表如下，可见一斑。（见第175—176页表一）

从表一中可以看出，方老师著书立说是从单篇报刊史文章开路（后结集出版），继之有《报刊史话》通俗之作出版，然后集多年呕心沥血的研究成果，推出《中国近代报刊史》（上下）专著，奠定了新闻史研究的基石。此后，他振臂领衔，集众力于数年间完成了三卷本《中国新闻事业通史》巨著。与此同时，从20世纪80年代起与校内外教师协作陆续推出大学本科教材《中国新闻事业简史》《中国当代新闻事业史（1949—1988）》和《中国新闻传播史》，新世纪之初又有《中国新闻事业图史》问世。从多方面、多层次呈现了近半个世纪以来中国新闻史教学研究的成果，在全国新闻院系和新闻业界中，其影响之广，受益人数之众，不禁让人叹为观止。

我大体上也经历了如上的教学研究之路，在新闻史方面，我参加了方老师牵头的《中国新闻事业通史》和《中国当代新闻事业史（1949—1988）》中的某些广播电视章节的写作，完成了方老师交付的任务，同时也受到启示，将从中学到的研究方法和途径，陆续用于广电史的教学研究之中。对于我在广播史研究方面取得的一些成绩，方老师及时提携表彰。80年代，他在负责筹划《中国新闻年鉴》之《新闻界名人介绍》专栏时，将我也列入其中，嘱我先行早拟一稿，此稿经他精心修改后刊于该《年鉴》1990年版中。

三、参与协作　喜获启示

方老师从事新闻史的研究，既有个人的刻苦钻研、辛勤耕耘，又富有组织能力、善于领衔完成重大科研项目。参加方老师主持的科研项目，可以从中学到许多平时难以获得的教益。

我参与方老师主持的第一科研协作项目是《中国大百科全书》（第一版）新闻卷的编纂工作。这个项目是1983年启动的。当年春天，我正在参加广电部召开的第十一次全国广播电视工作会议。会议期间，中国大百科全书出版社的赵素吾同志找到我，谈起编纂新闻卷的事宜，委托我向广电部有关领导同志汇报，确定广电方面参与工作的人选。广电部最后确定由左漠野、何光同志领衔参加，新闻学科的四个分支学科均有广电部门同志参与。

我分工到"中国新闻事业"分支学科，负责广电方面的条目。这一分支学科的主编恰恰是方老师，他同时又是新闻学科编委会的成员。这是我大学毕业后，第一次直接在方老师的领导下工作。随后，方老师多次主持召开"中国新闻事业"分支学科编写工作会议，商讨确定有关条目的总体设计、大中小型条目的分类，以及大型条目的撰稿人等事项。"中国新闻事业史"是个大条目，大家的意见是方老师执笔，方老师表示自己比较熟悉古近代的新闻事业，这个大条目还是由一位老同志执笔为妥。他提出请温济泽同志执笔。温表示年纪大、工作忙而推辞，但众望所归，温最后提出叫我起草，由他来定稿的折中方案。大家同意，我也只好领命，勉力而为。最后，我的初稿，几经修改收入书中，署名为"温济泽、赵玉明"。此外，我还负责撰写了"中国广播事业""中国人民广播事业创建纪念日""中国广播电视报刊"（与他人合写）、"中国广播电视学会""延安清凉山新闻出版革命纪念馆"和"温济泽"等条目。其余广电事业方面的条目，我请广电部有关部门和中央三台同志撰稿。这一浩大工程前后历时多年，1990年12月《中国大百科全书》（第一版）新闻出版卷问世。新世纪之初，我又参与了《中国大百科全书》（第二版）的有关编纂工作，担任新闻出版学科特约编审，新闻学分支学科副主编，分工广电部分的组稿及撰稿工作。2009年第二版问世。

在参与"大百科"工作中，我才知道广电方面的条目并不能集中于"新闻卷"内。"新闻卷"只有一般广电及广电新闻的条目，诸如广电文艺、广播剧、电视剧等则放在文学艺术卷内，而广电技术方面的条目则属于电子学卷内。我深感广电知识有一种被割裂的难言之隐。90年代初，我首创编纂广电方面的百科全书，获得广电系统和学校的支持。1994年10月，我国第一部广电百科全书——《中外广播电视百科全书》问世，作为主编，我不胜欣慰。

我参与的方老师主持的第二个科研协作项目是20世纪80年代《中国当代新闻事业史（1949—1988）》的编写工作。该项目是国家教委"七五"期间制定的"全国高校新闻类专业教材编选计划（1985—1990）"教材之一，分工由中国人民大学新闻系负责，并约请部分校外研究人员以个人名义参加。我应邀负责该书第1—4章中广播电视部分的编写工作。全书由方老师、陈业劭主编。1992年12月，该书由新华出版社出版。此前，由方老师、陈业劭、张之华编著的《中国新闻事业简史》时间截止于1949年，该书1983年由中国人民大学出版社出版，记得书的衬底注明"校内用书"，初版中尚无与广播有关内容，再版时始写入。

我参与的方老师主持的第三个科研协作项目是《中国新闻事业通史》的编写工作。这项课题由方老师于1986年提出至1999年三卷全部出齐历时13年之久。我先后参加了在安徽黄山、北京广播学院和新华社召开的三次编写工作会议和一些小型会议。1987年该项目被列入"七五"期间国家社科重点项目，并获得国家社科基金资助。陆续参加该项目的人员有中国人民大学、复旦大学、中国社科院新闻研究所、北京广播学院、人民日报社、暨南大学等20个单位的近50人，几乎将国内有关中国新闻史的代表性研究人员"一网打尽"。这样一来，方老师在领衔申请国家社科基金项目资助时，需要的两位推荐人就几乎无处可寻了。方老师与我商量此事，我提出可请德高望重的温济泽同志来做推荐人，他当时是中国社科院研究生院院长、中国新闻教育学会会长。方老师又问，另一人呢？我说可由温老提出。方老师应允后，1987年3月周末的一天，我拿着方老师撰写的申请表，来到温老家，温老满口答应，看过申请表后，略加思考，提笔一挥而就，并告我可请同院的人民日报原社长秦川同志做第二推荐人。我顺利地办完这件大事，完成了方老师委办的事情。

在《通史》的编写工作中，我作为编委和撰稿人分工负责第二卷即现代部分的广播内容。中央人民广播电台原台长杨兆麟同志负责第三卷即当代部分的广播电视内容。

受方老师主持的"中国新闻事业通史"项目的启示，1990年我领衔申请了"中国广播电视通史"项目，并获批作为国家社科基金项目资助。这是广播学院乃至全国广电系统获得的第一个国家级社科基金项目，在广电系统有关研究人员的大力协助下，历时14年，《中国广播电视通史》分上下两卷于2004年问世。

方老师主持的另一个大型科研协作项目是"中国新闻事业编年史"。我虽未参与，但1992年该项目申请国家社科基金项目时，我作为评审组成员投票赞成，最后获得通过。可以说助了方老师一臂之力。

四、接办学会　再续新篇

1989年4月，由方老师领衔申请的中国新闻史学会，经民政部批准成立。我作为常务理事参与了部分筹建工作。此后，由于经费等原因，成立大会一直未能举行。当时，我已担任广播学院副院长，在一次小型会议上，方老师问我可否请广播学院协助举办成立大会。我回校汇报后获准同意。1992年6月，史学会成立大会暨首届学术研讨会在广院举行。会议期间举行的常务理事会上，增选我为副会长。2003年，在暨南大学召开的史学会常务理事会上，推举我为常务副会长接替方老师主持史学会日常工作，史学会秘书处由中国人民大学迁至广播学院。广播学院给予史学会提供办公场所及有关设备，并在经费上给予支持。2004年在河南大学举行的第三届理事会上我被推举为会长。2009年4月3日，在中国人民大学新闻学院召开的史学会成立20周年座谈会。方老师在会上发言称："今天，中国新闻史学会已经成为中国新闻传播界最负声望、最有影响力的一个学术团体。"会后，我主持编印了《中国新闻史学会成立20周年纪念专刊》即《新闻春秋》总第12期。其中收入了贾临清对我的访谈《倾力求真著信史　团结务实谋发展》，我在访谈中主要回顾了我接任史学会第三届会长前后五六年间的情况。在方老师开创的史学会工作基础上，我提出了史学会以"求真务实"作为办会方针，在有关单位和广大会员的支持下，继续办好有关中外新闻传播史的各类研讨会。如两年一届的世界华文传媒与华夏文明传播国际学术研讨会（第3—5届）等20多次。同时将《新闻春秋》打造成学会的品牌出版物，继续编印《新闻春秋》内刊（共出总7—12期），力争每次研讨会后出版《新闻春秋》论文集一册（共出第3—12辑），另还先后在《中华新闻报》和《新闻与写作》上开辟"新闻春秋"专栏，方老师写了"开篇的话"。此外，还举办了"全国高校新闻传播史师资高级培训班""红色报刊展高校行"，在平谷开办史学会教学研究基地。在有关高校大力支持下，创办了三个二级分会，进一步推动新闻传播史的研究向纵深发展。总的来说，没有辜负方老师的信任和委托，使史学会的影响和作用进一步扩大，为史学会的下一步发展提供了新的基础。2009年史学会换届，北京大学的程曼丽教授接任第四届会长。（见第176—177页表二）

在参与筹建中国新闻史学会之前，1983年，我曾参与筹备召开了一次中国广播电视史座谈会，1986年夏天代表广播学院参与了中国广播电视学会的筹建工作。同年10月，该会成立，我为首届副秘书长之一。与此同时，我又参与筹建了该会所属二级分会——广播电视史研究委员会。次年，广电史研会成立，我任副会长，1997年接任会长。我任职期间先后召开了七次中国广播电视史志研讨会。2000年在北京举行第五次研讨会期间，我专程约请方老师到会作了《新闻史研究的历史、现状和问题》的报告，借以指导和提高广电史志的研究水平。2009年换届卸任之前，我主持编印了题为《编修广电史志记录声屏变迁》的20周年纪念册，并采用答问形式回顾了广电史研会20年的发展历程和个人体会，期盼该会换届后继续为广电史志研究工作作出新的贡献。

此外，我还参与了方老师担任学术委员会主任的中国人民大学新闻与社会发展研究中心和方老师担任学术总顾问的北京大学新闻学研究会的工作，分别担任委员、导师之职。与此同时，还担任了北京广播学院广播电视研究中心相应的学术职务。（见表二）

五、拓展视野　与时俱进

方老师虽然是执教专业历史，但是他站得高、看得远，视野开阔，能够跟上时代潮流的发展。众所周知，方老师是从20世纪50年代研究报刊史起步的。80年代以来，他在教学中将报刊史扩展为新闻史，通讯社、广播、电视均逐步纳入教学范围之内。新世纪以来，又将新闻史扩展为新闻传播史，使专业史的教学适应了新闻传媒发展的需求。与此同时，他在专业报刊和研讨会上，大声疾呼，要重视和开展新闻史的研究，并从理论上阐述"新闻史是历史的科学"，进而及时总结新闻史研究的成果，提出"多打深井，多做个案研究"的研究方向，对推动新闻史的研究发挥了积极推动作用，在新闻学的研究中一枝独秀。（见第177—179页表三）

20世纪末起，方老师在新闻史的研究中特别关注我国新闻教育发展的历史。1988年，北京大学建校100周年之际，他提出1918年北京大学新闻学研究会的成立标志着中国新闻教育和研究的开端。记得当年10月，在中国记协召开的中国新闻教育80周年座谈会上，方老师就此作了发言，与会同志听后深受启发。在场的北大校领导表示北大应重办新闻教育。2001年北大新闻与传播学院成立。2007年北大恢复新闻学研究会，由时任校长兼会长，方老师被聘为学术总顾问。

国务院学位委员会首届学科评议组是1981年组建的。当时复旦大学王中教授作为新闻学方面的唯一代表，起初参加法学学科评议组后转入文学学科评议组。1992年起方老师继王中之后成为第三届学科评议组成员。按照当时的学科目录，共有十二个学科门类，在文学学科门类中有三个一级学科即中国语言文学、外国语言文学和艺术学，新闻学当时列为中国语言文学内的与中国现当代文学、中国古代文学、语言学、现代汉语、汉语史并列的二级学科。由此可见，新闻学的学科地位是比较低的，与当时蓬勃发展的新闻教育是很不适应的，1996年国务院学位委员会办公室发出调整一级学科设置的有关通知。趁此良机，方老师在文学学科评议组内提出将新闻学提升为一级学科的建议，获得文学学科评议组的积极支持，将书面报告呈送学位委员会。与此同时，复旦大学丁淦林教授作为教育部社会科学咨询委员会中唯一的新闻学方面代表也积极建议提升新闻学学科地位。我当时作为广播学院分管教学科研的副院长在收到学位办的文件后，也组织有关部门和教授论证此事，除上报学校建议将新闻学学科提升为一级学科的意见外，我还以个人名义致函国务院学位办提出将新闻学学科列入一级学科的建议。1997年，国务院学位委员会、教育部颁布的《学科专业目录》中，将新闻学提升为一级学科，定名为"新闻传播学"，下设"新闻学"与"传播学"两个二级学科。同时在组建第四届学科评议组时，首次成立"新闻传播学学科评议组"，方老师为评议组召集人，丁淦林教授和我为评议组成员。（见表二）我们制定了新闻传播学一级学科和有关二级学科的简介。我们三人均为从事新闻史教学研究人员，同时成为评议组成员并非偶然，这与当时新闻学科内新闻史的教研成果和影响较为突出是分不开的。此后，新闻传播学教育发展迈上了新的台阶，更加繁荣兴盛。方老师作为学科带头人的贡献，功不可没。

受方老师上述活动的启发和影响，我由于教学和行政工作的需要，一方面关注新闻学教育与研究的发展，在中国新闻教育和研究80周年、90周年之际，独自或与有关同志合作撰文，评述中国新闻教育和研究的进展，同时特别就我国广播电视教育的起始和发展，广播电视研究和广播电视学科建设撰文提出自己的观点，提出在新闻传播学一级学科内增列广播电视学为二级学科的建议。总的来说，也跟上了时代发展的步伐，适应了新时期广播电视教育发展的需求。2010年11月24日，教育部办公厅印发《授予博士、硕士学位和培养研究生的二级学科自主设置实施细则》。有关高校，据此《细则》规定，可在新闻传播学一级学科内自主设立广播电视学为二级学科。至此，广播电视学的学科定位问题告一段落。（见表三、第179—181页表四）

六、深受教益　弥久益新

回顾几十年来与方老师的交往，除上述几个方面外，感触最深的还有以下三点，贯彻始终。

第一，"自己动手找广播史料"。20世纪60年代初，我刚刚接受广播史的教学任务，一时茫然，不知从何处着手。首先想到重返母校。我一方面再听人大新闻系开设的新闻史课，一方面向方老师请教从何处着手搞广播史。记得方老师说，广播史我没搞过，但它与报刊史一样，都是"史"字类的课，搞史要从收集整理史料开始。报刊史料我这里有，但广播史料却没有，你要自己动手去找，不过，我可以告诉你，可以从报刊中找广播史料。广播方面的大事，报刊上总会有记载的。方老师这段话使我豁然开朗。"自己动手找广播史料"成为我从教一生的出发点和座右铭。起初，我是从我党办的报刊上寻找人民广播史料，以后逐步扩展到各类有关报刊和图书档案中寻找民国时期各种官办、民办乃至外国在华办广播的史料。为使散见于各处的广播史料能够保存下来，让更多的人看到、利用起来、发挥作用，"文革"前我主持编印了《中国人民广播史资料》（上册），改革开放初期，又编印了《中国广播史料选辑》（五辑），这些都是内部出版。80年代以后，我先后参与编印公开出版的广播史料有《解放区广播历史资料选编（1940—1949）》《旧中国的上海广播事业》，新世纪以来出版的有《中国现代广播史料选编》《日本侵华广播史料选编》和《中国抗战广播史料选编》（待出）等。每本编印出版后，我都呈送方老师作为汇报，听取他的意见。正是在上述广播史料的收集、整理、编印过程中，我逐步开始了如前所述的从撰写单篇文章起步走向著书立说的研究过程。

第二，既肯定成绩，又指明不足。80年代初，在多年单篇文章积累的基础上，在校内外多次讲课的同时，我将《中国广播简史》的初稿陆续在《北京广播学院学报》上连载发表。后经补充，以《中国现代广播简史》为名内部出版，供校内使用，同时呈请方老师指正，并为公开出版撰序。1987年12月，该书正式出版，方老师在序言中，既肯定该书是"中国历史上第一部比较系统、全面地论述1923—1949年间中国广播事业发展的专著""填补了中国广播史研究的空白，丰富了中国新闻史的内容"，同时又指出该书"在探讨广播事业发展规律，总结历史经验等方面还有不足之处"。正是方老师这一番语重心长的指教，使我明确了下一步的努力方向。新世纪之初，我作为《中国广播电视通史》的主编，为了弥补方老师在《简史》的序中指出的不足之处，我在《通史》的每章之后都有一段未标明"小结"的小结。

在上下卷即民国时期的广播事业和新中国的广播电视事业（至 2000 年）的书末各有一篇结束语。小结和结束语分别对每个历史阶段及民国时期和新中国时期广播电视发展的特点作了扼要的探讨和历史经验的总结，聊补《简史》的不足，同时也是对方老师期盼的回复。

第三，大力倡导、发扬协作精神。20 世纪 80 年代初，我应广西大学梁家禄同志的约请，参加了他倡议编著的《中国新闻业史（古代至 1949 年）》一书。参加该书撰稿的还有暨南大学的钟紫、韩松同志。1981 年 7 月，我们四人齐聚北京，商讨编书事宜。同时参加了中国社科院新闻研究所和北京新闻学联合会召开的中国新闻史研究与编写工作座谈会，听取对编写该书的建议和意见，并约请新闻所副所长、著名书法家谢冰岩同志题写书名，请方老师撰序。1983 年全书基本定稿，四人约定次年春天在暨南大学作最后校阅以便付印。孰料天不与时，1983 年 11 月梁家禄因公逝世，韩松调离暨大，钟紫年迈有病，校阅工作只能我一人承担。1983 年 3 月，我完成任务后写了几句话作为"校阅后记"。当年该书出版，1987 年又重印一次。

方老师在 1982 年 7 月为该书写的《序言》中（据考证这是方老师第一次为他人著作撰写序言），特别称赞该书是"建国以来公开出版的第一部由协作产生的新闻史教材"，"协作精神在任何时候都是值得提倡的。《中国新闻业史》的编写工作，在这方面为我们开了一个好头，提供了不少有益的经验"。此后，方老师率先示范，在《中国大百科全书（第一版）》新闻卷、《中国当代新闻事业史》《中国新闻事业通史》和《中国新闻事业编年史》等几项大的工程中，参与人员都发扬了他倡导的协作精神，出色地完成了各项任务。我也效仿方老师的做法，在《中国广播电视通史》《广播电视辞典》和《中外广播电视百科全书》等工作中，积极提倡协作精神，较好地完成了各项任务。

90 年代以来，方老师和我先后获得了国务院颁发的政府特殊津贴、全国优秀博士论文指导教师，"共和国 60 周年传媒影响力人物"和中国新闻史学会"终身成就奖"等荣誉称号。（见第 181—182 页表五）

【附】

表一

方汉奇	赵玉明
《报刊史话》 1979年出版	《延安广播史话》汇编 与他人合写，连载于《广播电视节目报》1980年2—5月各期 《延安（陕北）新华广播电台专题史话》14篇 连载于《广播电视战线》1984—1985年各期 《人民大众的号角——延安（陕北）广播史话》 与杨兆麟合写，1986年出版，2000年再版
《中国近代报刊史》（上下） 1981年出版，后多次重印（注） 《中国新闻事业简史》 方汉奇等编著，1983年出版，后再版 《中国当代新闻事业史（1949—1988）》 方汉奇、陈业劭主编，赵玉明参与撰稿，1992年出版	《中国广播简史》初稿 连载于《北京广播学院学报》1981—1982年各期 《中国广播简史》 1983年7月内部印发（注） 《中国现代广播简史》 1986年内部印发，1987年公开出版，方汉奇作序，后多次重印
《中国新闻年鉴》1983年版第2卷开设"新闻界名人介绍专栏"，方汉奇负责筹划组稿，从老报人开始入选	《中国广播电视年鉴》1987年版第2卷开设"人物志"专栏，赵玉明倡议并负责筹划组稿，从老广播开始入选
《报史与报人》 1991年出版 《新闻史上的奇情壮彩》 2000年出版 《方汉奇文集》 2003年出版 《方汉奇自选集》 2007年出版 《发现与探索——方汉奇自选集》 2009年出版	《中国广播电视史文集》 1993年出版 《中国广播电视史文集》（续集） 2000年出版 《声屏史苑探索录》 2004年出版 《声屏史苑探索录（2）回忆与访谈》 2007年出版 《赵玉明文集》（三卷本） 2014年出版

续表

方汉奇	赵玉明
《中国新闻事业通史》（三卷本） 方汉奇主编，赵玉明为编委兼撰稿人，1992—1999年出版，多次重印，并出英文版	《中国广播电视通史》（上下） 赵玉明主编，上卷2000年出版，全书2004年出版，后多次重印、再版
《中国新闻传播史》 方汉奇主编，2002年出版，后再版	《中国广播电视史教程》 赵玉明、艾红红著，2009年出版，后两次再版
《中国新闻事业图史》 方汉奇、史媛媛主编，2006年出版	《中国广播电视图史》 赵玉明主编，2008年出版

（笔者注：20世纪80年代初，新闻系统开展职称评审工作。1983年5月5日，全国新闻高级职称评审委员会编印的《全国新闻系统测试复习提纲》中，在新闻部分的"新闻史"中将方汉奇老师的《中国近代报刊史》（上下）列为参考书之一，在"广播电视"中列入了"北京广播学院《中国广播简史》"。其时，我写的《中国广播简史》尚未成书，其初稿连载于《北京广播学院学报》1981—1982年各期，获知上述信息后，我于当年7月，将连载的《中国广播简史》（初稿）修订付印成书，以供参考。）

表二

	方汉奇	赵玉明
中国新闻史学会	会长（第一、二届） （1989—2004） 名誉会长（2004年起）	第一届常务理事（1989—1992） 第一、二届副会长（1992—2002） 第二届常务副会长（2002—2004） 第三届会长（2004—2009） 名誉会长（2009年起） -------- 中国广播电视学会广电史研究委员会 副会长（1987—1997） 会长（1997—2009） 顾问（2009年起）

续表

	方汉奇	赵玉明
国务院学位委员会第四届学科评议组（首届）新闻传播学学科评议组（1997—2003）	召集人	成员
中国人民大学新闻与社会发展研究中心	学术委员会主任、顾问（2000年起）	学术委员（2000—2010） 北京广播学院广播电视研究中心学术委员会主任、顾问（2000—2006）
北京大学新闻学研究会	学术总顾问（2007年起）	导师（2007年起）

表三

方汉奇	赵玉明
《加快新闻史研究的步伐》 《新闻战线》1981年第11期	《三点建议》 1991年6月20日中国记协"继承发扬党的新闻工作优良传统"座谈会发言 见《赵玉明文集》第三卷
《关于新闻史研究的体会和建议》 1982年全国新闻研究工作座谈会发言 见《方汉奇文集》《方汉奇自选集》	《跨世纪四年间中外新闻传播史研究成果巡礼》 与李磊合写，2002年11月5日中国新闻改革学术研讨会暨中国新闻史学会年会发言 见《赵玉明文集》第三卷
《新闻史是历史的科学》 见《方汉奇文集》《方汉奇自选集》	《新闻史学研究：突破口在哪里——访中国新闻史学会会长赵玉明教授》 2005年10月，作者刘书峰 见《赵玉明文集》第三卷
《华枝春满　蝶舞蜂喧——记十一届三中全会以来的新闻史研究工作》 见《方汉奇文集》《方汉奇自选集》	《中国新闻史研究的学科特点及其发展状态——访中国新闻史学会会长赵玉明先生》 2007年4月，作者蒋海升 见《赵玉明文集》第三卷

续表

方汉奇	赵玉明
《中国新闻史研究的历史与现状》 1992年6月中国新闻史学会成立大会暨首届学术研讨会专题发言 见《方汉奇文集》《方汉奇自选集》	《学好新闻史 打好基本功——谈谈学习和研究新闻史》（讲课提纲） 2008年5月初稿，2012年7月修订 见《赵玉明文集》第三卷
《骅骝开道路 鹰隼出风尘——记中国新闻史学会成立6年来的新闻史研究工作》 见《方汉奇文集》《方汉奇自选集》	《新闻史学研究创新途径的探讨》（讲课提纲） 2010年8月初稿，2012年夏改稿 见《赵玉明文集》第三卷
《新中国五十年来新闻史研究》 "五十年来的香港、中国与亚洲"学术研讨会发言 见《方汉奇文集》	《积极开展中国广播史的调查研究工作》 1981年7月23日中国新闻史座谈会发言 见《赵玉明文集》第二卷 （本文及以下凡未注明出处者均见《赵玉明文集》第二卷）
《新闻史研究的历史、现状和问题》 2000年9月21日第五次中国广播电视史志研讨会讲课提纲 见研讨会《专辑》	《中国广播史研究工作的回顾和展望》 1983年4月中国广播电视史座谈会发言 见座谈会《专辑》
《1949年以来大陆的新闻史研究》 《新闻与写作》2007年第1—2期	《近年来中国广播电视史志研究工作的进展和"七五"期间研究规划的设想》 1986年4月第一次中国广播电视史志研讨会发言 见研讨会《专辑》
《多打深井 多做个案研究——与方汉奇教授谈新闻史学研究》 《新闻大学》2007年秋季号，作者曹立新	《在承德广播史座谈会上的发言》 1986年7月15日
《新闻史研究的回顾与前瞻》 2012年北大新闻学茶座发言	《"七五"期间中国广播电视史志研究概况》 1991年4月第二次中国广播电视史志研讨会发言 见研讨会《专辑》

续表

方汉奇	赵玉明
	《中国广播电视史研究的回顾与展望》 1992年6月中国新闻史学会首届学术年会发言 《新闻研究资料》第59辑
	《广播学院和广播电视史学建设》 《现代传播》1999年第5期
	《中国广播电视史学研究的创新问题和2001—2005年广播电视史志工作规划的初步设想》 2000年9月第五次中国广播电视史志研讨会发言 见研讨会《专辑》
	《中国广播电视史教学的回顾与展望》 2004年4月中国新闻史学会年会暨全国新闻传播史教学学术研讨会发言
	《中国广播电视史研究纵横谈——2004年7月全国高校新闻传播史师资高级培训班讲课提纲》
	《中国广播电视史研究的发端与历程——访中国传媒大学赵玉明教授》 《中国社会科学报》2014年5月21日，作者王天根
	《新中国广播电视史学研究的回顾、反思与建议》 2004年10月18日"广播电视史学：机遇与挑战"学术研讨会发言 见研讨会论文集

表四

方汉奇	赵玉明
《七十年来的中国新闻教育》 《台北新闻论坛》，1994年 见《方汉奇自选集》	《中国新闻学研究工作的发展概况》 与温济泽、谢骏合写，《中国新闻年鉴》，1983年 见《赵玉明文集》第三卷

续表

方汉奇	赵玉明
《新闻学和新闻教育的摇篮——写在北京大学 100 周年校庆之际》 《中国记者》1998 年第 5 期	《关于将新闻学学科列入一级学科的建议》 1996 年 6 月 7 日致国务院学位委员会办公室信 见《赵玉明文集》第三卷
《中国新闻学研究的发端》 《光明日报》1998 年 10 月 11 日	《中国新闻学教育与研究八十年》 与郭镇之合写,《现代传播》1999 年第 2—3 期 见《赵玉明文集》第三卷
《新闻传播学必须与时俱进》 《华中科技大学学报》(社科版)2003 年第 6 期	《新中国新闻教育 50 年》 中国记协编《新闻事业的辉煌——新中国新闻事业 50 年优秀论文集》,1999 年 见《赵玉明文集》第三卷
《与时俱进的中国新闻传播学》 《光明日报》2003 年 7 月 22 日 见《方汉奇自选集》	《20 世纪中国新闻教育的回顾》 《中华新闻报》2000 年 1 月 24 日 见《赵玉明文集》第三卷
《新闻学学科建设的回顾与前瞻》 2008 年首届全国新闻学学术会年会发言	《从新闻学到新闻传播学的跨越——近十年来中国新闻传播教育与研究新进展评述》 与庞亮合写,《现代传播》2008 年第 2—3 期 见《赵玉明文集》第三卷
《新闻学研究的回顾与反思》 2010 年 8 月北大新闻学研究会发言	《三十年间两大跨越——改革开放以来从传统新闻教育到新闻传播学教育的发展》 与庞亮合写,《国际新闻界》2008 年第 9 期 见《赵玉明文集》第三卷
《形势的发展呼唤新闻传播学的发展》 2010 年 11 月 5 日中国人民大学新闻与社会发展研究中心 10 周年座谈会发言	《中国大陆广播电视教育的回顾与前瞻》 1993 年 6 月在台北举行的中文传播研究与教学研讨会发言 《北京广播学院学报》1993 年第 6 期 见《赵玉明文集》第二卷
	《关于在新闻传播学一级学科内增设广告学、广播电视学为二级学科的建议》 2002 年 7 月 8 日致国务院学位委员会办公室信 见《赵玉明文集》第二卷

续表

方汉奇	赵玉明
	《谈谈广播电视研究和广播电视学学科建设》 2002年5月南京大学新闻传播系讲课提纲，2004年略改后收入《新闻传播学前沿2005》 见《赵玉明文集》第二卷
	《十年来中国大陆广播电视教育的发展》 2005年9月在香港举行的第四届世界华文传媒与华夏文明传播国际学术研讨会发言 《现代传播》2006年第2期 见《赵玉明文集》第二卷

表五

	方汉奇	赵玉明
国务院政府特殊津贴	1991年	1992年
1996年北京市哲学社会科学优秀科研成果一等奖 1998年国家教委国家教学成果二等奖	《中国当代新闻事业史（1949—1988）》 方汉奇、陈业劭主编，赵玉明撰写其中广电部分	
1999年中国记协"新中国新闻事业50年百篇优秀论文奖"	《新中国五十年来的新闻史研究》	《新中国新闻教育50年》
2002年第四届吴玉章人文社科奖一等奖 2003年第三届中国高校人文社科研究优秀成果一等奖	《中国新闻事业通史》（三卷本） 方汉奇主编，赵玉明撰写第二卷中广播部分	
2007年第四届中国高校人文社科优秀研究成果二等奖 2007年第五届吴玉章人文社科奖一等奖		《中国广播电视通史》 赵玉明主编兼主要撰稿人

续表

	方汉奇	赵玉明
教育部、国务院学位委员会"全国优秀博士论文指导教师"	2006 年	2010 年
2009 年中国传媒大会"共和国 60 周年传媒影响力人物"	√	√
新时期中国新闻改革发展典型人物之新闻传播学术人物 ［载吴廷俊主编：《中国新闻传播史（1978—2008）》］，复旦大学出版社 2011 年版	√	√
中国新闻史学会"终身成就奖"	第一届，2015 年	第二届，2016 年

《中国抗战广播史料选编》[①] 出版说明

2015年是中国人民抗日战争暨世界反法西斯战争胜利70周年，为了声讨和清算日本侵华在广播领域的罪行，我们选编出版了《日本侵华广播史料选编》一书。一部中国近现代历史告诉人们，有侵略，就会有反抗、有斗争。古今中外，概莫能外。在广播领域也是如此。1931年九一八事变以来，随着中国局部抗战的开始，广播领域的抗日活动，也如火如荼地逐步开展起来。在国难当头，国共合作共同抗日的大背景下，无论是国民党官办广播电台，还是不同类型的民营广播电台，乃至后起的中国共产党办的广播电台，同仇敌忾发出了"中华民族到了最危险的时候……"的怒吼声，谱写了中国现代广播史上的悲壮篇章，值得人们永远怀念。

2017年是日本侵华发动七七事变、中国全国抗战爆发80周年，为了纪念这一具有历史意义的事件，我们特地选编了这本《中国抗战广播史料选编》，献给关注广播领域抗战活动的人们。

本书根据所选抗日广播史料的性质和内容，分为七个部分。第一部分为"抗战广播书摘"，我们从海峡两岸出版的《第四战线——国民党中央广播电台掇实》（汪学起、是翰生编，中国文史出版社1988年7月版）、《中广四十年》（吴道一著，台湾中国广播公司1968年8月版）、《中国民营广播史》（艾红红著，台湾花木兰出版社2016年3月版）、《中国宗教广播史》（艾红红著，台湾花木兰出版社2014年9月版）和《新修地方志早期广播史料汇编》（上下）（赵玉明、艾红红、刘书峰主编，中国广播影视出版社2016年3月版）五部著作中节选出有关抗战广播的章节。第二部分为"抗战广播文汇"，其中第一类为国民党统治区及沦陷区广播回忆文章，第二类为中国共产党领导下的人民广播回忆文章。第三部分为"抗战广播讲演选载"，收入各方面代表人物发表的抗战广播讲演10余篇。第四部分为"其他广播史料"，收入有关文件、档案材料及报刊消息等20余件。第五部分为"抗战广播大事年表"。第六部分为"附编"，收入赵玉明《中国抗战广播史略》《日

[①] 本书由中国广播影视出版社2017年6月出版。

本侵华广播史略》及庞亮、高铁军和谢鼎新所写有关书评和研究文章。第七部分为"参考书目及文目"。对于收入本书中的史料，作者在此谨表谢意。书中收入的部分史料影印收入书中，以保持原貌。全书每篇史料的题注中说明史料的来源及出处。由于史料来自多处，作者的经历和认知也各有不同，相信读者自会分析判断、研究引用。抗战广播史料极为分散，我国抗战历史有关档案的开放程度尚难满足研究的需求，加以海峡两岸抗战广播史的研究有待交流，本书入选的史料来自我和艾红红教授、谢鼎新教授的多年收集，只能反映抗战广播的概貌。全面、准确地反映抗战广播的全貌的史料，只能有待后来的研究者了。

目前，我国既无一本系统全面批判揭露日本侵华广播史的专著，也无一本相应地全面反映抗战广播的专著。我们先后出版的这两种《选编》仅是引玉之书。期盼有志于研究中国广播史的后起之秀，能够承担起编纂专著的重任，为中国抗战广播留下一份宝贵的历史财富。

中国广播影视出版社责任编辑贺明同志及相关编校人员为本书的问世付出了辛勤的劳动，谨此致谢。由于编者水平所限，本书编选不足之处，尚望识者指正。

2017 年初春　时年八十有余

三谈哈尔滨广播无线电台开播事[①]

《新闻传播学前沿2013—2014》（中国传媒大学新闻传播学部新闻学院编，中国传媒大学出版社2014年7月版）刊登了我于2012年8月28日在中国广播电视协会主办的中国第一座广播无线电台论证会上题为《对"1923年1月1日，哈尔滨广播无线电台开播"论证材料的意见》的发言。《前沿（2016）》（同前，2016年7月版）刊登了我写的《哈尔滨广播无线电台开播事再谈》。两文对黑龙江广电局提出的哈尔滨广播无线电台（以下简称"哈台"）于1923年1月1日开播事及相关同志的论证提出不同意见。近阅陈尔泰著《中国广播诞生九十周年》（中国广播影视出版社2015年9月版）一书，陈在书中除再次大篇幅反复论证哈台于1923年1月1日开播外，并以《面对学术霸气》为题专列一节对本人上述《意见》的发言做了批评。对此，本人不得不以"三谈"为题撰写此文，以作回应。

陈尔泰在《九十周年》一书中称："中国广播开播日期的年份1923年，有确凿证据；月份有证据，1月1日日期有明确的证据。若按证据品种说，有见证人证据、知情人证据、新闻报道证据，有历史档案证据，有史籍证据。它们形成了一个证据链、证据网，生成了整体的证据力。"（第29页）总之，"据现有史料和条件经科学严谨论证，哈尔滨广播无线电台1923年1月1日开播"（第57页）。对陈在该书中上述结论，现提出本人的意见如下：

一、关于见证人、知情人证据

陈书中说的见证人是指韩迭生，知情人是指刘准、刘宗唐。韩生于1892年，为哈台主办者刘瀚的同乡、同事、朋友。1984年5月，陈尔泰来北京访问了韩迭生。访问中，韩说："1923年元旦，我去会刘瀚，刘瀚正在转角楼前忙着开播。"（第74—75页）给人们的印象是韩对无线电广播似乎很了解。那么，究竟"开播"了没有？是指哪个广播电台？韩并没有说清。这里，陈

[①] 本文收入刘昶、哈艳秋主编：《新闻传播学前沿2017—2018》，中国传媒大学出版社2019年4月版。

尔泰有意将此前韩在回忆中说的下面的话，略而不说："我不懂广播无线电，看看广播的装置，也不知道内部详情。广播我不懂，说不出什么。"（陈尔泰《中国早期广播史料题织选注》第42页，黑龙江人民广播电台、《新闻传媒》编辑部，2012年9月编印）

韩作为哈台开播唯一的"见证人"，但他并不懂广播，也不知道"内部详情"，且是90多岁回忆60多年前的往事，其可信度如何？值得一问。另，"1923年元旦"，是指何日？今天来看当然是指1923年1月1日，但在民国初期却并非如此。民国成立前，民间习俗元旦系指农历正月初一，俗称新年。民国成立后，以公历1月1日为新年，但农历正月初一为元旦之说仍沿袭下来。二三十年代时，鲁迅、林语堂的杂文中还将正月初一称为"元旦"[参见王树人《鲁迅作品中的三个疑问简释》，载《文史精华》2016年9月（上）]。直到1949年9月27日中国人民政治协商会议第一届全体会议通过"公元纪年法"时，"元旦"才正式确定为公历1月1日，而将农历正月初一称为"春节"，两者不再混用。有鉴于此，韩说的1923年元旦究指何日？尚需查询当年哈尔滨的报刊和民间习俗才能说清。

一座广播电台的开播乃是件大事。此前应有一段时间的筹备和试播，然后选定时间开播，并对外宣布。遗憾的是当年哈台1923年1月1日开播（如陈尔泰所说）的当事人包括主持者刘瀚，编播、技术人员等均未留下片言只字，这只能说明不过是一次试验广播而已，不值得大书特书。

知情人刘准（刘瀚之弟）、刘宗唐（刘瀚之子）在20世纪80年代初期分别写的有关哈台的材料中，均未提及哈台1923年1月1日开播事。他二人当年不在哈尔滨，也并未亲见其事。后来，作为他们的父兄，刘瀚自然会和他们谈起筹建哈台之事，但却偏偏没有讲哈台是1923年1月1日开播的。刘准写的《刘瀚先生生平简介》中写的是"1923年又奉命筹设广播电台""1923年又奉命创办广播电台"，但均未讲明具体时间，即便是1923年1月筹办，又怎能在1月1日开播呢？刘宗唐写的《筹建东三省各地无线电分台》中说1922年"12月（其父）为朱（庆澜）将军演示广播"。连"演示"之事，刘瀚都对儿子讲了，但却偏偏不谈1923年1月1日"开播"之事，可见在刘瀚当年心目中"开播"（陈尔泰所说）之事还不及"演示"重要。

综上所说，陈讲的三位见证人和知情人所说的有关史实并不能证明哈台是1923年1月1日开播的。另，我在《意见》一文中对上述三人以八九十岁高龄回忆60年前的往事心存疑惑，这属于学术讨论之事。但陈竟在《九十周年》一书第80页中要笔者"拿出韩迭生、刘准、刘宗唐写材料做回忆时'神志不清''记忆消退'等体检鉴定证明书",否则,就只能确信不疑。陈在同书第74页称,他在1984年访问92岁的韩迭生时,"韩行动自如、精神矍铄、记忆清晰、言语流畅",不知有无"体检鉴定证明书"?

二、关于新闻报道证据

陈在《九十周年》一书中所说的新闻报道即指《滨江时报》1923年3月17日刊登的《无线电之前途》一文。陈称该文"作为新闻报道成了证明1923年1月1日至1923年3月17日之间广播情形之'历史证据'"(第65页)。翻阅《前途》一文,约六七百字,分为两个部分,第一部分所述为1922年9月收回俄人所办之哈尔滨无线电台,后定名为东三省无线电台,刘瀚任副台长主其事。第二部分为"闻"该台"此后拟增加下列数项"之事,其中第三项为"无线电话"。第一部分所述之事发生在半年之前,早已不是新闻;第二部分为"拟增加"之事,换句话说即尚未发生之事,也构不成新闻。总之,全文中通篇未提及哈台于1923年1月1日开播之事,也未提及刘瀚主持其事,更未提及"哈尔滨广播无线电台"的台名,怎么就成了哈台开播的"历史证据"呢?令人费解。

陈在本节文末对文中"无线电话"一段作了"解读版",现与原文比照如下,供读者评析。

原文	"解读版"
△无线电话自发明以来,已著完满效果。	△无线电话广播自该台新设立以来,已经取得了完满的效果。
△现该台拟就哈埠市内,于重要机关设置电机,如中俄各戏院中,各设电机一架。	△现在该台拟在哈尔滨市内将要转播节目的重要机构——如各中国人的戏园,各俄罗斯人的剧院、俱乐部,设置话筒、放大器,并分别敷设从戏院剧院到该台发射机房的转播专线(一路,两条导线)。
△闻此项话机,该台即能自制,每架均值七八十元。	△采访中得知,收音机该台即能自制,售价均七八十元一架。

三、关于历史档案证据

陈在《九十周年》一书中单列一节《三件历史档案中的一致》涉及的历史档案有：《呈》（1926年9月24日）、《指令》（1926年9月29日）及《拟稿登录》。如陈所云，三件档案表明，哈尔滨广播无线电台由哈尔滨无线电台兼管之事，"不涉及开播、广播、试验广播、正式广播之事"（该书第95—96页）。既然如此，那么怎么能作为哈台1923年1月1日开播的历史档案证据呢？另一节《"督察二二一号训令"》系1926年9月，东北无线电长途电话监督处发给哈尔滨无线电台的。内容为东三省广播无线事业发展的规划，即在奉天、哈尔滨两地各设一座广播电台。同时颁布《广播无线电条例》及"运销""装设"广播无线电收听器规则，并设立哈尔滨广播无线电台事务所实施社会管理等事。这里也并未谈及哈台于1923年1月1日开播事。

四、关于史籍证据

陈在《九十周年》中提及的史籍，有伪《满洲电信电话株式会社十年史》（以下简称《十年史》）、伪《电电读本》和伪《满洲放送年鉴》（1939年）三种（"伪"字为笔者所加，陈对此类书均不加"伪"字。此处，"伪"为日伪或伪满之意）。

1983年，陈尔泰获见伪《十年史》一书，该书由伪满洲电信电话株式会社文书科编印，1943年8月出版，全书上下卷，近1000页，约100万字。陈认为该书的编印"不是草率的、临时的、偶发的行为，而是比较严肃的、正式的、做了很大投入的举动"（该书第68—69页），"可以认为《十年史》可信。特别是《十年史》已改其前《电电读本》、《满洲放送年鉴》（1939年）伪史料造成的错误，表明他们的调查研究很细"（同上第73页）。陈之所以大加称赞该书，皆因该书下卷在"局沿革"和"电气通信发达年表"中有"哈尔滨一九二三年开始广播""一九二三年：哈尔滨广播开始进行"的记载。

与此同时，陈在《九十周年》一书第98页引述，1939年伪满洲电电株式会社编的《电电读本》中称："一九二五年东三省政府订立奉天、哈尔滨两地设立广播电台的计划。首先哈尔滨在奉天无线电台总局直属下，于1926年10月开始试验放送（第499页）"，"1939年《满洲放送年鉴》说法亦同"（第98页）。并对两书的说法加以批判。

陈在《九十周年》一书中将伪《十年史》称为"一史料"，将伪《电电读本》等两书称为"二史料"（该书第232页）。陈认为"二史料"为假史料，表明炮制、使用二史料者，要么认知有误，要么存心作伪，且对假史料以外的史料要么没有掌握，要么不屑一顾，造成了不知哈台1923年开播，臆断"1926年10月开始实验放送"严重扭曲史实的错误（该书第238页）。总之，"二史料所述之事都是子虚乌有，表明二史料为假史料"（同上）。黑龙江方面的同志认为"一史料"一书"时空有序、前后统一，类别照应，自恰不悖"，"总体上是可以采信的"。相对"二史料"为"假史料"的断言，在陈尔泰眼中"一史料"当然是"确信无疑"的"真史料"了。

但可能出乎陈尔泰的意料，伪《十年史》一书下卷中虽有"哈尔滨一九二三年开始广播""一九二三年：哈尔滨广播开始进行"的记载，但在该书上卷中还有一处与伪《电电读本》和伪《满洲放送年鉴》基本相同的记载。这是陈始终未提及的，也可能是不愿提及的。笔者从友人处见其译文，但因未见原文，未能校核，现转述如下，以供陈尔泰与其保存的《十年史》（复印本）对照参考：

"1925年（日本大正十五年），东三省政府曾制定出在奉天（沈阳）和哈尔滨两地建立广播电台的计划。根据这项计划，首先在哈尔滨成立哈尔滨广播电台，这个电台由奉天无线电台总局管辖，于1926年（昭和元年）10月开始实施广播，后来在1928年元旦于长官公署新建台竣工，标出电力1千瓦，674千周周率，用华俄两语开始正式播音。此台的广播成为满洲东北广播事业的起源。"（见该书上卷第七篇《会社的广播事业》第一章总论第二节事业十年概况（一）前史）

同一本书（伪《十年史》），就同一件事（哈台开播事）有两处不同的记述，究竟何真？何伪？看来还需要一段时间再加以判断。

五、关于"证据链证据网"论证法

陈尔泰在《九十周年》第50—57页有专门一章，称在2012年8月北京论证会上经过用他的所谓"证据链证据网"的论证法论证结果认为"据现有史料和条件经过严谨论证,哈尔滨广播无线电台1923年1月1日开播",会后,他应中广协会广电史研究委员会的要求又单独谈了一次"论据链证据网"(此处为"论据链",标题为"证据链"。——笔者注)论证法,并申明"此法是在特定背景下,论证特殊问题采用的论证方法",不言而喻,即这种论证方法只适用于"在特定背景下"对"特殊问题"采用的论证方法,也即是说此法没有普遍意义,也就是说这是陈尔泰为论证哈台1923年1月1日开播说专门设计出来的一种论证法。这究竟是一种什么论证方法呢?他把有关哈台开播的各类各种史料,分别以英文字母ABC……为代表,使之"彼此关联、相通、关照、互补,它们已经结成有机整体,显示了强大的证据力"。最后,陈将他设计的"证据网"显示如下:

AB、AC、AD、AE、AF、AG、AH、AI、AJ、AK、AL

BC、BD、BE、BF、BG、BH、BI、BJ、BK、BL

CD、CE、CF、CG、CH、CI、CJ、CK、CL

DE、DF、DG、DH、DI、DJ、DK、DL

EF、EG、EH、EI、EJ、EK、EL

FG、FH、FI、FJ、FK、FL

GH、GI、GJ、GK、GL

HI、HJ、HK、HL

IJ、IK、IL

JK、JL

KL

最后称"证据网中,证明哈尔滨广播无线电台1923年1月1日开播"。究竟有多少人能看懂这个证据网呢?大概只有天知道。

陈在书中说,他是应史研会的要求单独谈了所谓"证据链证据网"的。那么,他们听后的认知如何呢?大概20天后,同年9月18日在哈尔滨举行的史研会年会上,史研会会长张聪在发言中说"推论(哈台于1923年)1月1日开播,尚缺少直接证据。特别是物证,还需继续努力收集"。史研会秘书长张君昌说"在没有直接证据出现之前,(哈台于1923年1月1日开播说)只能说这是推论,而推论不能当作结论"。(分别见《广播电视历史研究文存》第20、36页,中国国际广播出版社2015年1月版)我想这大概是对所谓"证据链证据网"论证法的回答了。

六、关于"阶段性成果"

陈尔泰在《九十周年》一书第179页称,北京"论证会过后,就在《中国传媒前沿观察》中,也说'召开早期中国广播史哈尔滨广播无线电台开播时间调研与论证会,取得阶段性成果',也是认同'哈台1923年1月1日开播说'的"。经查《观察》一书为王云鹏、张君昌主编,中国国际广播出版社2013年8月出版,署名"编者"的题为《回望2012,展望2013》的《后记》中说:"召开早期中国广播史'哈尔滨广播无线电台开播时间'调研与论证会,取得阶段性成果。"(第287页)两相对比,不难看出,"也是认同哈台1923年1月1日开播说的"是陈自己加上去的,又故意不注明页码,妄图蒙蔽视听。但在中广协会史研会等编的《广播电视历史研究文存》(中国国际广播出版社2015年1月版)一书,倒是有两处提及北京论证会论证结果,也即陈说的"阶段性成果"吧。

其一,前述中广协会学术部、史研会秘书处写的论证会消息中称:"会议认为就论证材料所提供的现有证据来看,得出'哈尔滨广播无线电台开播始于1923年1月1日'的结论,尚不够充分……"(第75页)

其二,广电史研会大事记(2009年7月—2014年12月)中,关于上述论证会的记载中云"会议认为就论证材料所提供的现有证据来看,得出'哈尔滨广播无线电台开播始于1923年1月1日'的结论尚不够充分……"(第35页)

上述消息和大事记的记载,与笔者在北京论证会上发言认为黑龙江局、台和陈尔泰提供的证据说服力不足,还需再做调查,可以说是基本一致的。

中广协会学术部、史研会秘书处的消息和史研会的大事记,毫无疑问都是经学术部主任、史研会秘书长张君昌和史研会会长张聪审定后刊发的。北京论证会后,9月18日在哈尔滨举行的史研会2012年年会上,张聪在发言中又对哈台1923年开播事作了如下表态:"推论(1923年)1月1日开播,尚缺少直接的证据,特别是物证。"(同上第20页)张君昌在随后的发言中也说1923年1月1日开播说"在没有直接证据出现之前,只能说这是推论,而推论不能当作结论"(同上第36页)。

迄今为止,除黑龙江局、台的论证材料及陈尔泰的著述外,笔者至今尚未见到一篇认同"哈台1923年1月1日开播说"的有关文章。我理解所谓的"阶段性成果"不外是：

第一，黑龙江局、台及陈尔泰提出哈台 1923 年 1 月 1 日开播说。

第二，对黑龙江局、台及陈尔泰的论证，在有关专家认为"可以采信"的同时，也有多位专家提出质疑，认为"尚不够充分"，"尚缺少直接的证据，特别是物证"，"只能说这是推论，而推论不能当作结论"等。

第三，肯定黑龙江局、台的研究成果和付出的努力，但需作进一步调查论证。而不是如陈尔泰所说的"阶段性成果"即是"认同哈台 1923 年 1 月 1 日开播说"。

陈书第三部分以"面对学术霸气"为题对前述《前沿观察》一书刊登的我于 2012 年 8 月在北京论证会上的发言做了长达 70 页的批评，借以重申哈台于 1923 年 1 月 1 日开播事。附带还对哈艳秋教授 2012 年 7 月在哈尔滨召开的哈台开播论证会上的发言以录音转为文字为凭以 20 页的篇幅逐段加以批评。包括此前陈多次出书著文对本人的不懈余力的批评。仅此也可看出究竟谁更有"学术霸气"了。我想读者自有公论，不待我多言了。

附带说一句，《前沿观察》主编及出版社编辑不经本人同意对我在本文开头提及的《发言》从标题到内容肆意做了多处重大删改，对此本人于 2014 年在《现代传播》第 6 期发表有关发言的《补正》专文予以澄清，其中也涉及关于哈台开播事的某些意见，在此不再赘述了。

我与中国广播电视史

——半个世纪的从教回忆

一、"文革"前广播史课教学忆旧

2017年初夏，在整理我捐赠给学校图书馆做筹建广播电视史志资料研究中心的书刊资料时，艾红红教授意外地发现了我久寻未见的"文革"前我整理保存的"中国人民广播史讲课提纲"一卷，封面署"新闻系教学资料""自1961年2月至1964年7月""新闻系本科59级、60级、64级适用"等字样，还有当年的"广播概论"课讲课提纲一卷。不由得引起我对"文革"前广院新闻系广播史课教学工作的回忆。

1959年8月，我从中国人民大学新闻系毕业分配到刚创办的北京广播学院新闻系工作。当年，新闻系根据全系教学课程的计划和个人对从教课程的意见，分配我到广播史教研组。当时，广播史教研组组长由新闻系副主任康荫同志兼任，教研组副组长（后为组长）为张纪明同志。教研组除我外，还有一位山东大学中文系毕业的王广咸同志（不久即调离）。当时的教学任务是为首批入学的59级准备开设新闻广播史课。课程的内容包括新闻史和广播史两个部分。

（一）备课前后

从1959年初秋到1961年初春我集中全部精力投入到广播史的备课工作。在北大、人大学习时只上过报刊史的课，除了偶尔听过广播外，对广播的知识可以说是一无所知。一切从零开始，万事从头学起。

首先是向系里的老广播请教学习，康荫、张纪明等老同志均从事广播宣传工作多年，有着丰富的实践经验。康荫还写过几篇有关广播史的文章发表

---

① 原载《中国传媒大学老教授文集》（2017—2018），2018年10月编印。

在内部刊物上。1960年到系里工作的温济泽同志对我的指导、帮助尤大。我已另有专文回忆，这里从略。从这时候起作为一名新闻方面的教师，我开始逐步养成早上听中央台"报摘"、晚上听"联播"、白天看报的习惯，一直坚持至今（后来晚上"联播"改为看电视了，但听"报摘"从未中断）。

第二，到人民大学回炉听报刊史课，这回着重学习老师的讲课方式包括备课、板书、时间掌握等。同时向方汉奇老师请教如何收集广播史料、编写教材，等等。方老师告知可以从报刊上收集广播史料的方法，使我受益终生。

第三，到北京图书馆（今国家图书馆）、中央广播局档案资料室等处查找广播史料，特别是查阅有关延安（陕北）新华广播电台的原始档案为今后上课讲延安广播的历史和优良传统提供了难得的第一手史料。其间，我还经手为教研室购买了全套国民党办的《广播周报》（创刊至抗战前）和《国民党中央广播电台年刊》以及影印全套重庆《新华日报》等，并从中央广播局资料室索取了一套延安《解放日报》影印本。这些书刊后来均移交学校图书馆收藏。当年，正逢"毛选"第四卷出版，结合学习"毛选"，大量阅读有关解放战争的回忆文章，从中寻找有关人民广播的史料线索。

在备课过程中还领受了一项任务，即在老广播指导下编写《中国人民广播事业大事记》，于1960年6月完成，并以"草稿"名义印发征求意见。全文以编年体形式记载了从1945年9月至1959年底人民广播事业发展的重要史实，约10万余字。后作为内部资料存用，未公开出版。同时还为59级、60级学生上课需要编印了两本油印的新闻广播史教学参考材料。1961年9月，为配合新闻广播史学课教学需要，我负责编选的《中国人民广播史资料》（上册）在内部印了800册。全书7万多字，收入人民广播初创时期文献史料、介绍和回忆人民广播的文章20多篇以及《第三次国内革命战争时期人民广播大事记》（初稿）并附有关旧中国广播文章5篇。下册原拟编选社会主义革命和建设时期的有关广播史料，后因故未编选。与此同时，与其他老师经初步讨论后分别开始编写广播史各章的讲课提纲并着手写自己主讲部分的讲稿。

从1959年下半年起至1960年全年，我在紧张的备课的同时还担任了为无线电系59级、60级学生组织开设广播业务常识课的任务。这是根据学院副院长兼新闻系主任左荧同志的意见。他认为新闻系学生应当学习有关广播技术常识的课，无线电系学生应当学习有关广播宣传知识的课。今天看来，这是富有远见的措施。他亲自为无线电系 59 级主讲第一讲有关广播性质和任务的内容。此后各讲由我根据课程要求分别请中央人民广播电台各部门的负责人分别讲授有关新闻广播、工业广播、农业广播、文艺广播等内容。我每次都认真听课，整理笔记印发给同学们学习。1961 年年初为无线电系 60 级开设本课时，我主讲前言和广播史部分。第一讲和外国广播事业由张纪明主讲。在这期间，我还负责邀请中央广播局对外部（即今国际广播电台）各外语部门的负责人为外语系学生开设《对外广播业务》讲座。我参与组织这两门课的教学工作，每次都要整理笔记印发给同学，还要组织讨论、参观，对我来讲是难得的学习机会，同时还结识了上述有关各广播部门的主讲人，对我以后的工作大有裨益。"文革"前一个教师先后为全校三个系的学生讲过课（或主持上课），我大概是唯一的一个，也是空前绝后的一个。

（二）新闻广播史课初次亮相

1961 年 2 月春节过后，新闻系 59 级第四学期开学迎来了一门新课——新闻广播史课。其中第一部分新闻史主要是邀请中央新闻单位人民日报、新华社有关领导同志讲课，内容为党的新闻工作历史、现状和优良传统。记得有原重庆《新华日报》总编辑熊复讲《新华日报》的历史和光荣传统、新华社副社长海稜讲新华社历史和现状及从事新闻工作的体会、《人民日报》副总编辑安岗讲关于记者工作等。

第二部分为广播史，根据保存下来为 59 级开课的"广播史讲课提纲"分为"前言"、第一章第三次国内革命战争时期的人民广播（1945.9—1949.9）、第二章国民经济恢复时期的人民广播（1949.10—1952.12）、第三章第一个五年计划建设时期的人民广播（1953—1957）、第四章社会主义建设"大跃进"时期的人民广播（1958—　）。其中前言、第一章由康荫主讲，第二章由赵玉明主讲，第三章由苑子熙主讲，第四章由张纪明主讲，赵玉明负责辅导工作。今天翻阅这份提纲有几点值得注意：

第一，关于广播史的教学和研究对象，开宗明义即"广播史是研究广播电视产生和发展的历史的科学"。这里，明确讲广播史课是一门历史的科学，同时不仅仅是讲广播还包括电视的历史在内。在第四章讲到我国电视的产生。

第二，关于广播史教学内容从人民广播诞生直到讲到 60 年代初，这在

当时也是个突破。当年,中国人民大学、复旦大学新闻系的新闻(报刊)史课只讲到新中国成立前。

第三,受当时党内"左"倾错误思想的发展和泛滥,提纲中充满了"左"的提法和观点,如认为"广播和电视是帝国主义走向崩溃和社会主义走向胜利时代产生的现代化宣传工具""广播、电视是阶级斗争的产物""广播电视就成了阶级斗争的强有力的武器",在其他章节中全盘肯定反右斗争和"大跃进"等。

第四,全部提纲以人民广播为主体,对此前中国的广播只在前言中略有提及,对已出现的广播电台除"苏联呼声"广播电台外,其余全盘否定,一言概之为旧中国的广播是反革命的御用宣传工具。

此后,为60级、64级开课的提纲内容虽有调整和补充,但上述政治评价的基调未变。

新闻系59级当时尚未分专业。面对200多学生,他们三位老广播虽未讲过课,但有丰富的广播工作实践经验,底气十足,讲起来侃侃而谈。对我来说则是如履薄冰,战战兢兢,只能拿着写好的并经过领导审阅过的讲稿念着讲,不时抬头看看学生的反应,在下课铃声中终于完成了此生的第一次讲课任务。

为新闻系60级开设新闻广播史课提前到二年级第一学期即1961年的初秋,也可以说是紧接着59级开设的。这次开课仍分为两个单元,但将广播史列为第一单元,报刊史列为第二单元。报刊史部分改变了此前请中央新闻单位负责人做报告的方法,改请中国人民大学报刊史教研室教师分为四章系统地讲授"五四"以来至新中国成立前夕无产阶级报刊产生和发展的历程。

广播史部分,由于康荫主持全系工作,随着教学机构的调整,成立广播业务教研室,原史论编采教研组撤销,张纪明调离,讲课教师有所调整。前言、第一章、第二章和结束语由我主讲,第三章仍由苑子熙主讲,第四章改由1960年从复旦大学新闻系毕业分配来的王珏担任。讲课提纲各章节的基本观点与59级同。

在国民经济困难全国高校调整时期,1961—1963年新闻系未招收本科生。这一段时间,我先是参加59级采访写作课的辅导工作,和同学们一起在京采访,返校后共同讨论如何写作成文。1963年上半年59级学生到各地广播电台实习,我随同部分同学到湖北武汉人民广播电台一起实习采编工作。1964年上半年,本拟同部分64级同学到南京江苏人民广播电台实习,但临时指派到北京市郊区延庆县靳家堡公社参加"四清运动"。1964年，新闻系恢复招生本科生。当年初秋，新闻系64级40多名新生入学。我从"四清"前线抽调回校，准备为新生开课。新闻广播史课再次提前到1965年第二学期开设。本次开课的广播史部分定名为"中国人民广播史"，分为前言、第一章第三次国内革命战争的人民广播、第二章国民经济恢复时期的人民广播、第三章第一个五年计划时期的人民广播。原第四章1958年以后的广电史鉴于当时的政治、经济形势未列入教学内容。全部讲课辅导任务均由我一人承担。这是"文革"前新闻广播史最后一次开课。1965年新闻系65级入学后，广播史课与广播概论课合并，统称为"广播概论"，于第一学期开设。我负责其中部分章节的教学工作。第二学期1966年初春开学不久，"文革"爆发，教学工作停顿。1971年广播学院停办，直至1973年恢复。1974年起新闻系招收两届工农兵学员至1977年恢复高考77级新生入学后均开设广播概论课。直到78级入学后始恢复广播史课。这已是后话了，需要另写一文了。

为使今天了解当年广播史课的基本内容和观点，特将我起草经新闻系广播业务教研室审定印发的供64级上课使用的《中国人民广播史讲课提纲（初稿）》附印本文之后，以供总结历史经验之用。

二、改革开放初期广播史课的回忆

1978年3月，恢复高考制度后广播学院新闻系77级新生100多人入学。77级第一学期沿袭旧制仍开包括广播史在内的新闻广播概论课。当年12月，我们一批1959年来校的青年教师定职为讲师。1979年78级第二学期开始恢复广播史课。当时新闻系有四个专业，除电视专业外，其他编采、文艺、播音三个专业均开设广播史课，这种状态延续了两三年。78级、79级的课程名称仍为"中国人民广播史"。1980年该课开始正式定名为"中国广播史"课，但包括广播电视在内。从现在保存下来1981年的讲课提纲中可以看出，已初步摆脱了"文革"前教材中"左"的思维定式，开始在《前言》中比较客观地对待和讲述世界广播的产生、发展的历史和现状。同时将旧中国的广播单列讲授，在新中国广电部分中根据中共中央《关于建国以来党的若干历史问题的决议》的精神对广播系统的反右派斗争和"大跃进"及十年"文革"作了适当的评价。

从此开始，我为本科生主讲中国广播史课一直延续到1988年。其间还

曾为新闻系83级、84级干专班和84级、85级大专班开设广播史课。1989年起，我将该课主讲任务移交由青年教师负责。

(一) 倾力编写教材

为适应上述本科生和研究生教学需求，广播史教材的编写工作也逐步提到日程上来。在原有的讲课提纲的基础上，我着手开始写中国广播简史，并在新创办的《北京广播学院学报》上陆续刊出。1981年《学报》第1、3、4期以"《中国广播简史》选载"为题分别刊登了"人民广播的创建""反对内战争取民主的号角""解放战争中的人民广播"和"迎接新的历史时期"。1982年《学报》第1—4期，再次以"《中国广播简史》选载"为题分期刊登了《旧中国广播的产生、发展和终结》一文。《简史》全文约6万字左右，奠定了以后撰写中国现代广播史的基础。我没有料到的是这份"简史"居然引起了全国新闻高级职称评审委员会的注意。1983年5月，该会编印的《全国新闻系统测试复习提纲》中各门课均附有正式出版的参考书。但"广播电视"部分参考书为："北京广播学院：《中国广播简史》、吴冷西在第十一次全国广播电视工作会议上的报告、北京广播学院新闻系的有关教材和学报"。将《简史》列为参考书之一，实出我的意料。为适应职称评审考试的需要，我于当年7月将《学报》各期连载的《中国广播简史》略加订正印制成书，供应试使用。

在着力编写教材的同时，我还将历年来收集到的有关人民广播的历史资料包括有关文件、报道、会议和回忆录等先后编印了五本《中国广播史料选辑》于1979—1983年陆续印成，其中第一辑为延安（陕北）台历史资料，第二辑为《中国人民广播回忆录》（初稿），第三辑《纪念人民广播40周年》专辑，第四辑为延安（陕北）台《广播稿选》，第五辑为抗日战争和解放战争时期解放区广播历史资料，既为校内教学研究使用，同时也分发广电系统的有关部门供举办培训班参考。在此期间，1980年原新闻系调整建制分为新闻系、播音系、电视系、文艺系四个系。我留在新组建的新闻系，不久担任该系广播史教研室主任，教研室除我之外还有两位毕业留校的青年教师。1982年广播史教研室被评为全校先进集体，1983年我晋升为副教授，后任新闻系副主任、主任等职。

1986年，广播学院开办函授专修科教育，其中新闻采编专业开设中国广播史课，全课分为旧中国广播产生、发展和终结、解放区广播的创建和发展以及中华人民共和国的广播电视事业三个单元。适应函授教育的需求，新闻系将包括我所编著的《中国现代广播简史》在内的 8 本"新闻广播业务系列教材"统一印发给函授学员参考。从此，新闻系自 1959 年开办以来有了自己的第一套具有广电特色的新闻学教材。

1987 年，《中国现代广播简史》经修订后由中国广播电视出版社公开出版。中国人民大学方汉奇教授在序言中称该书为"中国历史上第一部比较系统、全面的论述 1923—1949 年间中国广播事业发展的专著"。全国高等教育自学考试委员会新闻专业委员会将该书列为中国新闻史课的参考书。此后该书多次再版印刷。1988 年，我晋升为教授。

（二）多方培训在职干部

粉碎"四人帮"后拨乱反正，各地广播电台先后恢复正常广播，从社会上吸收了大量知识青年参加编采工作，他们虽有做好广播工作的热情，但大都缺乏有关广播的基本知识，急需要短期培训。70 年代末 80 年代初，新闻系教师除校内教学外利用寒暑假和教学之余又承担了大量短期班的培训工作，教课内容为广播史论编采的基本知识和技能。从 1977 年春天山东广播局的短训班开始五六年内，陆续在辽宁、浙江、河北、河南、山西、广西、四川、湖北、吉林、云南、湖南和江苏等 10 多个省市开办短训班。上述主办单位尽职尽责，除安排好教学工作外，还把各门课的讲稿或提纲印发学员参考，延边台还将我的广播史讲稿译成朝文在内刊上发表。有的短训班结业时还举行了结业考试。学员们学习热情高涨，上下午听课，晚上自习，还经常与教师相互交流。我的讲课以延安广播艰苦创业的历程和人民广播的优良传统为主要内容。记得在四川办班时，有位学员听课后找我谈起，延安广播的历史生动、具体，听后很受教育，想写成个电影剧本，不知可否？

此外，1984 年新闻系还曾为广电部地方宣传局、中央人民广播电台举办的短训班上课。地宣局还将全部讲稿印成《广播新闻写作理论与实践》一书，供学习参考。1986 年安徽举办刊授教学将我的讲稿在《新闻刊大》上发表。1987 年，新闻系还为中央广播电视大学开设广播专题讲座课，广播史为其内容之一。广播专题讲座及其参考资料均印制成书，公开出版发行。

三、指导广电史方向硕士研究生的回忆

1978年，我国恢复招生和培养（硕士）研究生制度。当年，中国人民大学、复旦大学和刚组建的中国社会科学院新闻研究所开始招收新闻学专业研究生。当年，我应温济泽同志的召唤，参加了新闻所招收研究生的部分阅卷、口试和录取工作。受此启示，我向学校建议明年广播学院也应该招收研究生。后果为所愿。

1979年春，广院发出招收研究生的信息。当时，招生政策比较宽松，像我这样的"文革"前大学毕业刚刚定职为讲师的也可以招收研究生。同时，在读的77级大学生，经学校同意推荐也可报考研究生。我在为新闻系77级讲广播史课时，郭镇之的一篇有关延安广播传统的作业引起了我的注意。我决定推荐她报考广播史方向的研究生。经学校同意后，她报名考试合格被录取为广播学院第一批两名硕士生之一，成为我指导的第一个广播史方向的硕士生，我也有幸成为广院第一批硕士生指导教师。由此，从训练班起步开办20年的广播学院在教学和人才培养的工作上迈向了一个新的阶段。

从1979年郭镇之开始至1998年，我共招收和指导了新闻学专业广播电视史方向的硕士生10人，先后经答辩合格均获得硕士学位，现将其姓名、入学年份和论文选题列表如下：

赵玉明指导新闻学硕士论文选题

年 级	姓 名	论文选题
79级	郭镇之	论旧上海民营广播电台的历史命运
84级	哈艳秋	伪满广播简论
85级	孙 鸥	中国国际广播宣传改革探析
87级	李 琦	广播电视法刍议
87级	喻山澜	新时期中央电视台新闻改革探析
88级	袁 军	论十年来中国大陆的广播电视广告
91级	徐晖明	广播电视志刍议
94级	范晓晶	民国时期广播报刊研究
95级	梁 波	中国大陆唱片业研究
98级	赵琳琳	新时期中央电视台经济节目发展研究

这里需要说明的有三点：

第一，1980年起学校规定讲师将不再招收硕士生，故1980—1983年我未招生。1983年晋升为副教授后，1984年又开始招生。1988年晋升教授后，继续招收硕士生至1998年。

第二，1989年，我调到学校担任副院长。作为首个指导硕士生的校领导，为保证行政领导工作的时间，决定少招研究生，原则上毕业一个，再招收一个。故1989—1998年十年内只招生四人。担任校领导后，我之所以仍在招收硕士生并承担相应课程，主要出于两点考虑，一是参加学校领导工作是短期的。退下来后，仍然要从事教研工作，故不宜中断。二是作为分管教研工作的校领导，直接参加教学工作，有利于了解情况和做好相关的工作。

第三，1999年我开始招收博士生，从此停招硕士生。

我首招的研究生虽然只有一人，但这是一项新的工作，不仅我没有经验，从学校来讲，如何培养研究生也是一项正在探索的工作。我的教学方法和道路是边教边学，边学边教。从何着手学呢？我一方面借助从1978年起在中国社会科学院新闻研究所参加有关活动的机会，旁听当年新闻界的有关领导胡绩伟、安岗、钟沛璋、温济泽、戴邦、熊复和方言等同志关于党的新闻事业光辉历史、优良传统和正反面的经验教训的讲课（听课笔记我至今尚保存着）。一方面到中国人民大学向甘惜分、方汉奇老师请教指导研究生学习的方法，然后结合广播史的教学内容加以融会贯通，付诸实践。

指导研究生学习，我的主要体会有两个方面：一是鼓励学生进一步掌握和提高文史和外语的知识和技能，打好基础功底；另一方面是在广电史的一般基础上，鼓励学生就广电史相关章节，提出进一步思考的问题，师生共同探究，写出相应的研究文章。经过几年的指导广电史方向研究生的教学实践，1988年，我起草了《中国广播史研究》教学大纲（草案）分为四个单元，依次为前言（包括中国广播史研究进展概况和研究的意义和方法，广电史料检索法和案例）、旧中国广播史研究、解放区广播史研究和中华人民共和国广播电视史研究。

指导研究生学习和重头戏之一是关于学位论文的选题。我的做法是，其一研究生可根据自己学习方向和兴趣，自主选题，经师生沟通后最终确定，如表中孙鸥、喻山澜和赵琳琳的选题；其二是我根据学生的情况和广电史研究的缺项提出选题，经师生沟通后最终确定，如哈艳秋，她会日语，伪满广播研究尚是空白。另如李琦、袁军、徐晖明、范晓晶和梁波的选题都是为填补广电史研究的缺项而确定的。后来的实践证明，这样做，一方面确保了论

文的质量和水平,同时也丰富和充实了广电史的教学内容,可谓教学相长、师生两益。上述 10 人除一人推迟半年答辩外,其余均如期毕业并获硕士学位。

关于郭镇之的论文选题,我起初建议她以延安广播的历程和光荣传统为题。为此,1980 年我策划和组织的延安广播历史调查活动时,安排她参加,通过具体调查延安(陕北)台旧址并与老广播齐越、杨兆麟等的亲近接触一起活动,加深学习体会。事后她写了有关《调查报告》,并获温济泽等老广播的首肯。如写此题,史料丰富、主题明确,可谓驾轻就熟。但后来她可能觉得上述选题难以写出新意,1981 年年初,她提出要以研究解放前的上海民营台为题撰写论文。这是一个新课题,我也很少接触,但我对她勇于探索新课题的精神予以肯定,表示同意她的选题,但要做大量的准备调研工作,也包括我在内。

我首先想到周新武同志。他当时是中央广播局副局长,"文革"前担任广播学院院长,与我住在一个院内。上海解放后,他担任上海人民广播电台台长,负责对旧上海广播电台的接收和改造工作,对上海广播的情况可以说了如指掌。新武同志虽身居高位,但平易近人,他当时还担任人民广播回忆录征集领导小组组长,而我恰恰在他领导下负责具体工作。我多次向他请教上海民营台的有关情况并讨教如何指导写好这篇论文。他和我详细谈了旧上海广播事业的情况、民营广播电台的特点和改造事宜等,并说必须到上海做实地调查,访问有关部门,查找档案资料,用事实说话写好论文,还向我推荐了几位了解当年情况的同志。根据他的意见,1981 年,我带着郭镇之于当年 10 月到上海进行了调研,最后了解到有关民营台的档案均藏于上海市档案馆。上档的刘光清同志热心地指导郭镇之查阅有关档案,并从此结下友谊,至今 30 多年过去仍保持着联系。一周的时间内,郭镇之还访问了当年民营台的有关人士,初步完成了史料调研工作。1982 年春,郭镇之的论文写出初稿后,我又请新武同志审阅提出意见。同年 7 月 9 日,新武同志应邀主持郭镇之硕士论文毕业答辩,担任评委的还有中国人民大学方汉奇老师等。郭镇之的论文顺利通过毕业答辩并获较好的评价。由于当年广播学院尚无新闻学硕士学位授予权。在方老师的大力协助下,当年她又参加了中国人民大学彭明教授主持的学位论文答辩并获通过,人大授予她法学硕士学位。郭镇之也成为我校培养的第一个硕士。

郭镇之毕业后留校任教,和我同在广播史教研室,分担有关系所学生的广播史教学工作。她在外语系任课时与美国专家相识。美国专家对她的硕士论文甚感兴趣，要求她译成英文推荐给美国的一家传媒刊物发表。这在 80 年代初也是一件中美学术交流的幸事。1983 年年初，我和她谈起，准备硕士论文时收集了一批上海广播史料，如果用过后放置一边，那就无法再利用了。我建议她将有关史料编辑成书，以供广泛使用，她也同意这一意见。为此，我先后与上海市广电局、上海市档案馆初步联系获得同意。同年春，我俩再赴上海，她与上档的刘光清主要负责收集、整理、编辑有关档案史料，我与上海广播局商谈，请他们在出版经费上予以支持，并获同意。这即是后来 1985 年 12 月由档案出版社、中国广播电视出版社联合出版的作为"上海档案史料丛编"第一本的《旧中国的上海广播事业》一书的由来。郭镇之完成编选档案工作后，还将入选档案史料全部复印件带回了学校，现收藏于我校图书馆广播电视史志资料研究中心。1985 年，郭镇之考取中国人民大学方汉奇教授指导的首批两位博士生之一，获得进一步深造。三年后，以"中国电视史"为题的博士学位论文通过，荣获博士学位。其后，先在中国社会科学院新闻研究所任职，1994 年到广播学院任教，评为研究员。10 年后，又到清华大学担任博士生导师至今。上述已毕业的硕士中，哈艳秋、袁军留校任教，现均为教授、博导，其余诸人各有高就。

在硕士生教学方面，除指导广电史方向的研究生外，还为学校文科有关专业招收的新闻学专业硕士生和有关研究生班开设中国新闻史课，这项任务从 1986 年开始一直延续到 1998 年，后由新到我校任教的李磊博士接替。

如果说为本科生开设专业史学类课程主要是"授人以鱼"的话，那么研究生课就应当在"授人以渔"方面下功夫，在学习和研究的指导思想和方法上，对学生有所帮助。

根据我校培养人才的需求，在 1997 年的教学大纲中，我将中国新闻史课分为两个部分。第一部分为中国报刊史部分，从古代到新中国成立前中国报刊事业发展的历史；第二部分为中国广电史部分，从 1923 年到 1995 年的中国广电事业发展的历史。前后几届学生，大体均以此大纲进行教学。

在报刊史部分，第一单元中国古代新闻事业的起源，指导学生用溯源法，追溯中国古代报纸的起源，介绍几种不同观点引发学生思考。第二单元资产阶级改良派报刊和资产阶级革命派报刊的比较，从两种报刊的时代背景、代表性人物及报刊，比较其同异之处及对后世的影响。第三单元中国现代报刊史，从五四时期至解放战争时期的新闻事业，着重分析不同的时间和地域的报刊，重点讲评代表性人物如邵飘萍、戈公振、范长江和邹韬奋，并相应布置作业，如向范、邹学习什么？

在广电史部分，第一单元为中国现代广播史，分为八章，从无线电传入中国和早期广播电台至旧中国的广播事业的终结和人民广播的新发展。第二单元为中华人民共和国广播电视事业，分为四章，从社会主义改造时期的广播事业至社会主义建设新时期的广电事业（1949—1995年）。在教学中，结合当时我正在承担的国家社科项目《中国广播电视通史》的写作，引发同学就有关问题、展开课堂讨论、鼓励发表不同意见，引起争鸣。我曾写过几篇"名人与广播"的短文，但个人所知有限，于是我在布置作业时，以"名人与广播"为题，学生可自选人物，自找史料完成作业，并建议外语系硕士生以外国人物为主选题。其中有几位写戴高乐、丘吉尔、罗斯福、希特勒的作业甚佳，我均推荐国际台的《国际广播》发表，后又收入我主编的有关文集中。1997年第7期《中国广播电视学刊》发表了王友枚的文章，称茅盾1937年8月28日发表的《关于时事播音的一点意见》一文是"中国作家最早评述广播节目的论文"。我读后，认为在此之前鲁迅于1934年发表的如《偶感》《知了世界》《儒术》等杂文早于茅盾，"可能是中国作家最早评述广播节目的文章"，并将之成文刊于《学刊》同年第11期。我在上广电史课时提出此事，并要求听课学生如有兴趣的话，可以在现代作家的作品中找一下，有否比鲁迅还早的。当时上课的何涛涛同学在课外阅读中发现叶圣陶1932年12月写的《文明利器》一文中曾对广播节目加以评述，并写成作业交我。随后我向《学刊》推荐此文，该文于1998年第9期刊登，题为《最早评述广播节目的中国作家之我见》。每学期课程结束之前，我请同学不具名书面对教学提出意见和建议，对我改进教学帮助甚大。还有一年我在讲抗战时的中国广播时，说到当时许多广播电台都播出了现为国歌的《义勇军进行曲》，对鼓舞民众抗日发挥了积极作用。我当场每人发白纸一张，要求写出国歌的歌词。20多人交出答卷，当堂检查，大约1/3的同学完全写出，其中一位同学还把曲谱也一并写出。有1/3的同学基本写出。有1/3的同学写得不完整，有的还与《国际歌》的歌词混淆。这件事引起了我的思考：作为未来国家栋梁的大学生，有的竟然连国歌都茫茫然，这是爱国主义教育的缺失。作为当年的校领导，我在办公会议上提出，学校每学期开学升旗和举行有关大会时不能仅是奏国歌曲调，应提倡师生齐唱国歌，但遗憾的是，试唱一两次后竟然坚持不下去。今天，我每逢从电视上看到党和国家领导人在隆重集会上带头齐唱国歌的情景时，深深感到爱国主义教育比之当年更加深入人心。近日报道,全国人大常委会将审议《国歌法》(草案),相信今后随着《国歌法》的实施,全国人民"……前进!前进!进!"的嘹亮雄壮歌声必将更加响彻中华大地,鼓舞亿万人民奋勇前进,为实现中华民族伟大复兴的中国梦而奋斗!

四、指导新闻传播学博士生的回忆

1999年,我校开始招收新闻学方向的博士生,成为继中国人民大学、复旦大学后的第三个培养新闻学博士生的高校。这是继1979年招收硕士生,20年后又迈上的一个新台阶,对提高我校办学层次和人才培养具有里程碑的意义。同年,我开始招收新闻学广电史方向的博士生,有幸成为我校第一批博士生导师。2000年我校又与人大、复旦同时获得新闻传播学一级学科博士授权点。从1999年到2007年,我共招收和指导了12名博士生,先后经答辩,均获得博士学位。其中薛文婷的论文被评为2010年全国优秀博士论文。我也荣获教育部、国务院学位委员会颁发的"全国优秀博士论文指导教师"的荣誉证书。这是自1999年全国开始评选百优博士论文以来我校首次获此殊荣。2007年我办理退休后,不再招收博士生。现将上述12人姓名、入学年份及论文选题列表如下:

年级	姓名	论文选题
1999年	艾红红	新时期电视新闻改革研究
2000年	姚喜双	中国解放区新闻播音语言规范研究
2001年	金梦玉	中国网络媒体发展研究
2002年	李煜	国民党广播研究(1928—1949)
2003年	谢鼎新	中国当代新闻学研究的演变——学术环境与思路的考察
	刘英华	中国当代广告的社会文化史研究(1979—2009)——以广告的镜像功能为视角
	庞亮	梅益广播电视宣传思想研究
	范晓晶	中国电视节目历程变迁研究
2004年	王文利	中国广播电视学术研究史稿(1920—2011)
	刘书峰	广播电视志理论与实践初探
	薛文婷	中国近代体育新闻传播历史研究(1840—1949)
2007年	贾临清	从学生报人到笔战领袖——周恩来新闻实践研究(1914—1949)

上述 12 人绝大多数都是在职博士生,其中姚喜双、李煜、刘英华、庞亮、范晓晶和薛文婷均是我校毕业的硕士,其余则分别为毕业于其他高校的硕士。回忆十几年以来指导博士生的教学研究经历和体会主要有以下两点:

其一是,良性互动,教学相长。

作为一名新任博士生导师,自感出身低。我既不是硕士也不是博士。1959 年大学毕业时连学士学位也尚未设立。其中缘由,众所周知,不必多谈。我之所以先后成为硕导、博导,大概是因为第一个中学教师只能是小学毕业的缘故。作为"半拉子"导师,无论是指导硕士生还是博士生,对个人来讲如履薄冰,如临深渊。实际上是一个边教边学的过程,教学相长的探索。概括从 1979 年开始指导硕士生 20 多年来的体会,大概是三点,即少招生、勤交流、严要求。

第一,少招生。研究生的培养质量要放在首位,只有少招生,才能精培养,招多了,必然顾此失彼。我从 1979 年开始招收硕士生,到 1998 年,10 年共招收 10 人,平均一年一个。1989 年担任校领导以后,主要精力放在全校的教学科研管理上,所以原则上三年招一个,即毕业一个招收一个,以保证确有时间指导研究生。1999 年开始招收博士生,即停招硕士生,到 2007 年退休时,9 年招收 12 人,平均每年 1.3 人。录取时合格即取,不合格则不录取,2005 年、2006 年两年缺招。最近,听说有的导师一时间竟然指导博士生、硕士生十几个,甚感惊讶!

第二,勤交流。师生之间除上课外要勤交流,我的方法有两种:一种是集体式的。一般每学年或学期开始,不同年级的博士生,也包括博士后集中在一起,由我讲一下近年来新闻传播学研究进展概况,当年或今后一个时期,新闻传播学方面有关的研讨会和学术争鸣情况。例如 2005 年初秋开学时,我就博士生教学研究工作向博士生们讲了知主流、抓机遇、守规范、出成果四个方面的情况和要求。他们也分别就自己所在岗位和撰写论文的进展各述所知,师生之间互相交流。另一种是个别方式,他们可以随时找我,就有关问题进行交流,我则随时与他们保持热线联系,及时通报有关情况。

师生共同协作,开展科研也是交流方式之一。艾红红在读期间参加了我主持的国家社科项目"中国广播电视通史"的编研工作。2005 年,庞亮、谢鼎新、王文利、高金萍(博士后)都参加了我领衔申请的教育部人文社科重点研究基地——中国传媒大学广播电视研究中心的重大项目"广播电视学学科体系建设研究"课题组的调研活动,经师生和课题组其他成员共同努力于 2012 年结项，2015 年课题成果成书出版。

第三，严要求。既包括对自己，也包括对学生，其内容包括两个方面，即治学严谨、学风严肃。道理我不多讲，具体做法上，有以下几点：

每年春末夏初，是博士生论文答辩之前匿名评审的集中时期，我常常收到一些兄弟新闻院系寄来要求评审的论文，为了尽力确保评审质量，我给自己定了个"三不看"的框框，一是最多看 3 篇（包括自己指导的一篇），超过 3 篇或是退回，或是征得寄送单位同意后推荐其他导师评审。二是我的专业方向是中国新闻史、中国广播电视史，不是这一方向的论文，我不审阅，以免误人子弟。三是看不懂的不看，有的论文洋洋洒洒几十万字，它的题目竟然有五六十字，参考书目多达几十页，限于自己的水平，实在看不懂，只能退回。在论文答辩阶段我给自己提出了"三坚持"：第一，凡是我指导的博士生申请答辩的论文，定稿后、答辩前我坚持至少再看两三遍，做好最后的把关；第二，坚持进行博士论文的预答辩，学校有一段时间规定博士论文必须有预答辩，后来又规定可有可无，但我觉得预答辩无论对学生还是对导师来讲都是有利无弊的，应予以坚持；第三，坚持半日答辩，即一个上午答辩一篇论文，确保有答有辩，不走过场，这样做，学生认真准备，答辩教师也有充裕的时间与学生交流，确保答辩质量。我记得 80 年代硕士生论文答辩均为半日一位。现在有的高校博士论文答辩多数是半天两位，有的竟然一个下午三四位，学生心存侥幸，教师得过且过。

其二是，因材施教，扬长补短。

古人云"因材施教"。作为博士生的学习，其中重要的一环是论文的写作。我认为论文从选题到完成要"过三关"。

首在定题。定题要因人而异，因材而定。作为新闻传播学科来说，要尽可能定前人未有之选题，一可避免抄袭之嫌，二有创新之余地。作为新闻传播史类的选题，既要有历史价值，也要有时代特征。"学林探索贵涉远，无人迹处有奇观"，以前述获百优论文的作者薛文婷为例，她是我校新闻学硕士，又在北京体育大学体育传媒系任教，在职攻读博士学位。2004 年考取我校博士生。此前，她曾与我交流提出如考取，拟以体育新闻史为研究课题，我当即予以肯定。她在体大传媒系任教，而体育新闻史又恰是一项研究空白。这一选题对她来说可以说是因材定题的成功一例。我指导的另一位在职博士生王文利是湖南师范大学新闻与传播学院广播电视系主任，经商定后，其选题定为广播电视学术史研究。而另两位在职博士生均是省办大学新闻传播系教师，若给他们定题为广播电视类的选题，毕业后可能与教学任务不挂钩。最后，谢鼎新定为中国新闻学术史研究，贾临清确定为周恩来新闻实践与思想研究。本校在读的博士生选题均与他的教学研究工作有直接关系，如姚喜双原是齐越的硕士生，在本校播音主持艺术学院任教，他的选题既与播音有关，又是解放区广播史的组成部分。刘英华在本校广告学院任教，选题为广告研究。李煜在本校新闻学院任教，选题切合教学内容，金梦玉在南广学院任教，选题现实性强烈。庞亮和唯一的脱产博士生刘书峰的选题是根据我的建议确定的。艾红红、范晓晶的选题是自己提出，我同意的。

其次是"资料关"。博士论文选题确定后，如何多方广泛收集查阅有关史料至关重要。不掌握丰富的第一手史料，"巧妇难为无米之炊"，很难写出内容充实的论文来。以薛文婷为例，她在体大新闻系任教，一般性的体育新闻史料，比较容易收集，这是她的长处。但我国主要新闻媒体的体育传播史料、奥运会在华传播史料等，她并不完全掌握，这又是她的短处。为了扬长补短，扩展她的视野，多方掌握体育传播史料，我拜访了她的系主任易剑东教授，并提议以中国新闻史学会名义与体大共同召开一次学术研讨会。这即是北京奥运会前夕，2007年12月在北体大举办的"奥运传播暨体育新闻传播史研讨会"的由来。她尽心竭力地筹备了这次研讨会，会后并参与主编出版了50万字的研讨会论文集。所有这些都为她写作论文、多方收集史料打下了良好的基础，开创了"为一篇论文，开一次研讨会"的特例。其余如艾红红、金梦玉、刘英华和范晓晶等人的论文资料我仅能提供若干线索，主要是她们自己收集的。而姚喜双、李煜、谢鼎新、庞亮、王文利、刘书峰和贾临清所需要的历史性资料我平时积累甚多，可供他们选择使用。为多方收集周恩来的有关新闻史料，我特地与中央文献研究室第二编研究部的同志联系，请他们给予支持，当时还与二编部初步商定编选周恩来新闻文选之事，贾临清也参加了有关活动，同时我还将贾临清的有关周恩来新闻实践活动的文章推荐相关刊物发表。刘书峰则经我引导参加了国家地方志有关机构的活动，借以了解地方志编纂情况和成果。新世纪之初，中国新闻史学会、中国广电学会广电史研究委员会经常举办学术性的研讨活动，我也尽可能安排有关博士生积极参加，借以收集有关资料，结识有关研究人员。

最后一关是写作。作为新闻传播史类的论文写作关键在有史有论，史论结合，论从史出，切忌有史缺论或有论缺史，这是史学论文的两大忌项。以薛文婷的论文为例，一部近现代体育传播史，长达百年（1840—1949），体育传播的事例很多，不胜枚举。但要总结概括出"脉门点"来确非易事。联系近百年中国的近现代史的发展，经过反复思考，终于提炼出"启蒙救亡是近代体育传播的时代主题"来，从而提升了论文的理论水平，增添了论文的理论色彩，最终成为一篇公认的优秀博士论文。其余的博士论文也各有所长，兹不赘述。

博士论文通过答辩并获得博士学位后，切不可将论文束之高阁，而应将论文走出校门公开出版迈向社会，成为公共文化财富。截至目前我指导的12篇博士论文，其中艾红红、姚喜双、谢鼎新、庞亮、王文利、刘书峰、薛文婷和贾临清的八篇已分别由海峡两岸的出版社公开出版发行。为新闻传播学特别是广播电视学研究增添了新的光彩。

在我指导博士生期间，我校于2004年开办新闻传播学博士后流动站。同年起，我也开始首次招收博士后，开展合作选题研究。从2004年到2006年共有三名博士进站，现将其姓名、进站年份及合作选题列表如下：

进站年份	姓　名	合作选题
2004年	高金萍	西方电视理论评析
2005年	刘兴豪	清末报刊舆论与维新运动
2006年	蒋海升	语境变迁与范式转换：中国新闻史学史导论

三位博士后毕业于不同的高校，进站之前分别在中国语言大学、湖南邵阳学院（现在衡阳师范学院）和山东政法学院任教。在站期间，高金萍因曾赴美国进修，故特邀她参加了我主持的上述"广播电视学学科体系建设研究"课题研究，并作为子课题——西方广播电视研究的负责人，一身二任。刘兴豪主要从事中国近代报刊教学研究工作。蒋海升从教中国新闻史，现担任传媒学院院长，故从中国新闻史的宏观研究上确定选题。三位博士后均按学校有关规定与我合作完成不同的科研项目，并分别经专家评审通过于2007—2012年间陆续出站，返回自己的教研岗位。

2007年，我退休后，不再招收博士后合作研究人员。

2012年以后，我彻底退出了学校的教学研究岗位。

首届新闻传播学学科评议组组建前后[①]

1983年3月公布了我国第一个《高等学校和科研机构授予博士和硕士学位的学科、专业目录》（试行草案）（以下简称《目录》）。至此，我国第一次明确：设置10个学科门类，59个一级学科（哲学、经济学、历史学三个门类不设一级学科），638个二级学科，即学科专业638个。据此《目录》新闻学属法学门类中一级学科社会学下的二级学科。

1981年，国务院学位委员会组建学科评议组。当时的新闻学属法学学科，后划归文学门类一级学科中国语言文学内的二级学科。复旦大学新闻系主任王中教授作为新闻学方面的代表，参加第一、第二届学科评议组活动。在其任内，1981年中国人民大学、复旦大学和中国社会科学院研究生院获新闻学硕士学位授予权。1984年，中国人民大学、复旦大学获新闻学博士学位授予权，北京广播学院获新闻学硕士学位授予权。1986年，武汉大学、暨南大学、广西大学和四川省社科院获新闻学硕士学位授予权。1992年后，由中国人民大学新闻学院方汉奇教授继任第三届学科评议组成员。在其任内，1993年、1996年相继新增加南京大学、厦门大学、清华大学、华中理工大学等11个新闻学硕士点。

1996年春，国务院学位委员会办公室提出将研究调整一级学科设置问题。当时，方汉奇在文学学科评议组内提出新闻学应当成为文学门类中与中国语言文学并列的一级学科。这个建议得到文学科评议组的一致同意，并上报国务院学位委员会。与此同时，我于同年6月17日，致函国务院学位办，提出将新闻学学科列入一级学科的建议。1997年5月，国务院学位委员会组建第四届学科评议组时，决定将新闻学由二级学科提升为一级学科，定名为新闻传播学，下设新闻学、传播学两个二级学科，并组建首届新闻传播学学科评议组，聘请方汉奇教授为评议组召集人，复旦大学的丁淦林教授和我为评议组成员。我们首先拟定了新闻传播学学科简介。本届任内召开过两次评议组会议，第一次是1998年5月，国务院学位委员会学科评议组第七次会

---

① 原载《中国新闻传播教育年鉴》2017年版。

议期间，此次评审通过了北京广播学院和中国社科学院研究生院为新闻学博士点，复旦大学和中国人民大学增设传播学博士点。另增列河北大学等6个新闻学博士点和中国人民大学、复旦大学和北京广播学院等9个传播学硕士点。增列的博士点和硕士点为历届之最。第二次是2000年9月，国务院学位委员会学科评议组第八次会议期间，讨论评审新闻传播学一级学科的事，中国人民大学、复旦大学和北京广播学院成为首批新闻传播学一级学科授权点，武汉大学获新闻学博士点。另，从该届起，新闻传播学类的硕士点评审改由有关高校所在地评审，上报学位办批准公布。2003年春的第九次会议因"非典"肆虐改为通讯评议。我受聘担任复评专家。复评结果，武汉大学获新闻传播学一级学科授权点，华中科技大学获新闻学博士点。该届评议组于2003年6月换届，我们三人均不再担任学科评议组成员。

新华社早期印章初探[①]

1949年3月25日，新华社随中共中央迁进北平，从此开始了一个新的历史时期。同年6月5日，中共中央发出通知，决定将新华总社原口头广播部，扩充为中央广播事业管理处，管理并领导全国的广播事业。中央广播事业管理处与新华总社为平行的组织，同受中央宣传部领导。从此，人民广播事业脱离新华社成为另一宣传系统。笔者在参与新华社时期的口语广播历史研究时，有幸接触到几枚新华社的早期印章。这几枚印章作为历史的见证，经历了岁月的沧桑，对之加以探讨，可以作为新华社机构沿革史研究的补充。

我接触的第一枚新华社早期印章是延安时期"新华社语言广播部"的印章（见图1）。印章为圆形，印章上的文字为"新华社·语言广播部·XNCR"。这枚印章盖在《新华社语言广播部暂行工作细则》的文末。众所周知，在我党领导下创办的第一座人民广播电台——延安新华广播电台于1940年12月30日开始播音，呼号为XNCR（按照当时国际有关规定，我国无线

图1 延安时期（原物已散失）

[①] 原载《新时代传媒话语权重构——2016年新华社新闻学术年会论文选》，新华出版社2017年12月版。

电台的呼号的第一个英文字母为X，NCR系英文New Chinese Radio的字头，意即为新中华广播）。但"延安新华广播电台"仅是个呼号，在延安并无这一组织机构。当时，延安台技术设备的管理、维护和使用，是由中央军委三局九分队负责的，而广播稿件则是由新华社广播科编写的。当时科长是李伍，编辑有陈笑雨、王唯真等人，他们既负责编写文字广播稿，同时也负责编写口语广播稿，最初的播音员是由延安女子大学选派的，她们归九分队管理。1943年春天，由于技术设备无法保障，延安台被迫停止了播音。1945年8月，抗日战争胜利之际延安台恢复播音。为提供口语广播稿件，当时新华社编辑部专门成立了口语广播组，简称口播组。组长为杨述，成员有张纪明、韦君宜等，播音员有李慕琳、孟启予等。1946年5月，全面内战爆发前夕，根据中共中央决定，对新华社和解放日报社进行了重大改组，实行报、社合一，以通讯社为主的体制，加强和扩充了编辑部门。原属编辑科的口头广播组，扩大为语言广播部（通称口头广播部，又称口语广播部，简称口播部），同时将《解放日报》原副刊部主编温济泽调任为语言广播部主任。

温济泽上任不久即起草了《新华社语言广播部暂行工作细则》。从原广电部档案室保存下来的《细则》原件可以看出为温济泽的手迹，全文为6页。前述印章盖在文末。据温济泽告知我，此印章在1947年3月撤出延安之前，与其他有关材料一起埋在清凉山，未能带出延安，实属遗憾。现全文收入我主编的《中国现代广播史料选编》（汕头大学出版社2007年6月版，并附《细则》首页影印件）。《细则》是我党新闻史上首份关于语言广播的规章制度。由于，迄今尚未见到延安时期新华社其他部门有类似规章制度，因此这份《细则》在新华社的历史上也有着重要的意义。《细则》规定了语言广播部的任务及具体任务，提出了编写广播稿件应注意的原则，强调要在业务上指导播音员的工作。《细则》的制定和实施标志着我党的语言广播事业也即延安台的宣传业务开始趋于成熟。

我见到的第二枚新华社的早期印章是平山时期"新华总社·广播管理部"的印章（见图2）。印章也是圆形，原件现存广电总局档案室。众所周知，新华社的全称为"新华通讯社"，社址在延安。抗日战争时期，在敌后根据地开始建立地方分社，如华北分社、晋冀豫分社、晋察冀分社、山东分社等，但在组织上附属于当地党报，业务上与延安新华社发生关系，为与地方分社相区别，延安新华社开始使用"新华总社"的名义。现查到最早以"总社"名义致各地方分社的电报为1944年3月4日《关于通讯社工作致各地分社与党委电》，落款为"总社"（见《新华社文件资料选编》第一辑，新华社新闻研究所1981年编印）。

1948年6月，新华总社由太行迁到平山，回到党中央的身边。不久，中央任命胡乔木为新华社总编辑，负责审阅新华社稿件。10月，廖承志社长主持召开总社管委会会议。会议决定将语言广播部与英文广播部合并，成立统一的对外宣传的广播管理部。部长廖承志、副部长梅益，下设口语广播编辑部（主任温济泽）和英语广播编辑部（主任沈建图），前述"广播管理部"的印章即为此时开始使用的。

图2　平山时期

原广电部档案室保存的有关广播管理部的文件有四份，即《新华总社广播管理部今后的工作和准备提交广播会议讨论的几个问题》（1948年9月29日油印件）、《新华总社广播管理部对关内广播会议的建议》（1948年10月初油印件）、《关内广播电台会议记录》（1948年10月8日整理，原件）和《关于组织播音剧团的几个初步意见》（1948年10月以后，胡旭起草，原件）。上述四件史料，均收入中央人民广播电台研究室、北京广播学院新闻系编的《解放区广播历史资料选编（1940—1949）》（中国广播电视出版社1985年8月版，内部发行）。从上述材料可知，广播管理部（不包括英文广播部的工作）主要任务为及时制定对外宣传方针，逐日收听东北、邯郸、华东三台以及国民党中央台和"军中之声"的广播，并逐日记录上报，加强与各台的联系，提出由陕北台增办对野战军广播节目等。

10月初，该部召开了关内广播电台会议，廖承志出席、梅益主持，与会者除广播管理部人员外，常振玉代表华北局宣传部及邯郸台、苗力沉代表华东台出席。会议讨论并决定以少而精的原则建立短波广播台、建立全国性的中波台、筹建广播乐剧团，准备接收敌台和加强训练干部等事项。广播管理部承前启后，存在时期并不长，实际上为进城后成立的中央广播事业管理处做了前期准备工作。

我见到的第三枚新华社的早期印章是平山时期"工农学校·文化供应社"的圆形印章（见图3），现存广电总局档案室。这枚印章与新华社有何关联？需要厘清"工农学校"和"文化供应社"的来龙去脉。

图3

先谈"文化供应社"。据《新华通讯社史》第一卷第306页记载，1947年春天，新华社"撤出延安后，为了保密起见，新华社总社在转移途中名称多次变动，先后用过'文化供应社''昆仑支队'的代号"。另蓝芸夫在回忆录中说："1948年5月新华社在平山南庄村代号为'文供社'，之前为'昆仑大队'某支队。""文化供应社"为新华社代号应无疑问，但究竟何时启用此代号呢？从《社史》文字表述来看，应是"文化供应社"在前，但蓝的回忆却是"昆仑大队"某支队在前。又据《社史》记载，1947年3月，新华社撤出延安后分为两支队伍，一支几十人的队伍由范长江率领随毛泽东、周恩来领导的中央机关转战陕北。另一支大队人马由廖承志率领历时三个月，辗转几千里长途跋涉，经陕北、晋察冀等地于7月间到达太行，接替原临时总社的工作，组建了总社新的社委会。这两支队伍，究竟哪支队伍的代号是"昆仑大队"呢？《社史》也未明确交代，尚需进一步查询。

再谈"工农学校"。从印章上看"工农学校"在上，"文化供应社"在下。"工农学校"应是"文化供应社"的上级单位。那么"工农学校"究竟是指什么单位呢？据中共党史记载，1947年3月，中共中央撤出延安，在转战陕北初期，中共中央决定毛泽东、周恩来等领导的中共中央机关留在陕北，指挥全国解放战争，另由刘少奇任书记，与朱德等组成中央工作委员会（简称中央工委）转移到晋察冀解放区的平山"进行中央委任之工作"。当年"中央工委"的代号为"工农学校"，简称"工校"。此事在有关党史著作中尚无记载，我这样认为的根据是在原广电部档案室保存的1948年6月到7月间梅益、温济泽与陕北台播音组的多次来往书信中曾提及"工校""校长"等字样（参见本人所选注的《陕北新华广播电台编播往来书信选》一文，载《中国现代广播史料选编》）。对此，我大惑不解。20世纪80年代初，我就选注书信的事向他们两人请教时，承蒙分别告知，"工校"是"中央工委"的代号，"校长"是指刘少奇同志。现在从这枚图章进一步得知"工校"是"工农学校"的简称，即"中共中央工作委员会"（简称"中央工委"）的代号。综上所述，可知"工农学校·文化供应社"乃新华社于1948年5月由太行迁到平山时期所用的印章，弥足珍贵。

经查找，新华社档案室现存的文件上有"工农学校·文化供应社·会计科"的椭圆形印章的印记，虽不太清晰但可知内容为1938年1月21日会计科的通知。

以上浅见，尚有不少有待商榷之处，建议可向中央档案馆进一步查找有关档案史料，以求确切答案。

（注：本文中有关新华社的史料，系由万京华同志提供，谨致谢意）

2018年

新中国第一代新闻教育家及其办学思想探析[①]

对于中国的新闻教育而言,2018 年注定将是不平凡的一个年份。100 年前的 1918 年 10 月,在时任北京大学校长蔡元培的倡议下,以"灌输新闻智识,培养新闻人才"为宗旨的北京大学新闻学研究会成立。这是我国第一个新闻学研究团体。同年,北京大学在政治系中首开新闻学选修课程。至此,中国新闻学教育的大幕缓缓拉开。

一、泾渭分明:1949 年以前的新闻教育

民国时期的新闻学教育,在 20 世纪 20—30 年代得到了较快的发展。包括燕京大学、复旦大学、上海圣约翰大学、暨南大学、厦门大学、北京平民大学、国际大学、上海南方大学、光华大学、国民大学等高校以及包括成舍我创立的北平新闻专科学校、顾执中创立的民治新闻专科学校等在内的新闻专科学校纷纷开设新闻系(报学系)或以各种方式讲授新闻学;上海《申报》于 1933 年开办新闻函授学校;国民党中央政治大学在 1935 年亦开设了新闻系。

以上这些院校或新闻机构所讲授的新闻学,其理论源头主要发端于欧美。部分新闻学者将欧美先进新闻学理念引入中国,并结合自身新闻工作经验,创立了我国早期的新闻学教育。而同时,包括美国密苏里大学在内的一些国外著名高校和新闻机构则先后派学者和报人来到中国讲授新闻学。1921 年 12 月 4 日,密苏里大学新闻学院院长沃尔特·威廉斯博士来到北大讲演。此后的 1930 年,燕京大学还曾与密苏里大学新闻学院互相保送研究生。

另外,随着五四运动的爆发和中国共产党的成立,用马克思主义理论和观点指导新闻研究的无产阶级新闻学也开始萌发。1931 年 10 月在上海成立的中国新闻学研究会和 1937 年范长江等人在武汉创办的中国青年记者学会就是受到中国共产党影响的进步新闻工作者组织。其中中国新闻学研究会明

---

① 原载《现代传播》2018 年第 1 期,与冯帆合写。

确提出将"致力于以社会主义为根据的科学的新闻学之理论的阐扬"①。

与民国时期部分高校和新闻机构进行的西式教育不同,中国共产党的新闻教育事业发端于抗日战争时期的延安,是从实践中来,到实践中去的。②当时,延安中国女子大学1939年设有新闻班;延安大学文学系设有新闻学课程;华中建设大学文教班也曾开办新闻训练班。此外,1941年7月成立的延安中央研究院设有新闻研究室,由中宣部部长李维汉兼任主任。在解放战争时期,中国共产党在解放区办有华中新闻专科学校(校长范长江,后改名苏南新闻专科学校)、华东新闻专科学校、华南新闻专科学校、西满新闻干部学校、中原大学新闻班等新闻系(班)。③ 此外新华总社也在河北平山和北平西山办过新闻干部训练班。

以上各类新闻学校(系、班)的开设适应当时革命战争时期的宣传需要,为报刊、通讯社培养了一批急需的编采人员,也为中国共产党新闻教育事业作出了重要贡献。但同样也存在一些不足:第一,这些学校(系、班)开设的课程均属短期培训性质,非正规学历教育;第二,授课教师一般均为当地党报、新华分社有实践经验的领导干部,无专职新闻教师。

二、曲折发展:1949—1966年的新闻教育

新中国成立后我国新闻教育事业迎来了快速发展的时期。1949年春,复旦大学新闻系迎来了新的发展阶段;1949年10月,北京新闻学校成立,初步改变了此前以短期训练班为主的模式④;1952年,原燕京大学新闻系并入北京大学中文系开设编辑专业(后改为新闻专业);1954年,中共中央高级党校开设新闻班⑤;1955年,中国人民大学增设新闻系。至此,我国的社会主义新闻教育制度初步确立。⑥

---

① 赵玉明、郭镇之:《中国新闻学教育和研究80年》,见《赵玉明文集》(第三卷),中国广播影视出版社2014年版,第3页。
② 1921年8月,毛泽东创办了湖南自修大学,在文科中设置了新闻学。
③ 温济泽:《纪念我国新闻学研究和教育事业创始70周年》,见《征鸿片羽集》,当代中国出版社1995年版,第286页。
④ 该校于1951年8月停办。
⑤ 该班于1957年停办。
⑥ 赵玉明、郭镇之:《中国新闻学教育和研究80年》,见《赵玉明文集》(第三卷),中国广播影视出版社2014年版,第4页。

在"文革"前十七年中，我国新闻教育事业经受了从全面学苏联到反右扩大化再到"大跃进"等一系列复杂因素的影响。但相比新中国成立前，此时期的新闻教育还是得到了长足的发展，具体表现在：第一，有了正规的新闻本科学历教育；第二，有了专职的新闻教师；第三，既为报刊、通讯社同时也开始为广播电视培养新闻人才。①

从1949年到1966年，我国建立了包括中国人民大学新闻系、复旦大学新闻系、北京广播学院新闻系、南京大学中文系新闻专科班、山东大学新闻专修科、暨南大学新闻专业、江西大学新闻系、西安政法大学新闻专业、杭州大学新闻系、吉林大学新闻专业等在内的多所长期培养各类新闻人才的新闻系（专业）。这其中办学时间长、影响大的主要有三所，分别是中国人民大学新闻系、上海复旦大学新闻系以及北京广播学院新闻系。"它们是当时我国最重要的三个新闻教育基地。"② 除这三所大学的新闻系外，其余高校的新闻系（专业）均已于20世纪60年代初陆续停办。

中国人民大学新闻系是我党创办的第一个新闻系。1955年开始招生，1958年北京大学中文系新闻专业③并入人大新闻系，使得新闻系成了当时人民大学最大的一个系，也是全国最大的新闻系。此时的人民大学新闻系不仅培养本科生，还开设有新闻专修科及多种新闻培训班。

复旦的新闻教育始于1924年创设的"新闻学讲座"。1929年9月复旦大学调整学科设置，新闻系正式建立。1949年5月，上海解放后，复旦新闻系又陆续吸收了先后停办的暨南大学新闻系、中国新闻专科学校、华东新闻学院、民治新闻专科学校和圣约翰大学新闻系等各校的师生，成为当时全国实力最强的新闻教育机构。④

上述两校新闻系均以培养报刊、通讯社需要的人才为主。面对广播电视新的媒体形式的出现和广电人才的匮乏，中央广播事业局决定开办北京广播学院。

北京广播学院是根据刘少奇同志1956年的指示，于1959年在1954年短

---

① 1959年9月北京广播学院在1954年中央广播事业局"技术人员培训班"的基础上建立，成为新中国第一所培养广播电视新闻工作者的高等院校。
② 方汉奇主编：《中国新闻事业通史》（第三卷），中国人民大学出版社1999年版，第284页。
③ 北京大学中文系新闻专业（原称编辑专业）是在1952年全国院系调整中接收原燕京大学新闻系组建起来的。
④ 中国新闻史学会新闻传播教育史研究委员会：《中国新闻传播教育年鉴2016》，武汉大学出版社2016年版，第203页。

训班基础上创办的,为培养广播电视人才而设立。最初开设新闻系、无线电系及外语系。新闻系在开办的报道中被称为"广播与电视系",后一度称广播电视新闻系,最后定名为新闻系。

三、三校(系)七大家:新中国的第一代新闻教育家

中国共产党新闻教育思想的形成和发展,特别是新中国成立以来新闻教育思想的形成和发展离不开上述三所高校新闻系的创建和发展,更确切地说是与上述三所高校新闻系的创办者和代表性教师的新闻教育实践密不可分的。

那么,上述三所高校新闻系有哪些代表性人物呢?经初步梳理,本文拟提出"三校(系)七大家"观点,与关注我国新闻教育的专家、学者和读者交流互动。这"三校(系)七大家"分别是:

1. 中国人民大学。安岗,领导创办中国人民大学新闻系并兼任系主任,"文革"结束后创办中国社会科学院新闻研究所并兼任第一任所长;罗列,1953年在北京大学中文系分管新闻专业的副主任,1958年随北大新闻专业并入中国人民大学新闻系后担任系副主任、主任等职务;甘惜分,1954年调入北大中文系新闻专业任副教授,1958年转入中国人民大学新闻系,1978年首批硕士生导师,1979年任教授,1984年首批博士生导师。曾任中国人民大学舆论研究所所长,中国新闻教育学会副会长,2009年被中国人民大学授予首批"荣誉一级教授"称号,2015年获中国新闻史学会首届"终身成就奖"。

2. 复旦大学。陈望道,新中国成立前就曾担任复旦大学新闻系主任,新中国成立后在1952年全国院系调整中成功保留复旦大学新闻系;王中,曾先后担任上海华东新闻学院教务主任和复旦大学新闻系教授、系主任,1984年首批博士生导师。

3. 北京广播学院。左荧,1959年至1966年担任北京广播学院党委副书记(后为书记)、副院长兼新闻系主任,1973年任北京广播学院复校筹备领导小组组长;温济泽,1960年至1977年在北京广播学院新闻系任教,"文革"结束后参与1978年筹建中国社会科学院新闻所,后任研究生院副院长、院长、首批硕士生导师,1984年参与筹建中国新闻教育学会并先后出任两届会长。

近两年出版的《中国新闻传播学年鉴》（2015年版首卷）和《中国新闻传播教育年鉴》（2016年版首卷、2017年版）对上述7人均有比较详尽的介绍，这里不再赘述。新中国第一代新闻教育家不仅是上述三校新闻教育的创建者和领导者，同时也是新中国第一代新闻教师的核心和中坚力量。他们大都长期工作在新闻教学一线。此外，他们悉心培养和直接指导了新中国第一代青年新闻教师，即20世纪50年代初期参加新闻教育工作的方汉奇、何梓华、宁树藩和丁淦林等。改革开放后，甘惜分、王中、温济泽先后任研究生导师，他们亲自指导和培养了新中国第一批新闻学硕士和博士。

四、筚路蓝缕：新中国第一代新闻教育家的办学思想

上述三校（系）七大家，是新中国新闻教育的奠基者，也是中国共产党第一代新闻教育家。他们有一个共同的特点，都是老革命、老党员、老干部、老一辈的新闻（报刊、通讯社、广播电台）工作者。他们的新闻教育思想是建立在新闻工作实践基础上的，且集中展现在20世纪50年代起至新世纪之初的半个多世纪中。他们的新闻教育思想集中体现了中国共产党20世纪的新闻教育思想。

总结归纳这七大家的新闻教育思想，一条生动鲜明的主线呼之欲出：以马列主义、毛泽东思想为引领，坚持与国情和实践相结合，追求真理、百折不挠的探索具有中国特色的新闻教育思想。

第一，新中国第一代新闻教育家的新闻教育思想来源于马列主义、毛泽东思想关于新闻工作的实践和论述。

新中国第一代新闻教育家，都是在革命战争年代饱经风霜的老一辈无产阶级革命者。在艰苦的岁月中，马克思列宁主义和毛泽东思想为他们锻造了钢铁般的意志，凝聚了科学的世界观和方法论。在新闻教育的实践中，他们始终以马列主义、毛泽东思想为指引，在百废待兴中开创了我国的新闻教育事业。

陈望道是中国最早接受、传播马克思主义的人之一，也是中国共产党的发起人和早期党员之一。早在抗战时期，他就在主持工作的复旦大学新闻系中向学生们宣传马列主义思想，要求他们坚持真理，追求真理。他有一句名

言,"我不教学生做绵羊,我教他们做猴子。"① 当时,马列主义著作是当之无愧的"禁书"。但陈望道却在复旦大学新闻系的图书馆内,收藏了不少马列主义的著作,供师生学习。1943年下半年,在陈望道的支持下,复旦大学新闻系办起了著名的"新闻晚会",同学们在每周一次的晚会上讨论时事,开展民主活动,探讨救国道路。"新闻晚会"成为复旦新闻系的特色,也践行了陈望道"宣扬真理,改革社会"的民主办系理念。② 新闻晚会的影响很大,面对复旦校方的质疑,陈望道坚决表示:"出了事情,我负责!"由于陈望道的支持,那时的复旦新闻系有了别具特色的"延安风情",成为复旦民主力量最强的一个系。③

开创人民大学新闻系和中国社会科学院新闻研究所的安岗注重通过马克思主义经典著作中有关新闻学的论述来引领新闻教学的实践。他一方面在授课中将《马克思恩格斯选集》《列宁全集》中相关论述作为理论指导讲授给人民大学新闻系和社科院新闻研究所的学生;另一方面又组织人民大学新闻系的中青年教师集中编印了《马克思、恩格斯、列宁论报刊》《毛泽东论宣传》等著作,为新中国初期缺少理论教材的各大专院校新闻系缓解了燃眉之急。他鼓励学生下功夫研究马列主义、毛泽东思想,并将系统的马列主义理论知识用于实践,因为这"能使一个人在政治上、在工作上、在生活上、在各个方面都有了明确的方向"④。

甘惜分认为,一个新闻学子最重要的素质就是理论修养,而理论修养主要是来自对马克思主义的精通。他认为新闻学研究作为一种理论探索,绝不能离开马克思主义唯物辩证法和唯物史观的理论指导。⑤ 青年学子唯有把经验总结概括为系统的、有马克思主义指导的理论体系并进而上升为科学规律,才能推动新闻学的发展。

作为我国第一批广播电视新闻专业人才的培养者,左荧和温济泽也在工作中身体力行地贯彻马列主义和毛泽东思想。为了提升师生的政治素质,左荧特意将自己在陕北新华广播电台工作时期珍藏的毛泽东同志广播手稿贡献

---

① 徐培汀:《陈望道与新闻教育》,载《新闻大学》1982年第4期。
② 邓明以:《陈望道传》,复旦大学出版社1995年版,第194页。
③ 何成明:《陈望道的办刊实践和新闻教育思想》,载《浙江师范大学学报》2008年第3期。
④ 安岗:《给年轻的新闻研究生》,见《安岗新闻论集》,中国社会科学出版社2015年版,第374页。
⑤ 甘惜分:《新闻工作者的理论修养——四论青年治学之道》,载《新闻与成才》1992年第6期。

出来，作为新闻系教师教学交流的典范教材使用。用毛主席亲自修改、撰写的广播稿件为案例进行实践教学，极大提高了学生们的理论素质和认知水平，使学生们深受教育。①

从延安走出来的温济泽，曾先后多次编选革命导师对新闻工作的相关指导和论述。在他的指导和帮助下，广播学院的青年教师广泛的收集列宁有关无线电广播的中俄文史料，先后收集到相关书信和电报16封，分两次收录于"文革"前和"文革"后编印的《马恩列斯论报刊·列宁论广播》当中，其中包括首次译成中文的10封书信。②温济泽为摘编的论述添加了大小标题又做了必要的注解，使这些论述成为指导北京广播学院教学工作的重要理论基础。

第二，新中国第一代新闻教育家的新闻教育思想来源于中国新闻活动的具体实践，表现为对中国特色新闻教育道路的探索。

1949年12月召开的第一次全国教育工作会议提出了借助苏联经验、建设新民主主义教育的总方针。新闻教育也走上了全面学习苏联的道路，翻译了大批反映苏联新闻理论和实际工作的文章。出版了总计达140多万字的联共（布）中央直属高级党校新闻班讲义和布尔什维克报刊文集，作为全国新闻工作者和大学新闻系学生的学习用书。③一些苏联专家此时也来到国内帮助我国起步新闻教育。1954年和1955年，苏联派遣基辅大学新闻系主任斯洛保加纽克、列宁格勒大学新闻系副教授阿力克赛来我国担任新闻教学工作。④

学习苏联新闻教育的经验和模式，使我国新闻教育界加强了对无产阶级新闻工作党性原则的认识，对建立我国社会主义新闻体制和新闻教育体制都起到了积极作用。但学习中浮现的盲目照搬，不考虑国情的问题却与马列主义实事求是、理论联系实际的要求相违背，因而在学习中产生了严重的教条主义倾向，限制了我国新闻教育的独立自主发展。

复旦大学新闻系的王中面对当时教条机械的新闻教育状况，鲜明地提出了自己的观点。在一次聆听苏联新闻专家的新闻理论课程后，他对苏联报刊

---

① 赵玉明：《一个有强烈事业心的领导者——追忆左荧同志》，见《风范长存——左荧纪念文集》，中国传媒大学出版社2005年版，第296页。
② 赵玉明：《温济泽和广播电视史学研究工作》，载《现代传播》2003年第2期。
③ 刘卫东：《薪传火继著华章——新中国新闻教育50年》，载《新闻战线》1999年第10期。
④ 罗列：《十年来的我国新闻教育》，载《新闻战线》1959年第18期。

史教材提出了批评,认为那种一个党报接着一个党报的介绍,不能称为报刊史。① 在这之后,王中开始了对中国新闻教育道路的辛勤探索:他召集上海老报人开座谈会、编辑《中国新闻史料文集》、举办"中国报刊史料展览会"……这一切艰辛的努力显示了王中开创中国新闻教育新局面的胸怀,却也在那个风雨如晦的时代带给了他深重的灾难。

和王中一样,安岗也对新闻教育全面照搬苏联模式提出了自己的观点。他认为,应该坚持"在党的领导下独树走自己的路、多快好省的培养人才的一面旗帜",而不论是西方的新闻系抑或莫斯科大学的新闻系"都不是办学的蓝本"②。在安岗看来,中国的新闻院系培养出的学生,一定要既掌握马列主义和人类知识的精华,又能将其与中国革命的具体实践相结合,特别是要掌握毛泽东思想和党的路线、方针、政策。

1952年陈望道被任命为复旦大学校长。上任后便遇上了当年全国范围内的高校院系大调整。在北京,民国时期与复旦新闻系齐名的原燕京大学新闻系被并入北京大学,改为隶属于中文系的编辑专业(后称为新闻专业)。而此时,上海市高教局也准备停办复旦大学新闻系,理由是"在当时的苏联,办新闻系是党校的专利"③。按照当时的教育方针,复旦大学只有停办一条路。为了能让复旦大学新闻系继续办下去,陈望道先后两次来到北京,他先找到教育部,协调无果后又直接找到了周总理,周总理请示毛主席后,毛主席表示:"既然陈望道要办,就让他办。"④ 复旦大学新闻系"起死回生",还把上海圣约翰大学新闻系以及民治新闻专科学校也容纳了进来。至此,复旦大学新闻系成为全国新闻院系中历史最悠久、唯一薪火不断的院系。⑤

第三,新中国第一代新闻教育家的新闻教育思想是经过实际斗争考验,经过历史和实践检验的。

新中国第一代新闻教育家的工作实践不是一帆风顺的,他们在20世纪50年代的"反右"斗争、60年代初的反右倾和十年"文革"中大都受到过

---

① 宁树藩:《音容宛在思念长存》,见《王中文集》,复旦大学出版社2004年版,第423页。
② 安岗:《回忆50年前办中国人民大学新闻系》,见《安岗新闻论集》,中国社会科学出版社2015年版,第363页。
③ 黄旦、肖晶:《走自己的路:新中国新闻教育改革的"先声"——1956年的复旦大学新闻系》,载《新闻大学》2009年第3期。
④ 中国新闻史学会新闻传播教育史研究委员会:《中国新闻传播教育年鉴2016》,武汉大学出版社2016年版,第371页。
⑤ 丁淦林:《"记者之师"——陈望道先生》,载《新闻与写作》2007年第2期。

不同程度的错误批判和不公正的待遇。但他们依然牢牢坚持马克思主义信仰，牢牢坚定着为祖国和人民奋斗的决心。历史最终也证明，他们的新闻教育思想是正确的，是经得起时间检验的，是切合党和人民新闻事业需要的。

1956年7月，《人民日报》的改版带来了新中国成立后第一次规模浩大的新闻改革运动。当时，在复旦大学新闻系主讲《新闻学概论》的王中提出了一系列有关新闻理论的新主张和新观点。比如，报纸是在一定社会历史条件下的产物；办报要重视读者的需求；党报除了具有工具性以外，还具有商品性等。① 这些在今天看来再正常不过的观点，当时却成了王中作为右派的铁证。面对强加给他的各种罪名，王中一一据理驳斥，始终坚持自己的认识和主张。

1958年王中被划为右派分子，开除党籍，"下放"到复旦大学新闻系新闻史教研室工作。即便如此，他还是以对新闻教育事业极大的责任感全身心地投入到了对报刊史料的研究当中。此时期，他认真研究了国民党报业元老于右任所创办的"竖三民"（《民呼日报》《民吁日报》《民立报》），并撰写了《〈民立报〉等报的"迂回宣传"》《从〈民立报〉等报看资产阶级革命派的办报思想》等史料丰富、观点独到的文章。

"文革"结束后，王中得到平反，恢复了党籍和职务职称，再次出任复旦大学新闻系主任。在平反过程中，原中国人民大学新闻系主任安岗在写给中宣部的信件中也明确提出："王中在'反右'前后没有任何反党言论，而且他的理论观点也被实践证明是正确的。"②

与王中命运相似的还有温济泽。1958年被错划为右派后，温济泽被分配到北京广播学院新闻系工作。③ 在这里他指导青年教师细致地整理了中央广播局档案室存留的延安时期广播史料，花费了一年多的时间编辑了《陕北台广播范文选》，其中包括许多毛主席曾亲手撰写和修改过的广播稿件。他还编印了多种新闻教学参考材料，为广播学院教师的授课提供了重要帮助。

虽然在1960年年底被摘去了"右派"帽子，但温济泽当时仍只能教授新闻写作和广播业务等课程。为了能得到同学们的信任，他将自己的经历与

---

① 丁淦林：《王中对新闻工作和新闻教育的贡献》，载《新闻大学》1993年第3期。
② 中国新闻史学会新闻传播教育史研究委员会：《中国新闻传播教育年鉴2016》，武汉大学出版社2016年版，第392页。
③ 时任北京广播学院新闻系主任的左荧在冒着极大的政治风险将当时已被打成"反党小集团"头目和"右派分子"的中央广播局原副局长温济泽带进了广播学院担任教职，并在私下以同志相称。这在"文革"时期也成了左荧遭到批斗的直接原因。

课程结合起来,枯燥的理论被他讲得绘声绘色。他曾在课堂上找出毛主席发表《在延安文艺座谈会上的讲话》时所在的大礼堂幻灯片为同学们讲解毛主席当年讲话的来龙去脉,牢牢地吸引了在场同学们的注意,也赢得了他们的信任。① 北京广播学院新闻系65级编采班的同学在聆听了课程后,纷纷表示"听温老师讲课,就像喝浓茶一样解渴"②。

罗列在"文革"中被错划为"走资派",从中国人民大学新闻系下放到北京第一机床厂接受劳动改造。在此期间,他一方面利用自己的新闻实践和教育经验指导机床厂青年工人为北京出版社、人民文学出版社和人民出版社撰写书稿书评,另一方面又鼓励这些年轻人多读文史方面的书籍,使得当时在北京机械行业小有名气的《机床文艺》更上一层楼。

第四,新中国第一代新闻教育家的新闻教育思想是在批判地借鉴和吸收老报人、老教师经验的基础上丰富起来的。

新中国成立后,一些原燕京大学、原复旦大学新闻系的老教师和部分民国时期的老报人主动留了下来,积极投身于新中国的社会主义建设之中。他们身上的一些新闻实践和新闻教育经验,是新中国新闻教育的宝贵财富。针对这些老报人和老教师,中国共产党采取了团结、教育、改造的知识分子政策,帮助他们提高政治认识,按照人民新闻工作的要求,重新安排讲授的内容,充分发挥他们的长处,为培养新一代的新闻编采人员贡献了力量。

罗列在担任北京大学中文系副主任分管新闻教育期间,按照党的知识分子政策,团结吸纳了原燕京大学新闻系的蒋荫恩和张隆栋两位老师在北大新闻专业授课。蒋荫恩在民国时期曾是燕京大学新闻系主任,并曾赴美国密苏里大学新闻学院访问研究。来到北京大学中文系后讲授报纸编辑课,深入浅出的课程赢得了学生们的赞扬。而张隆栋则是燕京大学新闻系讲师,精通英文、法文、俄文等多国语言。由于新中国成立前曾在旧社会的报社工作,因此长期得不到重用。罗列了解到张隆栋出色的外语能力后,就请他搜集和翻译各种外文资料,并准备为学生们讲授"外国新闻史"课程。③ 两位老师的加入,增强了北京大学新闻课程的教学力量,而在他们的带领下,一批青年

---

① 温济泽:《第一个平反的"右派"——温济泽自述》,中国青年出版社1999年版,第291页。
② 吕佩浩:《不灭的烛光》,见《永远的怀念——温济泽纪念文集》,中国国际广播出版社2002年版,第250页。
③ 俞家庆:《中国教育口述史——罗列教授等亲历新闻教育往事回忆》,重庆大学出版社2013年版,第42页。

教师也得到了迅速成长。

陈望道和王中也同样极为看重老报人和老教师的实践经验。1952年陈望道出任复旦大学校长后，曾亲自出面邀请上海《解放日报》社长恽逸群出任新闻系主任，并邀请民国时期《大公报》社长王芸生、《文汇报》社长兼总编辑徐铸成等新闻名家到校讲课。①

1956年，王中为了突破桎梏新闻教育的苏联模式，曾请老教师汪英宾、舒宗侨、曹亨闻和赵敏恒等为青年教师介绍西方资产阶级新闻学；他也曾先后多次邀请包括严独鹤、李子宽、胡道静、汪仲苇、马荫良等民国时期上海新闻界的知名人士来校开办座谈。众多老报人对复旦大学新闻系的教学科研工作提出了诸多建议。时任校长的陈望道也参加了座谈会，并表示希望"参加座谈会的老前辈能与新闻系建立良好的关系"②。

第五，新中国第一代新闻教育家的新闻教育思想是在理论与实践结合中不断发展完善的。

新闻学是一门实践性和理论性兼具的科学，在教学中，不但要提升学生的理论修养，更要增强他们的实践能力。1949年8月，毛主席在中南海专门接见了胡乔木、邓拓和安岗三位同志，明确指出要研究新中国自己的社会主义新闻学。③

安岗认为"不能让教室、食堂、图书馆把新闻系同学的思想给捆住"，"不能用经院似的教育方法来训练学生"。④ 他要求人民大学新闻系的学生"掌握自己的命运，会写、会调查研究、会干事"⑤。为了加强实践，安岗在新闻系里办起了由师生合编的《新闻与出版》和《新闻学报》，他每期都撰写文章讨论新闻教学和新闻报道中的问题，也向师生广泛组稿，不仅受到了大家欢迎，也受到新闻出版领导机关的重视和支持。1958年，安岗还在中国人民大学老校长吴玉章指导下，为新闻系办起了实习工厂，鼓励同学们熟悉编采业务和排字、印刷等新闻出版工作的全过程。在办中国社会科学院新闻研究所和研究生院新闻系期间，安岗为了使研究生们加强实践，创办了供实

---

① 何成明：《陈望道的办刊实践和新闻教育思想》，载《浙江师范大学学报》2008年第3期。
② 宁树藩：《音容宛在思念长存》，见《王中文集》，复旦大学出版社2004年版，第423页。
③ 曙晨：《新闻专家、新闻教育家安岗》，载《新文化史料》1999年第2期。
④ 安岗：《给年轻的新闻研究生》，见《安岗新闻论集》，中国社会科学出版社2015年版，第374页。
⑤ 安岗：《回忆50年前办中国人民大学新闻系》，见《安岗新闻论集》，中国社会科学出版社2015年版，第363页。

习用的《市场报》。该报的"试刊号"受到当时主持中共中央宣传部工作的胡耀邦同志的欣赏和鼓励,并批准其正式出版发行。①

甘惜分也十分重视社会实践在新闻教育中的意义。他认为"涉足社会实践、参与社会实践、勇敢地投入社会实践,是求得真知的根本"②。对于新闻系的学生来说,写作也是实践的一种形式。甘惜分鼓励青年学生多写文章,多出成果。一面学习,一面精研,把研究成果写成论文,"才能巩固学习成果,使知识日渐条理化系统化"③。

北京广播学院的学生将要从事的广播电视新闻工作,较之纸媒更强调操作能力。左荧要求学生们在学习之余接受更多的实践熏陶,从大一入学开始就组织参加各种参观、劳动、实习活动,让他们广泛地接触社会,接触广播实务。温济泽根据自己多年广播工作的实践经验,在广播学院新闻系主持开设了"政策讲座"和"社会知识"课程,聘请有关部门的负责同志讲解党和国家有关方针、政策,同时带领学生们走进工厂农村,在新闻单位中参观实习,使学生们的实践能力在一点一滴中逐步增强。④

提升学生理论联系实践的水平,就要首先提升教师的实践能力。王中非常重视对复旦大学新闻系青年教师的培养。为了提升老师们的实践能力,他带领复旦大学新闻系教师于1956年7月至8月先后参观考察了无锡的《工人生活报》、南京的《新华日报》、济南的《大众日报》和青岛的《青岛日报》,考察报纸工作改革情况,并与报社编辑记者和读者座谈。⑤

第六,新中国第一代新闻教育家的新闻教育思想是在不断借鉴其他学科先进知识与不断创新新闻学内涵外延的过程中与时俱进的。

较之文学、历史学等学科,新闻学自身的内涵和外延还需要不断丰富充实。而从其他学科的知识体系中汲取营养创新新闻教育,也是新中国第一代新闻教育家探索出的一条特色道路。

陈望道曾说,"做记者除了熟悉新闻业务外,最好还要掌握一门专

---

① 曙晨:《新闻专家、新闻教育家安岗》,载《新文化史料》1999年第2期。
② 甘惜分:《论社会实践——八论青年治学之道》,载《新闻与成才》1993年第2期。
③ 甘惜分:《眼高・心细・苦读・勤写——同青年同志谈治学之道》,载《新闻与成才》1992年第1期。
④ 曹璐:《永远的老师》,见《永远的怀念——温济泽纪念文集》,中国国际广播出版社2002年版,第192页。
⑤ 黄旦、肖晶:《走自己的路:新中国新闻教育改革的"先声"——1956年的复旦大学新闻系》,载《新闻大学》2009年第3期。

长"①。为此,复旦大学新闻系三四年级的课程被分为文史哲组、财政金融组、政治外交组,学生可根据自己的实际兴趣选择听课。

在1956年提倡"百花齐放""百家争鸣"期间,罗列曾带领北京大学新闻专业的教师对世界上主要社会主义国家和资本主义国家的新闻教育方式进行过探索。他认可世界各国普遍采用的"把其他基础课与新闻专业课结合起来进行训练"方式,并极力主张在北大新闻专业当中推行。②整合进人民大学新闻系后,罗列将这种课程安排带到了人民大学,1959年人民大学新闻系的课程包括30%左右的政治理论课、40%~50%的科学文化知识课(包括语言、文学、历史、法学及自然科学等),余下的20%~30%才是新闻业务课和业务实习。③

广播电视作为一种新兴的传播媒介,民国时期的新闻校系虽有相关教学内容或课程但未构成专业,燕京大学新闻系学生曾以广播为题撰写毕业论文。④新中国成立之初对其研究并未形成规模,而专门培养广播电视新闻人才的课程更加屈指可数。从20世纪50年代起,部分高校开始了对广播教学道路的探索:北京大学中文系新闻专业曾有广播新闻的教学内容;中国人民大学新闻系开办过三年制广播班,着重从政治和业务素质上提高广播干部的水平,但未开设广播方面的课程。50年代末北京广播学院新闻系的创办得到了中国人民大学、复旦大学新闻系的大力支持,广电新闻教育终于初步创办了起来。当年北京广播学院新闻系开设了"新闻广播概论""新闻广播史"等相关史论课程,还编印了《中国新闻广播文集》(上下),并提出了培养广电人才要达到"三过硬"(编采专业学生做到"笔头过硬";播音专业、外语系学生做到"口头过硬";摄影专业学生做到"机头过硬"。⑤)的要求。到80年代中期,中国人民大学、复旦大学的广播电视新闻教育也得到了新的开创。

---

① 徐培汀:《陈望道与新闻教育》,载《新闻大学》1982年第4期。
② 俞家庆:《中国教育口述史——罗列教授等亲历新闻教育往事回忆》,重庆大学出版社2013年版,第42页。
③ 俞家庆:《中国教育口述史——罗列教授等亲历新闻教育往事回忆》,重庆大学出版社2013年版,第99页。
④ 邓绍根:《燕京大学新闻学系广播学术研究探析——学士学位论文的视角》,载《现代传播》2012年第11期。
⑤ 赵玉明:《一个有强烈事业心的领导者——追忆左荧同志》,见《风范长存——左荧纪念文集》,中国传媒大学出版社2005年版,第294页。

五、结语

新中国第一代新闻教育家打破了"新闻无学论"的禁锢,创建了新中国的新闻教育事业。他们对新中国新闻教育的贡献在于:

1. 奠定了新中国新闻教育的基础;

2. 引领和培育了一批新闻教师,使他们成为新中国第二代、第三代新闻教师的中坚力量;

3. 为人民日报、新华社、中央三台等新闻媒体培养了大批优秀的毕业生。

如今,我国新闻传播学教育已发展出了包括新闻学、广告学、广播电视学、传播学、编辑出版学、网络与新媒体、数字出版等二级学科在内的7个专业。截至2015年年底,我国共有681所高校开设了新闻传播学类相关专业,在校本科生约23万人。①

在新闻教育即将迎来百年华诞的今天,我们追忆新中国第一代新闻教育家,缅怀他们的历程,总结他们的思想,以期能够从中获取前行的指引和激励,在新时代新闻教育的新征途上不忘初心,继续前行。

---

① 中国新闻史学会新闻传播教育史研究委员会:《中国新闻传播教育年鉴(2016)》,武汉大学出版社2016年版,第27页。

新中国第一代新闻教师的开创性贡献探究[①]

以 1918 年北京大学新闻学研究会的成立作为标志，我国新闻传播学教育已经走过了 100 个年头。在这 100 年间，特别是自 1949 年以来的近 70 年间，我国新闻传播学教育由弱趋强，已经从单一的新闻专业发展出了包括新闻学、传播学、广告学、广播电视学、编辑出版学、网络与新媒体和数字出版等二级学科在内的 7 个本科专业。全国 681 所高校中开设了 1244 个新闻传播学类本科专业点，在校本科生约 23 万人。[②] 在本科教育的基础上，新闻传播学教育的深度不断延展。截至 2015 年，我国招收新闻传播学研究生的学校已超过 100 所，全国共有新闻传播学硕士点 192 个。[③] 根据 2017 年国务院学位委员会下达的审核增列博士学位授予点的通知，目前我国已有新闻传播学类博士教育点共计 41 家，其中包括新闻传播学一级学科博士点 26 家、二级博士点 1 家、新闻传播学交叉学科博士点 1 家、挂靠博士点 13 家。

我国新闻传播学教育发展至今，几代教师队伍所作出的贡献是不可磨灭的。但遗憾的是当前以新闻传播学教师群体为中心进行梳理考察的研究还相对较少，对于 1949 年后我国创立新闻教育的第一代教师群体的研究则更是凤毛麟角。不久前笔者曾总结了以安岗、罗列、甘惜分、陈望道、王中、左荧、温济泽等为代表的第一代新闻教育家的教育思想和办学实践[④]，但上述研究仅限于第一代新闻教师中的领军人物，未能扩展到整个群体。因此，笔者尝试在之前研究的基础上横向梳理我国第一代新闻教师群体，并着重分析其开创性贡献，以期能为我国百年新闻传播学教育研究贡献微薄的力量。

[①] 原载《现代传播》2018 年第 12 期，与冯帆合写。
[②] 中国新闻史学会新闻传播教育史研究委员会：《中国新闻传播教育年鉴（2016）》，武汉大学出版社 2016 年版，第 27 页。
[③] 中国新闻史学会新闻传播教育史研究委员会：《中国新闻传播教育年鉴（2016）》，武汉大学出版社 2016 年版，第 305 页。
[④] 参见赵玉明、冯帆：《新中国第一代新闻教育家及其办学思想探析》，载《现代传播》2018 年第 1 期。

一、第一代新闻教师群体的构成

1949年后我国的新闻教育重新起步，一方面整顿改造原有的新闻教育机构，另一方面创建新的新闻教育体系。在此期间，原隶属国民党的南京中央政治大学新闻系停办；同时对燕京大学新闻系、复旦大学新闻系、圣约翰大学新闻系、民治新闻专科学校和中国新闻专科学校等逐步加以改造。1952年，在全国高等院校院系调整中，上海的华东新闻学院、暨南大学新闻系、圣约翰大学新闻系、中国新闻专科学校并入复旦大学新闻系；燕京大学新闻系并入北京大学中文系编辑专业（后改为新闻专业）。

与此同时，北京新闻学校、中央宣传干部训练班、中央马列主义学院（今中共中央高级党校）新闻班等在内的一批新型教育机构相继开办。其中，1949年10月成立的北京新闻学校是新闻总署直属的新闻学校，由时任署长的范长江兼任校长。到1951年8月停办时，共培养学员500余人，为新中国培养了一批编辑记者及新闻教学研究人员。[①] 中央宣传干部训练班于1951年10月利用北京新闻学校停办后的校舍举办，由胡乔木兼任总班主任，培训各地选调来的中共地县两级党委宣传部长和部分分配到中央宣传部门的大学毕业生以及一些原燕京大学、复旦大学、圣约翰大学新闻系毕业生。中央马列主义学院新闻班于1954年9月开班，主要培训各地省级党报编委以上工作人员和通讯社、广播电台工作人员，到1957年11月停办时共培养100多名新闻业务人员。[②]

在短期培训班的基础上，1949年后我国新创建的第一个大学新闻系，即中国人民大学新闻系于1955年4月成立。至此，我国的社会主义新闻教育制度初步确立。[③] 1958年6月，北京大学中文系新闻专业并入人大新闻系，使得拥有学生总数达1000余人的新闻系成为当时人民大学最大的一个系，也是全国最大的新闻系。[④] 北京广播学院则是在1959年，根据刘少奇同志1956年5月28日听取中央广播事业局负责人汇报时提出的开办大学培养广

[①] 方汉奇主编：《中国新闻事业通史》（第三卷），中国人民大学出版社1999年版，第161页。
[②] 同①。
[③] 赵玉明、郭镇之：《中国新闻学教育和研究80年》，见《赵玉明文集》（第三卷），中国广播影视出版社2014年版，第4页。
[④] 赵玉明、冯帆：《新中国第一代新闻教育家及其办学思想探析》，载《现代传播》2018年第1期。

播干部的意见在原广播技术人员训练班和北京广播专科学校的基础上创办的。开创了我国培养广播电视新闻人才的先河。学院最初开设新闻系①、无线电系及外语系。

在1958年到1960年期间，全国范围内还有江西、江苏、陕西、浙江、甘肃、广东、山东、安徽、吉林、天津等地部分高校相继建立新闻系（专业）。但随着1961年到1963年国民经济困难时期的教育方针调整，这些系（专业）又纷纷停办。至"文革"前继续开办并一直招生的新闻教育单位主要为中国人民大学新闻系、复旦大学新闻系和北京广播学院新闻系三家，它们是当时我国最重要的三个新闻教育基地。② 也正因如此，1949年以后我国第一代新闻教师也基本是从这三所高校中产生。

1949年后的第一代新闻教师群体呈现出一种"三分天下"的构成特点。这种"三分"体现在两个方面，一方面是新闻教师的所在单位，基本是前文所述的三所高校。笔者在这里尝试总结第一代新闻教师群体中的代表性人物，但由于材料收集有限，难免会出现挂一漏万的情况，尚希识者补正。

（一）中国人民大学新闻系

中国人民大学新闻系的主要教师包括：首任系主任安岗、副系主任罗列（原北大中文系副主任、副教授，后为人大新闻系主任）、甘惜分（原北大中文系新闻专业副教授，1954年起任教）、蒋荫恩（原燕京大学新闻系系主任、教授，曾在北大任教）、张隆栋（原燕京大学新闻系代主任、讲师，曾在北大任教）、方汉奇（1953年到北大任教，1958年北大中文系新闻专业合并到人民大学新闻系后来到人大）、秦珪（1952年毕业于燕京大学新闻系，曾在北大任教）、何梓华（1953年毕业于北大新闻专业，留校任教）、郑兴东（1953年毕业于复旦新闻系，曾在北大任教）、蓝鸿文（1956年起在人大任教）、胡文龙（1956年毕业于复旦新闻系，分配到人大新闻系任教）、王泰玄（1956年毕业于复旦新闻系，分配到人大新闻系任教）和林珊（1957年从山东大学调入）等。

---

① 新闻系起初被称为"广播与电视系"，后曾一度称为广播电视新闻系。
② 方汉奇主编：《中国新闻事业通史》（第三卷），中国人民大学出版社1999年版，第284页。

(二) 复旦大学新闻系

复旦大学新闻系的主要教师包括：陈望道（1941年起任新闻系代主任，1942年任系主任至1950年，后任复旦大学校长）、恽逸群（1950年至1952年任系主任）、余家宏（1950年起由华东新闻学院调入复旦大学新闻系任教）、王中（1952年至1957年任系主任，教授；1979年起再任系主任）、丁树奇（1957年至1960年先后为代主任、主任）、伍必熙、吕梁、李龙牧、徐震（1952年复旦新闻系毕业后留校）、郑北渭（1952年美国衣阿华大学新闻系硕士毕业，在复旦新闻系任教）、葛迟胤（1953年复旦新闻系毕业，留系任教）、夏鼎铭（1953年复旦新闻系毕业，留系任教）、林帆（1954年北京大学中文系新闻专业毕业，分配到复旦中文系，后调到新闻系）、丁淦林（1955年复旦新闻系毕业，留系任教）、宁树藩（1955年起在复旦新闻系任教）、徐培汀（1955年起在复旦新闻系任教）和董荣华（1956年复旦新闻系毕业，留系任教）以及从民国时期就已开始从事新闻教育工作的赵敏恒、曹亨闻、舒宗侨和汪英宾等。

(三) 北京广播学院新闻系

北京广播学院新闻系的主要教师包括：周新武（北京广播学院党委书记、院长）、左荧（副院长兼新闻系主任）、康荫（新闻系副主任）、苑子熙（广播业务教研室主任）、温济泽（教师，中央广播局原副局长、副总编辑）和高而公（采访教研组组长）等。

第一代新闻教师群体"三分天下"的另一方面体现在他们构成方式的不同。首先，根据1949年党和政府对新闻教育采取的整顿发展方针，部分具有实际工作经验的党的新闻工作者被安排到新闻教育机构担任领导和教学任务。因此，三校中包括安岗、罗列、甘惜分、陈望道、王中、左荧和温济泽在内的大部分新闻教师都是经历过革命战争洗礼的老党员、老干部，是来自党报、新华社和广播电台的老新闻工作者。其次，第一代新闻教师中也包括一些本时期中大学毕业分配任教的新闻专业学生。其中代表人物包括方汉奇、何梓华、秦珪、郑兴东、徐震、丁淦林和宁树藩等。最后，一些旧新闻教育机构中原有的教师在参加了政治学习和思想改造提高了认识后，重新回到了新闻教师队伍当中，这其中就包括蒋荫恩、张隆栋、赵敏恒、曹亨闻、舒宗侨和汪英宾等老教师和老报人。《中国大百科全书》（第一版）新闻卷中作为"中国新闻界人物"的代表，收入了安岗、罗列、甘惜分、蒋荫恩、方汉奇、王中、恽逸群、赵敏恒、温济泽和高而公等人的简介。

二、第一代新闻教师群体的开创性贡献

1954年，在总结五年来新闻工作经验和教训的基础上，中共中央政治局通过了《中共中央关于改进报纸工作的决议》。其中第五部分专门提出了"扩大现有的大学新闻系的学生数目，逐步地充实省（市）以上的报纸、通讯社、广播电台、期刊和出版机关的干部"。这一项涉及新闻干部人才培养的具体要求。① 在决议精神的引领下，第一代新闻教师以为我国培养更多的社会主义新闻人才为目标，开始了延续一生的新闻教学与研究工作。

回溯第一代新闻教师群体长达近半个世纪的从教经历，他们都经历了社会和时代变迁给新闻教育事业和其自身带来的酸甜苦辣，并用自己的一生为我国新闻教育事业添上了浓墨重彩的一笔。本文试图从六个方面探析第一代新闻教师为我国新闻教学和研究事业发展做出的开创性贡献。

第一，第一代新闻教师培养了新中国早期的新闻编采人员。

第一代新闻教师首要任务就是为我国培养社会主义的新闻编采人员。1956年，中国人民大学新闻系在高教部和学校的统一要求下，制定了以培养"既懂马列主义和人类知识的精华，又有中国革命的实践，特别是掌握毛泽东思想和党的路线方针政策；既要学习大学所需要的各种课程，又要突出新闻重点的新闻多面手"为宗旨的教学目标，要"集中师资力量搞好新闻学研究和多快好省地培养又红又专的新闻战士"。② 为此，在课程设置上，除了新闻理论和报刊史等课程外，人民大学新闻系格外重视对学生新闻业务的培养。包括新闻写作、报纸编辑、报纸宣传、新闻摄影等10多门专业课程的开设为新闻采编人员的培养提供了保障。

在人民大学新闻系系主任安岗的直接领导下，胡文龙、林珊等教师参与

---

① 中国新闻史学会新闻传播教育史研究委员会：《中国新闻传播教育年鉴（2016）》，武汉大学出版社2016年版，第16页。

② 中国人民大学新闻学院：《中国人民大学新闻学院历史概述》，见《新闻学论集》（第25辑），经济日报出版社2010年版，第307页。

编辑了新闻系教学和实习用的报纸《新闻与出版》报；王泰玄等教师带领学生参与了全国性报纸《汉语与拼音报》的编辑。在两份报纸的基础上，1958年新闻系创立了印刷厂和剪报公司，张隆栋等老师先后负责。这两个附属单位，成为当时人民大学新闻系学生实习实践的重要场所：在印刷厂中学生实习排字、印刷，学习工人的操作，掌握工人的能力；在剪报公司中干一些实事，对各大报纸每天发表的文章进行二次开发，编印专题资料，为今后的编辑工作打下基础。① 经过一段时间的努力，新闻系学生的实践能力普遍得到了提升。印刷厂在此期间培训的300名学生已经可以熟练操作机器并达到平均每小时排600—1000字的水平，初步掌握了捡字、拼版、印刷的技术。②

安岗提出人民大学新闻系的学生"要掌握自己的命运，会写、会调查研究、会干事。要在学和干中培养塑造一个新闻工作者的党性、业务专长和做人的修养"③。正是在这种教育理念的指引下，人民大学新闻系的第一代教师始终将人才培养放在首位，即使是在"文革"时期新闻系停办，部分教师被分配到北大上课的情况下，教师们仍然对工农兵学员提出了"学理论不间断、读报评报、练笔写作不间断"的要求。④

复旦大学新闻系长久以来以陈望道提出的"好学力行"作为座右铭，坚持培养"有巩固基础，有发展前途的文字工作者"。⑤ 无独有偶，左荧在北京广播学院工作期间，对学生提出了"三过硬"的要求：编采专业学生要做到"笔头过硬"；播音专业、外语系学生要做到"口头过硬"；摄影专业学生要做到"机头过硬"。⑥ 他提出开设"社会知识""政策讲座"等课程，重视实践教学，组织学生参加各种实践接触广播业务实际：在校内，校园广播站的建立为编采播各专业学生理论实践相结合提供了基地；在校外，外语系学生利用假期到当时的中央广播局对外部实习，在实际工作中提高翻译技巧。

---

① 安岗：《新闻系必须培养真正的新闻人才》，见《安岗新闻论集》，中国社会科学出版社2015年版，第363页。

② 俞家庆：《中国教育口述史——罗列教授等亲历新闻教育往事回忆》，重庆大学出版社2013年版，第92页。

③ 同①。

④ 中国人民大学新闻学院编纂：《木铎日新人大新闻学院纪事》，第7页。

⑤ 董辉、向妮娜、林颖颖：《道长且阻亦有味——董荣华口述实录（上）》，载《新闻大学》2014年第4期。

⑥ 赵琳琳、寇洪亮：《用爱与生命拓荒的人——记北京广播学院创始人左荧同志》，见《风范长存——左荧纪念文集》，中国传媒大学出版社2005年版，第178页。

在第一代新闻教师队伍的努力下,三所高校中培养出了新中国早期的一批报刊、通讯社和广播电视新闻编采人员。这些年轻的新闻工作者凭借着坚定的马列主义信念和过硬的理论实践能力,很快成为我国新闻战线上的生力军,有的还成为中央和省级新闻单位的负责人。改革开放后,首次评选的中央新闻单位高级编辑、高级记者及早期评选出的长江新闻奖、韬奋新闻奖的获得者大都出自这批新闻专业毕业生。

第二,第一代新闻教师指导和培养了我国第二、三代新闻教师。

在培养新中国早期新闻编采人员之外,第一代教师为我国新闻传播学教育事业作出的最大贡献之一就是培育和指导了我国第二、三代新闻传播学教师以及新中国第一批新闻学硕士生和博士生。

第一代新闻教师成熟和活跃于20世纪80年代至21世纪之初,其中的代表性人物均为我国首批硕士生导师和博士生导师。他们培养和指导了以20世纪50年代末至"文革"结束前毕业的新闻专业大学生为代表的第二代新闻教师和以20世纪80年代初至21世纪前毕业的新闻专业硕士生和博士生为代表的第三代新闻教师。

作为首批新闻学硕士生、博士生导师,第一代新闻教师不仅将自己开拓创新、艰苦奋斗、无私忘我的治学精神毫无保留地传授给了弟子,而且也在日常工作的实践中,潜移默化地影响着身边的青年新闻教师。

人民大学新闻系的甘惜分和方汉奇1978年开始招收新闻学硕士研究生,并分别于1983年被评为博士生导师,从此开始了为我国新闻传播学培养最高层次人才的工作。从1983年招收首位博士生开始,甘惜分共招收博士研究生11名,他们中大部分如今都活跃在我国新闻传播教育的舞台中央,成为第三代新闻传播学教师中的代表人物。甘惜分对博士研究生的要求非常严格,他要求学生们通过阅读马列经典来端正世界观和方法论,做学问要有独创性不能因袭旧说,还要辩证看待西方学术,做到既不盲目崇拜又不盲目排斥。[①] 方汉奇自1985年至今总共已指导了52位博士生(以入学计算),其中42位获得了博士学位,还培养了7位硕士和已经出站的5位博士后。目前他仍每年招收1位博士生。在他指导的博士研究生中,绝大多数都成为如今全国各新闻传播院校的中坚力量。回忆起老师对他们的教诲,不言自威的态度

---

① 甘惜分:《我和我的博士生》,载《新闻界》1995年第5期。

和虚怀若谷的精神让他们受益终身。① 复旦大学新闻系的王中是我国首批博士生导师之一，他对于学生的培养非常严格，他要求学生必须从日常的读报评报中培养独立思考的精神，要求学生在论文写作中一定要敢于标新立异，切不可人云亦云。因为在王中看来，"当老师就是要培养学生，如果自己培养的学生不能超过老师，这个学生不是好学生，这个老师也是不称职的老师"。② 宁树藩在给博士研究生授课时，习惯先抛出问题，然后切入某个现象，或者在述说史实过程中，概括出某个问题，促使学生在理解上再深入一步。他的课程往往如刀锋一样直接挑开学生们常见而又不见的面向和关系，给学生们当头棒喝的感觉，却也在潜移默化中教会了学生如何更加细密地解读材料。③ 与此同时，1978年温济泽在中国社科院新闻研究所招收了4名硕士研究生；1980年北京广播学院的康荫和苑子熙也开始招收硕士研究生。

授课之外，第一代教师在工作中的严谨和求真也时刻影响着曾与他们作为同事的第二代、第三代教师。分配到北京广播学院新闻系的人民大学、复旦大学新闻系的毕业生，运用所学在"老广播"指导下结合广播电视实际情况，为开办有广电特色的新闻教学事业作出了贡献。

第三，第一代新闻教师主持编写了1949年以来的第一批新闻史论编采教材并出版了一批新闻学专著。

新闻学教育地发展离不开授课教师，同时也离不开完整的教材体系，特别是新闻史论编采方面的教材。在这方面，第一代新闻教师作出了突出贡献。1959年，人民大学新闻系历时四年撰写的《中国现代报刊史讲义》内部出版，这是我国第一部以马克思列宁主义为指导的中国现代报刊史，奠定了我国现代新闻事业史研究的基础。④ 在此之后，人民大学新闻系又先后编印了《报纸编辑讲义》《新闻采访讲义》《马克思、恩格斯论报刊》《列宁论报刊》以及《中国报刊工作文集》等教材。复旦大学新闻系在此期间编印了《中国新民主主义革命时期新闻事业史（1919—1949）》《中国报刊研究文集》《中国报刊评论文集》《中国报刊通讯报告选》等。北京广播学院也

---

① 陈昌凤：《方门桃李满天下　期颐堂前更种花——方汉奇先生与他的弟子们》，载《新闻爱好者》2016年第11期。

② 李良荣：《我的学术领路人——长忆我的恩师王中》，见《王中文集》，复旦大学出版社2004年版，第450页。

③ 黄旦：《千教万教教人学真——记复旦大学新闻学院宁树藩先生》，载《新闻记者》2016年第4期。

④ 方汉奇主编：《中国新闻事业通史》（第三卷），中国人民大学出版社1999年版，第285页。

编辑出版了《中国新闻广播文集》《马恩列斯论报刊·列宁论广播》《广播稿选》等教材,不仅为新闻专业学生提供了学习指导,而且也成了当时新闻工作者必备的参考材料。

第一代新闻教师为新闻学教材的编写呕心沥血。王中在20世纪50年代中期根据授课需要编写了《新闻学原理大纲》,并在上海人民广播电台阐述了部分内容。文中展现了他对我国新闻理论研究中一些重要问题的看法,提出要以研究当时全国新闻工作改革为重点,将视野扩大到新中国成立前的新闻工作经验和西方新闻学说的主张。① 虽然这部凝结着心血的著作为他带来了灾祸和痛苦,但王中对新闻理论地研究却并未因此而停滞。

1980年,在总结20世纪50年代新闻工作理论与实践教学经验和不足的基础上,甘惜分出版了代表作《新闻理论基础》,这是新中国成立后公开出版的第一部全面阐述新闻传播规律及新闻事业性质、特点、功能的专著。展现了他对于新闻学的理论体系、学术范畴、基本原理等内容的独到性看法。② 一年后的1981年6月,方汉奇的《中国近代报刊史》出版,这是1949年之后国内第一部近代报刊史专著,标志着中国大陆新闻史学界新时期的开启。③ 此后他又主编了《中国新闻事业通史》和《中国新闻事业编年史》。改革开放后,第一代新闻教师出版了众多教材和专著。除上述外,还有张隆栋的《外国新闻事业史简编》、丁淦林的《中国新闻事业史》、郑兴东的《报纸编辑学》、秦珪的《新闻评论学》等。此外陈望道、安岗、甘惜分、王中、温济泽、方汉奇、宁树藩、丁淦林和康荫等第一代新闻教师均有个人文集问世,汇编了他们的代表性著作。

第四,第一代新闻教师参与主编了重要的大型新闻工具书。

一个学科成熟与否的标志之一,就是是否有本学科独立的工具书。由于新闻学在我国起步时间较短,因而与其他成熟学科相比,工具书的数量不可同日而语。1982年,中国社会科学院新闻研究所编辑出版的《中国新闻年鉴》拉开了我国大型新闻资料工具书编写的序幕。④ 1984年5月《新闻学简明词典》的问世结束了我国没有新闻学专业词典的历史。在此基础上,1989

---

① 丁淦林:《丁淦林回忆录》(内部资料),第33页。
② 童兵:《马克思主义新闻学泰斗:甘惜分》,载《新闻论坛》2014年第6期。
③ 刘泱育:《治学与治己:方汉奇学术之路研究》,中国书籍出版社2013年版,第54页。
④ 赵玉明、郭镇之:《中国新闻学教育和研究80年》,见《赵玉明文集》(第三卷),中国广播影视出版社2014年版,第14页。

年复旦大学新闻学院的余家宏等编纂了《新闻学词典》将原本收录的1600多条词目增至2200余条。

1978年，国务院决定编辑出版《中国大百科全书》并成立了相应的大百科全书出版社。大百科全书中的新闻卷编纂工作由中国社会科学院新闻研究所主持，吸收了中国人民大学、复旦大学和北京广播学院的部分教师及中央主要新闻单位有关同志参与。他们参考了其他国家百科全书中的新闻条目和业已出版的其他专业卷，拟定了包括新闻学基本概念、中国新闻事业、外国新闻事业和新闻传播应用技术和管理四个分支学科的条目。从1983年筹备组正式成立到1991年出版发行，包括温济泽、王中、方汉奇、丁淦林、宁树藩、舒宗侨、张隆栋、郑北渭、余家宏和徐震等数十位新闻院校的学者、教授和科研人员参与了新闻卷的编纂工作。《中国大百科全书·新闻出版》全卷共156万字，设条目1630条，其中新闻卷870条、出版卷760条，卷首刊有长篇《新闻学》总论，正文后附有中外新闻大事年表，并刊有彩图和随文插图，是我国有史以来第一部新闻学百科全书。[①]

1989年，人民大学甘惜分主编了我国第一部新闻学大型辞书《新闻学大辞典》，全书于1993年出版发行时，共计180万字，收词5368条。[②] 在大辞典编纂的过程中，甘惜分与其他高校和新闻机构的专家们一道克服了无米下炊、经费紧张等问题。在三年的编纂过程中，印稿纸、发函件、开会吃饭没有花国家一分钱，艰苦创业般地完成了大辞典的编纂工作。[③]

第五，第一代新闻教师创办了首批国家级新闻研究机构和社团。

改革开放后，我国新闻学教育和研究迎来了崭新的发展局面。第一代新闻教师多数先后被评为教授，到达了教学生涯的成熟期。同时，随着之前"左"和"极左"政治学术氛围的逐渐消散，同行学者们之间的交流互动越发频繁。同时本时期中一些海外学者的到来不仅带来了新的知识和理论，而且开拓了中国新闻学者的视野，走出去看一看成了当时部分学者的迫切愿望。但无论是国内还是国际的学术交流，都需要有全国性学术研究机构和学术社团牵头实施，正是在这样的背景下，构建国家级新闻研究机构和新闻学术团体的设想浮出水面。

---

① 钱辛波：《回顾〈中国大百科全书·新闻出版〉卷编纂经过》，载《新闻研究资料》1993年第1期。
② 甘惜分：《〈新闻学大辞典〉序言》，载《新闻爱好者》1993年第7期。
③ 甘惜分：《〈新闻学大辞典〉的编纂构思》，载《新闻界》1994年第1期。

1978年初春，根据胡乔木的意见，时任中国社科院科研组织局副局长的温济泽主持组建了中国社科院新闻研究所，安岗出任首届所长。3月6日，《人民日报》报道了该所计划招收研究生，并由安岗、温济泽、罗列等同志组成指导小组的相关新闻。3月14日，温济泽还主持召开了一次有关制定新闻学发展八年规划（1978—1985）的座谈会。随后，安岗、温济泽等分别参与了研究生的考试、录取等工作，并为他们讲授有关课程，指导论文写作。

根据1983年全国新闻教育工作座谈会的意见，中国新闻教育学会（后更名为中国高等教育学会新闻学与传播学专业委员会）于1984年11月2日在北京成立。这是首都七所高校新闻系（专业）联合发起并筹建的。温济泽当选首任会长，甘惜分、王中、洪一龙当选副会长，郑兴东担任秘书长，秘书处设立在中国人民大学新闻系。学会以团结、组织全国新闻教育工作者，交流和探讨高等新闻教育的经验和规律，提高新闻教学和科研水平为宗旨，目的在于为改革和发展我国社会主义新闻教育事业，为建设具有中国特色的马克思主义新闻学作出贡献。学会成立伊始，就确立了工作的主要任务，包括：组织和推动有关新闻教育历史、现状与未来的研究、有关新闻教育体制改革的研究、有关中外新闻理论和实践的研究、有关中外新闻教学内容和方法的研究以及新闻干部的培养使用和新闻教师的培养和提高等。同时学会致力于组织和推动新闻学教材的编写、新闻学研究成果的评奖和新闻知识的普及等工作。

另外，在20世纪80年代中期"盛世修史"号召的引领下，全国各地广泛开展了新闻广电史志编写工作。同时期中新闻教育的大发展也促进了新闻史教学研究的发展和新闻史教学研究工作者队伍的扩大。[①] 在这样的背景下，1986年7月，在吉林大学召开《中国新闻史（古代部分）》教材编写第二次会议期间，方汉奇提出了创办一个全国性中国新闻史研究团体的设想，该设想得到了与会14所高校的热烈响应，这个团体也被定名为"中国新闻史学会"。方汉奇、宁树藩、陈业劭等被推选为学会筹备小组的组长和副组长，丁淦林等第一代新闻教师担任领导小组成员。

申办筹备过程中，史学会克服了缺乏经费、没有办公场地和办公电话等困难，终于在1989年4月拿到了民政部批准成立的文件。好事多磨，由于种种原因，中国新闻史学会于1992年6月才在北京广播学院召开了正式成

---

① 刘泱育：《方汉奇与中国新闻史学会的创建》，载《新闻春秋》2011年第2期。

立大会。中国新闻史学会成了具有法人地位的全国性学术团体，宗旨是促进我国新闻学术研究的发展，业务范围包括理论研究、学术交流，活动区域覆盖全国，会址设在北京，方汉奇为负责人。① 如今，经历了近30年发展的中国新闻史学会已成为中国新闻传播学界最负声望、最有影响的一个学术团体。②

第六，第一代新闻教师提高了新闻传播学的学科地位。

新闻学在新中国起步初期，多是挂靠在各高校的中文系中，在学科目录中新闻学也被归入中国语言文学学科之内。③ 王中曾作为新闻教师的唯一代表参加了国务院学位委员会第一、第二届文学学科评议组的活动。到了20世纪80年代，传播学成功引入中国并逐步发展起来。在此之前，复旦大学的郑北渭和中国人民大学的张隆栋曾长期关注国外传播学的兴起和发展。随着此时期中国新闻教育事业的发展，特别是传播学引入后研究和教育范围地不断扩大，新闻学作为二级学科的地位显然与现实不相适应。1992年，国家技术监督局发布了《学科分类与代码》国家标准，其中已将"新闻学与传播学"列入与哲学、语言学、文学、艺术学、历史学、经济学、政治学、法学同等位置的一级学科。④

为了改变当时新闻学学科地位与现实情况的差异，方汉奇、丁淦林等第一代新闻教师多方奔走，呼吁提高新闻学的学科级别。作为当时在国务院学位委员会第三届文学学科评议组中新闻学的唯一代表，方汉奇建议将新闻学与中国语言文学并列，成为文学门类中的一级学科。他的建议得到了所在组内专家的一致支持。在此基础上，关于提升新闻学学科地位的书面报告被上报国务院学位委员会并很快得到了批复。经过不懈努力，在1997年国务院学位委员会和教育部颁布的"学科专业目录"中，新闻学终于被提升为一级学科，定名为"新闻传播学"，下设"新闻学"与"传播学"两个二级学科。国务院学位委员会也为新闻传播学单独设立了学科评议组，方汉奇、丁

---

① 中国新闻史学会新闻传播教育史研究委员会：《中国新闻传播教育年鉴（2016）》，武汉大学出版社2016年版，第137页。

② 方汉奇：《在中国新闻史学会20周年纪念座谈会上的发言》，见《中国新闻史学会成立20周年纪念专刊》，第1页。

③ 1990年国务院学位委员会第九次会议将新闻学列入文学类一级学科中国语言文学内成为二级学科。

④ 赵玉明：《关于将新闻学学科列入一级学科的建议》，见《赵玉明文集》（第三卷），中国广播影视出版社2014年版，第16页。

淦林和赵玉明成了首届学科评议组的成员。①

时至今日，新闻学已与哲学、历史学、经济学、政治学、法学、社会学、民族学、人口学、宗教学、心理学等学科一并成为"对我国哲学社会科学具有支撑作用的学科"②，20年前第一代新闻教师为提升新闻传播学学科地位付出的努力，无论是对于新闻传播学的发展甚至我国哲学社会科学的发展，都具有重要的里程碑意义。

三、第一代新闻教师群体的精神引领

第一代新闻教师不仅为我国新闻教学和研究事业的发展作出了包括上述六个方面在内的开创性贡献，他们在精神层面上给予我国新闻教学和研究的引领和指导，也值得后辈学习和铭记。

首先，坚持马列主义、毛泽东思想在新闻教学和研究中的引领是第一代新闻教师最为本质的精神内核。第一代新闻教师中，有很大一部分都是经历过革命战争洗礼的老党员、老干部和老新闻工作者。马列主义和毛泽东思想在艰苦的战争岁月中成了他们磨炼意志、锻造品质的思想武器，也成了他们毕生信仰的崇高精神。走上新闻教育岗位后，他们将这种崇高的思想与本职工作相结合，创造性地开拓了在马列主义和毛泽东思想引领下的社会主义新闻教育事业。在日常的授课中，第一代新闻教师运用革命年代保存下来的一手新闻宣传材料为学生们上课，这其中不乏毛主席等党和国家领导人亲自撰写和修改的新闻手稿以及列宁等无产阶级领袖有关报刊广播宣传工作的书信等。此外，第一代教师重视对革命领袖著作中涉及新闻学的相关论述进行收集和整理编纂。《马克思、恩格斯论报刊》《列宁论报刊》《马恩列斯论报刊·列宁论广播》《毛泽东论宣传》等著作的编印和使用，解决了当时新闻学教材短缺的问题，同时也为学生们打下了坚实的理论指导。

其次，从实践中来，到实践中去是第一代新闻教师最质朴的精神追求。新闻学是从新闻实践之中产生和发展起来的一门显学，具有极强的应用性和实践性。从我国新闻工作的具体实践中总结经验，提炼精髓用于新闻教育和

---

① 赵彦华：《新闻传播学由二级学科升至一级学科》，载《中华新闻报》1999年1月18日第1版。
② 习近平：《在哲学社会科学工作座谈会上的讲话》，载《人民日报》2016年5月19日第2版。

研究正是第一代新闻教师群体在我国长期曲折发展的新闻教育进程中逐步摸索而成的符合国情的新闻教学和研究之路。破除了苏联新闻教育模式的桎梏和"左"的思想的束缚，第一代新闻教师群体注重"在党的领导下独树一帜走自己的路"。① 在此基础上，他们注重实践与教学相结合，通过训练学生的动手能力来培养专业技能。人民大学新闻系创办的《新闻与出版》报、《汉语与拼音》报以及后来相继成立的印刷厂和剪报公司提升了学生的采编评稿能力；北京广播学院组织学生从一年级开始在新闻单位中参观实习、建立校园广播站为学生提供校内实践的机会；复旦大学新闻系在1956年的七八月间利用暑假组织128名学生到解放日报、新闻日报、上海人民广播电台、新华社上海分社、浙江日报、山东大众日报、安徽日报、江苏新华日报等单位实习锻炼，其中山东大众日报还在学生实习结束后以正式文件的形式将学生实习评价抄送复旦新闻系。② 在实践中提炼教学理论，用理论指导学生，正是在坚持独立自主、回归实践的思想指引下，第一代新闻教师群体与后辈们才共同开拓了具有中国特色的社会主义新闻教育道路。

最后，兼容并包、取长补短是第一代新闻教师最鲜明的精神境界。新闻学与文学、历史学等学科相比还是一门非常年轻的学科，其内涵和外延正在不断地深化和扩展之中。在此过程中吸取其他学科的先进经验和理念，补充、发展本学科的教学研究是新闻学科发展的必然要求。复旦大学新闻系的王中在新闻教学的过程中，鼓励新知识、新思想的学习和运用。早在20世纪50年代，他就在教学和科研中引用了西方大众传播学的有关知识，并创办《新闻学译丛》专门介绍外国研究成果。③ 蒋荫恩在人民大学新闻系授课期间也提出："一个大学新闻学院或新闻学系绝不能离开大学其他科系而独立。"④ 他主张在本学科课程设置之外，其他人文社会科学和自然科学的课程同样不能忽略，将"博"与"专"结合起来，才能培养出合格的新闻工作者。即理想的新闻工作者，应该是在"通才"基础之上的"专才"。⑤ 北京

---

① 安岗:《回忆50年前办中国人民大学新闻系》，见《安岗新闻论集》，中国社会科学出版社2015年版，第363页。

② 赵星:《建国初期复旦大学新闻教育述评（1949—1957）》，复旦大学硕士学位论文，2011年，第39页。

③ 乔秀峰:《王中新闻思想与新闻教育理念论析》，载《山西大同大学学报（社会科学版）》2015年第1期。

④ 转引自龙伟等:《民国新闻教育史料选辑》，北京大学出版社2010年版，第187页。

⑤ 李建新、王萍:《蒋荫恩的新闻教育理念与实践》，见《新闻学论集（第30辑）》，经济日报出版社2014年版，第166页。

广播学院的苑子熙强调,人文素养是新闻工作者最基本的素养之一,只有社会科学和自然科学知识丰富的新闻工作者才能和采访对象建立共同语言,进而顺利完成采访任务。

  新中国第一代新闻教师群体身处时代更迭的历史环境中,他们开拓了我国社会主义新闻教育事业并在改革开放的浪潮中与后辈一道为我国新闻传播学的发展跨越贡献出了自己全部的力量。今天,我们致敬第一代新闻教师群体,梳理并总结他们之于我国新闻传播学教育的历史贡献,就是为了能在新时期新闻传播教育跨越转型的大背景下不忘初心、牢记使命,以期在第一代新闻教师开创的道路上继续开拓迈进,为我国的新闻传播学教育发展作出更大的贡献。

新中国第二代新闻教师群体特征及其突出贡献探析

冯 帆

中国新闻传播教育事业发展百年，历经了起步—发展—转型—调整—黯淡—重建—繁荣的七个阶段。特别是自1949年中华人民共和国成立以来的70年，随着人民教育事业的快速发展，社会主义新闻传播教育从无到有、由小及大，形成了我国学科体系完备、门类健全多样的高等教育事业之中的重要组成部分；同时也成为与哲学、历史学、经济学、政治学、法学、社会学、民族学、人口学、宗教学、心理学等学科并列的对我国哲学社会科学具有支撑作用的学科。①

70年来，我国新闻传播教育事业经历了辗转变化的发展历程，形成了特点鲜明各具特色的不同历史阶段。有学者将70年来我国新闻传播教育划分为学习苏联、政治挂帅阶段；体系完整、遵循规律阶段；技术引领、中国特色阶段。② 也有学者将其总结划分为调整、新创与发展时期；灾难时期；恢复与发展时期；繁荣与发展时期以及新世纪的转型发展与国际化时期等不同阶段。③ 70年来的中国新闻传播教育，由于所处各个历史阶段中宏观社会环境和中观高等教育系统的差异呈现出了色彩斑斓的发展特征。④ 但我们也应看到，除了社会整体环境变化和高等教育模式变革等维度外，相对二者而言属于微观维度的新闻传播教育者也在不同历史时期中为我国新闻传播教育事业的发展贡献着力量：一方面，他们被时代所形塑；另一方面，他们又以教师的身份影响和改变着新闻传播教育事业的走向。因此，对新中国成立以来新闻传播教育事业的研究，离不开对出现在不同历史时期、发挥着不同历史

---

① 习近平：《在哲学社会科学工作座谈会上的讲话》，载《人民日报》2016年5月19日。
② 邓绍根、李兴博：《百年回望：论中国新闻传播教育发展历程及其特点》，载《现代传播》2019年第6期，第157页。
③ 李建新：《中国新闻教育的百年流变与重要问题读解》，载《出版发行研究》2019年第4期，第95页。
④ 邓绍根、李兴博：《百年回望：论中国新闻传播教育发展历程及其特点》，载《现代传播》2019年第6期，第155页。

作用的新闻传播教育者群体的研究。先前的研究曾尝试总结了以安岗、罗列、甘惜分、陈望道、王中、左荧、温济泽等为代表的第一代新闻教育家的教育思想和办学实践①，以及包含他们在内的新中国第一代新闻教师群体在我国新闻传播教育事业之中作出的开创性贡献。② 同时先前研究也总结了新中国成立以来四代新闻传播学教师的群体特征以及他们在改革开放后为我国新闻传播教育事业所作出的贡献。③ 这些研究以新闻传播学教师群体为研究对象，有别于先前新闻传播教育研究领域中或是从宏观编年史角度梳理重大事件或是从微观教育家角度呈现大家风采的既有研究取向和研究路径，开辟了一条以新闻传播学教师群体为研究对象的新思路。

六十载时光如梭，如今曾开创了我国社会主义新闻传播教育事业的第一代新闻教师中仅有中国人民大学方汉奇先生仍保持每年招收博士研究生（2020年起不再招收）。而师从于第一代新闻教师群体并跟随他们的脚步走上新闻教育岗位的第二代新闻教师们多数也已步入了耋朝之年。与先前的第一代新闻学教师群体相比，第二代新闻学教师群体的经历更加曲折，他们既感受到了在1954年《关于改进报纸工作的决议》指导下数年间新闻教育事业的大发展大跃进，也直接见证了十年"文革"带给新闻教育事业的浩劫；伴随着改革开放后新闻传播教育的恢复和发展，他们迎来了教学科研事业的春天，并最终作为带头人引领着我国新闻传播教育事业走进了继往开来的新世纪。从纵向的时间维度上考量，第二代新闻教师群体在70年的社会主义新闻传播教育事业发展进程中起到了其他几代教师群体无法替代的坚守初心、承上启下作用。因此，研究这个群体的特征和贡献，对于更好地理解我国新闻传播教育事业发展规律和路径具有重要的参考价值。

一、南北并立——第二代新闻教师群体的基本构成

在先前的研究中，笔者根据社会历史背景的变迁和行业内在法则规律的演变等因素将1949年以来新闻传播学教师群体进行了四代划分，其中包含

---

① 赵玉明、冯帆：《新中国第一代新闻教育家及其办学思想探析》，载《现代传播》2018年第1期。
② 赵玉明、冯帆：《新中国第一代新闻教师的开创性贡献探究》，载《现代传播》2018年第12期。
③ 艾红红、冯帆：《改革开放以来几代新闻传播学教师群体特征探析》，载《新闻爱好者》2018年第10期。

了新中国成立后到20世纪50年代中期前毕业参加工作的第一代教师；50年代末至"文革"前毕业参加工作的第二代教师；改革开放后毕业参加工作或从其他领域转向新闻传播教学工作的第三代教师；以及新世纪以来参加新闻传播教学工作的第四代教师群体。①

1958年9月，《中共中央、国务院关于教育工作的指示》中明确提出"争取在15年左右的时间内基本上做到全国青年和成年，凡是有条件的和自愿的，都可以受到高等教育"②。再加上先前出台的诸如《中共中央关于高等学校和中等技术学校下放问题的意见》以及《中国共产党中央委员会、国务院关于教育事业管理权力下放问题的规定》等意见和政策的规定，当时全国大部分高校的管理权被下放到地方。③ 受到"普及高等教育"、下放高等教育管理权、"十五年普及高等教育"④ 等政策和指示的共同推动，我国高等教育规模大幅度提升。仅1958年一年全国高校学生人数便增长了22万人，同时江苏、广东、吉林、湖南、福建、浙江、江西等17个省市新建高等学校130多所。到1960年时，全国高校数量已上升到1289所，在校生数量为961623人。⑤ 但数量上的激增未能直接转化为质量上的提升，这场高等教育领域的"大跃进"虽然对于冲破新中国成立初期苏联模式对我国高等教育的桎梏有一定帮助，但在条件和质量均不允许的情况下盲目扩大规模还是使得这场改革最终以失败告终。随着1961年到1963年期间国民经济遭遇困难，高等教育方针随即也发生了调整，很多高校重新所建规模。而包括江西、江苏、陕西、浙江、甘肃、广东、山东、安徽、吉林、天津等地高校中在1958年前后建立起来的部分新闻系和专业也不可避免地纷纷遭遇停办。⑥ 在这种情况下，从20世纪60年代初到"文革"前坚持办学招收新闻专业学生的高校仅有中国人民大学、复旦大学和北京广播学院三所高校，这三所高

---

① 艾红红、冯帆：《改革开放以来几代新闻传播学教师群体特征探析》，载《新闻爱好者》2018年第10期。

② 转引自何东昌：《中华人民共和国重要教育文献（1949—1975）》，海南出版社1998年版。

③ 陈玉玲：《影响中国百年高等教育史上三次飞跃发展的高等教育政策研究》，载《河北师范大学学报》（教育科学版）2017年第2期，第75页。

④ 1958年4月，时任中宣部部长陆定一在全国教育工作会议上针对毛泽东"十五年普及教育"的指示精神提出了"十五年普及高等教育"的针对性想法。转引自何东昌：《中华人民共和国重要教育文献（1949—1975）》，海南出版社1998年版。

⑤ 同③。

⑥ 赵玉明、冯帆：《新中国第一代新闻教师的开创性贡献探究》，载《现代传播》2018年第12期，第128页。

校也成了第二代新闻教师群体主要的工作阵地。其中人大、复旦两校新闻系教师一般均为自己培养的毕业生，此外也有本时期中从苏联留学归来任教的个别教师；而北京广播学院由于成立不久，因此本时期中第二代新闻教师队伍也均得益于中国人民大学新闻系和复旦大学新闻系的支持。

不同于第一代新闻教师群体由党的新闻工作者、大学毕业留校任教学生以及旧新闻教育机构中原有教师共同构成的"三分天下"模式，经过了10年左右的高等教育事业发展，到20世纪50年代末我国已经自主培养出了数批高等学校教育工作者，第二代新闻教师群体中的绝大多数也是这个群体中的成员。但细细划分第二代新闻教师群体，还是能发现这其中呈现出两种主要类型：一是入学前便参加过新闻工作实践的调干生，他们在新闻系深造后进入到了新闻教学岗位之中，但人数相对较少；另一种类型则是高中毕业后考入大学新闻系的本科生，毕业后被分配到新闻系留校任教。但无论是调干生还是本科生，他们绝大多数均来自中国人民大学新闻系和复旦大学新闻系，因此本时期中我国高校新闻学教师供给也呈现了南北并立输出人才的二元模式。

20世纪50年代末至"文革"前，第二代新闻教师主要集中在中国人民大学新闻系、复旦大学新闻系和北京广播学院工作，这其中比较有代表性的教师主要包括：

（一）中国人民大学新闻系

工作于中国人民大学新闻系的第二代教师代表主要有陈仁风（1959年毕业留校任教，在蒋荫恩、郑兴东指导下参与新闻编辑课教学工作，1995年被评为教授，1999年退休。著有《报纸编辑学》《报纸编辑与评论》等）；傅显明（1959年莫斯科大学新闻系毕业到校任教，与张隆栋一起参加外国新闻史教学工作，曾任报刊史研究室副主任，1994年退休。著有《外国新闻事业史简编》《列宁与新闻事业》《苏联新闻史》等，译著有《马列主义新闻学理论基础》）；张之华（1960年毕业留校任教，跟随方汉奇从事新闻史教学工作，1996年被评为教授，1996年退休。编著或参与编著了《中国新闻事业通史》《中国当代新闻事业史》《中国人民军队报刊史》《中国新闻事业史文选》等）；成美（1960年毕业留校任教，跟随甘惜分、何梓华从事新闻理论教学工作，曾担任新闻理论教研室主任。1994年被评为教授，1996

年退休。作为人民大学第二代教师中唯一的博士生导师招收和指导博士研究生至 2008 年）；郑超然（1965 年毕业留校任教，曾任新闻系副主任，全国自学高考新闻专业委员会秘书长。1997 年被评为教授，1998 年退休。著有《外国新闻传播史》，译著有《日本大众传播工具史》等）；刘明华（1965 年毕业留校任教，曾于 1981 年至 1983 年赴日本上智大学新闻学科进修，1998 年获评教授，1999 年退休。译著有《日本大众传播工具史》等）。

（二）复旦大学新闻系

工作在复旦大学新闻系的第二代教师主要包括周胜林（1955 年考入复旦大学新闻系，1960 年留校任教，1993 年晋升教授，曾任复旦大学新闻系副主任，1998 年退休。著有《新闻采访与写作》《新闻通讯写作述略》《新闻采访写作教程》《当代新闻写作》《高级新闻写作》等）；张骏德（1964 年复旦大学新闻系毕业后留校任教，曾担任新闻系采访写作教研室副主任、新闻学院广播电视专业主任、中国新闻心理学研究会副会长等，1995 年晋升为教授，1996 年起担任博士生导师，是复旦大学第二代新闻教师队伍中唯一一位博士生导师。著有《新闻采访原理与技法》《新闻写作创新与技巧》《摄影基础知识与技能》《新闻评论学》《新闻心理学》等）；马光仁（1964 年复旦大学新闻系毕业后留校工作，曾担任中国新闻史学会副会长，上海新闻学会理事。著有《上海新闻史》《简明中国新闻史》等）。

由于中国人民大学新闻系有包括安岗、罗列、甘惜分、方汉奇、秦珪、何梓华、郑兴东、蓝鸿文、胡文龙、王泰玄、林珊等多位第一代新闻教师；复旦大学新闻系亦有包括余家宏、王中、丁树奇、伍必熙、吕梁、李龙牧、徐震、林帆、郑北渭、葛迟胤、夏鼎铭、丁淦林、宁树藩、徐培汀、董荣华等在内的十数位第一代新闻教师，两所高校的新闻教师队伍人数相对较多、师资力量较强、结构也较为完整，因而留校任教的第二代新闻教师较少。

（三）北京广播学院

作为国内第三个重要新闻教育基地的北京广播学院由于刚刚成立，师资力量薄弱，师资队伍尚未搭建成型，因此亟需优秀新闻系（专业）毕业生补充到广院的教师队伍当中。在人大、复旦的大力支持下，1959 年至 1960 年两年中两校先后输送了十多名毕业生（含调干生）支援广播学院新闻系，为开创广播电视新闻教育提供了强有力的支撑。

本时期中来到北京广播学院工作的第二代新闻教师主要包括：1959 年于中国人民大学新闻系毕业的调干生武子芳、李振水、张保安和本科毕业生赵玉明、曹璐、任远等；1960 年毕业于中国人民大学新闻系的朱羽君以及同年毕业于复旦大学新闻系的王珏、张舒等。其中武子芳、张保安、赵玉明、曹璐曾先后担任新闻系主任；王珏曾担任新闻研究所所长及《中国广播电视年鉴》编辑部主任；武子芳、李振水、赵玉明曾先后担任北京广播学院副院长；赵玉明、曹璐、朱羽君同为 1999 年北京广播学院首批博士生导师，一直在广播学院（今中国传媒大学）工作到 70 岁才于新世纪之初退休。

除上述三所高校外，1959 年毕业于中国人民大学新闻系的邓长荪以及 1960 年从复旦大学新闻系毕业的张大芝、刘树田也走上了新闻教师的岗位。邓长荪作为中国人民大学新闻系首届四年制毕业生，于 1959 年毕业后服从分配回到故乡江西，成为刚刚成立的江西大学（现南昌大学）新闻系中一名教师。其先后担任江西大学新闻系主任、南昌大学学术委员会委员、中国新闻教育学会理事等职务。① 张大芝毕业后先是被分配到边疆地区，后来经过调整又被分配到杭州大学新闻系。1962 年杭州大学新闻系撤销，张大芝被调到中文系任教。1988 年杭州大学新闻系恢复后复任系主任直至离休。② 刘树田毕业后根据志愿被分配到兰州大学中文系任教，承担新闻专业课程。1965 年兰州大学中文系新闻专业停办，刘树田转向文论教学。1984 年兰州大学建立新闻系，刘树田先后担任系党支部书记和系主任。③ 虽然笔者列举了第二代新闻学教师群体中的主要代表人物，但由于资料收集有限因而难免会出现挂一漏万的现象，因此也期待有志于从事相关研究的学者能够补充提醒。

二、大器晚成——第二代新闻教师的群体特征

不同于第一代新闻教师多元的成长环境，第二代新闻教师基本上都属于

---

① 王倩、黎军：《邓长荪：红土地上新闻教育事业的先行者》，见中国新闻史学会新闻传播教育史研究委员会：《中国新闻传播教育年鉴（2019）》，武汉大学出版社 2019 年版。
② 何扬鸣：《浙江大学新闻传播学科发展口述史》，浙江大学出版社 2017 年版。
③ 中国新闻史学会新闻传播教育史研究委员会：《中国新闻传播教育年鉴（2016）》，武汉大学出版社 2016 年版。

"生在旧中国，长在红旗下"的十七年一代知识分子。用大起大落来形容他们的人生恰如其分：在大学读书期间他们经历了反右斗争、"大跃进"等政治运动，同时也受到了苏联高等教育模式和普及高等教育等政策的影响。工作后，他们先是遭遇了20世纪60年代初期的高教方针调整，部分教师被迫远离新闻教育岗位；随后又在滚滚而来的"文革"浪潮中遭到停课、下放、改造……频繁的政治运动给他们的前半生带来了巨大的影响，同时也塑造了他们这一代人的性格。

第一，听从召唤甘于奉献是作为"十七年一代"知识分子的第二代新闻教师群体共同的底色。

作为生在旧社会，长在红旗下的一代知识分子，第二代新闻教师群体绝大部分均是在我国社会主义高等教育体制下成长和成才的。祖国的需要高于一切、舍小家顾大局的精神和使命早已在多年的教育中融入了他们的血液。无论是北京大学中文系新闻专业"为党和人民的新闻事业训练具有相当的马克思列宁主义理论水平、丰富的语言文学知识、较高的写作能力、足够的基本业务理论知识的记者和编辑人才"①，还是中国人民大学新闻系"培养既懂马列主义和人类知识的精华，又有中国革命的实践，特别是掌握毛泽东思想和党的路线方针政策的新闻多面手"②，这些培养理念和教学目标的设定使得第二代新闻教师在从学生到教师的转型过程中始终铭记着自己受过的教育和承担的职责。

从中国人民大学毕业后的邓长苏虽然更希望从事新闻实践工作，但在组织的分配下毅然决定回到家乡从事新闻教育。用他的话说他们那一代大学生都是"分配到哪里就去哪里，根本不讲价钱"，"国家分配你干什么就干什么，做什么其实都一样，到哪里都是做革命工作，都是为国家作贡献"。③

军旅出身的朱羽君1960年于中国人民大学新闻系毕业后，先是被分配到中央广播事业局学习电视新闻摄影。对于当时希望能够进入报社当记者的朱羽君来说，面对完全陌生的领域她想到的第一句话便是"党叫干啥就干啥！"学习结束后，朱羽君被留在了北京广播学院新闻系电视摄影教研组，

---

① 肖东发：《新闻学在北大》，北京大学出版社2006年版。
② 中国人民大学新闻学院：《中国人民大学新闻学院历史概述》，见《新闻学论集》，经济日报出版社2010年版。
③ 王倩、黎军：《邓长苏：红土地上新闻教育事业的先行者》，见中国新闻史学会新闻传播教育史研究委员会：《中国新闻传播教育年鉴（2019）》，武汉大学出版社2019年版。

这又与她先前的预期产生了落差。但多年的军旅生涯使她调整了心态，"面对党的需要和任务，没有困难不能克服"①。

面对组织的安排，军人出身的朱羽君毅然放弃了小我的志愿而选择了服从召唤。也许这样的安排使得报社失去了一位优秀的记者，但却使得我国的电视教育事业多了一位桃李满天下的园丁。

就像为了党的嘱托半路出家从事电视教育事业的朱羽君一样，复旦大学毕业的刘树田也将自己的一生毫无保留地献给了党和国家。在1960年毕业分配填报志愿时，刘树田和复旦大学新闻系的其他毕业生一样，凭着胸中的一腔热血，怀着支援国家建设的热情，毅然决然的选择到最边远、最艰苦、祖国最需要的地方去工作。他的三个工作志愿分别填写了西藏、青海和甘肃。② 而他最终也被分配到了兰州大学中文系新闻专业，从此开始了自己与兰州大学新闻教育的一生之缘。

第二，受时代因素影响，第二代新闻教师阅读范围有限、外语能力相对薄弱，制约了教学科研交流等工作的深入开展。

在1949年召开的第一届全国教育工作会议上，"以老解放区新教育经验为基础，吸收旧教育有用经验，借助苏联经验，建设新民主主义教育"的方针成为新中国成立初期高等教育所奉行的圭臬。③ 在那段时期中，我国高等教育学习苏联模式、聘请苏联专家，对我国高等教育结构进行了全方位的调整。宏观上调整高校院系设置，效仿苏联高校类型建立综合大学和专门大学，发展工业学院和师范学院；中观上进行专业设置改革，按照苏联高校专业目录设置安排，细化分类；微观上采用苏联教材、引进明纳尔制度④、大学本科普遍开设俄语课程。1949年到1959年，我国高校共聘请苏联专家861人，这还不包括在高教部担任顾问的苏联专家。⑤

对苏联高等教育模式的学习和照搬，虽然涤荡了旧的教育制度，为社会主义高等教育体系的迅速建立奠定了基础，缓解了社会亟需的人才缺口，但

---

① 方华：《朱羽君：德艺双馨的电视人生》，载《国际人才交流》1999年第4期，第43页。
② 中国新闻史学会新闻传播教育史研究委员会：《中国新闻传播教育年鉴（2016）》，武汉大学出版社2016年版。
③ 转引自邓绍根、李兴博：《百年回望：论中国新闻传播教育发展历程及其特点》，载《现代传播》2019年第6期，第157页。
④ 明纳尔制度又被称为课堂讨论制度，以师生互相讨论的形式完成授课教学。
⑤ 胡娟娟：《建国后高等教育学习苏联模式的回顾和历史教训》，载《改革与开放》2009年第12期，第192页。

盲目的照搬照抄也导致了大学文科人才缺乏、学生文化修养缺失、综合素质衰退等问题的出现。具体在新闻教育领域中，新中国成立前的新闻教育模式被定性为"资产阶级的旧新闻教育"进而遭到批判，同时教材也全部被抛弃。取而代之的是根据苏联办学模式移植嫁接的各种课程，如"新闻工作理论与实践"等。但这些课程主要介绍苏联对新闻宣传工作的方针政策以及如何在报纸上分别阐述各种问题的宣传政策。这种课程被总结为"领导人的讲话加上若干报道中的例子"，① 内容脱离国情，脱离现实，枯燥单调。

文史阅读范围有限，制约了第二代新闻教师理论水平的深化。同时受到高度重视的俄语教育也在昙花一现后逐渐显现出问题。1958 年 6 月北京大学中文系新闻专业合并到中国人民大学新闻系。在此之前北大中文系编辑专业（新闻专业）曾在 1952 年至 1955 年的课程设置中高度重视俄语学习，各年级均开设不同程度的俄语课。俄语课程的大量开设反映了苏联教育模式对我国高等教育的重要影响，也在一定程度上推动了苏联新闻理论实务的推广普及，促进了我国新闻教育的发展。傅显明等留学苏联归国的第二代新闻教师也利用精通俄语的优势翻译编著了部分苏联新闻史论业务书籍。但随着 1958 年中苏关系走向分歧以及随后苏联单方面毁合同、撤专家、公开中苏分歧，两党之间的争论被扩大到国家层面，② 高等教育领域的学苏联在两国关系恶化的背景下基本中断，学习了数年俄语的第二代新闻教师在临近毕业之时陷入了外语无用武之地的尴尬处境。外语水平的不足以及长时间的荒废使得第二代新闻教师较之一代和三代教师群体而言国际视野相对狭窄，这也成为第二代教师群体在改革开放后逐渐走上领导岗位后大力提倡新闻传播学国际交流的原因之一。

第三，在历次政治运动的洪流中，第二代新闻教师不忘初心、坚守岗位，终于在改革开放后迎来了工作第二春的焕发。

从新中国建立到"文革"爆发前的十七年，政治运动在我国不断出现，红专白专争论不休。特别是在 20 世纪 50 年代中后期，受到"左"倾路线的影响，我国高校新闻教育呈现出了明显的"政治挂帅"特点。政治理论课比重加大，新闻专业课成为次要；新闻教育出现"姓资姓社"的争论，一些原

---

① 葛怡婷：《道阻且长行而能远——复旦大学新闻教育述评（1957—1976）》，硕士学位论文，复旦大学新闻学院，2014。

② 宋银桂：《中苏交恶与"文化大革命"》，载《湘潭大学学报》（哲学社会科学版）1995 年第 6 期，第 68—72 页。

有课程被删除，新闻史论教材中涉及资产阶级和外国的内容则要么删减要么以批判为主。① 1957 年，中国人民大学新闻系在学校统一领导下掀起"整风鸣放"运动，批判资产阶级新闻学。一年后"整风反右"补课，500 多名师生中有 120 余人受到牵连。1960 年至 1961 年，人民大学新闻系全体师生开展学术"大批判"运动，教师讲义被逐个检查，许多观点被断章取义地认定为"资产阶级新闻观点"进而遭到政治批判。② 虽然这次"学术批判"运动最后被拨正并成为当时"全国十大'左倾'典型"之一，但连续的运动毫无疑问严重影响了新闻系按部就班的学习工作。

复旦大学新闻系在历次运动中受到的冲击更为严重。在"报纸是阶级斗争的产物和阶级斗争的工具"等基本观点的指导下，1957 年前后复旦大学新闻系王中、郑北渭、汪英宾、舒宗侨、徐培汀等人的观点遭到批判，新闻系 25 名学生被划为右派，7 名教师也被划为右派。③

在随后到来的"文革"中，我国的新闻教育事业遭到了更大的磨难，第二代新闻教师群体也被卷入滚滚洪流之中。1969 年 3 月，《人民日报》发表了署名为"驻复旦大学工人、解放军毛泽东思想宣传队"的文章《我们主张彻底革命》，文章提出"新闻系根本培养不出革命的战斗的新闻工作者。可以不办"④。在一系列内外因素的影响下，人大、广院先后停办，复旦大学新闻系虽然未停办，但也同样未能招生。三所高校新闻系的老师们大都下放到农村和干校去进行劳动改造，直到 20 世纪 70 年代初开始招收工农兵学员，这些老师们才陆续返校，在工农兵学员"上管改"的声浪中重新开始执教生涯：1970 年 10 月，伴随着人民大学的停办，新闻系整体并入北京大学中文系新闻专业，郑超然、陈仁风等第二代新闻教师跟随学校教工及家属迁往江西余江干校劳动；北京广播学院师生在"文革"开始后被下放到河北、河南等地的农村和干校参加劳动改造。在这期间，由于中央三台人手短缺，张保安、曹璐、赵玉明、朱羽君等教师被临时抽调参加采编实践，他们抓住机会积累经验改进不足，将实战感悟带到了后来的教学实践之中。"文革"后期，由于 74 级、75 级工农兵学员的入学，广播学院部分教师才被陆续召回。

---

① 转引自邓绍根、李兴博：《百年回望：论中国新闻传播教育发展历程及其特点》，载《现代传播》2019 年第 6 期，第 159 页。
② 中国人民大学新闻学院：《木铎日新人大新闻学院纪事》。
③ 葛怡婷：《道阻且长行而能远——复旦大学新闻教育述评（1957—1976）》，硕士学位论文，复旦大学新闻学院，2014 年。
④ 黄瑚等：《复旦大学新闻学院简史》，东方出版中心 2019 年版。

风雨如晦的"文革"结束后，我国迎来了改革开放的崭新历史阶段。新闻学教育在本时期中与全国上下各行各业一样逐步实现了拨乱反正，第二代新闻教师这时候才开始逐渐展现才华。20世纪70年代末80年代初，随着高校恢复招生、77级、78级学生入学，这群年龄均在40岁上下的"老讲师"们逐步在教学科研岗位上走入正轨。

改革开放后，中国人民大学新闻系重新组建，傅显明和张之华在1978年人民大学新闻系首次招收新闻学专业硕士研究生时便被聘为硕士生导师。与此同时，远在江西、浙江和甘肃的邓长荪、张大芝、刘树田也在紧锣密鼓地分别筹划着江西大学中文系新闻专业、杭州大学新闻系和兰州大学中文系新闻专业的重建。

"文革"爆发前的1965年，江西大学新闻系被撤销。1973年在部分高校恢复的背景下江西大学也得以复办，在邓长荪等人的努力下，中文系开设了新闻教研室；面向新闻从业人员的新闻干部进修班也于同年创办。1982年江西大学中文系新闻专业终于恢复并开始招生，两年后江西大学新闻系恢复建立，邓长荪担任新闻系常务副主任，主持教学行政工作。①

作为改革开放后杭州大学中文系新闻专业负责人的张大芝一手挑起了筹建新闻系的任务，大到教学计划、教学经费、办学目的，小到教室安排和桌椅布置，张大芝均要亲自安排。在最重要的师资问题上，张大芝运用自己复旦大学新闻系毕业的优势，从复旦人大调来了数名教师，又从历届毕业的本科生和研究生中挑选了优秀人才留校任教，杭州大学新闻系在这样的背景下很快建立起来，并在张大芝的建议下采用复旦的教材、复旦的方法和复旦的课程，按照复旦的模式进行学生培养。②

新闻学教育在改革开放后得以重新上路。随着人民大学新闻系的复建，全国多地在20世纪60年代停办的新闻系（专业）相继恢复招生。到1982年年底，全国共有新闻院、系、专业点16个，在校生1585人，教师364人。③乘着这股全国高校复建和新建新闻专业的热潮，刘树田所在的兰州大学也着力恢复停办多年的新闻专业。在甘肃省的支持和当地媒体的帮助下，兰州大学1983年筹备复建新闻专业，1984年建成新闻系。包括刘树田在内

---

① 王倩、黎军：《邓长荪：红土地上新闻教育事业的先行者》，见中国新闻史学会新闻传播教育史研究委员会：《中国新闻传播教育年鉴（2019）》，武汉大学出版社2019年版。
② 何扬鸣：《浙江大学新闻传播学科发展口述史》，浙江大学出版社2017年版。
③ 方汉奇：《中国新闻事业通史》（第三卷），中国人民大学出版社1999年版，第601页。

的十几位老师中，毕业于人大和复旦新闻系的不在少数。在各方面的支持下兰州大学的新闻教育在20世纪八九十年代一直在全国范围内名列前茅，"在大家心目中一直被排在前五，人大、复旦、广院、武大，接下来就是兰大。"①

作为承前启后的一代新闻教师，第二代新闻教师群体在第一代教师的指导下大多从事本科和硕士生教学工作。他们中的大多数人直到20世纪八九十年代才开始初显身手，部分教师还成了博士生导师，直到21世纪初才退休。但与此同时，时代的局限也在第二代新闻教师群体的身上打下了重重的烙印，由于没有条件博览群书，较之第一代和第三代教师群体，第二代新闻教师时常感到自己的独立思考精神仍略显欠缺。

三、承前启后——第二代新闻教师群体的突出贡献

在改革开放新时期到来的20世纪70年代末，第二代新闻教师普遍已年近不惑。这群40多岁始获中级职称的老讲师们终于在改革开放最初的20多年间初展才华，逐步承担起了承前启后、继往开来的重任，为新闻教育在即将到来的新世纪里蓬勃发展提供了有力支持，奠定了我国新闻传播教育的坚定磐石。综合分析第二代新闻教师的突出贡献，笔者认为主要体现在以下几个方面：

第一，第二代新闻教师在第一代教师的指导下从参与到主讲逐步承担起了培养本科生的教学任务，并积极参加了初期新闻史论编采教材、专著和专业辞书的编写工作。

在人民大学新闻系，1959年、1960年毕业留校任教的陈仁风和张之华已经承担起了给1961级本科生教授"新闻理论""报刊史""新闻业务"等课程的任务；复旦大学新闻系张骏德1964年毕业留校后一方面作为助教讲授新闻采访写作课程，另一方面也在余家宏老师的带领下开始了对新闻学理论的梳理工作。② 在教学工作之外，第二代新闻教师也在前辈的引领下逐渐开始了对新闻史论和业务的科研探索。

社会主义新闻教育体系的建立离不开丰富全面的教材和理论书籍支撑。

---

① 中国新闻史学会新闻传播教育史研究委员会：《中国新闻传播教育年鉴（2016）》，武汉大学出版社2016年版。

② 王永亮、成思行：《张骏德：布衣教授》，见《传媒论典——与传媒名家对话》，中央编译出版社2004年版，第23页。

在第一代教师呕心沥血编著了1949年以后我国的第一批新闻史论编采教材和专著后，第二代新闻教师群体在前人开辟的道路上更进一步。特别是随着改革开放后新闻理论和新闻思想的不断丰富发展，破除"左倾"新闻理论和阶级斗争工具说的桎梏，与时俱进地编写适应社会现实需要的教材和专著成了第二代新闻教师义不容辞的责任。科研著作的编写首先在新闻编采业务方面得到了突破，复旦大学新闻系周胜林毕业留校后长期从事新闻采写的教学研究工作，在长期的一线教学和调研中，他提出了"隐蔽采访""易地采访""涉外采访"等一系列新的课题并在此基础上编写出了"文革"后我国第一本新闻学教材《新闻采访与写作》，此后他又相继出版了《新闻通讯写作述略》《新闻采访写作教程》《当代新闻写作》《高级新闻写作》等一系列专著和教材。其中《新闻采访与写作》《新闻采访写作学教材》《当代新闻写作》先后被全国数十所高校选中为专业教材。[①] 同在复旦大学新闻系任教的张骏德于1986年与刘海贵合著了《新闻心理学》一书，这是国内最早涉及新闻心理研究的著作。[②] 在人民大学新闻系，第二代新闻教师陈仁风于1982年与郑兴东等三位老师合著了《报纸编辑学》；一年后张之华也和方汉奇、陈业劭两位老师一起编著了《中国新闻事业简史》；1985年，郑超然与刘明华合作翻译了日本学者山本文雄的《日本大众传播工具史》一书。

改革开放后，新闻史论编采方面的著作比较紧缺，而与之相比广播电视方面的相关著作和教材则是基本一片空白。为了尽快补上这个缺口，北京广播学院新闻系的教师们于1981年重建了广播史教研室，赵玉明担任教研室主任。教研室成立后开始集中力量收集资料著书立说。经过几年的材料收集和整理，1987年《中国现代广播简史》出版，弥补了我国广播史研究的空白，丰富和充实了我国现代新闻史的研究内容。[③] 此后，教研室还编著了包括《中国广播史料选辑（1—5）》《旧中国的上海广播事业》等专刊。此外，北京广播学院新闻研究所在所长王珏的带领下于1987年和1989年先后出版了《新闻广播学论集》《新闻广播电视概论》等专著和教材，在广播学院第二代教师的带领下，我国广播电视研究的著述一下子充实起来了。

[①] 尹少鹏：《新闻学苑勤耕人——记新闻理论家、复旦大学教授周胜林》，载《新闻传播》2003年第9期，第50页。

[②] 王永亮、成思行：《张骏德：布衣教授》，见《传媒论典——与传媒名家对话》，中央编译出版社2004年版，第23页。

[③] 赵玉明：《广播学院和广播电视史学建设》，载《现代传播》1999年第5期，第18页。

在教材专著编写出版的同时，第二代新闻教师还参与了部分专业新闻辞书的编写工作。改革开放之初，为了全面反映我国广播电视事业发展的进程，改变长期以来广播电视资料无从查找的状况，北京广播学院新闻研究所提出了创办广播电视类年鉴的设想并于 1984 年年底向广电部呈送了请示文件并很快获得批复。一年后的 1985 年 12 月，正式确立了《中国广播电视年鉴》编委会成员，时任广播学院副院长的李振水、新闻研究所副所长王珏均担任副主编，王珏同时兼任编辑部主任，赵玉明担任编委（后为主编）。①两年后，首卷《年鉴》出版发行，《年鉴》的发行为广播电视从业人员、决策管理者、教学科研人员以及社会各界人士了解中国广播电视情况提供了可靠的信息，在我国新闻传播广播电视研究和实践领域产生了深远影响。如今《年鉴》已成为展示中国广播电视事业发展变化的重要平台以及记录现实、服务现实的权威工具书。②除此之外，以赵玉明为代表的第二代新闻教师于 1989 年主持编纂了我国第一部广播电视专业词典《广播电视简明辞典》，并在此基础上于世纪之交增订出版了收入广播电视各类条目 2800 余条的《广播电视辞典》。同时他们还参与了包括《中国新闻年鉴》《中国广播电视人物词典》等辞书的编写工作。

第二，北京广播学院的第二代教师在所学新闻史论编采知识和实践的基础上，结合广播电视的实际特点在"老广播"的指导下逐步建立起广播电视新闻教学体系，开始培养广播电视新闻专业学生，开创了我国广电新闻教育事业。

北京广播学院新闻系是第二代新闻教师最大的集中工作地点。建校前两年，包括中国人民大学新闻系和复旦大学新闻系的十余位毕业生被分配到广播学院。这些来自人大复旦的新生力量可以说是对办好广播学院最有力的支持，他们之中有四人先后担任过新闻系主任，三人担任过副院长。

来到广院之初，这些长期浸润于报刊理论和采编业务的新老师们很多从未接触过广播电视，但强烈的责任感和不服输的精神使得他们在新闻史论采编知识的基础上，结合广播电视工作的实践边学边教、边教边学，分别开始从事广播电视新闻的史论编采教学研究工作。如被分配到摄影教研组的朱羽

---

① 赵玉明、刘书峰：《与开放时代共进与广电改革同行——主编赵玉明教授谈〈中国广播电视年鉴〉创刊 20 周年历程》，载《现代传播》2007 年第 1 期，第 57 页。
② 赵玉明、曲宗生：《江山常在掌中看——写在〈中国广播电视年鉴〉创刊 30 周年》，载《中国广播电视学刊》2017 年第 1 期，第 76 页。

君面对从未接触过的教学领域,集中精力接触电视摄影。她一方面在广播事业局集中学习,另一方面又经常来到北京电影学院蹭课补充专业知识,同时一有时间还钻进图书馆寻找资料,查漏补缺。勤奋严谨的精神使得她很快适应了电视摄影的授课要求,此后她一边上课,一边实践拍摄,积累了丰富的经验,包括《五指山上红领巾》《我爱北京天安门》等作品在国内外得到了播出的机会。①

担任广播电视史论教学研究工作的赵玉明先前无论在北京大学还是人民大学从未接触过广播电视史。面对这门既无教材,又无经验的课程,他选择求助于两位老师:一方面他求助于书本,北京图书馆、中央广播局档案室等地都留下了他搜集史实查阅资料的身影;另一方面他求助于先前在大学新闻专业讲授报刊史论课程的老师,按照报刊史的研究方法准备广播史。

在第一代教师的指导和第二代教师自身的努力下,这些先前并不熟悉广播电视的教师们成了各有所长的广播电视研究专家:王珏研究新闻广播理论;任远、朱羽君研究电视新闻;赵玉明研究广播电视史;张舒、曹璐研究广播新闻……广播电视学研究的基础就此奠定起来。

第三,在第一代教师的指导下,第二代新闻教师开始逐渐承担起培养新闻学研究生的重任。

从1949年到1977年,我国新闻学教育受各种因素影响发展曲折,普通本科生教育数次停滞,研究生教育更是无从谈起。在这期间,复旦大学新闻系的李龙牧曾于1961年招收过两名新闻学研究生王涵隆和徐占焜,这两人也成为1949年以来最早接受新闻学研究生教育的学生。②

1977年10月,为了响应邓小平讲话精神,教育部发布了《关于高等学校招收研究生的意见》,明确指出高等学校,特别是重点高等学校,凡是教师条件和科学研究基础比较好的,应从1977年起在办好本科的同时积极招收研究生。③ 在政策的推动下,中国社科院研究生院新闻系、中国人民大学新闻系、复旦大学新闻系、北京广播学院新闻系于1978年到1979年开始招收研究生。

---

① 丁阳、王雷亭:《朱羽君:从青丝到华发,我与电视教育的50年》,载《教育传媒研究》2019年第1期,第26页。

② 张玲、金洪海:《中国大陆新闻学研究生教育的产生及发展》,载《现代传播》1999年第5期,第107—112页。

③ 同②。

在这期间，中国人民大学和复旦大学的第一代新闻教师成了我国新闻学界的第一批硕士生和博士生导师。同时在北京广播学院工作的第二代教师群体也逐渐担当起了培养新闻学研究生的职责。赵玉明和王珉在1979年成为广播学院的首批硕士生导师，20世纪80年代起，包括曹璐、任远、朱羽君等开始招收硕士研究生。

进入90年代，中国人民大学、复旦大学和北京广播学院的部分二代教师先后成为博士生导师。在人民大学，成美成为第二代新闻教师中唯一一位博士生导师，从1996年起她先后指导了11位博士。在复旦大学，张骏德自1998年起开始招收博士生，他作为复旦大学第二代新闻教师中唯一一位博士生导师先后指导20余人。在北京广播学院，曹璐、赵玉明、朱羽君则在1999年成为首批博士生导师，先后培养了数十名博士研究生。

第四，第二代新闻教师参与筹建了部分国家级新闻教学研究团体，并逐渐担任起参与领导工作。

改革开放后，在第一代新闻教师的牵头引领下，一些国家级新闻研究机构和新闻学术团体逐步建立了起来。这些机构和团体的建立，为国内乃至国际新闻教育的交流和联系提供了便利。

1984年11月2日，中国新闻教育学会首先创立。这所由当时首都七家高校新闻系（专业）根据1983年全国新闻教育工作座谈会的意见联合发起筹建的，其目的在于团结、组织全国新闻教育工作者，交流和探讨高等新闻教育的经验规律，提高新闻教学和科研水平。① 学会会址建立在中国人民大学新闻系，在首届顾问、会长、副会长和常务理事中，时任北京广播学院新闻系主任的张保安被选为学会常务理事，这也是第二代新闻教师首次成为全国性新闻教学研究团体的负责人。此后，新闻教育学会经历换届，李振水、赵玉明等又曾先后担任学会的副会长。

在新闻教育学会创立的五年后，旨在促进我国新闻学学术研究发展的另一个全国性学术团体中国新闻史学会于1989年4月批准成立。在新闻史学会的第一届理事会中，来自中国人民大学新闻学院的第一代新闻教师方汉奇被推选为会长，并在1998年5月进行的第二届理事会换届大会上连任。由于民政部规定国家一级社团主要负责人年龄不得超过70岁，因此在中国新

---

① 赵玉明、冯帆：《新中国第一代新闻教师的开创性贡献探究》，载《现代传播》2018年第12期。

闻史学会 2002 年年会上，赵玉明被推选为常务副会长，新闻史学会秘书处也同时挂靠北京广播学院。

在两年后的中国新闻史学会 2004 年年会上，赵玉明被推选为会长。他提出了"求真务实"的学会工作要求，"求真"就是在新闻传播史的研究上要求真，要以实事求是的治学态度把新闻传播史的教研工作推向新水平；"务实"就是要把史学会的工作做到实处，切切实实地为大家、为新闻史学会办几件实实在在的事情，进一步扩大新闻史学会在新闻界、教育界、社科界的影响。① 此外，他也提出要以依法办会、民主办会、学术办会、勤俭办会、奉献办会作为办好学会的五个抓手。② 2009 年，赵玉明卸任新闻史学会会长，在五年的任期时间中他为团结和组织全国的新闻教育力量，提升新闻学教研质量作出了重要贡献。在第一代新闻教师的帮助指导以及第二代新闻教师的直接领导下，中国新闻史学会"成为中国新闻传播学界最负声望，最有影响的一个学术团体"，成为一块"金字招牌"。③

除上述两个国家级研究团体外，1998 年国务院学位委员会组建了首届新闻传播学学科评议组，赵玉明也作为唯一的第二代新闻教师参加了评议工作。

1949 年以来的第二代新闻教师群体，生在旧社会，长在红旗下，作为亲历者和参与者经历了我国新闻学教育 70 年来曲折发展的全过程。在他们身上，能够看到"十七年一代"知识分子对祖国和人民的忠诚；也能够看到年逾不惑而大器晚成厚积薄发的坚韧；同时也还有面对种种社会动荡时作为个体的无奈和苦闷。作为一群出家门、进校门、再进校门的"三门干部"，第二代新闻教师承上启下，继往开来，以十数人的一生坚守换来了中国新闻学的日月新天。2016 年，赵玉明获得了由中国新闻史学会颁发的第二届终身成就奖；2017 年，刘树田获颁中国新闻史学会第三届终身成就奖；就在刚刚过去的 2019 年，曹璐也获得了这项沉甸甸的荣誉。同样的，朱羽君也于 2017 年获得了中国高校影视学会颁发的第二届"学人奖——终身成就奖"。他们的耕耘和付出得到了新闻传播学界的认可和崇敬，而他们的功勋和贡献也值得作为后辈学人的我们永远铭记。

---

① 中国新闻史学会新闻传播教育史研究委员会：《中国新闻传播教育年鉴（2016）》，武汉大学出版社 2016 年版。

② 赵玉明：《赵玉明文集》（第二卷），中国广播电视出版社 2014 年版。

③ 中国新闻史学会新闻传播教育史研究委员会：《中国新闻传播教育年鉴（2016）》，武汉大学出版社 2016 年版。

发扬晋绥新闻光荣传统
谱写吕梁精神文化新篇①

——2018年3月31日在"纪念《毛泽东对〈晋绥日报〉编辑人员的谈话》70周年暨中国特色新闻学学科建设研讨会"上的讲话

躬逢盛会,我谈几点。第一,我是山西人,现属于吕梁管的汾阳人,所以,更应该来参加这个会议。这个会原来准备到吕梁去举办,因为身体不太好,就准备了两个书面发言发过去了。后来听说在北京开会,我不能不来了。第二,提几个建议。刚才郑教授的讲话,对《晋绥日报》的研究,提了几个建议,都是大事。我这里再做两项补充:一个是反"客里空",一个是毛泽东谈话。这两个大事,在中国新闻史上是必不可少的。

1978年,广播学院初开新闻学概论课程时,正好是毛泽东"晋绥谈话"30周年的那年,因为这个会议讲话是纪希晨同志做记录的,我们请纪希晨同志讲了一堂课。纪希晨的讲课我们做了一个记录,这份记录还保存着,我把它复印了送给晋绥(新闻与文化研究中心)的同志做参考。除了这两件事以外,刚才方老师也说了,毛主席对《晋绥日报》的重视,是因为晋绥离陕甘宁最近,所以就造成了毛主席对它的重视。特别是转战陕北的时候,《解放日报》停刊了,离他最近的报纸就是《晋绥日报》。毛主席对《晋绥日报》有很多的指示,其中有一个是1944年12月的"如何办好《抗战日报》",这个已经收录到新华社编的《毛泽东新闻工作文选》,里面重点提出,办地方报要为地方人民服务,不是给新华社办报,不要全部照搬新华社。这样的文献以前没有见过,新华社把它收入《毛泽东新闻工作文选》里,这在《晋绥日报》史里头是一个大事。

我要说的另一点是,《晋绥日报》在贯彻全党办报、群众办报的方针方面做得非常突出。新闻史上讲到报纸的时候,对编辑部谈话讲得比较多,但

---

① 原载《吕梁学院学报》2018年第4期,收入本书时略有订正。

是对基层群众、基层领导给这个报纸写稿，并作为最主要的稿件来源，过去讲得就不够。当时，有一位经常给《晋绥日报》写稿子的人，就是华国锋同志。华国锋同志在抗日战争和解放战争的六七年里，一共在《晋绥日报》发表了20多篇新闻、通讯、评论、读者来信。1978年，我在《人民日报》资料室收集抗战时期的史料，翻看《晋绥日报》——那时候《晋绥日报》没有合订版，只能一张一张翻。在翻广播史料的时候，发现有华国锋同志写的稿件，大概20多篇。我当时就把它们抄了下来。《人民日报》很重视，把我抄的这一些，给打印出来。华国锋同志当年是县委宣传部长、县委书记。这20多篇稿件，写的方方面面，有抗战的，有生产的，有文化的，还有种山药蛋的，怎么消灭害虫的，写出来就给《晋绥日报》（投稿）。我觉得这一段事情很有历史价值，就是说，《晋绥日报》贯彻全党办报、群众办报方针，作出了很突出的贡献。

除了《晋绥日报》之外，对新华社晋绥总分社，我也特别注意。就是在晋绥边区，是否有广播的问题，因为电力解决不了。但是，在一篇讲通讯兵的史料里面，我发现一封叶剑英、王震给周总理、陆定一、范长江发的电报。里面说到，晋绥广播电台现已装起电力在1千瓦左右的电台，比邯郸大一倍多，呼号为XNCR，波长30厘米。在早晨和晚上的广播时间，转播完陕北广播外，主要是地方性的广播新闻，可否批准引进？这个电报发了，可是之前是怎么回事，之后又是怎么回事，没有材料。所以说，晋绥在办报纸以后，广播有没有，这是一个需要研究的问题。我希望晋绥（新闻与文化研究中心）的同志研究一下，为晋绥研究贡献一份力量。另外，从广播史来看，不是说有广播电台的地方才可以写进广播史，没有广播电台的地方同样有广播的影响。在晋绥就有两个事例。第一个就是甘老师。甘老师在他的回忆录里说，在听陕北广播以后，抄下来办成小报，然后发出去，这是第一。第二，当时的晋绥，在陕北俘虏了好多国民党军官，军官转移到地方，就让他们写新闻稿，然后发给陕北，这也是广播实践。当时，延安的广播，在晋绥听得很清楚。有一个同志，当天听完广播以后激动万分，写了一首诗。据我所知，听了延安广播以后写诗的，这个同志还是第一个，当然后来有很多人也写诗了。这个诗，就发表在1946年5月13日《抗战日报》。诗的题目叫《听延安广播XNCR》。XNCR就是延安台的呼号。这首诗我提供给晋绥（新闻与文化研究中心）去研究。写诗的人署名徐挺秀，也就是徐明。我很想找他写一篇回忆录，问问他是怎么激动地写这首诗的。但我上哪儿找他去？甘老师是晋绥的,我就问甘老师,有个叫徐挺秀的人吗?甘老师说有,是徐明写诗用的笔名。我们学校 77 级学生入学的时候,我看他们的学生手册中的家庭情况,一看有个学生叫徐永青,括号里面写着他爸爸叫徐明,然后我就问了下,核实了一下,果然是晋绥的,我说那就请你爸爸给我写篇回忆录。他爸爸就写了篇回忆录,叫《延安之声》。我举这两个例子,就是说,虽然当地没有广播,但是有我们延安的广播,当地也就有广播产生着作用。

方老师刚才讲,吕梁是出英雄的地方。新中国成立初期有一本《吕梁英雄传》,因此,我期望吕梁学院和晋绥新闻与文化研究中心,能够在新的时代,再写一本"吕梁英雄新传"!

最后,我写了两句话,与吕梁的同志共勉:"不忘初心,发扬晋绥新闻光荣传统;牢记使命,谱写吕梁精神文化新篇。"

弘扬晋绥新闻文化　传承吕梁革命精神[1]

——访中国传媒大学赵玉明教授

常志刚[2]

为了准备 2018 年 4 月在中国人民大学新闻学院召开,由吕梁学院晋绥新闻与文化研究中心与教育部语言文学、新闻传播与艺术学部和中国新闻史学会、中国人民大学新闻学院联合主办的"纪念《毛泽东对〈晋绥日报〉编辑人员的谈话》70 周年暨中国特色新闻学学科建设研讨会",笔者于 2017 年 7 月 10 日拜访了中国传媒大学博士生导师、原中国新闻史学会会长赵玉明教授,就中国新闻教育发展、甘惜分与晋绥边区新闻事业、中国特色新闻学学科建设、山西新闻教育事业发展等问题,对赵教授进行访谈。受访人虽年过八旬,但思维缜密,逻辑严谨,讲述涉猎广泛,内涵丰富,特整理出文字稿与学界同仁分享。

一、言犹在耳　意味深长

赵：当年毛主席的谈话（对《晋绥日报》编辑人员的谈话）讲完以后,首先是内部刊登了,我不知道你看到了没有？

常：是的,在晋绥边区 1948 年 5 月出版的《新闻战线》第 1 期上刊登的。

赵：当年的内部刊物上有登过,后来的《毛泽东选集》（第四卷）也收录了。收进去以后就成为一篇新闻教学中必然涉及的经典著作。所以在一般的新闻史课堂上,是一个很重要的内容。当然不同的课程里也有不同的讲解重点。对广播学院来讲,因为广播学院课程有这么几类,一类属于新闻理论

---

[1] 原载《吕梁学院学报》2018 年第 4 期。
[2] 常志刚,男,1983 年生,山西吕梁人。晋绥边区新闻文化研究中心执行主任。高等院校与新闻单位互聘"千人计划"入选人员。全国新闻学会会员,联合国教科文组织媒介与信息素养网络成员,主要研究方向为中国新闻传播史、传播思想史、新闻教育。

方面的，一类属于新闻史，就是在广播电视史里，当然其他课程里边可能也讲。当年我们开新闻概论课的时候，就是1978年的时候，邀请过纪希晨，知道纪希晨吧？

常：嗯，知道。

赵：参加那次谈话的人有常芝青。他是山西交城人，当时是《晋绥日报》的总编辑、社长。还有甘惜分等人。常老当时年近古稀，我和他见过面，简单谈过。因为岁数大了我们没有请他，新中国成立后，他曾短暂担任《光明日报》总编辑，后来担任《大公报》总编辑，在1978年，给77级也就是"文革"以后第一届入学的学生，我们开了新闻概论课，当时的教学还不太正常，新编的教材还没出来，最主要是请一些新闻界各方面的人士作报告，其中一个人叫纪希晨，希望的希，晨光的晨，毛主席《谈话》的记录者。

纪希晨在1978年4月5日为我们作了一个报告。他说30年前，毛主席的《谈话》给我们制定一个纲领，作为新闻事业的接班人，上好这一课是非常重要的。然后，他讲了参加会议的具体情况，既有《谈话》中的内容，也有毛主席讲话现场的生动回忆。后来我们课程正常以后，因为广播学院是培养广播电视人才的，我们的新闻史课偏重广播电视史，那么在广播电视史里，我们也讲到了毛主席的这个《谈话》。当时的广播电台叫陕北新华广播电台，是新华社的一个部分，没有独立出来，进城以后才独立，所以一切是和新华社在一块儿。所以当时讲广播电视史，就把毛主席4月2日的《谈话》，还有刘少奇10月2日对华北记者团的谈话，作为我们广播迎接新的历史时期的重要纲领性文献来讲。毛主席在《谈话》里也讲到了："我们正在进行土地制度改革，有关土地改革的各项政策，都应当在报上发表，在电台广播，使广大群众都能知道，群众知道了真理，有了共同目标，就会齐心协力来做。"他在《谈话》里专门讲了一段与广播有关系的内容。刘少奇的讲话中也讲了，我们的报纸和广大群众的联系，就靠新华社和广播电台。这里，两位领导人都提到了广播在宣传政策方面所起的作用。在特定的条件下，由于交通不方便，新华社的电报，群众又看不到的，报纸又不能及时地送过来，那么很重要的一个传播渠道就是广播。主席也好，少奇同志也好，都提到了广播。另外就是毛主席提到了关于新闻工作的路线方针，关于宣传的风格和特色，还有关于党的新闻工作的基本条件和修养，在这些方面都做了阐述，对办好广播都有指导意义。不久，1949年3月，就是进城以前，在党的七届二中全会的报告中毛主席又强调，通讯社、报纸、广播电台的工作都要围绕生产建设这个中心工作并为这个中心工作服务，所以我们在广播史课堂上讲到了《谈话》对广播的作用，后来又写进了教材里边。因为当年的宣传正好与土改有关。土改宣传里头既有正确的一面，也有过"左"的东西，过"左"的东西在广播电台也播出来，所以毛主席专门讲，要处理好广播电台关于土改宣传的、纠正土改的宣传中的"左"的错误。在1948年的2月，毛主席在关于纠正土改宣传中的"左"倾错误的指示中，也专门说到了："甚至因为陕北广播电台播发了某些不正确的新闻，人家竟误认为这是被中央认可的意见。"因为广播传得远，不但在国内甚至传到海外去了，所以毛主席专门发了一个指示要纠正土改宣传中的"左"倾错误。1948年3月毛主席对怎样报道山西崞县进行的土改，也有个批示。他把崞县如何进行土改的消息交给范长江向全国播发。要求"在报上发表"时"文字和标点符号不要弄错"，"发出广播及登报时间愈快愈好"，这个文件新华社的史料里都已收录。1948年3月，党中央宣传部还发了一个关于文件口播的指示，就是广播电台播出文件应当注意什么问题。5月份，毛主席在广播中央关于1948年土改和整党工作当中的指示中，也还有个批示。这个批示毛选里没有收入，我们找到了批示的照片。这个批示说，新华社广播（文字及口头广播，但不发英文广播），他说的文字广播就是电报，口播就是广播电台，另外在一切报纸上边发表，注意不要译错及发错。陕北电台收到以后，传达了毛主席的指示"不要播错一个字"。当时是由齐越同志播出的，播完了以后，确实是一个字也没有播错。就是说毛主席对于《谈话》前后关于土改的宣传作了很多的指示。对于这些指示，其中我着重就说口播，新华社和报纸我就不要谈了，陕北台根据毛主席的指示做了大量的工作，很好地完成了有关纠正土改宣传中先是"左"倾的错误的做法。为此，新华总社语言广播部写过关于土改等报道的检讨。登在了新华社的"本周业务一览"上。

常：赵老师，我在研究的过程中发现，他们当初现场听过谈话的人，有一部分回忆录，在他们的回忆里面，就要比毛主席的（谈话）定本要丰富、生动很多。

赵：当时他们是属于记录整理的嘛。可能和纪希晨谈的差不多。

常：常芝青、甘惜分、纪希晨他们三四个人的回忆，再结合毛主席的谈话，理解起来会更加完整一些。

赵：是的。参加"谈话"的人，我估计都不在了吧！

常：都不在了，很遗憾。但是好在我们研究中心有一位成员，是吕梁电视台的记者，他对于《晋绥日报》特别感兴趣，他又懂技术又通文史，所以他大概在六七年前就开始做一个《晋绥日报》的纪录片。

二、肝胆相照　师恩难忘

赵：你刚才还提到甘老师。遗憾的是，他前年去世了。活了100岁，他当年是在晋绥工作的。

常：新华社晋绥总分社。

赵：甘老师是我在北大读书时的老师，60年前给我们上过新闻理论课。我是55级的，他是1956年给我们上课的，可能我们是第一拨。那个时候刚上大学，当然是不清楚的，甘老师的情况都是后来是才知道的。

赵：2012年年初，《人民日报》海外版的记者到我们家来，他说我把你这书房拍了登在报纸上，我说你别先拍我的，你先拍甘老师和方汉奇老师的。他说方老师我们拍过了，甘老师最近身体欠佳，过一阵子再拍吧。9月9日我陪记者来到甘老师家拍照（后来发表在9月14日的报纸上），那天甘老很高兴地为我们两人题了字，我书桌玻璃板底下就是甘老给我的题字，他爱写字，这是他专门写给我的。甘老师书法很好，《甘惜分文集》里有好多题字，但是这个里面没有收。他题完就直接给我了。

常：很珍贵啊，甘老师的作品在书法界也是颇有口碑的。

赵：我还写了一篇文章怀念甘老师，我把文章打印稿送给你留作参考。与甘老师一起的照片有几张。我们和甘老师一起编《新闻学大辞典》，编完了以后在他家留了个影。我们还一块照过几张相。甘老师去世后，我就把这些找出来，跟甘门弟子上网一起交流。另外甘老师还担任过中国新闻教育学会的副会长，这个学会是在中南海成立的，首任会长是温济泽同志。当时因为温老是在社科院工作，原来在广播学院。新闻教育在北京的主阵地就在人民大学。甘老师在人大不仅做本校的，而且为全国的新闻教育也做了很多工作。

常：我最近写了一篇小文章，在河南的《新闻爱好者》上发表了，就写甘惜分先生与晋绥边区新闻事业之间的关联。我们在《晋绥日报》上找到了他写的二十几篇新闻稿。

赵：他与广播也有点关系。他听完陕北台的口语广播后，记录下来然后登报纸上。我因这件事情访问过他。20世纪80年代,我那个时候征集人民广播回忆录,听说晋绥当年要办广播电台的,但是因为晋绥没有电,所以没有办成。后来我就问他,我说你那时怎么接收延安的信息?他说我戴着耳机听过陕北台的广播,把它抄下来,还办成了小报。后来我请他给我写了一篇回忆录,收入到《中国人民广播回忆录》一书中,《甘惜分文集》里头有。另外,还有一个人是你们晋绥边区的叫徐明,当年叫徐挺秀,他在晋绥听了广播后写了一首诗登在《晋绥日报》上,但是我找不着这个徐挺秀。我有一次问甘老师,有个徐挺秀你知道吗?他说我知道这个人啊,他现在改名字叫徐明了。我说徐明我上哪去找?事情巧就巧在了广播新闻系招的77级的学生徐永青写的家庭履历表中,我看到他爸爸就是徐明,后来我就说回去请你爸爸写篇回忆录给我,他的回忆录,我们也收在《中国人民广播回忆录》中了。

三、温故知新 砥砺前行

赵:其他晋绥的同志,我知道得很少了。顺便告诉你,复旦大学的丁淦林教授曾与常芝青有过书信往来,收在《丁淦林文集》中,你可以查阅一下。明年你们要召开研讨会我觉得挺有意义的,大家一起探讨新闻学的研究和发展,你们是和新闻史学会下的中国特色新闻学研究文员会合作吧?

常:是的。

赵:这是好事。中国新闻史学会一共有四任会长,陈昌凤是第四任。我是第二任,第一任是方老师,第二任是我。然后就交给北大了,北大又交给清华了。

常:第三任是程曼丽老师?

赵:她接我的班,陈昌凤接程曼丽的班。我主要是搞广电史的,因为我担任了新闻史学会会长,所以也得搞点新闻史和新闻教育史这方面的研究,明年是我国新闻教育事业100年。

常:北大打算办一个纪念性会议?

赵:大家都可以纪念,北大的新闻教育是从100年前成立的新闻学研究会算起的,所以从某种意义上讲北大更直接一点。当然作为一个新闻教育和研究的纪念日大家可以共享的,并不是说只是北大本身。因为实际上北大的新闻学研究会,也就存在了两三年,2008年程曼丽又把它恢复起来了。因为做中国新闻史学会会长的缘故，我也搞新闻教育研究。70周年的时候，温济泽和方汉奇都写过文章。到80周年的时候，温老他们的岁数也大了，我就考虑着70周年有人写了，80周年还没人写，所以就我和郭镇之一起写80周年的。那年在北大开90周年研讨会的时候，我又和庞亮一起写了90周年的。这两篇都收入到我的文集中。不多讲了，目的一个就是，不忘初心！从培养研究生来讲，从支持教学来讲，大家有这么一个历史的过程。然后把这个发扬光大，既然要写就要搜集材料，就是新闻教育是怎么发展起来的。

大体上中国大陆的新闻教育的发展，"文革"前主要的就是三个学校，一个人大，一个复旦，一个就是广播学院。复旦是新中国成立前就有的，人大是55年办的，办起来以后又把北大的，就是我们合并到人大去了，而北大的新闻专业原来是燕京大学的，燕京大学早就有新闻系了，所以这两家是历史比较长一点的。广播学院作为大学是59年办的，它的前身是由小到大发展起来的，到"文革"前主要的是这三个新闻系。别的学校的新闻系是58年、59年上马，60年就下马了，以后就没了，后来一直到80年代才发展起来。广播学院从59年办起来以后一直办到"文革"，"文革"下马以后，人民大学也解散了，复旦也不招生了。后来到了70年代的时候开始招工农兵学员，广播学院就恢复了，复旦也开始恢复。然而人大解散就没有这个学校了，人大新闻系的老师都到农村去了，因为北大没有解散，所以北大要招工农兵学员，又把人大的老师请回来，等人民大学一恢复又把北大的老师调回去了。所以北大的新闻教育可以说是三上三下，断断续续。现在的新闻学院是2001年才办起来的，清华晚一年，2002年。80年代办起来一批新的新闻院系。广播学院比复旦、人大年轻点，比它们又老一点，所以当时大家就说复旦、人大是两强。1978年的时候，人大、复旦开始招硕士，我们是1979年招硕士生的，1984年人大、复旦又招博士了，我们那个时候还没有招，无形中就变成两强。新建的变成了第三世界。把我们孤零零地说成了第二世界。到了20世纪末，我们也开始招博士生了，我们1999年开始招博士，所以到20世纪末21世纪初，就由两强争霸，变成了鼎足三分。当时新闻学招博士生的就这三家，中国社科院新闻研究所也招，但它是另外一个系统，不是高校。这样就变成了三家，鼎足三分。其他的就弱一点，北大清华之前，华中科技大学、武汉大学等高校办起了新闻教育，现在可以说是群雄并立，大学新闻院系的发展形象点就是这样说，当然具体的发展都还是挺快的。

我们要办中国特色的新闻教育，这是一个一直在探讨的问题。从党的十一届三中全会以后一直在探讨，我写中国新闻教育80周年、90周年时候的论述跟不上现在新时代的需要了，但是作为一个历史的经验还有参考价值，你们召开中国特色新闻学研讨会，进一步探讨也包括新闻教育和研究在内，当然教育和研究两者是分不开的。我想对办好新时代的新闻传播教育一定有很大的推进作用。

四、耄耋之年　情系家乡

常：最近全国许多高校新闻院系都换了新的院长，大家都寻找自己的发力点，努力做差异化竞争，在竞争中合作，合作中竞争。

赵：现在新闻院系多，群雄并起，各有各的高招，不像过去两三家，人才比较少，现在大概每省，都有新闻传播类的院校，有些地市也开始有了，还有不同系统的也有各自的新闻传播院系。

赵：山西传媒学院，2014年我在太原开会，见过他们的院长。传媒大学的毕业生在那边的不少。它原来是广电系统的学校，后来成立了山西传媒学院。

常：山西的新闻教育起步不算晚，也有人文教育的深厚根基。

赵：作为山西汾阳人，我觉得山西的新闻教育起步不晚，但发展比较慢，与各地高校的交流不够，还没有开过全国性的新闻专业研讨会，你们开了个好头，很好。开个会能证明两点：第一你有一定的组织能力和接待能力，这是个考验；第二，你得必备一定的专业水平。所以你们为了开好这个研讨会要有点东西，这样才能互相交流。所以我主管中国新闻史学会的时候，要求一个高校开一次研讨会，必须出一本书。因为开会开完了，什么都没了，要有本书，这就不一样了。这样大家就可以长期交流了，就传承下去了。要不热热闹闹完了就完了，就剩一句话，几几年在哪里开过一次会。要开会就把它办好，另外就是发动大家，不光是你们，包括山西其他新闻院系，先把山西打个底子，这样组织一下，外地的同仁一来，说山西还可以啊，毛主席在这里发表的《谈话》真有用的。全国的新闻院系比较多，新闻院系和别的院系还不一样，比较活跃，就一个中国新闻史学会下边，我在位的时候只有四个分会，现在已经有十几个了。

要办学校就要办出特色，你得有特色。地方院校，你要切合地方的人才的需要，不然的话只想都打到北京去，这可能性也不大，个别可以，因为这儿还一大堆呢。所以要立足本地，能为山西多培养一些人才，毕竟轻车熟路，人熟，事熟。一定要挖掘本地的特色，适应本地的需求，这是非常重要的。正好毛主席给你们留下《谈话》，习近平总书记视察了吕梁地区，倡导吕梁精神，提出精准扶贫，要用吕梁精神改变吕梁贫困地区的面貌。

常：对，这也算是一个跨越时空的一个对话，对吕梁的一个新定义。所以我们想把这两个东西扭结在一起，明年办会的前部分是可以的。

赵：建议先要和北京的人大、清华、北大多联系，慢慢地发展起来。这也不是和谁争老大老二，我就把我这里发展起来，给当地、给山西培养出人才，这是好事。"文革"以前广电专业就我们一家，办广电缺少设备啊，当年办新闻系，说白了一张纸、一支笔就够了，最多弄几个照相机，我们在北大的时候，四个人一台照相机练习照相，如此而已。到20世纪80年代，像人大1985年才开始办电视，那时候广播学院已经办了快20年了。现在新闻传播院系后起之秀也发展很快，特别这些年网络教育的发展，竞争也更激烈。新闻传播教育的发展可以说进入一个新时代了！

晋绥解放区与人民广播[①]

晋绥解放区原为抗日战争时期中国共产党领导创建的敌后抗日根据地之一,包括当时山西西北部和绥远(今并入内蒙古自治区)南部广大地区,下辖46个县,320万余人口。在晋绥抗日根据地,1940年先后成立晋绥公署、晋绥军区和中共中央晋绥分局。1940年9月18日,创办《抗战日报》,1946年7月1日改称《晋绥日报》至1949年5月1日终刊。新华社在当地先后建立绥蒙分社和晋绥总分社。我党在晋绥解放区虽然没有开办广播电台,但以延安(陕北)新华广播电台为代表的人民广播在晋绥仍有一定的作用和影响,构成晋绥新闻史不可或缺的组成部分。兹就所知略述如下,供编写晋绥新闻史参考。

一、及时报道延安广播动态

1945年8月,抗日战争胜利之际,延安新华广播电台恢复广播,9月11日,新华社发出"延安新华广播电台即日开始广播"呼号为XNCR的消息。《抗战日报》于9月13日予以刊登。此后,根据新华社电讯,陆续刊登了延安台呼号、播出时间以及鲁艺文工团演播的消息。1947年元旦,朱德在延安台发表《一九四七年的十大任务》广播讲演,《晋绥日报》及时报道。此后,该报还陆续刊登了陕北台、邯郸台、济南台等新华广播电台增加播音时间、播出有关节目的报道。此外,还于3月23日刊登了诗人柯仲平写的《西北新华广播电台序曲》。

二、在晋绥收听延安广播

1946年5月,在抗大七分校工作的徐明被抽调到晋绥军区工作团从事调研工作。25日,他在晋绥军区的机要室,第一次听到了延安广播,心情十分

---

① 原载《吕梁学院学报》2018年第4期。

激动，专门记在日记上，并且写了一首题为《听延安 XNCR 广播》的诗，用笔名"徐挺秀"发表在 1946 年 5 月 31 日的《抗战日报》上。

1977 年，我在人民日报社资料室查找《抗战日报》上的广播史料时发现了这首诗，并且抄录下来作为讲课用的事例，说明延安台的影响和作用，甚受同学欢迎。但"徐挺秀"是何许人？我真想找他写一篇回忆录，但茫茫四海，何处找寻呢？中国人民大学新闻系的甘惜分教授是我的大学老师，听说他在晋绥工作过。有一次，我到他家拜访，顺便问：甘老师，听说您在晋绥工作过，有个叫徐挺秀的人，您知道吗？他说：我知道，不过他的原名叫徐明，徐挺秀是笔名。我又追问：徐明现在在何处？他的回答是，我也不知道。我仅有的一线希望也破灭了，但"徐明"这两个字却一直挂在心头。

功夫不负有心人，1978 年年初，广播学院新闻系 77 级同学进校。作为教师，上课前，总要对学生有所了解。我在备课过程中，翻阅了 77 级学生的入学登记表，在一名叫徐永青的学生的家庭状况中竟然发现，他的父亲名叫"徐明"，是个老干部。我当即找到徐永青，详细了解了他家的有关情况，特别请他回家后询问一下，其父是否又叫"徐挺秀"，写过一篇收听延安广播的诗。过了几天，徐永青告诉我，一切如我所问。我当即请他转告其父，就收听延安广播并写诗之事，写一篇回忆录。这篇回忆录题为《延安之声 鼓舞军心》，后收入到我校新闻系编选的《中国人民广播回忆录》（1983 年 5 月，广播出版社出版）和《延安（陕北）新华广播电台回忆录新编》（1990 年 12 月，中国广播电视出版社出版）两书中。徐明的诗《听延安 XNCR 广播》作为广播史料收入《解放区广播史料选编（1940—1949）》（1985 年 8 月，中国广播电视出版社出版）。

徐明的回忆录全文如下：

延安之声　鼓舞军心
徐　明

收音机发出嗡嗡嗡的声音，
屋子里挤满了人，
延安 XNCR 开始广播，
大家含着微笑，侧耳静听。

一个女同志用国语报告新闻，
她代表中国人民
　　　向全世界讲话，
声音是那么清楚，那么洪亮，那么有力，
　　　那么动人！

音乐响了，听！
——这是"鲁艺"播送歌咏。
歌者都是革命的艺术战士，
唱的是解放区人民底歌，
压倒一切靡靡之音！

全中国甚至全世界
　　　一切受难的人们，
听到解放区的消息
　　　就提高斗争的信心；
听到解放区的歌声
　　　就起着心弦的共鸣。
延安一句话
　　　全国人民鼓掌欢迎；
延安一个号召
　　　全国人民举手响应！

XNCR——你是一个巨人，
站在真理的高峰，
鼓舞中国人民争取民主和平，
吹起预言的喇叭，
报道自由幸福的日子即将来临！

这首题为《听延安 XNCR 广播》的诗，是我在 1946 年 5 月 25 日写的。前不久，我翻阅了当时的日记，回忆起写这首诗时的一些情景。

日本帝国主义投降后，我所在的抗大七分校由陇东迁移到山西。1946年1月，学校抽调部分干部参加晋绥军区组织的工作团，分成军事、政工、民运三个组，到各分区部队进行调查研究。我参加了政工组，到八分区。3月底，工作团回到晋绥军区政治部，整理调查材料。从4月中旬开始，工作团各组分别向晋绥军区领导同志作汇报。5月25日上午，我们向政委李井泉同志汇报情况。午饭后，几个同志对我说："延安已建立了咱们自己的电台，你还没有听过广播呢！这里机要室有收音机，咱们一块儿去听听吧！"于是，我就很高兴地随着他们来到机要室。人很挤，我站在收音机旁，听到了延安的声音。

记得那天广播的新闻，内容有关于东北民主联军在给予进犯的国民党军杀伤后撤离四平街的消息。这条消息反映了东北人民和民主联军发扬四平街保卫战的精神，给进犯者以更大的打击，为和平民主坚决自卫，不达目的誓不中止的坚定信念。关于当时的时局，晋绥军区司令员贺龙同志在5月7日向我们作报告的时候曾经说过："我们军队的数量虽然比国民党少，但质量比他们好得多。最近国民党用五个师打四平街，我们只有两个团，他还打不赢。我们有力量，大家可以放心。"延安广播的新闻，证实了贺龙同志讲的话。延安之声，更加鼓舞和增强了我们必胜的信心。那天，延安电台还广播了鲁迅艺术学院演唱的革命歌曲。我和许多同志都在延安抗大受过教育，后来又长期在敌后根据地工作，我们的心时刻向着延安。因此，一听到延安的歌声，就感到特别亲切，浑身充满了力量。

延安新华广播电台是我党的第一座广播电台，早在1940年年底就开始播音了。由于我们工作所在的单位没有收音设备，所以一直没有机会收听延安的广播。1946年5月25日，我第一次听到延安新华广播电台的播音。在当天的日记上，我这样写道："抗战以来，今天是第一次听到广播，况且是咱们自己的广播，所以特别高兴，回来就写了一首诗。"这首诗，就是《听延安XNCR广播》，后用笔名"徐挺秀"发表在5月31日的《抗战日报》上。

徐明收听延安广播并写诗留念，只是个例，但也从一个侧面反映出在晋绥解放区收听广播确是大有人在。XCNR，是延安新华广播电台的呼号。X，按当时国际有关规定，中国无线电台呼号的第一个英文字母为X。NCR是英文New Chinese Radio的字头，意即"新中华广播"。

有意思的是《晋绥日报》还刊登了两篇有关"土广播"的报道。一篇是据新华社晋冀鲁豫消息，济源某村向黄河对岸孟津的国民党军士兵办起口头喊话的"土广播"，报道我军取得晋南大捷的消息（1947年7月14日）。另一篇是王寨城内，分区领导机关每天晚上九点时，把当天收到的前线胜利消息用"土广播"宣传出去，把胜利的消息告知干部群众，推动开展支前工作，也收到明显的效果（1948年12月23日）。

三、收听陕北广播 播出战俘书信

20世纪80年代初，我为征集人民广播回忆录事到甘惜分老师家拜访时，曾向他询问是否在广播电台工作过，他沉思了一阵子说，他当时在晋绥根据地的新华社绥蒙分社、晋绥总分社工作，虽然没有办过广播，但听过延安（陕北）台的广播，还为陕北台组织过国民党军被俘军官书写家信，然后由陕北台播出。我听后十分高兴，恳请他写一篇回忆录。他欣然应允，不久，我到他家取回了他写的回忆录《历史机缘识广播》一文，后收入北京广播学院新闻系编选的《中国人民广播回忆录》（续集）（中国广播电视出版社1986年版），2000年又收入《延安（陕北）新华广播电台回忆录新编》中（同上出版社），《甘惜分文集》第二卷也收入此文，在题注中称"本书收入时，作者对个别内容有所补充"，现按"新编"一书所载全文附上如下，不再赘述。

历史机缘识广播
甘惜分

我从来没有在广播电台工作过，但作为一个战争年代的新华社记者，也曾与党的广播工作发生过某些机缘。至今想来，颇有回味。

1946年我在丰镇，此地现属内蒙古自治区，在当时绥远省的东南隅，地处京包铁路线上，在大同以北约50公里是我绥蒙野战军指挥部所在地。国共和谈时，有一位中央社记者驻于此。有一天他告诉我："我听你们的广播说，你们有几位领导人乘坐的飞机失事了。"我一时愕然，还以为他是造谣惑众。很快，他说的消息得到了证实，王若飞、叶挺、秦邦宪、邓发等同志4月8日在晋西北黑茶山遇难。我由此想到一个新闻工作者身边多么需要有一部无线电收音机呀。但在当时，也只能是想想而已。

1947年，我回到新华社绥蒙分社，分社在绥蒙军区司令部和中共绥蒙区党委所在的雁北左云县以西的一个小村中。这里远离城市，很难看到我们的报纸，即使看到也很慢，于是无线电收音机的迫切性又提出来了。

我们分社有一部手摇发电机，作为与晋绥总分社电报联系之用。当每天电讯联络之后，我们的报务员利用耳机收听延安的口语广播。后来延安被蒋军侵占，电台改称"陕北新华广播电台"，其实广播电台已不在陕北。那时事业草创，陕北台声音微小，要把耳机紧贴着耳朵，用手压紧，才能听到丝丝之音。报务员让我听听，我大为振奋，认为有了一条了解国内外大局的门路。从此，我每天按时收听。每当我听到"XNCR"的呼号时，心情是多么激动啊！

但是我一人收听作用有限，我想向大家传播陕北广播的消息。那时没有高音喇叭，即使有也不可能把丝丝之音变成金声玉振。我于是改用另一个办法：把口语广播抄录下来，把每条新闻加标题，第二天早晨自己刻蜡版或与别人合作，编印出一张八开小报，把口语广播变成了书面传播。这张小报取名曰《今日新闻》，印制几十份，分送绥蒙区党委和绥蒙军区负责同志以及各部门，还在村中显要处张贴一些。从此，这一张根据党中央的口语广播编印的油印小报便传扬开来，成为广大干部每天不可缺少的精神食粮，有时出报迟了，就有人来打听。军区司令员姚喆同志、区党委的负责同志甚至等不得第二天看报，每天深夜跑到电台那间土窑里来，打听情况，先听为快。

只有亲身感受到当时时局的脉搏的人们，才能体会出为什么人们如此迫切地需要新闻。今天人们爱读"信息"，那时的信息才真正是身价百倍。当时的内战形势，重点在山东和陕北。局部服从全局，我晋绥地区的野战军大都已渡过黄河投入陕北之战，我绥蒙地区无主力兵团，战局较为沉寂。但是任何地区的我军捷报，都是我们共同的胜利，兄弟友邻部队的胜利，同样给我们带来极大的欢乐。这就是我们的一张小小的广播小报受到欢迎的原因。

1947年春夏之际，我奉调到新华社晋绥总分社工作。从此每天都能及时看到总社发出的大量电讯稿，从中选出一部分供《晋绥日报》采用，与外界不通信息的问题解决了。

但在这里我又同口语广播发生了另一种关系，事情是这样的：

我晋绥解放区与陕北只有一条黄河之隔，汹涌的黄河从北向南直泻而下，把这块黄土高原劈为两爿，河东是山西，河西是陕西。那时我西北野战军主动放弃延安，与胡宗南部周旋于陕北高原的山岭与沟壑间，寻找时机对敌展开围歼战，敌军整师整旅地被消灭。这一系列的胜利带来了一个新的问题，即如何处理大量战俘。一般普通兵员好办，愿去者遣送，愿留者补充到我军中，这些"解放战士"曾发挥过很大的作用。但战俘中的高级军官比较难办，这些人受反动教育较深，思想相当顽固，有的对共产党抱有成见。对这些人必须采取另一套办法以礼相待，组织他们学习中共政策文件，使他们自觉自愿地逐步转变思想，重新树立对国共两党的看法。

做这件工作必须有一个安定的后方，不受前线战局的干扰。正好，晋绥解放区是陕北战场的后方，于是一批一批的国民党军高级将领来到了晋绥解放区的首府——兴县，我在县城西边的小山村里经常见到这些人。

他们之中有国民党的高级军官廖昂、刘子奇、李昆岗等人。他们的态度开始很傲慢，但很快在真理和事实面前逐渐低头了。他们在人格上受到尊重，生活受到宽待，但却普遍患有怀乡病。这些人听到国民党造谣说他们已战死在沙场，都担心亲属们悲痛欲绝，无法生活下去。这种怀乡病在这些国民党将领中互相传染，有的竟在夜深人静之际抽泣不已。

我们的宣传从来是既有原则性又有灵活性的，在当时的有利形势下，我们采取了一种崭新的宣传方式——发动国民党将领给他们的亲属写信，这种信当然是无法邮递出去的，但如果由广播电台加以广播，那么它既是一封封信件，又会是一颗颗十分厉害的"政治炸弹"。

我们从这些高级将领中了解到一个有趣的情况：这些将领平时对下属人员，绝对禁止收听共产党的广播，以免影响军心。但是这些人自己却经常偷听我们的广播，他们听了之后不对下属传达，只在至亲好友中议论罢了。据他们说，共产党的广播真实可靠，胜就是胜，败就是败，丢了地方就说丢了，占领某城就必有其事，不像国民党广播那样整天造谣，叫人无法相信。

我们的广播就利用这种有利形势对敌区展开了持续很长时期的广播宣传，这是新华总社布置的任务，我们是执行者。那时新华社和广播电台是一家，广播电台的稿件大都来自新华社，只是经过改编使之口语化，便于收听。

为了组织高级战俘写家信，我曾多次前往他们所在的管理处，这个管理处有个称呼，我现在忘记了，只记得总负责人是金城同志，他是从延安到晋绥来的，对组织口播信件一事大力支持。考虑到国民党这些高级人员的复杂状况，必须尊重他们的意愿，愿写家信或不写家信一切听便。信的内容，不谈政治，不在信中捧共产党，也不骂国民党，只谈家常，报平安，信要简短，便于口播。

许多人乐于与我们合作，信写得很好，亲切而自然，对老父老母或妻子儿女都有所问候，有所叮咛，一看便知是在外游子对家属的怀念。

这些信件由我们全文发往新华总社，一经口语广播之后，在国民党统治区和国民党军官兵中引起了强烈反响。总社来电表扬，这些信件之所以重要，我想就在于：

一、它传递了最真实可靠的信息。这些信件告诉家人，他们的亲人还活着，而且生活得很好。这些信是伪造的吗？为什么对家庭住址、家属每个人的具体情况、信中所说的每个细节，都是那么熟悉呢？可见这种信是别人捏造不出来的。因此这种信对家属来说是个大喜讯，亲友之间奔走相告，他们的儿子、丈夫或亲友已"为国殉难""壮烈牺牲"的鬼话全破产了，对共产党的宽大政策有了切身的认识了。

二、这些家信不谈政治，只谈家事。此类口播信信件无一字涉及当时政治。如果在信中说共产党好而大骂国民党，甚至暗示国民党失败等，必然会使收听者感到这是在某种压力下写成，而大为降低可信性和合理性。因为这些偷听共产党广播的亲友们深知，他们的这位在国民党军中当大官的丈夫、父亲或儿子，在被俘之前并无此种思想，遽然转变，决非自愿。所以我们劝信件的作者在信中回避政治词句，他们之中有人愿意使用此种词句以示自己的进步，我们仍劝他们不必如此。因为此种词句不仅可能降低信件的可信性，而且可能给他们的家属带来麻烦——国民党当局会因为这种信件不利于他们的统治而加紧迫害这些家属。我们从全局来考虑，始终坚持口播家书只谈家事的方针。

但是，一切懂得政治斗争的人们都知道，这种"不谈政治，只谈家事"，恰恰是一种最锋利无比的"政治"。这种信件，有利于争取这些高级战俘本人转向于人民方面，有利于安定其家属，有利于瓦解国民党军政人员的斗志。所以，归根到底，这些书信一封封都如一支支利箭射向国民党统治区。看起来无所为，实则大有所为。《老子》说"夫唯否争，故天下莫能与之争"。当时我还没有悟出这个道理，近年来深悟此中之道，我们一切宣传工作者对这个道理是值得深加体会的。看起来似乎平常的口播信件，其隐含着的实际价值大大高于它的表面价值。

甘老师的回忆不仅是亲身经历的史实的回忆，而且提高到宣传理论的高度加以论述，非一般的回忆录可比，的确是更高一筹，值得反复玩味。

四、晋绥有无广播电台？

20世纪80年代在收集解放区广播史料时，曾经向一些老广播询问过，晋绥是否有广播电台？当时得到的答案是，我军在撤出延安之际，在考虑延安台的转移问题时，曾打算迁移到晋绥来，但由于当地电力供应问题解决不了，此议未成。后来在访问甘惜分老师时，也曾询问过，答案是晋绥只能收听延安（陕北）台的广播，当地并没有我党办的广播电台。

21世纪之初，我在通信兵部（现总参信息化部）查询我党无线电通信事业的有关史料时，在《通信兵文献》（5）（1945—1947）查到有1947年6月24日叶剑英、王诤关于晋绥广播电台开播致周恩来、陆定一、范长江电报一封，全文如下：

叶剑英、王诤关于晋绥广播电台开播
致周恩来、陆定一、范长江电
（1947年6月24日）

周、陆、范①：

晋绥广播电台现已装起，电力约在一千瓦特，比邯郸大一倍多。拟规定呼号为XGCS，波长用卅一米左右，主要方向对东南。广播时间除按时转播陕北广播电台节目外，早晨及晚上转播完后继续以地方性为主的广播节目。可否批准，请即电示。

叶、王②

巳迥③

（注：此件现存解放军档案馆）

---

① 周、陆、范，指周恩来、陆定一、范长江。陆定一，时任中共中央宣传部部长，转战陕北时任中央纵队政治委员。范长江，时任新华社副总编辑，转战陕北时任中央纵队新华社大队（四大队）大队长。

② 叶、王，指叶剑英、王诤。

③ 邮电代码即6月24日。原载《通信兵文献》（5）（1945—1947）。

经向通信兵部研究通信兵史的有关同志询问此电所言之事，但并无后续史料，即是否批准晋绥广播电台开播，也无下文。此前有关通信兵史的著作和近期出版的张进编著的《历史天空的红色电波》（上下册，长城出版社2013年10月版）一书也无相关记述。

五、毛泽东批示广播崞县土改的好经验

1948年3月9日，转战陕北途中，毛泽东批示胡乔木将《山西崞县两个区是怎样进行平分土地的》用明码发给新华社并嘱新华社副总编辑范长江，由新华社用文播、口播发表，同时在报上发表。

3月12日，毛泽东又将该文标题改为《山西崞县是怎样进行土地改革的》，同时又加写了按语。按语根据《人民日报》1948年3月24日所刊，收入《毛泽东文集》第五卷。崞县当时属晋绥区，今为原平县。

上述毛泽东3月9日批示及3月12日按语均收入《毛泽东新闻工作文选》（新华出版社2014年10月版），更为珍贵的是《文选》还收入了毛泽东3月9日批示的手迹。

六、毛泽东的《谈话》强调广播的重要作用

1948年初春，毛泽东及中央机关东渡黄河来到晋绥边区。3月26日到达晋绥边区领导机关所在地兴县蔡家崖。4月2日接见《晋绥日报》编辑人员并发表《谈话》。在《谈话》中，毛泽东开门见山地指明了报刊、广播在宣传党的路线、方针、政策方面所担负的重要任务。他强调："我们的政策，不光要使领导者知道，干部知道，还要使广大的群众知道……有关土地改革的各项政策，都应当在报上发表，在电台广播，使广大群众都能知道。群众知道了真理，有了共同的目的，就会齐心来做。"

当年，毛泽东的《谈话》首先刊登在《晋绥日报》的通讯刊物上，当时曾发到其他解放区的报社，以供学习参考之用。20世纪60年代初，《谈话》经毛泽东审定后收入《毛泽东选集》第四卷中，成为学习和研究毛泽东新闻思想的经典著作。

我与广播电视工具书

工具书，按照一般辞书的释义，即按一定排检顺序将有关知识、资料或事实加以汇编，专供读者检索查考之用的书籍，如字典、词典、百科全书、年鉴、手册、图录、索引、书目、年表等。

专业的工具书反映一门学科的兴起、发展和成熟的历程。我作为从事新闻、广播、电视教学的教师，半个世纪以来从使用一般的专业的工具书起步，逐步主持和参与主编、编纂了多种新闻、广电的工具书，既从中获益良多，又遍尝其中的甘苦，值得回味，以对后人有所启示。

一

我从1959年大学毕业后，分配到新创办的北京广播学院新闻系从事新闻广播史教学工作。当时最迫切需要的就是能找到一本适用的广播电视辞书，以便迈进新闻广播的大门。但遗憾的是在当时的图书市场、中央广播局和广播学院的图书资料室中找不到一本适用的新闻广播辞书。也可能在大型图书馆中有收藏，但我也没有见到，可以说是孤陋寡闻之至。

我最初接触广电工具书是从《辞海》开始的。1965年初夏，我第一次看到了《辞海》（未定稿）的有关新闻广播的条目，甚为欣喜，但发现其中有关"延安新华广播电台"和"中央人民广播电台"的两个条目中均称延安新华广播电台（后改名陕北新华广播电台、北平新华广播电台、北京新华广播电台），是在1949年10月1日改称中央人民广播电台。遂于同年7月7日致函上海《辞海》编辑部告知：根据新发现的《人民日报》有关报道，北京新华广播电台是于1949年12月5日改名为中央人民广播电台的（全信收入《赵玉明文集》第二卷第320—321页），并对《辞海》（未定稿）中两个条目提出了修改意见，供编辑部参考。

"文革"结束后不久，1977年上海人民出版社以20个分册方式出版了《辞海》（修订稿，供征求意见用），其中新闻广播条目收入《文化体育分册》，该书中有中外广电条目20余个。1978年1月上海人民出版社曾寄送我一册，征求意见。我再次对其中"延安新华广播电台""中央人民广播电台""北京广播电台（今中国国际广播电台）""北京电视台（今中央电视台）"等条目的释文提出了修改意见。

此后，《辞海》先后出版的1979年版、1989年版书中有关广电史的条目吸收了我所提的有关意见。目前，我案头有一部《辞海》（1999年版，三卷本）是我经常使用的必备工具书之一。

二

"文革"后期，复旦大学、北京广播学院先后招收工农兵学员，为了教学需要，复旦新闻系着手编印《新闻学小辞典》，并将其中有关广电的条目寄来广播学院新闻系征求意见。我当时为该辞典撰写了"中央人民广播电台""延安新华广播电台""北京电视台（今中央电视台）"等10多个广电史方面的条目，供他们选用。1976年内部出版的《湖北广播》增刊之三，刊登了我撰写的上述条目。但该书可能未公开出版，我也未见到。此后，复旦大学新闻系余家宏、宁树藩、徐培汀、谭启泰编写的《新闻学简明词典》《新闻学词典》于1984年、1988年先后问世，均曾寄我，可能与前述我提供广电史条目事有关。

20世纪80年代初，中国记协组织编写《新闻工作手册》，我作为责任编辑兼撰稿人，分工组织撰写有关广电方面的条目，该书于1985年由新华出版社公开出版。

改革开放之初，急于了解海外有关新闻传播研究的进展及有关书刊的出版情况，但苦于我外文功底差，英文未学过，俄文会一些，但也用不上。无奈之下，只能借助港台出版的中文有关书刊了解情况。遍访在京有关图书馆、资料室之后整理了一份《台湾香港新闻学书刊简目（初编）》收入有关书刊300余种，其中广电书刊40多种。《中国新闻年鉴》编辑部的同志将其改为《港、台出版的部分新闻书刊名录》刊登在1982年的创刊号上（未署名）。河北大学中文系新闻专业有关同志看后甚感兴趣，将我的原稿索去作为该系《新闻教学研究资料》第5期印发（1984年3月5日）。

1983年，《中国大百科全书》（第一版）新闻卷的编纂工作启动，我参与了该书"中国新闻事业"分支学科的有关广电方面条目的组织撰写工作，我撰写了"中国广播事业""中国人民广播事业创建纪念日""中国广播电

视报刊"（与他人合写）和"温济泽"等条目，其余有关广电史条目我请广电部有关部门和中央三台和我校有关同志撰写。该书于1990年12月问世。此后，我又参与了《中国大百科全书》（第二版）的有关编纂工作，担任新闻出版学科特约编审、新闻学分支学科副主编，分工广电部分条目的组织及撰稿工作。该书于2009年问世，为此，我于当年获得中宣部、新闻出版总署授予的《中国大百科全书》（第二版）编纂出版荣誉证书。《赵玉明文集》第二卷收录了我为该书两版撰写的有关条目。

《中国大百科全书》（第二版）不同于第一版的最大变化是未按学科分册出版，而是按汉语拼音字母顺序排列，全书共32卷。这样一来，有关新闻传播和广播电视的条目就分排在各卷中，对于从事新闻传播、广播电视的教研人员来说，使用起来很不方便，而且也很少有个人购置全书于案头。有鉴于此，我萌生了将第二版中有关新闻传播、广播电视的条目选出编印一本名叫《中国大百科全书（第二版）·新闻传播、广播电视条目选编》（初拟名）单独出版以便使用的设想。

我从2010年起，经与中国大百科全书出版社有关部门和我校出版社多次商谈，初步达成协议，由我组织我校有关师生负责有关条目的初步编选工作，由大百科编辑部提供第二版有关条目全文并最后审定，用两个出版社的名义，由我校出版社负责印制。但最终因费用和分成问题，两个出版社未能达成协议，以致告吹。

20世纪90年代起，我又先后参加了三部新闻方面工具书的部分编纂工作。第一部是中国人民大学甘惜分老师主编的《新闻学大辞典》，担任编委负责广电方面的部分组稿及撰稿工作。该书于1993年由河南人民出版社出版。第二部是新华社主持、冯健任总主编的《中国新闻实用大辞典》的部分编纂工作，担任编委、分工广电人物的组稿及撰稿工作，该书于1996年由新华出版社出版。第三部是中国新闻社主持、王士谷主编的《华侨华人百科全书·新闻出版卷》的有关编纂工作，担任编委分工撰写部分广电条目。该书于1999年5月由中国华侨出版社出版。《赵玉明文集》第二卷收录了我撰写的部分条目。

三

从20世纪80年代起，我先后参加了上述新闻方面多种工具书的部分组稿及撰稿工作，尽可能多地将广电方面的有关条目列入其中，但新闻方面的工具书只收录一般的广电条目及广电新闻条目，而诸如广电文艺、广播剧、电视剧以及广电技术方面的条目无法列入其中，只能到相关的文学艺术、科学技术工具书内查找。对此，我作为一名广播学院的教师，从教学研究的需要考虑，深感广电知识有一种被割裂的难言之隐。1987年，我担任新闻系副主任时，向学校领导提出编印一本广播电视辞典的建议。经批准后，由新闻系牵头，学校有关系所同志参加，再加上广电部有关部门和中央三台的鼎力相助，我国第一部广播电视中型辞书——《广播电视简明辞典》终于在1989年8月由中国广播电视出版社出版。此前，湖北的李德林曾邀请我参加他主编的《电视辞典》的编撰工作，我以正在主编"简明"一书为辞婉言谢绝。该书于1989年5月由湖北辞书出版社出版，此后，中国国际广播出版社于1993年出版了孙东海主编的《广播电视实用辞典》。我主编的《广播电视简明辞典》于1999年又由北京广播学院出版社增订再版，更名为《广播电视辞典》，此后于2007年又重印一次，全书收入广电各类专门条目2800余条（原为近1800条），分作18个部类（原为14个部类）近百万字（原为60余万字）。当时，我校博士生艾红红就《辞典》一事对我作了访谈，题为《追踪时代步伐　反映广电新貌》，刊于《现代传播》2000年第1期。

20世纪末，经国家广电总局批准，在总局人事教育司指导下，借助《中国广播电视年鉴》编辑部的力量，在全广电系统有关部门的协助下，我又主编了我国第一部《中国广播电视人物词典》，全书收入我国（包括港澳台地区）广电代表性人物2600多人。该书由北京广播学院出版社于2000年12月出版。当时，我校硕士生周亭就《人物词典》一书对我作了访谈，题为《中国广播电视人物的检阅》，刊于《现代传播》2002年第1期。

受前述参加编纂《中国大百科全书》新闻卷的启示，我于1991年年初，又首创编纂广电方面的百科全书，在广电系统和学校有关部门和教师们的支持下，我国第一部广电百科全书——《中外广播电视百科全书》于1994年10月由中国广播电视出版社出版。该书170余万字，售价85元，出版后受到广电业界的欢迎，初版5000册不久售罄。

在此期间，我收到一份"《中国广播电视百科全书》即将出版"的未署下款的印件，内称该书共两卷约300万字，144页彩色插图，千余幅随文配图。"规模之大为本事业本学科各类书刊之空前未有。"该书将于1993年6月出版，定价方面"国内版人民币100元，国外版美元50元，购书发票使用中国大百科全书出版社发票"。文中称"该书系专业系列的中国百科全书之一种,纳入统一规划由中国大百科全书出版社按统一装帧规格出版","由中国广播电视事业老前辈梅益等及当今有关领导、专家任顾问。由中国广播电视教育最高学府北京广播学院各学科、各专业教授、学者主持编纂"等等。言之凿凿,令人不得不信。但我当时作为广播学院分管教学科研的副院长竟对此事一无所知,也从未收到中国大百科全书出版社的有关信函。后来也未见此书出版。我至今也不知此事是何人策划的。

前述我主编的《广播电视辞典》和《中外广播电视百科全书》出版后经有关报刊多次报道甚受欢迎,《辞典》虽已再版,但也售罄。按照一般工具书的修订惯例,初版问世后,一般每十年修订一次,以适应学科发展的需求。2000年,经我提议主持申请将《中外广播电视百科全书》进行修订,并纳入当年国家广电总局项目,拨款1.5万元予以资助。具体编务事项起初由我校新组建的广电研究中心承担,继而由学校文科科研处主持,曾召开两次编委会讨论有关事宜,会上均表赞同,会下无人启动,只好告吹。

2004年,图书市场上竟然出现了以"中国广播电视出版社"名义(经询问并非该社出版物,该书责任编辑署名为"刘跃钊",经向中国广播电视出版社询问,该社确有此人,但他对出版这本书之事一无所知),署名"杜鹃"主编的《大众传媒百科全书·中国广播电视百科全书》精装上中下三册,售价798元。该书编辑委员会在2004年2月写的《序》中称该书"得到了有关领导、部门、院校的热情关心和大力支持。全国各地共76位专家、学者及各级广播电视局、广播电视台领导直接参加了撰稿、审稿"。在编辑委员会中列出了主编、副主编及编辑成员、编审共76人的名单。但在前述经广电有关部门供稿审定的《人物词典》中收入的有关领导和专家2600多人中,该书竟无其中一人的大名。此后2007年年初,学校出版社又拟请我出面主持再次修订《广播电视辞典》。

我校启动"211工程"建议后,我于2007年3月6日致函学校,建议将《广播电视辞典》和《中外广播电视百科全书》的增订工作纳入"211工程"三期规划。遗憾的是上述建议石沉大海,并无反馈。万般无奈我于2016年将前述"百科"修订项目的剩余资助经费全部退回文科处并说明缘由,请予谅解。

四

中国社会科学院新闻研究所主编的《中国新闻年鉴》创刊于1982年。我起初担任该《年鉴》北京广播学院资料负责人,继为该《年鉴》编委至1998年。陆续为该刊提供了有关广电方面及我校的部分资料,以供选用。

1985年,《中国广播电视年鉴》创办,首版于1986年出版。我始任编委,1989年起任副主编,1993年起任编委会副主任兼主编至2017年,其间1989—1998年作为学院副院长分管《年鉴》日常工作。在《年鉴》创办10周年之际,我提出向全国一流年鉴迈进的奋斗目标。此后,《年鉴》多次在全国年鉴评比中名列前茅。《年鉴》创办20周年之际,我以《与开放时代共进 与广电改革同行》为题接受我校博士生刘书峰的访谈,刊于《现代传播》2007年第1期。同时,《年鉴》编辑部编印了《为历史见证 与时代同行》(画册)。《年鉴》创刊30周年之际,编印了《明鉴春秋》(画册),同时制作了《年鉴》(1986—2015)合刊版U盘,将30年来的年鉴缩为一盘,更便于查阅检索。此外,我与常务副主编、年鉴编辑部主任曲宗生共同署名发表了《江山常在掌中看——写在〈中国广播电视年鉴〉创刊30周年》(《中国广播电视学刊》2017年第1期)以为纪念。我俩还因从事年鉴工作30周年,荣获中国出版协会年鉴工作委员会颁发的"杰出年鉴工作者"纪念章。在我主编《年鉴》期间,开辟了《史志资料》栏目,着重刊登初步整理的广电方面的历史性资料,以供查询,其中如《解放区广播电台序列表》(1990年版)、《旧中国广播电台名录》(1994—1998年版)和《新中国广播电视(影视)机构沿革(1949—1998)》(1999年版)等。其次刊登代表性广电期刊的目录如《广播业务》(1955—1966)、《广播业务译丛》(1959),均载2001—2002年版。《广播通报》(1950—1952)载2009年版,民国时期的《广播周报》(1934—1948)连载于2006—2008年版。详情请参阅《我与〈史志资料〉栏目》一文,收入《赵玉明文集》第一卷。

新世纪之初,我的书架上又增加了两种与新闻传播教学研究有关的年鉴。首先是中国社会科学院新闻与传播研究所主编的《中国新闻传播学年鉴》于2015年出版首卷,其中《学人自述》栏目中刊登了我的简历及《治学自述》。根据我的建议,该刊从2016年版开始刊登1978—1988年有关新闻系所招收硕士生的论文篇目辑览。

其次是中国新闻史学会新闻传播教育史研究委员会主编的《中国新闻传播教育年鉴》于2016年出版首卷，其中有关栏目中刊登了刘英华、刘勇铿写的《赵玉明的新闻教育改革理念与实践》一文。2017年版在《中国新闻传播教育史钩沉》中收入了我写的《关于新闻传播学科评议组成立前后的回忆》一文，并附我于1996年6月7日致函国务院学位委员会办公室提出《关于将新闻学学科列入一级学科的建议》。根据我的建议，该《年鉴》（2017年版）刊登了我校初创时期左荧、温济泽教育思想和办学实践的有关介绍。

践行延安广播传统的榜样[①]

——雨过天晴忆老杨

2017年6月19日上午,电话铃响。中央人民广播电台原台长杨兆麟同志的夫人老杜在电话中悲切急促地告知,老杨今天早晨去世了,接着又说了一句:他再也不受疾病的折磨了……放下电话,不由忆起两年前我与老杨的最后一次相见。那天在海军总医院的病房里,老杨戴着吸氧面罩,两眼盯着我们,像是打招呼,但又说不出话来。我和同去的中央台三个人,心情十分沉重,但又无可奈何。我们万万没有料到,几年前还精神矍铄、意气风发的老杨竟然……当天下午,我到老杨家中向老杜致哀,表示关怀慰问之情。

自从老杨去世起,老天爷也似乎不胜唏嘘,天气总是阴阴沉沉的,有时又雨声沥沥。6月23日,告别老杨那天早上大雨如注,我们在雨声中登上中央台开往八宝山殡仪馆的面包车。说来也奇,待我们迈着沉重的步伐向老杨告别时竟然雨过天晴,一片蔚然。在哀乐声中,我们告别年逾九旬的老杨并向老杜及其子女亲人一一握手,表示悼念。

回到家中坐定,眼望蓝天,碧青如画,不由得忆起与老杨相识相交的半个世纪的友情。老杨生于1923年,20多岁即投身革命,不久,加入中国共产党。1946年起,先后在新华社重庆分社、南京分社工作。在南京期间,与中共南京代表团共住梅园新村。保留下来的一份南京国民党当局的户口卡上,老杨的户主写的是"周恩来"。1947年3月,国共和谈破裂,老杨随中共代表团撤往延安,分配到新华社语言广播部(即延安新华广播电台编辑部)工作,从此开始了长达一个甲子之久的广播生涯。

一

老杨的广播生涯概括起来由两部分组成。一部分是直接从事广播编采工作,从普通编辑、记者做起,一生没有离开话筒和笔杆子。从延安窑洞到天

[①] 原载《广电老年》2018年第5期。

安门城楼的开国大典报道，从工农业采访到出国访问，从中央台的部主任到台长，直到离休以后，仍然笔耕不辍，佳作迭出。2001年，他的半个世纪作品选《一个记者的足迹》问世。他在这方面的业绩，久为人知，被评为新闻界的首批高级记者之一，可谓实至名归。他将延安广播的光荣使命付诸业务实践，与此同时，他还将自己的广播实践加以归纳提炼上升到理论高度，先后出版了《广播新闻学文集》和《寒暑四十年的追求——关于广播学的探讨》两本论著。2008年，中国广播电视出版社出版了周迅著《记者的战斗生涯——杨兆麟的不平凡经历》一书，使他的业绩广为人知。

另一部分是回顾、调研、整理延安广播史料，筹备延安广播历史展览、编写延安广播史话、参与制作弘扬延安广播精神的广播影视节目，使延安广播的光荣传统在广电系统广为人知，化为办好广电节目的精神力量。这方面的事例，举其要者如下：

1. 1970—1971年，老杨领导筹建延安广播历史展览，并在中央广播局内部展出。

2. 70年代末，率先提笔撰写广播回忆录《从延安到北平——一个广播工作者的回忆》。80年代初，参与指导广播学院新闻系征集广播回忆录工作，并继续撰写回忆录多篇。

3. 1980年春，老杨参与更改人民广播事业创建纪念日事宜。当年12月，经中宣部批准，中央广播局发出通知，将人民广播创建纪念日由1945年9月5日改为1940年12月30日，并举办了人民广播40周年座谈会。

4. 1980年秋，老杨作为北京广播学院组织的延安（陕北）台历史调查组的顾问，重返延安参与指导调查了延安（陕北）台在延安、陕北、太行、平山等地的10多个编播技术部门的旧址，审阅了调查报告。

5. 1985年年初，老杨作为中央台台长兼任纪念人民广播事业创建45周年筹备组组长，领导筹划纪念活动，其中包括制作大型画册，拍摄《人民广播风云录》电视片，举办老广播座谈会并开始编写延安（陕北）广播史话等。

6. 为指导拍摄电视片《人民广播风云录》老杨再返延安，并在延安台最初的王皮湾发射台为中国人民广播诞生地题词，并镌刻于石壁上，成为永久纪念。

7. 1985年7月，老杨卸任台长后，仍继续关注解放区广播史的调研工作。1986年1月，老杨和我编写的《人民大众的号角——延安（陕北）广播史话》首次出版。2000年12月，该书增订版出版。老杨作为顾问指导编写的《中国解放区广播史》于1992年出版。

8. 1987年，老杨参与组建中国广播电视学会广电史研委会，并任会长（至1997年），其间，他参与主持召开了四次全国广电史志研讨会。此后，作为史研会顾问仍积极参与有关活动。

9. 1986年，老杨应邀担任国家社科重点项目《中国新闻事业通史》编委，并负责撰写新中国的广播电视事业的有关章节。1990年老杨与我领衔申请的国家社科项目《中国广播电视通史》获批。这是广电系统的第一个国家社科项目。该书于2003年出版。

10. 2000年为纪念中国人民广播事业创建60周年，老杨先后指导制作了16集大型广播专题《划破夜空的灯塔》（当年12月30日，央广首播）。第三次赴延安指导拍摄8集电视剧《号角》（2001年央视首播），并深情地写下了《"延安精神"永存》一文。与此同时，老杨参与指导拍摄的故事片《声震长空》也开始启动，最终于2002年上映。这三项活动圆满地实现了老杨以生动具体的形象再现延安广播精神的夙愿，也为广电系统学习和继承延安广播精神的光荣传统留下了宝贵的教材。

田聪明同志与我校二三事①

2017年岁末,忽然传来原广电部副部长,曾任国家广电总局局长的田聪明同志因病不幸于12月26日去世的噩耗。在与几位和他有过接触的友人交谈中,大家都很怀念这位作风朴实、敬业,待人热情诚恳的"老部长"。20世纪90年代由于工作关系,我与田聪明有过多次近距离的交往,留下了迄今难忘的印象。

一

田聪明1990年担任广电部副部长。当时,他分管部属高校工作。我此前刚就任广播学院副院长,分管教学科研工作。本来我们两人缺少直接联系的机会,但机缘巧合,不久竟然相识,而且我多次参与他主持的有关会议。

我在广院领导分工中虽然不管财务,但教学科研离不开钱。缺少充足的教育经费,教学科研方面的很多工作就难以开展。当时学校的财务状况是,每年上面拨下来的教育经费中,人头费该多少,用多少;日常后勤保障花多少,是多少;教学科研经费剩多少,算多少。以1990年为例,全年教育经费700多万元。人头费约240多万元,后勤保障约300万元,业务费(即教学科研图书费等)约80多万元(比1989年下降10万元)。其他为预留款、结余款等。仅以图书经费为例,1995年下拨学校教育经费约1500万元。按教育部有关文件规定,其中应有5%用于图书购置,当年应拨75万元,但实际由于上述原因,实际只拨23万元,尚不足2%,缺口在2/3以上,由此可见一斑。

作为广电部直属院校,每年的办学经费是由国家教育经费中开支,根据办学规模,由教育部拨款。另一类基建经费,由广电部立项,财政部拨款。此外,再无大额的经费来源。90年代初,刚开始收取学费,但数额不大。如何多方筹措办学资金,既是广电部分管直属高校的田聪明关切的问题,也是

---

① 原载《中国传媒大学校报》2018年10月23日。

作为学校领导之一的我日夜牵挂的问题。

1993年冬，我在一次参加新闻界好稿评选活动时，听到一个信息，北京市规定，从在京新闻单位的广告收入中提取5%作为北京市教育经费的补充。返校后我向广电部教育司和学校的主要领导汇报此事，并建议向广电部提出，可否从中央三台主要是中央电视台的广告收入中提取一定比例，作为广电系统教育经费的补充，并可以此为由不向北京市缴纳此项费用。可能是我的这次建议起了作用。

1994年10月，广电部决定设立教育基金。《决定》中称：基金来源主要是从中央电视台广告总收入中（扣除成本）按2%的比例征收。为了合理和有针对性地使用这项基金。广电部专门成立了以田聪明为主任的教育基金（后改成教育专项补助金）管理委员会。我代表广院参加管委会的有关会议，参与讨论经费的分配和使用问题。从此，开始与田聪明有了直接的接触。

当时，广电部有直属高校四所，除广播学院外，还有北京电影学院、浙江广电专科学校（今浙江传媒学院）和山西管理干部学院（今山西传媒学院）。各校均有代表参加管委会。记得第一次开会时，田聪明说起建立教育基金来之不易，花每一分钱都要精打细算，记忆中起初每年央视提供几百万元，以后逐年增加，截至广播学院划归教育部之前，每年固定为5000万元。经过讨论于1995年制定了广电部教育基金管理办法。《办法》明确提出，教育基金主要用于解决各院校的教学急需，改善办学条件，支持部属高校向"211工程"迈进。但究竟把这笔钱用在哪些方面呢？或者说，怎样才能把这笔钱用在我分管的教学科研方面来呢？这是颇费思虑的。

广播学院提出向"211工程"迈进，首先面临的是提高办学层次的问题。即由硕士学位授予单位晋升为博士学位授予单位。当时有一个难点问题亟待解决，即每次填写有关申报表格时，其中有关"省部级科研立项"多少，资助若干？获"省部级奖励"若干，几乎全是空白。当时，国家教委有部级科研立项和奖励，但由于我校不是教委直属高校，所以很难获得。北京市也有相应的科研立项和奖励，但我校又不是市属高校，也难以争取到。中国广播电视学会主办的全国性广电学术论著评选，我校虽屡屡获奖，但国家教委规定学术社团的评奖，不准填入上述表格。与此同时广电部又未设立部级高校科研立项和评奖，1990年以来，我校虽多次获得国家社科立项，但数量少含金量不足。在此情况下，我校在填写国家教委有关表格时，省部级科研立项和奖励，往往难以下笔。不了解内情的还以为我校科研水平低、成果少，难以获得省部级的立项和奖励。我作为分管教研的校领导对此也焦虑万分，除积极鼓励我校教师申报科研立项外，总想找个突破口，为争取广电部设立部级科研立项和奖励做点力所能及的工作。

1996年年初，我作为新闻学学科评审组的成员参加了当年全国社科项目评审会议。经评审，广院当年在新闻学学科方面一举获得三个立项，资助金额达到7.3万元，是1990年首次获准立项以来最多的一次，而此前四年的三个立项只有5.37万元。这标志着我校的科研水平和竞争力有了新的提高。散会返校后，我即向学校主要领导通报了上述情况，同时奋笔疾书，起草了《关于全国哲学社会科学"九五"规划工作暨项目评审会议情况汇报——兼谈我部设立高校科研立项和奖励的建议》，报送广电部教育司并转田聪明同志。我在报告中除了汇报当年有关评审情况和广院获得多个立项情况外，并就设立部级科研立项和奖励提出了三条具体建议。企盼以此为契机，使愿望变成现实。过了不久，教育司领导高兴地告知我报告田部长已批示了。我急忙拿过来看，上面写着："过几天开会议一下，教育司正在准备办法，可参考赵院长的意见。"我立即复印一份带回学校。

随后，我多次参加了教育司召开的有关会议，就设立部级科研立项和奖励商讨有关原则和实施办法。在6月份召开的广电部部属高校工作会议上又作了进一步的讨论，并将有关内容写入部属高校人文社科研究"九五"规划要点之中。经评审后，当年广播学院即获得广电部人文社科科研立项24个，资助65万元，同时广电部又资助在教委立项的15个科研项目33.8万元。加上其他方面的科研经费，使广播学院1996年的全年科研经费突破100万元，达到134.7万元，创造了历史最高水平。

关于部级科研奖励，第二年也成为现实。首届（1996年度）部级高校文科科研优秀成果奖的评审工作于1997年9月顺利进行。经评审，我院获著作类一等奖2个、二等奖3个、三等奖1个；论文一等奖3个、二等奖1个。同时，还根据我的建议，将"八五"期间广播学院在中国广播电视学会主办的广播电视学术论文、著作评选中获奖的作品也确认为具有首届部级高校文科科研优秀成果奖同等级的资格。这样，在我校的获奖名单上又增加了一等奖3个、二等奖8个、三等奖3个。两者总计使我院一举获得广电部部级奖24个，为后来填报申请博士学位授予权、增办硕士点有关表格和向"211工程"迈进提供了有力的数据。

在 6 月份，田聪明主持召开的部属高校工作会议上，我又就广院图书馆资料经费奇缺的严峻情况作了发言，由于其他高校也面临类似问题，我的发言，引起共鸣。大家都迫切期望能从教育基金中给予每个学校足额的补助，以缓解图书经费紧张状况。会上，我建议从教育补助金中拨款 100 万元，四所学校参考国家拨款和在校生人数分配，大致比例为广播学院 50 万元、电影学院 25 万元、浙广 15 万元、山西干部学院 10 万元。我的建议大家均表同意，经田聪明批准后如数拨款。

总之，在田聪明作为广电部副部长分管部属高校工作期间，广播学院的发展有了充足的经费保障，迈上了新的台阶，确定了五个部级重点学科和重点实验室，提交了新闻学、广电艺术学两个博士点的申请报告，为向"211 工程"高校迈进打下了坚实的基础。

二

90 年代，田聪明作为部党组副书记、副部长还分管广电部办公厅的工作。当时我除担任广院副院长外，还在此前参与组建中国广播电视学会广电史研究委员会的工作，并担任主持日常工作的副会长职务。广电史研委会从 1987 年组建起，每隔两三年召开一次全国性的中国广播电视史志研讨会。在 1997 年初筹备第四次研讨会前夕，国务院办公厅于 1996 年 11 月发出了《关于进一步加强地方志编纂工作的通知》。我向时任广电部办公厅副主任的郭炎生同志谈到上述情况，并建议部办公厅转发国办通知，同时要求各省级广电厅（局）及部属有关部门切实遵照执行，按照当地党政领导机关的部署，按期保质完成各地广电志的编纂、出版工作。郭炎生将我的请求向田聪明汇报后，他找我俩口头汇报有关情况并于 1997 年 1 月批准下发有关文件（[97] 广办发办字 9 号），同时要求各省级广电厅（局）汇报广电志编纂进展情况，为召开第四次研讨会做准备。

经与有关地方广电厅（局）研究后，决定第四次中国广电史志研讨会于当年 7 月在安徽省黄山市举行。我向田聪明报告了上述安排，并请他届时与会讲话，对从事广电史志工作的同志给予鼓励和支持。他均一一应允。

当年 7 月 9 日，田聪明到安徽调研，在为即将召开的全国广电厅局长座谈会做准备之余，专程到研讨会看望与会的 20 多个省级广电厅（局）及部属有关单位的编史修志同志。他在听取了几位代表发言后,在发表的讲话中强调一定要搞好编修广电志的工作,提出通过这次研讨会认真总结编修广电志的经验,形成一个指导性的纪要由部办公厅发下去,推动广电系统的编史修志工作。最后,建议在21世纪末对已出版的广电志作一次评比,表彰优秀的志书,激励做好编史修志工作。

在我十几年参与主持的多次全国性广电史志研讨会中,有一位部领导亲临讲话,并以办公厅名义发出研讨会议纪要（〔97〕广办发办字94号）,仅此一次。田聪明对广电史志工作的关怀,还不仅于此。此次会后,我经与中国广电学会领导商议,决定将广电志书的评奖从1998年的第三届评选开始纳入1998年中广学会举办的全国广电学术著作评选之中。中广学会的学术著作评选只有颁发证书荣誉表彰,并无奖金。我向田聪明汇报了从事广电志编修工作的大都是老同志,生活清贫、工作辛苦,建议发一些奖金,以资鼓励。1998年5月18日,田聪明在广电史研会《关于地方广电志书评奖事宜的请示》上批示:"我们这样一个大国的广播电视史志工作确需加以收集、整理,并成书成册。为了促进这一工作的进展,我去年建议21世纪末进行总结评比。"同时从他分管的经费中拨出两万三千元用于奖励、评审的费用。1998年第三届广电学术著作评选中,《云南省志·广播电视志》和《湖南省志·广播电视志》获一等奖,其余《吉林省志·新闻事业志·广播电视》等八部省、市广电志分获二、三等奖。在田聪明和支持和关怀下,获奖的单位和个人精神、物质双丰收。此后,各届评选中均有广电志书获奖,兹不赘述。此后,1999年,田聪明对广电史研委会主持组织编写、出版《中国少数民族广播电视史》一书,也批示给予资助出版。

三

由于多次参加田聪明主持的有关会议,他又多次亲临广院视察、指导工作,所以彼此比较熟悉了。加之,他的秘书袁小平又是广院管理系的毕业生,会议之余,有时两三人一起闲谈。有一次我问田聪明,听说你曾在新华社内蒙古分社当记者,我有两个同班同学也在内蒙古工作,他们是两口子,男的叫曹承容,女的叫周泰颐,都在《内蒙古日报》工作,不知你认识吗?他高兴地说,认识,很熟,我们经常有业务往来,他们比我大几岁,我叫他们老曹、老周。有时,他们来北京我们还见过面,从这以后,田聪明有时就叫我老赵了。

2000年,田聪明调任新华社社长,我们的接触就很少了。有时在中国记协主办的春节联谊活动中相见,只是寒暄两句。他忙着照应老同志,我也不便打扰。2001年11月初冬的一个下午,中国记协在虎坊桥湖广会馆慰问老新闻工作者,我也有幸与会。散场后,不期与田聪明相遇,他正陪着吴冷西同志边走边谈,看到我后,用浓重的陕西口音对冷西同志说:"这是广播学院的老赵同志。"冷西同志说:"认得,认得,桃李满天下嘛……"我听了不胜恐慌地忙说:"是广播学院桃李满天下……"随后就匆匆告别了。这是我与田聪明最后一次近距离接触。

由于几十年来从教的习惯,经常翻阅一些文史报刊。一次,在《百年潮》2012年第1期上,忽然看到田聪明写的回忆在广电部工作的情况,题为《"村村通广播电视"的提出与实施》,提及他在广电部(广电总局)工作期间推动开展广电下基层,实施村村通的情况,内容翔实、生动。我作为《中国广电年鉴》的主编,立即决定《年鉴》转载此文,经《年鉴》编辑部与田聪明的秘书沟通,他又作了修改后,刊于《年鉴》2013年版"文史资料"专栏中,题为《实施"村村通广播电视"两年半纪实》。这也可以说是我与他相交十几年的一个纪念吧。

刘习良同志与《年鉴》的情缘[①]

2018年新年甫过，传来原广电部副部长刘习良同志不幸于1月24日病逝的噩耗。此前，我曾给他打电话，告知《中国广播电视年鉴》（2017年版）已出版，即将给他寄去。不料电话中的回答是，他已病重住院，正在抢救中。孰料抢救无效而告病逝。2月1日，从八宝山殡仪馆告别刘习良同志归来，不由得回忆起20世纪90年代，他担任《年鉴》第二届编委会主任期间，对《年鉴》工作的倾力支持和悉心指导，使《年鉴》的出版走出困境，并跻身全国一流年鉴行列的往事。

《年鉴》是1984年由北京广播学院提出，经广电部批准，于1986年创刊的。创办之初，广电部副部长谢文清担任首届编委会主编，主持《年鉴》工作，编辑部设在广播学院。1989年4月，广电部决定由李振水（原广播学院副院长）任主编，《年鉴》编辑部由广播学院转到广电部，划归部行政管理局管理。但实际上由于缺少办公室和有关设备，编辑部仍留在广播学院。1991年2月，广电部又将编辑部重新划归广播学院。我当时作为广播学院副院长分管《年鉴》日常工作并担任《年鉴》副主编。

广电部计财司在《年鉴》重新划归广播学院后，于同年12月补助编辑部3.5万元经费，同时要求"争取尽快达到自负盈亏"，此后不再予以补助。当时《年鉴》实行主编负责制。李振水作为主编，根据此前《年鉴》印刷发行情况，同意计财司上述决定。但实际执行起来困难重重，由于经费短缺，纸价上涨，致使《年鉴》1991年版延期出版，1992—1993年版被迫合刊出版。

为了争取广电部加强对《年鉴》的领导和扭转上述《年鉴》出版的被动情况，1992年，李振水和我商议后，于同年11月向部党组提出组建新一届编委会，由一位副部长担任编委会主任，实行编委会领导下的主编负责制，并明确建议由部党组分管宣传工作的刘习良副部长担任编委会主任，后经艾知生部长批示同意。

[①] 原载《广电老年》2018年第2期。

1993年初春，刘习良走马上任，在他的办公室听取了李振水和我对《年鉴》工作情况和面临困难的汇报。当场，刘习良即提出可请中央三台领导出任编委会副主任，参与《年鉴》领导工作。《年鉴》可由广播学院和中央电视台合编，央视选派适当人员出任副主编，同时请央视资助《年鉴》出版费用。刘习良的一番话使我们打开了思路，明确了方向。初次接触交谈，他给我留下办事果断、待人亲切、毫无官气的印象。

根据刘习良的建议，我们于4月3日以《年鉴》编委会的名义起草了致央视函，转达了刘习良的上述意见，提出请央视承担《年鉴》出版费用，并选派两位副主编，同时《年鉴》增加有关央视的专辑和广告，每期出版后赠送央视200册。央视台长杨伟光很快批示同意。同年5月，广电部正式发文调整《年鉴》编委会领导成员及组建第二届编委会，由刘习良任主任，中央三台领导及赵水福、李振水、赵玉明任副主任，赵玉明为主编，央视及广院有关同志为副主编，实行编委会领导下的主编负责制。从此，《年鉴》工作开始了新的局面。我和刘习良的交往也就从此多起来了。

刘习良主持《年鉴》编委会工作从1993年至1997年，前后五年，在此期间，《年鉴》先后召开了五届年会，其中第九届（福建）、第十二届（贵州），他都亲临大会，并作主旨讲话，从广电工作形势谈到《年鉴》的任务，称赞《年鉴》准确、及时、系统地记录了我国广播电视事业在改革开放的形势下不断前进的历程，为世人留下了一份宝贵的资料。使与会同志甚受鼓舞。他还参加分组讨论，听取意见，集思广益，提出要保持和发扬《年鉴》的特色，丰富《年鉴》的内容和提高《年鉴》的质量。每次年会之后，他都要求写出一份年会纪要，由广电部办公厅转发地方广电厅（局）和广电部有关部门。1995年10月，《年鉴》第十一届年会在湖南召开。他因故未能前往，专门写了一封致《年鉴》编委会的信，提出要借《年鉴》创办10周年之际，回顾过去，总结经验，筹划好今后的工作，并在信中特别嘱我要根据会议情况写个有分量的纪要（包括成绩、困难以及今后五年的工作设想），提交部党组审批。会后，我根据他的要求起草了本届年会的《纪要》。《纪要》中特别提出："会议根据刘习良同志的意见，提出在第二个十年，特别是头五年也就是本世纪内努力把《年鉴》办成全国一流年鉴的奋斗目标。"经他审阅后于1996年3月，由部办公厅以"广办发办字［1996］49号"文件发出。要求"参照执行，做好年鉴工作"。《年鉴》编辑部和全体参编人员没有辜负刘习良同志的期盼，在1996年10月，中国年鉴研究会主办的首届全国年鉴综合质量评比中,《年鉴》(1995年版)荣获一等奖,跻身全国一流年鉴的行列。

刘习良对《年鉴》工作的关心和支持,不仅从宏观大局着眼主持制订《年鉴》质量管理标准(草案),把握《年鉴》的办刊方向,同时还着手从根本上解决《年鉴》经费的短缺问题。起初,他根据《年鉴》编辑部关于日常经费的报告,于1995年批示"请计财司尽力协助解决",同时,从他主管的宣传经费中一次性补助《年鉴》6.6万元。此后,1996年,他又根据《年鉴》编辑部的报告批示同意将《年鉴》日常经费列入广电部事业费内,每年拨款10万元,作为编辑部的日常经费,从而一揽子解决了《年鉴》的经费问题,确保《年鉴》编辑出版发行工作顺利进行,并屡获嘉奖。

1997年起,刘习良年满60岁,不再担任副部长,调任中国广播电视学会任常务副会长,主持学会日常工作。《年鉴》早已成为他案头必备之书。我们每逢相遇,他总要关切地询问《年鉴》情况。每年《年鉴》出版后,我或是当面相赠,或是寄送给他。以后,他担任中广学会学术委员会主任,我是委员之一;我担任中广学会广电史研委会会长,他应邀担任顾问并出席广电史志研讨会作有关广电史学研究的报告;他担任《中国广播电视编年史》编委会顾问,我是副主任之一。总之,我们两人互赠书刊,广电学术交流绵绵不断。切磋之间使我受益匪浅,他那平等坦率的学术风格,给我留下了难忘的印象。

告别刘习良同志那天,走出灵堂,回首看到一副悼念挽联,寥寥数语,情真意切,囊括了刘习良同志的为人风范和平生业绩,录以为念:

儒雅睿敏长者之风学者之范飘然去;

勤政书业倾心传播贯通中西铸功名。

甲子忆芳华,我与中传一起走过[1]

——专访"中国传媒大学突出贡献教授"赵玉明

尚新英　程晨

"这里啊,就是以前学校分给我的宿舍。"眼前满头银发,身着藏青色套装的老人便是赵玉明教授。他笑容和蔼,把我们迎进了书房。

房间不算宽敞,但每一件家居物品都摆放得井然有序。环形书柜里是各式各样的书籍和奖状,"中国传媒大学突出贡献教授"奖牌摆放在书柜正中最高的位置。书桌的玻璃板下压着一张黑白合照,上写"北京广播学院1963年度应届毕业生合影留念",这是赵老师的第一批学生,也是北京广播学院(中国传媒大学前身,下同)的第一届毕业生。一路行来,这位82岁老人与广院走过了近一个甲子。

一、筚路蓝缕　以启山林

1959年夏天,23岁的赵玉明从中国人民大学新闻系毕业,来到刚刚成立的北京广播学院。最初,学院只有新闻系、无线系、外语系三个系,新闻系的专业课便落在了十几个人大毕业生身上。确定教授科目时,出于对历史的浓厚兴趣以及之前在人大报刊史课程的学习,赵玉明选择了广播史。这对他来说,具有很大的挑战性。当时,整个中国广电界很少有人对广播史进行专门研究,既无系统资料,又无前人经验。连赵老师自己也说:"来广院前,除了听过广播,对广播几乎一无所知。"

带着茫然和困惑,年轻的赵老师回到了母校,又一次旁听《报刊史》课,同时找到了当年的任课老师方汉奇。"广播史我没搞过,但它与报刊史一样,都是'史'字类的课,搞历史要从收集整理史料开始。我告诉你,可以从报刊中找广播史料。广播方面的大事,报刊上总会有记载的。"方老师

---

[1] 原载《中国传媒大学校报》2018年5月29日。

一番点拨，让他豁然开朗，"自己动手找史料"成为赵老师从教的座右铭，长达半个世纪，被赵老师戏称为"照虎画猫"的研究就此开始。

于是，赵老师和他的同事们一起，先查找档案，再根据档案线索寻找报刊里的记录。一开始是从《新华日报》《解放日报》等党报党刊中寻找人民广播史的痕迹，后来扩展到从各类报刊、档案、书籍中发现民国时期各种官办、民办乃至外国在华办广播的史料。走出书斋，赵老师访问了许多曾在延安办广播的老同志，邀请他们撰写回忆录，结集出版。为了考证核实史料、回忆录中的细节，他和同事们还多次考察延安（陕北）台旧址。日积月累，先后形成了《中国人民广播史料》（上）、《解放区广播历史资料选编》、《旧中国的上海广播事业》等，这为后来赵老师系统编著广播电视史著作奠定了基础。回忆起当年研究的细节，老人家记忆犹新。

1960年，整理"老广播"回忆录时，大家发现，好几篇文章提到了1940年冬天延安开办广播的历史，在此之前，学界一直以1945年9月5日作为延安广播电台的开播时间。为了准确界定，赵玉明和他的同事们用半年时间搜集了20世纪40年代延安台的珍贵史料。80年代初，参与了调查组，和齐越等老师一起考察延安（陕北）台的编辑室、播音室和发射台等14处旧址，并撰写报告。经过反复论证，1980年，中央广播局将人民广播创建纪念日更改为每年12月30日，历时20年的研究为解放区广播史书写了重要一笔。

怀着一颗赤诚和敬畏之心，赵玉明老师耕耘不辍，为中国广播电视史留下了一笔笔丰厚的财富：《中国现代广播简史》（1987）、《中外广播电视百科全书》（1994）、《广播电视辞典》（1999）、《中国广播电视通史》（2004）等一大批著作相继问世；2012年，由他主持完成的《广播电视学学科体系建设研究》结项，对广播电视学的学科地位和架构等提出了比较系统、完整的见解。

在赵老师等的不懈探索下，新闻传播学、广播电视学生根发芽，渐成体系。1997年，新闻传播学升格为一级学科。此后，新闻学、传播学、广播电视学先后成为二级学科。如今，我校的新闻传播学已经入选国家一流学科建设名单。作为培育者、见证者，赵老师十分感慨："这是几十年努力的结果，非常不容易，同学们一定要抓紧机会好好学习。"

二、化育桃李　严字当头

从 1959 年算起，赵玉明老师耕耘讲台超过半个世纪，培育了一代又一代学生，如今活跃在新闻传播、广播电视学界的知名教授，郭镇之、哈艳秋、艾红红等均出自他的门下。谈及教学生涯，赵老师道出了自己的原则：宽进严出。

"在政策允许的范围内，老师要多给学生机会。"赵老师回忆，有一年招生时，一个考生仅差几分，就与广院失之交臂。正好当年教育部出台政策，如果学生承诺毕业留校任教，便可破格录取。经协商，赵老师还是录取了这名学生。尽可能让符合条件的学生获得培育机会，这便是"宽进"。"宽"字还渗透在他的教学之中。培养研究生时，赵老师通常只划定范围，不限定题目，从而激发学生探索知识的积极性，逐渐获得学习能力。"授之以鱼，不如授之以渔"，就是这个道理。

而对学生的要求，赵老师则总结为"严"：教学工作要严肃，该上课时上课，该考试时考试；治学要严谨，史学也罢，其他学科也罢，都要扎实深入；要求要严格，每年毕业之际，赵老师几近苛刻，绝不容许一个"残次品"走出学校："不合格的毕业生，既是对学生不负责任，也是对学校、社会不负责任。"在他的建议下，硕士生、博士生答辩时，严格把握预答辩、答辩环节，自己指导的学生尤其如此。

赵老师不仅严格要求学生，对自己也是一样。50 年教学生涯，他一共指导了 10 位硕士、12 位博士、3 位博士后，数量并不多。对此，赵老师有他的考虑："担任校领导后，虽然还在招硕士生，但基本就是毕业一个招一个，因为多了也带不过来。""我的工作方针是少招生、勤交流、严要求。"本着因材施教的理念，赵老师根据学生的具体特点进行针对性地引导，填补了很多研究空白。哈艳秋熟悉日文，赵老师便引导她研究伪满广播史；有学生要赴美留学，赵老师便为她确定美国广电史的研究选题；薛文婷有体育传播的教学经验，博士生入学前赶上北京奥运会，赵老师便引导她进行近代体育新闻传播史研究，这才有了后来的全国优秀博士论文。

观察并挖掘学生的闪光点，将个人特长和观点融入科研，不仅提高了学生的科研水平，而且促进了学科发展。在赵老师和他的学生身上，我们感受到了教学相长。

回忆起与赵玉明老师相处的点点滴滴，1977 年毕业于新闻系，现任我校新闻学院博士生导师的哈艳秋教授感慨："赵老师是我学术上的引路人，他的言传身教使我受益终身。"

"板凳需坐十年冷，文章不做半句空。"时至今日，哈艳秋老师仍然铭记赵玉明老师当年的教诲。严谨的治学让她逐渐找到了新闻史的乐趣，也发现了自我存在的价值。让哈老师难以忘怀的还有赵老师指导学生的宽与严。每次外出调研，他都事先做好沟通，整理资料、审阅大纲，尽可能为学生提供帮助。"他就像一位慈爱的父亲，给予我们无微不至的关怀。"而当学生疏忽不当，赵老师则会一针见血地指出，绝不含糊。身为曾经的学校领导，广播研究大家，在赵老师的身上并没有专家权威的架子，他风趣幽默，平易近人，无论老少都愿意与他交流。

从师生到同事，回想起过去的 40 多年，能够得到赵老师的指导，哈艳秋老师深感幸运："他把自己的一生都献给了新闻教育、献给了热爱的广电事业，他既是我们的榜样，更是我们心目中的英雄。"

三、情系广院　呕心沥血

从 1984 年开始，赵玉明老师由一位单纯业务型的教学老师转入领导岗位，先后担任新闻系副主任、主任，1989 年 3 月，担任广播学院副院长，直至 1998 年，62 岁的他"超期"退役。在此期间，学院的整体面貌和办学水平发生了巨大的变化，逐渐成为培养广播电视专业人才的重镇学府。

1980 年学院教学结构调整时，新闻系被重组为新闻、播音、文编、电视四个系，以及新闻研究所和语言文学部。赵老师接任新闻系主任后，与全系教职工一起，做了许多工作：筹建了全国第二家广告专业；专科、本科、研究生甚至面向社会的函授班均发展起来，办学层次明显提高；形成了新闻系第一代教材，从理论、历史到实务，面面俱到；倡议编纂《广播电视简明辞典》，策划成立中国广播电视学会广播电视史研究委员会，并为广院争得一席之地，对内对外扩大了新闻系的影响。

如今，提起我校三大奖项——"中央三台奖""星光研究生奖""周恩来班"，每一个传媒学子再熟悉不过。然而，很少有人知道，时任北京广播学院副院长的赵玉明老师付出的汗水与辛勤。

1989 年，刚刚履职的赵玉明老师拜访了"中央三台"（中央人民广播电台、中国国际广播电台、中央电视台）的台领导和人事部门，协商设立"中央三台奖学金"。赵老师提出了自己的想法："评奖时邀请台领导一起参与，评选出的也是三台最需要的优秀人才，这是'双赢'。"经过赵老师等人的努力，"中央三台奖学金"成功设立，奖金也逐年递增。该奖项成为第一个面向全校的社会性奖学金。在此之后，赵老师积极牵线搭桥，北京星光集团等企业先后在广院设立了"星光研究生奖"等奖项，实现了校企间的合作，为学生参与社会实践铺就了道路。一直以来，赵老师对周恩来总理的人格魅力充满敬意，致力于总理题词的研究，周总理也为中国广播电视事业作出了积极贡献。有鉴于此，他建议与中共中央文献研究室等机构协商，设立了"周恩来班"。在评选、学习中勉励同学们志存高远，传承伟人精神。

为了激励学生，赵老师也贡献了自己的一份力量。2010年，他指导的博士毕业论文获评全国优秀博士论文，这是中国传媒大学第一次获此殊荣，学校因此奖励赵老师30万元，他用这笔资金设立了"赵玉明教授研究生助学金"。对助学金的发放，他进行了充分考虑："我的奖学金，针对那些学习成绩尚好但不拔尖，家庭条件相对困难的学生。"提到自己的贡献，赵老师说："首先，指导学生获得的钱要花在学生身上；其次，这是集体的努力，不是我个人的成就。"他动情地回忆："我上北大的时候也曾享受过助学金的资助，这算是对学校和社会的一个回报吧。"面对获奖同学，赵老师殷切期望：第一，诚信，这是立身之本；第二，励志，"穷且益坚，不坠青云之志"；第三，感恩，回报父母、回报学校、回报社会。做好这六个字，受益一生。

在此之外，担任校领导的九年时间里，争取部级科研立项、推动建设211工程、图书馆建设……方方面面的工作都有赵玉明老师的身影。"三千多个日日夜夜，忙于日常科学教研、行政事务工作，个人经历酸甜苦辣，但也确实做了几件对于学校建设长期有益的实事。"回忆起那段经历，赵老师说得很平淡。

四、初心不老　耕耘不辍

专注广播电视史超过半个世纪，赵玉明老师不仅积极推动学校发展，还积极活跃在社会中。其中既有领导机关聘任的，如在国务院学位委员会新闻传播学学科评议组、教育部新闻学科教学指导委员会担任职务；也有在中国新闻史学会、中国广播电视学会史学研究委员会等的工作。

之所以这样忙碌，赵老师有他的想法：首先，积极参加与自己专业相关的学术组织和学术活动，有机会和同行交流切磋，不至故步自封；其次，成为学科带头人，有责任组织、推动学科的研究和发展；再次，以学科评审组织成员认真承担相关工作，既可以提高自身学术水平，也从一个侧面展示了学校成就。

赵老师的多年投入获得了社会的认可，1992年起领取国务院颁发的政府特殊津贴，2001年被中国广播电视学会评为首届全国"十佳百优"广播电视理论工作者"十佳"之一，2012年中国老教授协会授予他"老教授科教工作优秀奖"，2013年获中国高等教育学会"从事高教工作逾30年高教研究有重要贡献学者"称号。而更让他感到满足的，是与专家、学者、同行探讨学科建设、科研项目和教研改革中获得的无形财富。

明年就是赵老师来到广院的第60个年头了。退休十多年来，"不闲着，别累着"是赵老师对退休生活的定位，虽然没有了朝九晚五的工作，但他依然很忙碌。

研究广电史五十余载，收集的资料足足6000余册，赵老师如数家珍："这些是当年从台湾带回的年鉴，那些是原来的讲课提纲，还有广播电视史志、新闻传播书刊……"在他看来，这才是学校最宝贵的财富，赵老师将它们悉数捐赠，图书馆一层的"广电史志研究中心"由此而来。

日常生活中，赵玉明老师多与文史书籍为伴，遇有重要学术活动，他还是积极参与："今年是改革开放40周年，也是新闻研究生教育40周年，还是中国新闻教育的百年纪念。经历了半个世纪的新闻教育，我作为第二代新闻教师，有责任回忆第一代新闻教育家，帮助记录这段历史。"

媒介在变革，时代在发展，赵老师坦言："毕业分配的时代一去不返了，现在的学子可以自主选择，同样也需要更多的奋斗。我所做的，就是把知道的、经历过的传递下去，希望对今后的人还有些许价值。"

从学生到老师，从风华正茂到两鬓斑白，悠悠岁月在他身上留下了印记，但却抹不掉他的姓名，抹不掉他在广院的声与影。采访最后，耄耋之年的赵老师心心念念三个"没离开"："我这辈子，没离开广院，没离开广电史，没离开学生。"寥寥数语，看似平静，令人动容。

（2018年5月25日）

新闻传播类国家社科基金项目早期的回忆

近日，陶喜红、党李丹同志在网上公布了《新闻传播类国家社科基金项目排序报告（1991—2017）》一文，为进一步研究新闻传播类国家社科基金提供了大量一手珍贵史料，但该文是从 1991 年写起的，实际上在此之前，国家社科基金项目业已启动。仅就个人所知的新闻传播史类项目及评审情况提供有关史实如下，以供研究参考。

据本人所知，新闻传播史类项目立项及评审始于 1986 年，第一个项目"新闻事业与现代化建设"，为"七五"期间（1986—1990）国家哲学社会科学重点研究项目。该项目由中宣部新闻局和国务院发展研究中心社会研究部牵头，课题领导小组成员有组长王福如（中宣部新闻局）、副组长岳颂东（国务院发展研究中心）、梁衡（新闻出版署）、洪一龙（中宣部新闻局），成员有冯锡良、成一、刘爱芝、何梓华、赵永福、赵玉明、高恺、郭渭和范东生等。洪一龙和我作为组长和副组长主要分工负责该项目的子课题"关于高层次新闻业务人才培养途径多样化的研究报告"（以下简称《报告》）。1992 年 10 月，该项目成果《新闻事业与中国现代化》一书由新华出版社出版。与此同时，国家社科"七五"另一个重点项目"应用学科高层次专门人才培养途径多样化研究"（主持者为国家教委国家教育发展研究中心，负责人为郝克明、蔡克勇），也将"高层次新闻业务人才培养途径多样化研究"列入其中，中宣部新闻局、北京广播学院课题组承担了研究任务，组长洪一龙、副组长赵玉明，全书于 1991 年 7 月由人民教育出版社出版，其中收入了与前述《报告》大同小异的《高层次新闻业务人才培养途径多样化研究》。对此有兴趣者，可对比研究，限于篇幅，不再赘述具体内容。

1987 年，新闻传播史类立项的有厦门大学台湾研究所陈碧笙申请的一般项目"台湾新闻事业史"。1988 年立项的有中国人民大学新闻系方汉奇申请的重点项目"中国新闻事业通史"（资助 7 万元）。1990 年立项的有北京广播学院赵玉明申请的一般项目"中国广播电视通史"（资助 2 万元）。1991 年立项的有中国人民大学何梓华申请的重点项目"马克思主义新闻思想发展史"，复旦大学宁树藩申请的一般项目"中国地区比较新闻史"。以上各项，

我均未参加评审。

1992年5月11—14日，我作为新闻学学科组成员首次参加在北京远望楼宾馆召开的国家社科基金项目规划评审会议。新闻学学科组共5人，由新闻总署王强华同志牵头。记得当时说国家社科基金全年为1000多万元（当时自然科学基金为每年1亿元），重点项目平均6万元，一般项目平均1.7万元，青年项目平均8000元。与会共18个学科组，260多人参加。当年新闻传播史立项的课题有中国人民大学方汉奇申请的"中国新闻事业编年史"和复旦大学潘玉鹏申请的"东盟国家新闻事业历史和现状"。

为什么1992年才组建新闻学学科评审组而此前的评审组是临时召集的呢？有一种说法可供参考。记得当时我听说国家社科基金起初是由中国社会科学院分管的，大概是1991年起由中宣部分管，同时组建了国家社科基金办公室，所以才有1992年首次召开的国家社科基金项目规划评审会议。此后，一般每年春天召开一次评审会议，但未发聘书。1996年4月，全国哲学社会科学"九五"规划（1996—2000）工作暨项目评审会议在北京召开。1998年召开评审会时，新闻学科组与会者首次获聘担任"国家哲学社会科学研究'九五'规划新闻学学科规划小组（学科评审组）成员"。此时新闻学科组由中国社会科学院新闻研究所所长喻权域牵头，成员有中国记协徐心华、新闻所尹韵公、徐耀魁，新闻出版署的杨牧之，新华社徐人仲和我共七人。此后又增补了中国人民大学何梓华等。

从2010年起，因年龄关系除偶尔参加评审会议外，主要应聘担任通讯评审工作，至2017年止。随后，我致函我校文科科研处并转规划办，推荐艾红红教授担任通讯评审工作。至此，我从80年代末持续近30年的我与国家社科评审工作告一段落。

由于本人主要从事新闻史、广电史的教研工作，因此在评审过程中特别关注新闻传播史类的课题。本文开头所提及的网上《报告》中有一段关于新闻广播史课题的评述，特转述如下，以留纪念。

任何一门学科离不开历史研究，新闻传播学概莫能外。新闻传播史、新闻传播理论和新闻传播实务成为早期新闻传播学学科重点关注的三个领域。1989年4月，由著名新闻传播史学者方汉奇、宁树藩等教授倡导成立的中国新闻史学会是新闻传播学领域唯一的全国一级学术团体。多年来，新闻传播史研究蔚然成风，其优良传统一直延续至今，为中国新闻传播学科的发展提供了强有力的学理支撑。

1991—2017年,新闻传播史方面的国家社科基金项目共有193项,其中重大项目7项,重点项目11项,一般项目110项,青年项目38项,后期资助项目11项,西部项目15项,中华学术外译项目1项。这些项目主要研究全国或者部分区域的新闻传播史、外国新闻传播史等方面,有通史、编年史、断代史等,研究领域和视野较为宽广,题材丰富多彩。

27年来,新闻传播史的研究在内容、视角和方法上均有一定的拓展,主要表现在以下几个方面:第一,学者们的研究视野不断拓宽,不仅仅关注新闻事业本身的发展,还关注了与新闻事业相关的其他话题。第二,过去的新闻传播史研究主要关注的是文字内容,渐渐地有一些学者注意到了声音、图像方面的史学研究。第三,有部分学者尝试用新的方法来研究新闻传播史,比如一些学者运用口述史方法来研究新闻史,使新闻传播史料的获取途径更加多样。

(节选自陶喜红、党李丹:《新闻传播类国家社科基金项目排序报告(1991—2017)》)

关于开展新闻教师断代群体研究的建议

——在"百年中国新闻教育:传承与发展暨北京大学新闻学研究会成立100周年学术研讨会"上的发言

今天北京大学新闻与传播学院、北京大学新闻学研究会为纪念中国新闻教育100年举办研讨会。我作为曾经的北京大学中文系新闻专业55级的学生且终身从事新闻教育的一员,应邀与会,同在座的老师和同学们欢聚一堂共同纪念新闻教育百年,倍感荣幸和欣慰。

100年前的今天,1918年10月14日,北大新闻学研究会正式成立,揭开了中国新闻教育的序幕。会长蔡元培,导师徐宝璜、邵飘萍可称为我国新闻教育的开创元勋。100年来的新闻教育经历了两个历史时期:一是民国时期,从1918年到1949年历时30余年;一是新中国时期,从1949年至今近70年。在座的老师和同学们从中国新闻史和中国新闻教育史的有关著作中大都了解到百年来我国新闻教育事业发展的曲折历程和取得的成绩以及对我国新闻事业的成长和发展作出的巨大贡献,兹不赘述。

100年来我国的新闻教育,已从单一的新闻专业发展为新闻学、传播学、广播电视学、广告学、编辑出版学、网络与新媒体和数字出版等多种本科专业,办学层次已由专科、本科教育逐步提升至硕士生、博士生教育;新闻学的学科地位已由二级学科提升至新闻传播学一级学科。目前,我国已有600多所大学开办新闻传播学类本科专业,新闻传播学一级学科博士点26个,新闻传播学硕士点192个。每年为我国的新闻传播事业输送的新生力量和专业人才数以万计。

我国的新闻教育发展到今天的规模和水平,取得上述成绩,其原因除了大家所熟悉的改革开放的大环境及其他政治、经济、社会和文化诸因素的作用和影响外,我认为离不开百年来一代代一批批既熟知新闻事业又热爱教育事业的新闻教师的辛勤耕耘和默默奉献。今天研讨会的主题是百年来新闻教育的传承与发展,何人来传承和发展中国的新闻教育?新闻教师责任重大,责无旁贷。

长期以来我们对新闻人物的研究主要集中在报人、名编辑、名记者方面。北大新闻学研究会的导师邵飘萍作为著名报人有多种著作集、传记问世。而另一位导师徐宝璜生于 1894 年，1930 年逝世，迄今已近 90 年，但至今尚无传记问世。在已出版的新闻史、新闻教育史中涉及新闻教师多是以事系人一笔带过，鲜有进一步论述。改革开放 40 年以来，特别是新世纪以来，上述状况已逐步有所改变。据个人所知，除报刊上有关新闻教师的专访及有关年鉴中对新闻教师的简历介绍外，对民国时期和新中国时期的代表性新闻教师的研究已取得初步成果，举例如下：

一是课题式研究，天津师范大学的陈娜从 2010 年起以国家社科项目"当代杰出新闻学者口述实录研究"为题已走访 30 多位教师、学者、陆续刊登在《新闻爱好者》刊物上，既有百岁教师甘惜分，也有 50 岁左右的中青年教师。

二是吴廷俊主编的《中国新闻传播史（1978—2008）》一书，书中一改此前新闻史中以事系人的方式，对新闻研究、教育人物 14 人作了评述，其中有温济泽、方汉奇、宁树藩、何梓华、丁淦林等。

三是 2015 年创刊的《中国新闻传播学年鉴》已连续三年以"学人自述"栏目先后以年龄为序介绍了甘惜分、宁树藩、方汉奇等在世的 100 人的教学研究业绩。

四是 2016 年创刊的《中国新闻传播教育年鉴》连续三年来以评述、访谈、口述三种方式评析了已故和在世的新闻教学研究人员，其中既有民国时期的，也有新中国时期的如陈望道、谢六逸、顾执中、马星野、冯列山、温济泽、王中、安岗、罗列、左荧、何梓华等 40 余人。

五是南京财经大学的刘泱育老师以方汉奇教授为研究对象，先后出版了博士论文《治学与治己：方汉奇学术之路研究》（2013 年）和《方汉奇传》（2016 年），将新闻教师的研究提升到一个新的水平。

在新闻教师研究方面可能还有其他成果，限于所见列举如上。

上述对新闻教师的研究开辟了新闻史研究的新领域，且各有所长，贡献良多。拜读后甚有收获。但我认为均属于对新闻教师的个体、分散式研究，缺乏比较分析，从中难以看出新闻教师之间的师承关系和时代特色。形象点说只见到了树木，但未见树林。为何进一步开展对新闻教师的研究呢？我建议开展对新闻教师断代群体研究的设想，与在座的老师、同学们切磋商讨。

如前所述，我国的新闻教育事业经历了民国时期和新中国时期两个历史阶段。据《中国新闻事业通史》和有关新闻教育书刊所载史料，从中可以将民国时期的新闻教师横断为四个群体，每个群体各有特色，但互相之间难见师承关系。

第一类为留学欧美日本的归国学者、教师，如徐宝璜、冯列山（第一个归国的新闻学博士）、汪英宾、蒋荫恩等；

第二类是报人记者出身的如邵飘萍、陈望道、谢六逸、顾执中等；

第三类为外教，如燕京大学的白瑞华、聂世芬，圣约翰大学的武道等；

第四类为40年代后期解放区党报出身的如范长江、罗列等。

新中国时期，根据从教先后，可大致将近70年来的新闻教师纵向分为以下四代，这四代大都有师承关系。

第一代为新中国成立初期开创新中国新闻教育的教师，主要集中在中国人民大学（含北京大学）、复旦大学和北京广播学院三所大学新闻系。其中包括创办三系的核心人物如人大的安岗、罗列、甘惜分等；复旦的陈望道、王中；广院的左荧、温济泽等。此外还包括50年代初任教的方汉奇、宁树藩、丁淦林、何梓华等，还有民国时期的报人和教师如人大的蒋荫恩、张隆栋，复旦的汪英宾、舒宗侨等；

第二代为50年代末及"文革"前任教的新闻教师，他们大都为人大、复旦新闻系毕业的本科生，主要集中在人大、复旦和广播学院新闻系；

第三代为70年代末80年代初从教并开始指导研究生的教师，他们大都具有硕士、博士学位；

第四代为新世纪以来开始从教的新闻传播教师，均具有博士学位并大都有留学背景。

我对民国时期的新闻教师仅有一般的书面文字了解，限于我校藏书条件，难以进行深入研究。

对新中国时期的四代新闻教师，我作为第二代新闻教师亲身领受了第一代教师的教导和指引，有责任就我所知，把他们的经历和业绩告诉后人。为此，我与传媒大学的博士生冯帆先后写了两篇文章，第一篇为《新中国第一代新闻教育家及其办学思想探析》（刊于《现代传播》2018年第1期），第二篇为《新中国第一代新闻教师的开创性贡献探究》（将刊于《现代传播》2018年第12期），作为对新闻教师断代群体研究的一次探讨，借以抛砖引玉，期盼在座的老师和同学们对这一研究途径和方法引起共鸣，群策群力，系统全面地对不同时期的新闻教师群体开展研究，为新闻人物研究和新闻教育史的研究再辟新路。期盼十年内有一部中国新闻教师史问世,从而有助于总结新闻教育的历史经验,探索培养新闻人才的途径,提高新闻人才的质量,更好地为新时代新闻传播事业的大发展服务。

回顾百年前我国新闻教育的初创艰辛,放眼今天新闻传播教育的繁荣发展,不禁感慨万千,凑联一副以作结语:

忆往昔,北大校园一枝独秀。

看今朝,中华大地桃李芬芳。

(2018年10月14日)

我与早期新闻研究所的片断回忆①

1978年3月6日,《人民日报》刊登了一条报道中国社会科学院增设新闻研究所的消息,内称今年该所将招收新闻学(硕士)研究生。引起我注意的是指导小组成员有安岗、温济泽和罗列等(全文影印见第325页)。罗列、安岗是我先后在北京大学中文系新闻专业、中国人民大学新闻系就读时的新闻系(专业)的负责人,安岗还曾给我们上过课。温济泽原为中央广播局副局长,1958年被划为右派,下放劳动后于1960年春到北京广播学院新闻系工作,与我共事近20年。不久前,初步落实政策,调到新组建的中国社会科学院科研组织局任副局长。当时,我尚未意识到此举与我国新闻教育即将迈入新阶段的意义,同时也未曾想到与我有什么关联。

过了一些日子,有一天忽然接到温济泽的电话,说约我有事要谈。见面寒暄几句后,他说新闻研究所是根据胡乔木的指示办起来的,他作为科研组织局负责人参与主持筹建工作,经与三家中央主要新闻单位商定后,人民日报社、新华社同意派人参与筹建并招收研究生。中央广播局的意见是已办有广播学院,从去年恢复高考招生,所以就不参与了。人民日报社、新华社都有人办事,他是光杆司令,问我能不能帮他做点事。我当时考虑广院新闻系77级刚入学,教学任务不重。再则,温济泽作为老广播十多年来对我的广播史教学工作精心指导,使我获益良多。感恩图报,乃人之常情,我毫不迟疑地答应了。他告知具体招生工作将于7月开始。其后,我参与做了一些筹备工作,并与人民日报社、新华社参加招生工作的有关领导和同志戴邦、沈如刚等初步相识。

一、一次茅塞顿开的座谈会

在准备招生期间,3月14日,温济泽主持召开了一次讨论有关制定新闻

---

① 2018年11月24日,根据此文摘要在"继往开来:中国新闻学百年暨中国社会科学院新闻与传播研究所成立40周年学术研讨会"上作了发言。后刊于《新闻传播学研究》2018年增刊。

学发展八年规划（1978—1985）的座谈会。事前，他告我参加一下做好记录，同时也可就新闻学研究项目作个发言。记得座谈会是在日坛附近的一个招待所开的。到会并且发言的有人民日报社安岗、新华社海棱和北京大学中文系新闻专业（当时中国人民大学尚未复校）蓝鸿文等。

温济泽在会上首先发言说，胡乔木同志在3月7日的一次会上提出制定新闻学研究的八年规划，要求17日交出初稿，大体分为五个部分：1. 前言，发展新闻学的必要性；2. 重点项目；3. 机构；4. 队伍；5. 措施。接着他简要谈了胡乔木关于制定规划的意见，请大家发言。

蓝鸿文首先发言，比较全面系统地提出了北京大学有关的研究建议，在研究方面重点有三：

第一，革命导师的新闻理论与实践，包括马克思、恩格斯奠基，列宁、斯大林、毛主席发展，着重研究毛主席的新闻理论与实践。

第二，中国新闻事业的历史和现状，重点是新民主主义革命时期和社会主义时期。

第三，外国新闻事业的历史和现状，包括美英法日、苏联、第三世界等。

在新闻学研究项目中，北大计划三年内由教师承担编写出一套包括中外新闻史论编采的教材。八年内组织编写新闻学有关专著和文选（如马列论报刊、马列新闻选、毛主席论报刊、毛主席新闻选、党的有关新闻的决议汇编、新闻工具书等）。

最后他提出了10点建议，其中有恢复出版《新闻战线》，开办剪报公司，组建新闻图书资料中心，进口国外新闻学资料，大学新闻系与研究所建立联系，加强与报社、电台的联系，创办新闻情报刊物，建议中宣部发文要求各新闻单位写一份本单位的历史和经验，贯彻双百方针，开展学术讨论，招收研究生培养新生力量等。

安岗在发言中说，新闻学研究过去一直在搞，但阻力在是否新闻有"学"？现在明确了，新闻学是毛主席思想体系中的一个部分。"文革"时期对新闻学否定得多，肯定得少，"四人帮"一伙否定新闻学、不办新闻系，与他们全盘否定十七年有关。乔木同志真正热心抓新闻学研究和新闻学教育。可以把编写新闻学教材放到大学新闻系来搞，新闻所的主攻方向可放在新闻学专著上。搞新闻学研究要有资料，要抢救"活"资料（指对年迈的新闻工作者抓紧访问），可以把年纪大的同志适当集中起来，写点回忆性的东西。他还提到要把新闻学会、新闻协会一类社会组织恢复起来。

海棱在发言中说，关于党的通讯社的历史，新华社有责任，可以开座谈会，收集历史资料。新闻战线两条路线的问题怎么看？要研究。

他们三人发言后，我也作简短发言，建议新闻学研究中增加中外广播电视史和广播电视理论的研究。

由于上述主持人和三位发言人均已作古，我尽可能根据保存的记录整理如上，以留作历史资料。这次会上还提及当时全国新闻系有教师105人，学生400多人，我估计这是根据当时北大、复旦和广播学院三校新闻系（专业）的统计数字。

参加这次座谈会上，使我茅塞顿开，跳出了只知道教一门课的框框，初步了解到了新闻学研究还需制定规划以及规划的基本内容和要求等。会后，我将记录整理上交。后来，我虽然未见到这个规划的正文，但是讨论中提到的不少事项都正在逐步实施之中。

二、招生前后

七八月份炎炎夏日，正是新闻所紧张招生、考试和录取的日子。7月20日，戴邦召集开会布置对初步笔试合格的考生进行口试的工作。口试分几个组进行，我参加温济泽主持的那个组，担任记录等事务工作。前来应试的大都是"文革"前毕业已工作多年的大学生和"文革"中毕业经过一段时期劳动后分配到基层工作的大学生，共同的特点是有比较丰富的新闻编采经验和实际工作能力，但在"文革"中又有不同的不幸遭遇。温济泽主持的口试，重点不是考问学生的专业知识，而是通过一对一的启发式交谈了解考生的政治和知识水平，以及语言表达能力。多数考生应答自如、声情并茂，显示出确是经过锻炼的一代青年。记得一位考生谈起自己家中在"文革"中的遭遇，声泪俱下地控诉起"四人帮"的迫害，引起了大家的共鸣。口试结束后，对参试考生成绩进行了分析，同时又安排了一次笔试，我未参与出题，但却到新华社和戴邦同志等一起参加了三天阅卷评分工作。

8月9日，安岗主持在人民日报社内召开了录取工作会议，我也有幸参加，在考生名单中，我发现了一些熟悉的名字，其中有人民大学、广播学院新闻系的毕业生。当时计划录取90多人，后来实际报到上学的新闻所首届研究生85人，人民日报社和新华社的一批资深编辑、记者成为他们的指导教师。安岗、温济泽均招收了研究生，罗列因忙于参与人民大学复校工作未参与招收研究生。

在招生期间，中国社会科学院研究生院成立，新闻所招收的研究生归属研究生院新闻系管理。但当时研究生院尚无校址，所以所、系师生共用人民日报社院内的一座楼（记得是九号楼），但却是两套领导班子，新闻所首任所长是安岗，新闻系首任系主任由人民日报社秘书长谭立兼任。

温济泽当时虽主持参与筹备新闻所的工作并招收了研究生，但并未在所内任职。他此时被任命为上述刚组建的研究生院副院长。周扬虽为院长，但在病中，温济泽主持研究生院的筹建和日常工作，他除在新闻系指导四名研究生外，还在哲学系指导研究生。由于工作关系，我不时到他的临时办公地点见面交谈。有一次他说，我也是教授了，我这个教授是胡乔木同志批的，他一共批准了五个人。我说，你早就应当是教授了。

今天看来1978年新闻所招收研究生，在新中国新闻教育的历史上是一次重大突破，与新闻所同时招收新闻专业研究生的还有刚复校的中国人民大学和复旦大学，但当年两校所招新闻专业研究生大约10人左右。第二年，新闻所继续招收70多名研究生，人大和复旦继续招生。同年广播学院也开始招收新闻专业研究生，但是三校合计也不过十多人。高校招收研究生人数少，主要是因"文革"中新闻专业教师队伍受到极大的摧残，不但现有人数少而且高级职称极少。教育部当时规定副教授及个别"老讲师"可以招收研究生，这就造成三校新闻专业无法多招研究生。

2018年是我国新闻教育创办100周年，也是我国新闻学专业研究生教育开办40周年。新闻研究所的成立和招收研究生可以说是改革开放新时期中国新闻教育大发展的标志性起点。40年来新闻学专业研究生教育有了极大的发展。在教育层次上从硕士研究生发展到博士生教育，从单一的新闻学科发展新闻传播学一级学科，目前已有700多所开办新闻传播本科教育的高校，开办研究生教育的院校和科研单位数以百计，其中新闻传播学一级学科博士点有26所高校，在职教师和在校学生人数远非40年前可比。

三、"半个研究生"

我参加的新闻所研究生的招生、阅卷、口试和录取工作完成，适逢暑假结束。在1978学年第一学期开学之际，我和温济泽说，广播学院开学了，新闻所的工作也告一段落了，今后你有事找我，一般就不再来了。温济泽说，我在新闻所招了几个研究生，有些事情你还要帮着做一下，如辅导工作。另外，他还建议新闻所开课后，你可以来听课，这对你也有所帮助。他这一句话，使我受益良多。这样，我就成了新闻所的"半个研究生"。此后两三年内，我做了一些辅导工作，主要是和中共新闻史方向的研究生一起对收集到的毛泽东、刘少奇和周恩来的一些新闻手稿加以抄录，并做初步研究工作。听课我也坚持下来了，只要广播学院没有教学任务，我尽可能到新闻所听课，记得先后听了安岗、杜导正、李庄、冯健、胡绩伟、李普、戴邦、温济泽、杨兆麟、齐越和方汉奇等的讲课，他们大都每次讲半天，有的连讲两三次。讲课内容，概括起来，一是讲党的报刊和新闻事业的历史和光荣传统；二是关于实践是检验真理标准的大讨论的问题；三是揭批林彪、"四人帮"一伙对党的新闻事业的干扰和破坏；四是提出新时期新闻改革的一些设想和措施。讲课者大都是当年中央新闻单位的负责同志和资深编辑、记者，他们结合自身经历和体会，讲起来思想解放、内容充实、事例丰富，使我大开眼界，既弥补了当年大学学习期间学习的不足，又为我在广院新闻系讲课增添了新的动力和知识。当时，耳听笔记，竟然记录了四五本，保留至今，不时翻阅，仍有启示。在这期间，我还应邀为新闻所的研究生讲了一两次延安广播的历史和优良传统。受到新闻所招收研究生的启示，我向广院领导提出招收研究生的建议，此后，广播学院从1979年起也开始招收新闻专业研究生。我有幸成为首批硕士生导师。我指导的第一个硕士生郭镇之，她也曾在新闻所工作过。

在听课期间，与新闻所和新闻系的一些负责同志和有关老师联系甚多，有幸与他们一起参加了一些会议和研讨活动，如1979年1月8日，在新闻所听取了传达胡乔木同志关于不久前召开的党的十一届三中全会重大意义和社科院今后工作重点转移的报告。1980年2月6日，北京新闻学会（后改名为首都新闻学会）的成立大会，聆听胡乔木同志的报告。1981年7月23日，参加新闻所召开的中国新闻史座谈会，并在会上就开展中国广播史的调研工作作了发言。同年11月17日，还参加了新闻所召开的关于筹备出版《中国新闻年鉴》的会议等，所有这些都对促进我解放思想、开拓思路，改进校内教学起了积极的推动作用。

四、为新闻研究所有关书刊供稿

1979年夏天，新闻研究所筹办出版《新闻研究资料》，这是一种以书代刊的形式出版的书刊，至1993年共出61辑。应筹办同志邀请为该刊撰写和推荐了一批有关广播史的文章，其中我写的有《外国人最早在我国办的广播电台》（第1辑）、《延安（陕北）新华广播电台发展概略》（与曹焕荣、哈艳秋合写第2辑）、《我国广播事业之发轫》（第12辑）、《陕北新华广播电台编播往来书信选注》（第19辑）、《从延安新华广播电台到陕北新华广播电台》（第21辑）、《接替陕北新华广播电台的一场战斗》（第30辑）、《周恩来与战争年代的广播事业》（第34辑）和《中国广播电视史研究的回顾》（第59辑）等。其中最具价值的是根据温济泽的建议，为更改中国人民广播创办纪念日，由我执笔写的《延安新华广播电台筹建和试播始末》的调查报告，刊于该刊第4辑（1980年8月出版），同期还刊登了温济泽所写同意上述《调查报告》并建议更改中国人民广播创办纪念日的《关于新华社和延安新华广播电台的诞生日期》一文。此外，我还先后推荐该刊先后刊登了郭镇之、陈尔泰、哈艳秋、袁军和喻山澜等人写的一批有关广播史的文章。

前述《中国新闻年鉴》首卷（1982年版）于1983年出版。当时，具体负责编纂年鉴的同志是新闻所的首届毕业的从事新闻史论的研究生。他们约请我为广播学院的资料负责人，负责提供有关稿件。当时新闻所资料室购进了一批港台出版的新闻传播学方面的书刊，因为大都是中文版的，恰好弥补了我无法阅读外文图书的缺憾。我集中一段时间翻阅这批书刊，顺手做了书摘目录。我稍加整理编辑成《港台出版的部分新闻书刊名录》一稿刊登于《年鉴》的创刊号（1982年版）上，为大陆学者了解港台新闻传播研究提供了比较新颖、完整的信息。1983年版刊登了温济泽、我和谢骏合写的《中国新闻学研究工作的发展概况》，后来我又应邀担任了《年鉴》的编委，负责提供有关广播电视方面的部分稿件直至1998年。

80年代初，新闻研究所副所长钱辛波等主编《各国广播电视法选辑》一书，我为该书提供了民国时期的广播法规和台湾制定的广播电视法规资料。该书于1984年由群众出版社出版。在此期间，我还与钱辛波等一起参与了《中国大百科全书》第一版新闻卷的编纂工作的有关会议。

此外，前述首都新闻学会成立后，秘书处设在新闻所。该会编印《新闻

学会通讯》内部刊物。我也曾为该刊提供了有关稿件，如《积极开展中国广播史的调查研究工作》（1981 年第 19 期）、《〈中国共产党新闻工作文件汇编〉上卷订正两则》（1983 年第 11 期）、《周恩来同志与解放区广播的创建和发展》（1986 年第 9—10 期）及中国广播电视史座谈会在长春举行、解放区广播史讨论会在北京广播学院举行等消息。

五、余音

20 世纪 70 年代末 80 年代初，作为"半个研究生"新闻研究所成为我进修、提高的重要场所，给我留下了难忘的印象。此后，由于广播学院办学逐渐走向了正规，我在校内教学科研任务也逐步加重，不久又先后担任了新闻系和学校的领导工作，与新闻研究所的关系也逐步变成相关业务单位的正常联系。90 年代以后，记得还应聘参加过新闻所的高级职称评审会、推荐博士生导师的小组会等。1998 年，我担任国务院学位委员会新闻传播学学科评议组成员期间，参加审议通过了中国社会科学院研究生院成为新闻学博士点的事项。2002 年，还曾担任研究生院新闻系学位委员会委员（但未曾参加过有关会议）。这也可以说是与早期新闻所关系的余音了。但新闻所赐赠的从 1982 年起创刊至今的《中国新闻年鉴》一套我至今保留无缺，成为我从事新闻史教学科研的不可或缺的工具书。

（2018 年 11 月 24 日）

【附】

社会科学院增设新闻研究所

新华社北京三月四日电 为培养新闻专业研究人材，中国社会科学院决定增设新闻研究所，并决定于今年招收近现代世界新闻业史与马克思列宁主义新闻理论、新闻业务、中国共产党党报史、中国新闻业史等专业研究生。由安岗、温济泽、罗列等同志组成指导小组给予指导。

招生办法与中国科学院和各高等学校相同。报考研究生要求政治思想好，具有大学毕业或相当于大学文科毕业程度，有较丰富的专业知识，一定的外国语水平，较强的研究和写作能力，适于进一步培养的优秀工农兵、知识青年、在职研究人员、教师及其他工作者，身体健康，年龄不超过三十五岁。

（注：人民数据库资料《人民日报》1978年3月6日刊登）

韬奋园丁奖评选的片断回忆

20 世纪 90 年代中期，中国新闻教育学会在浙江改革月报社的大力支持下，1994—1996 年连续三年对全国新闻院系在读生开展了以著名新闻工作者邹韬奋命名的"《改革月报》韬奋新苗奖"。先后共有 40 多所大专院校新闻系科的 300 多名优秀学生分获一、二、三等奖和提名奖。获奖名单先后在《人民日报》上公布，在全国新闻界特别是新闻院系引起了热烈的反响。今天浏览获奖学生的名单，发现其中不少佼佼者经过毕业后多年的实践锻炼，已成为改革开放新时期新闻战线的生力军，有的还成为新闻教师队伍中的后起之秀。在浙江改革大潮中创办的《改革月报》对新闻教育的发展和培养新一代的新闻队伍，功在当代，利在千秋。

在开展第三届韬奋新苗奖评选的同时，根据新闻教育学会的提议，开展了一次韬奋园丁奖的评选活动。这也是改革开放以来在全国新闻院系中唯一的一次大规模优秀新闻教师评选活动。改革月报社十分重视这项活动，特拨款 10 万元作为韬奋园丁奖的奖金。1995 年 12 月，中国新闻教育学会经讨论制定了《关于〈改革月报〉韬奋园丁奖的实施意见》。《意见》规定评选范围为全国高校新闻专业教师（包括 1988 年至 1995 年期间的离退休教师）中具有 10 年以上连续教龄并参加高校新闻教学职称评定者。为做好评选活动，特地成立了评委会，聘请浙江省体改委主任、《改革月报》总编章高荣同志为名誉主任，中国新闻教育学会会长何梓华教授为评委会主任，副主任为中国新闻教育学会原副会长丁淦林教授。我作为现任新闻教育学会副会长参加评委会工作。何梓华（人民大学新闻学院院长）和我（北京广播学院副院长）两人约定，我们均不申报参加评奖活动，以利评选活动开展。经过半年多的摸底、申报、筛选，评审会于 5 月中旬在中国人民大学举行。原定评选 60 名一、二、三等奖，后经议定，增加 6 名德高望重的新闻教育界的前辈作为特别奖，共 66 名，契合"六六大顺"之意。评选结果公告于 1996 年 6 月 21 日在《人民日报》公布（影印名单附后）。

今天看来，分布在 20 多所高校新闻院系的 66 名获奖教师，其中绝大多数为教授，少数为副教授，讲师只有一名。以从教年龄来看，既有新中国新闻教育的开创者和第一代新闻教师罗列、温济泽、李龙牧、康荫、舒宗侨、甘惜分、张隆栋、方汉奇、宁树藩和丁淦林等，又有20世纪50年代末至"文革"前参加新闻教学工作的曹璐、朱羽君、张大芝、陈仁风和邓长苏等第二代新闻教师。更多的是改革开放初期投身于新闻教学的第三代新闻教师。在评选中还关注到中央民族大学等校的少数民族新闻教师，充分反映了新中国新闻教师"三代同堂"欣欣向荣、后继有人的兴旺景象。

评选"韬奋园丁奖"和"韬奋新苗奖"之事已过去20多年，由于当年我只参加过评审工作，对于两个奖项的来龙去脉知之不多。何梓华老师业已仙逝，无法请教。我写此片段回忆企盼引起当年筹划、执行此事的有关同志的回忆，为改革开放初期新闻教育史上的一项创举能更广为人知，吸引社会上有识之士更加关注新时代新闻教育的发展和新闻传播人才的培养。

【附】

《改革月报》韬奋园丁奖获奖名单（以姓名笔画为序）

特别奖：

李龙牧	罗 列	张隆栋
康 荫	舒宗侨	温济泽

一等奖（共10名）：

丁淦林	教授	复旦大学
方汉奇	教授	中国人民大学
宁树藩	教授	复旦大学
甘惜分	教授	中国人民大学
朱羽君	教授	北京广播学院
余家宏	教授	复旦大学
张大芝	教授	杭州大学
郑兴东	教授	中国人民大学
秦 珪	教授	中国人民大学
曹 璐	教授	北京广播学院

二等奖（共20名）：

邓长苏	教授	南昌大学
叶春华	教授	复旦大学
刘志筠	教授	中国人民大学
刘树田	教授	兰州大学
吴高福	教授	武汉大学
汪新源	教授	华中理工大学
陈 朗	教授	暨南大学
陈仁风	教授	中国人民大学
陈扬明	副教授	厦门大学
张 颂	教授	北京广播学院
林 帆	教授	复旦大学
周立方	教授	中国新闻学院
金荣景	教授	北京广播学院
项德生	教授	郑州大学
桑义燐	教授	杭州大学
徐占焜	教授	中国新闻学院
高宁远	副教授	云南大学
梁洪浩	教授	暨南大学
萧绪珊	教授	中国人民大学
程世寿	教授	华中理工大学

三等奖（共30名）：

王中义	副教授	安徽大学
王庆同	教授	宁夏大学
王洪祥	副教授	郑州大学

王振业	教授	北京广播学院
王 珏	教授	北京广播学院
巴拉吉	副教授	内蒙古蒙文专科学校
叶凤英	教授	北京广播学院
叶家铮	教授	北京广播学院
白润生	副教授	中央民族大学
任 远	教授	北京广播学院
冯国和	教授	吉林大学
多力坤·阿布都拉	讲师	新疆大学
李宝瑾	教授	中国人民大学
吴庚振	教授	河北大学
汤世英	教授	中国人民大学
周师铭	教授	中国新闻学院
张惠仁	教授	四川联合大学
张 默	副教授	浙江广播电视专科学校
邱沛篁	教授	四川联合大学
胡 武	副教授	武汉大学
郑保卫	教授	中国新闻学院
段京肃	副教授	兰州大学
徐培汀	教授	复旦大学
徐 乘	教授	南京政治学院
高永振	教授	辽宁大学
郭惠民	副教授	国际关系学院
康文久	教授	国际关系学院
程 沄	副教授	南昌大学
虞达文	教授	广西大学
裴显生	教授	南京大学

（注：人民数据库资料《人民日报》1996年6月21日第9版刊登）

改革开放 40 年新闻教育发展的八大亮点[①]

1. 新闻教育大提高大普及。1978 年开始招收新闻学硕士研究生，1984 年开始招收博士研究生，将新闻教育提升了两个层次。与此同时新闻教育大普及，各省级行政单位及大多数高校均开办新闻传播系科，构成了完整的新闻教育体系。

2. 恢复完善了正常的高教职称评审制度，涌现出一大批教授、研究员、博导，教师队伍后继有人。为改革开放培养了大批高层次的新闻采编和教学研究人员。

3. 在原有基础上公开出版了大批新闻传播史论编采教材和专著，新创刊了一批新闻传播类期刊，编纂出版了大型新闻传播工具书如年鉴、百科、辞典等。

4. 中国社会科学院及部分省市组建新闻研究所、教育部设立新闻传播学人文社科重点研究基地，实施开放办学，举办研讨会广泛开展中外学术交流。

5. 设立国家级、省部级社科基金，组建新闻学科评审组，一批国家级重大、重点项目逐步开展并相继完成。

6. 创办国家一级学术团体中国新闻史学会及相关团体如中国高等教育学会新闻学与传播学委员会、北京大学新闻学研究会等，积极开展学术交流及评奖活动。

7. 提升了新闻学学科地位，丰富和发展了作为一级学科的新闻传播学的内涵和外延。

8. 新闻传播学列入国家一流学科建设行列，新闻学成为我国哲学社会科学的支撑学科之一。

[①] 在中国人民大学举办的"首届（2018）中国新闻学传播学论坛——中国新闻学百年暨新闻业改革 40 周年研讨会"上的发言要点。

总之，通过改革开放 40 年的发展，新闻学作为我国哲学社会科学中具有支撑作用的学科之一，在建设中国特色学科体系中占有重要地位。在习近平新时代中国特色社会主义新闻思想的指引下，我国的新闻传播教育必将为践行"两个一百年"奋斗目标，实现中华民族伟大复兴的中国梦作出更大的贡献。

（2018 年 11 月 25 日）

2019年

三次难忘的国庆活动[①]

2019年是中华人民共和国成立70周年。回顾70年来,80多岁的我曾多次以不同的形式参加欢度国庆活动。每逢忆起隆重热烈、气势磅礴的国庆盛典,都让人心潮澎湃,兴奋不已。其中有三次至今铭记在心,留下了沧桑岁月的难忘印象。

一、1949年:收听"开国大典"广播

1949年1月,天津解放。当时我正在高小读书。同年9月,考取通澜中学。当时正逢新中国成立前夕,同学们忙着办壁报、排练节目,迎接新中国诞生。全校洋溢着一片喜悦气氛。

10月1日,根据天津市的统一安排,大中学校的部分同学齐聚民园广场,收听"开国大典"的实况广播。我们吃过午饭后,集会出发,手持彩旗,兴高采烈地步行前往广场,一路上高唱革命歌曲,沿街彩旗飘扬,群众敲锣打鼓、扭起秧歌,欢庆喜悦之情溢于言表。

民园广场聚集着成千上万的大中学校的师生。各校各班分片集中在一处,大都席地而坐。在等候的时间里,彼此拉歌点唱,你唱《东方红》,他唱《解放区的天是明朗的天》……革命歌声此起彼伏,一片欢腾。下午三点,广场大喇叭中传来了北京的声音。男女播音员轮换播音,开始实况转播在天安门广场举行的30万人参加的中华人民共和国中央人民政府成立庆祝大会。

我们全体起立在广播中听到乐队齐奏《义勇军进行曲》,即中华人民共和国代国歌。随即大喇叭中传来了毛主席带有湖南口音的声音宣布:"中华人民共和国中央人民政府今天成立了!"随后,播音员报告:毛主席按动电钮升起了第一面五星红旗。接着又传来了轰隆隆的礼炮声。接着是毛主席宣读《中央人民政府公告》。不久,广播中又传来了朱德总司令检阅海陆空三

[①] 原载《炎黄纵横》2019年第10期。

军的实况,响亮的口号声、整齐的踏步声、炮车的前进声、飞机的轰鸣声……不断地传来。

三个多小时的阅兵式结束时,天色已晚。广播中播音员报告群众游行开始。"中华人民共和国万岁!""毛主席万岁!"的口号声此起彼伏不断传来。播音员绘声绘色地报告着游行队伍的盛况。最后隐约听到毛主席的声音:"同志们万岁!"

整个开国大典实况广播听完大概晚上九点多钟了。我们忘记了疲劳,忘记了未吃晚饭的饥饿,又整队集合高唱着革命歌曲,迈着兴奋而又有点沉重的步伐,回到学校,回到家里。兴奋的心情久久不能平复,竟然一时难以进入梦乡。

二、1955 年:第一次参加国庆游行

1955 年,我从天津三中毕业,考取了北京大学中文系新闻专业,开始了四年的大学生活。当年 9 月初,我从天津乘火车来到北京,在车站受到了北大老师和同学们的热情迎接。来到燕园,我们在接受入学教育的同时,外地首次到京学习的同学们都盼着能够参加国庆游行。不久,好消息传来:当年入学的新生优先参加国庆游行。兴奋喜悦的心情弥漫在 55 级同学中间。练队、唱歌占去了大部分课余时间,但大家都不觉得累。

10 月 1 日,天蒙蒙亮,我们即起床集合准备出发。男生穿着白衬衣和深色裤子,女同学打扮得比平日更加靓丽。当年不比现在有大轿车接送,我们集合步行从北大出发先到清华园火车站乘坐货运闷罐车,准确点说是站在车厢里前往城内下车,然后步行到北大红楼(老北大校址,今北京新文化运动纪念馆)急匆匆地吃完早餐,然后到天安门东侧的南池子集合待命出发。

当年是新中国成立 6 周年,北京举行了盛大的阅兵式和群众游行。在等候前往天安门广场的时候,最引人注目的是当年解放军指战员换穿了新制式的军服,佩戴着军衔、肩章、领章,个个精神抖擞,不时从我们面前经过,我们不由得连声赞叹。遗憾的是,由于要等待游行,无法看到隆重庄严的阅兵式,只能从广场的喇叭中听到天安门广场不时传来的国歌声、礼炮声,"中华人民共和国万岁!""中国共产党万岁!""毛主席万岁!"的口号声,大家兴奋地等待着前往天安门广场。大约 11 点左右,群众游行开始,大学生队伍排在工人、农民队伍的后面,我们作为当年北大新入学的大学生,走

在离天安门最近的行列中，我们兴奋地喊着"中华人民共和国万岁！""毛主席万岁！"的口号，挥动手中的花束，兴高采烈地走过天安门广场。远远望去，毛主席等党和国家领导人向我们频频招手致意……游行的队伍到西单解散，我们分别三三两两为伍，返回学校。

国庆游行给我们入学的新生上了一堂生动的爱国主义教育课。整个十月沉浸在欢乐、喜悦的气氛之中，大家都决心努力学习，把自己锻炼成为新中国的一代建设者。我们在北大度过了两年多难忘的学习时光。1958年，随着新闻专业的调整，北大新闻专业师生成建制地并入中国人民大学新闻系。我们55级、56级、57级新闻专业的全体同学从北大燕园来到了东四铁一号的中国人民大学新闻系。

三、1964年：有幸参加国庆观礼

1959年夏末秋初，我从中国人民大学新闻系毕业分配到新创办的北京广播学院新闻系任教，成为一名光荣的人民教师。当年，作为一名年轻新教师忙于组织广院首届大学生参加联欢、游行等国庆活动，我本人没有直接参加天安门广场的欢庆活动。此后，60年代初的三四年中，适逢国民经济困难时期，首都没有组织天安门广场的阅兵和群众游行活动。1963年国庆前夕，新华社发出报道称：中国国民经济已经克服连续三年困难后开始全面好转。我们在日常工作和生活中也逐步体会到，当时广播学院59年、60年连招两届本科新生，从1961年到1963年已连续三年没有招生，学校面临下马的危机。这条振奋人心的信息，给广院注入了新的活力，从1964年起广院又开始招收新生了。

1964年适逢新中国成立15周年，9月初64级新生入学后不久就传来了组织国庆游行的喜讯。更出乎我意料的是，当年学校通知我10月1日参加天安门广场的国庆观礼活动。当时，我兴奋得几天难以入眠，但又不便对他人说起。

10月1日清晨，我早早起身，洗漱完毕，挑选了一身尚新的齐整服装，按照指定地点集合，乘车前往天安门广场。当时我们参加观礼的代表每人发了一幅带有国徽图案的红绸条证，别在左胸前，记得那上面有"国庆""1964年"的字样。（这幅珍贵的条证，我一直珍藏着。1994年，学校举办校庆展，我将其提供展出，遗憾的是展出后散失了。）我们乘车来到天安门

城楼内侧下车，服务人员引导我们分别走向天安门东侧的观礼台。我记得我是在东七台观礼。巧的是，我在北大、人大新闻系读书时的系主任罗列同志也在同一观礼台，师生相逢在国庆佳节又共同观礼，不胜欣喜。整整一个上午，我们既要面向天安门城楼，仰望党和国家领导人，又要面向广场观看整齐列队高呼口号的游行队伍，可以说是目不暇接。

首都70万人的游行队伍，浩浩荡荡走过天安门广场接受党和国家领导人的检阅，前后历时两个小时。半个多世纪过去了，翻阅当年《人民日报》的报道，回忆起了难忘的情景：

引导游行队伍开头的是高达10米的毛主席全身塑像和"高举毛泽东思想红旗奋勇前进！"的巨大标语牌。紧随仪仗队后面依次通过天安门广场的是少先队员、工人、农民、学校师生、机关干部、首都民兵、文艺工作者和运动员队伍。游行队伍人人精神振奋，个个斗志昂扬，齐声高呼"毛主席万岁！""中国共产党万岁！"充分显示了亿万中国人民战胜重重困难，奋勇向前的精神面貌。

数十万人的游行队伍通过天安门广场后，在广场南边的10万多名少先队员、工人、干部、学生挥舞花束彩旗，涌向天安门，向城楼上的党和国家领导人、各国贵宾以及观礼台的来自80多个国家的3000多名外国朋友、海外侨胞、港澳同胞以及各条战线的模范先进工作者、解放军和公安部队的代表致意。身在观礼台上的我不由热泪盈眶，深深感到作为一名中国人的无比自豪，也更激励着自己奋力工作，为培养新中国的广播电视人才不懈奋斗。

我为何成为全校唯一的观礼代表呢？回想起来大概有两个原因。一是我自参加教学工作以来，根据系领导安排，比较好地完成了广播史课的教学工作，在新闻系停止招生期间，我又指导了59级学生的采访写作辅导课，还带领一部分同学到湖北、武汉人民广播电台实习。此外还为无线电系59级、60级学生组织开设了广播业务讲座课，为外语系学生组织开设了对外广播业务讲座课。一个青年教师为全校三个系学生开课，大概仅我一人。每年我除寒假回乡探望母亲外，几乎每个暑假都在忙于工作。可能是这个缘故，1963年全系教师工资调整时，59年、60年毕业的十多个大学生中，仅有我一人由行政22级提升为21级，工资由56元调升为62元。1964年春，本拟安排我带领60级学生到江苏南京人民广播电台实习，却临时抽调我去到北京延庆县靳家堡公社田营大队参加农村四清教育工作，我二话未讲，匆匆做了准备就和学校另外三个老师赶赴延庆。几个月的农村工作，与贫下中农同吃同住同劳动，使我受到了一次基层锻炼。原定计划是一年。夏末秋初之际，因学校恢复招生，新闻系 64 级学生入学，为准备 65 年春为他们开设广播史课，就把我又急忙调回学校开始备课，也正是在这个背景下，我才有机会成为全校的唯一观礼代表。

【附】

外一篇：我和齐越、丁一岚登上天安门城楼

1949 年 10 月 1 日，我在天津收听新中国开国大典的实况广播，男女播音员满怀喜悦的激情、铿锵有力的声音，给我留下了终生难忘的印象。那时萌发了一个不可能实现的愿望：何时能够亲眼见到这两位播音员，目睹他（她）们的风采呢？

机缘巧合的是，十年后我从中国人民大学新闻系毕业分配到刚刚创办的北京广播学院新闻系，从事广播史教学工作。1960 年，我在《广播业务》上看到了齐越写的《播音员日记——解放战争年代的播音工作》一文，从中知道，原来开国大典实况广播的两位播音员，男的叫齐越，女的叫丁一岚。两位都是人民广播的创业者，齐越当时在中央人民广播电台播音部工作，而丁一岚于新中国成立初已转行在广播部门从事党政领导工作了。"文革"初期，广播学院一度下马，1971 年冬，我到中央台新闻部工作了一段时间，竟然与齐越成为同事。新闻部主要负责编写每天清晨的报摘节目和晚上的联播节目。我与齐越经常相遇，共同录制节目，他播音，我监听，默契配合。他对稿件认真负责、一丝不苟的态度给我留下了难忘的印象。1973 年，广播学院恢复，我又回到新闻系。不久，齐越也调到新闻系从事播音教学工作，我们又成了新的同事。巧的是，我们两人还同住在广播局的一个宿舍大院内。他是人民广播事业的亲历者，我是讲广播史课的，两人的共同语言越来越多。我多次向他请教解放区广播史的有关情况，同时也向他介绍搜集到的有关延安广播创建的历史资料。有一次在谈到我党创办的第一座人民广播电台时，齐越说到，人民广播是在延安创办的，我也是个老播音员了，但是却没有去过延安，至今是个遗憾。1980 年，我在新闻系策划组织延安台旧址调查，特请齐越教授担任组长。他虽年近六旬，但仍愉快兴奋地参加了调研工作。我们从延安到陕北瓦窑堡，继而南下经邯郸到太行涉县。这里是齐越投身人民广播事业的起点。他起初是编辑，后来担任播音工作，成为人民广播

史上第一个长期播音久负盛名的男播音员。随后,我们又北上平山,在张胡庄,齐越找到了他当年的播音室和住宿的房东。20多天、3000里的行程,调查访问了延安(陕北)台编辑部、播音室和机房的14处旧址。我们两人的关系更加密切了,齐越的自我要求是:人生在世,事业为重。他为人坦率真诚,给我留下了深刻的印象。

  1985年,是中国人民广播事业创建45周年,时任中央人民广播电台台长的杨兆麟同志,是延安(陕北)台的老编辑,齐越的亲密战友。他提议拍摄一部反映延安(陕北)台从创办到开国大典实况广播的电视片。我有幸参加了相关工作,负责指导拍摄部分延安(陕北)台旧址。当时筹划最后一组镜头是请齐越、丁一岚同志再登天安门城楼,重现当年开国大典的播音。

  当时天安门城楼尚未开放参观,中央台报请特批,使我们一行五六人登上天安门城楼。齐、丁两人共同再上城楼,重温30多年前的往事,激动兴奋之情难以言表。虽然没有扩音器,但他(她)仍然情不自禁地对着天安门广场兴奋地呼叫着:中华人民共和国中央人民政府今天成立了!共同回忆当年的感受,使我又受到了一次生动的别开生面的爱国主义教育课。喜爱摄影的杨兆麟台长为我们当时留下了几张合影,今天已成为时代的记忆了。这部电视片定名为《人民广播风云录》,于同年12月30日晚在中央电视台首播,成为人民广播史上的一段佳话。

《新中国体育新闻传播史（1949—2019）》序

初秋九月，新中国成立70周年前夕，薛文婷将她的新作《新中国体育新闻传播史（1949—2019）》书稿寄赠我，望我写一序言。盛情难却，勉力为之。

回想十年前，我曾为她博士论文《中国近代体育新闻传播史论（1840—1949）》的出版作序。序中谈及该书有三个特点：领域创新，填补空白；方法创新，论证严谨；理论创新，勇于探索。这本新作也可以说是上述三创新的继续和发展。它填补了新中国体育新闻传播史的研究空白，论证了新中国体育新闻传播史的分期及特点，探索了新中国体育新闻传播的规律和模式。

翻阅书稿并得知即将出版的信息，不禁欣喜连连。

欣喜之一，本书乃中国近代体育新闻传播史的续作。两书连读，可以使有志于从事体育新闻传播业的学生和业者了解我国近代以来体育新闻传播业从无到有、从弱到强的发展历程，从而增加专业知识，坚定从业信心，为投身体育新闻传播业，发展和繁荣新时代的体育事业作出新的贡献。

欣喜之二，本书在酝酿写作和成书的过程中，不但有薛文婷全力投入，还有她指导的硕士生、博士生参与其中。凡欲成其事者，必须后继有人。本书的写作和出版也是培养体育新闻传播人才的过程和使命所在。

欣喜之三，经清华大学李彬教授热心推荐，本书被列入"中国新闻学丛书"，作为河南大学献礼新中国70年重点图书出版。多年来，河南大学新闻与传播学院热心支持中国新闻传播史的教学研究工作，2004年还倾力主办了中国新闻史学会年会暨全国新闻传播史教学学术研讨会，并由河南大学出版社出版了专辑，即《新闻春秋》论文集第四辑，对推动我国新闻传播史研究发展作出了贡献，令人怀念。

最近，党中央号召开展学习党史和新中国史的活动。本书的出版无疑为党史和新中国史的学习提供了一本专业方面的参考书。

如果提建议，那就是对于一部涉及70年、长达50多万字的大书来说，为方便读者阅读和参考，建议再版时书末增加新中国体育新闻传播大事年表

和若干专题索引以及参考书目。

　　本序结束之际，祝愿薛文婷和她的学术团队不忘初心，为编著体育新闻传播史再立新功；牢记使命，为培养体育新闻传播人才尽心竭力。

2019 年国庆前夕

赵玉明广播电视史学思想研究[①]

何婧　哈艳秋

赵玉明是新闻学界的著名学者，同时是广播电视史学研究的专家与开拓者，对北洋军阀时期的广播事业史、国民党广播事业史、中国共产党领导下的广播事业史，尤其是在延安（陕北）新华广播电台的研究取得了开创性成果，享誉学术界。赵玉明学识渊博，能够几十年如一日，从纵深角度研究广播电视史，从不同的视角提出问题、研究问题、分析问题，且能够本着实事求是的原则进行求证，他对于学术研究孜孜不倦的精神值得我们学习，同时他的作品语言平实，通俗易懂，提出的观点总是能引起学术界的关注，并且产生深远的影响，因此对于赵玉明广播电视史学思想值得研究和书写的内容很多。

一、结缘新闻，扎根广院

1936年赵玉明出生于山西省汾阳县康宁堡村，1942年随父母迁居天津，8岁的时候进入天津市私立第一小学读书，1949年进入通澜初级中学，初中期间赵玉明刻苦学习，成绩名列前茅，为升入公办高中打下良好基础。1952年秋赵玉明以优异的成绩顺利考进天津三中，高中苦读三年，他的文理科学业均有很大长进，同时加入了共青团，初步树立了正确的人生观。1955年赵玉明被北京大学中文系录取，就读新闻学专业，从此与新闻学结下不解之缘。1959年赵玉明大学毕业，被分配到刚创办的北京广播学院成为最早的一批本科生教师，从1959年站上讲台开始，他便将自己的一生奉献给了北京广播学院。20世纪70年代初，北京广播学院停止招生，赵玉明被分配去中央人民广播电台工作，但是他坚守初衷，心系广院，说"我这辈子没离开广

---

① 原载隋岩、哈艳秋主编：《新闻传播学前沿2019》，中国传媒大学出版社2020年2月版。

院，没离开广电史，没离开学生"①。1973 年春，北京广播学院恢复招生，赵玉明从中央人民广播电台回到北京广播学院工作，重新回到学校后他更加珍惜这份工作，在此后的从教生涯中，为广播电视学科体系的建立作出了巨大贡献。

1980 年赵玉明参加了对延安（陕北）新华广播电台创建历史和中国人民广播事业创建纪念日调研工作，在老广播的指导下执笔撰写了调查报告《延安（陕北）新华广播电台筹建和试播始末》，论证了延安（陕北）新华广播电台的诞生日期是 1940 年 12 月 30 日，而非 1945 年 9 月 5 日，解决了中国广播事业史上"一个悬而未决的问题"②，为中国广播事业史研究作出贡献，也为后人深入研究延安（陕北）新华广播电台史奠定基础。在学术研究方面，赵玉明出版了《中国广播电视通史》（主编兼主要撰稿人）、《中国现代广播简史》以及《赵玉明文集》（三卷本）；主编《广播电视简明辞典》《中外广播电视百科全书》《中国解放区广播史》等著作；发表了关于广播电视史、新闻史的论文以及调查报告等 100 余篇，成果丰硕。他不仅在学术研究方面作出了突出贡献，在教学方面也硕果累累。1979 年赵玉明被评为北京广播学院的首批硕士研究生导师，1999 年被评为首批博士研究生导师，在将近 30 年的时间里，赵玉明培养了一批又一批的本科生，招收和培养了 10 名硕士研究生、12 名博士研究生以及 3 名博士后，在赵玉明的指导和影响下，很多学生都在广播电视领域卓有建树。2010 年赵玉明指导的博士研究生薛文婷的博士论文荣获"全国百篇优秀博士论文"，因此他也获得教育部、国务院学位委员会颁发的"全国优秀博士论文指导教师"证书，赵玉明将学校奖励的 30 万元奖金设立"赵玉明教授研究生奖助学金"，以奖励中国传媒大学成绩优良家境贫困的研究生。

赵玉明这位出生于民国，成长于新中国的学者，身上体现的是老一辈知识分子对工作认真负责、满怀热情，对学术研究兢兢业业、刻苦钻研的精神。研究赵玉明广播电视史学思想，能够让我们从老一辈学者的学术经历中探寻对今天仍然具有启发的研究思想。

---

① 陈娜：《教师是我一辈子的身份——访中国传媒大学教授赵玉明》，见《赵玉明文集》（第一卷），中国广播影视出版社 2014 年 9 月版，第 43 页。

② 赵玉明：《中国人民广播事业创建纪念日的由来及其意义》，见《赵玉明文集》（第一卷），中国广播影视出版社 2014 年 9 月版。

二、赵玉明广播电视史学研究领域

20世纪20年代中国开始有了广播电台,发展至今已有将近百年的历史。在这百年中,中国经历了北洋军阀混战时期、国民党统治和日本侵略时期以及新中国60多年的发展时期,不同的历史时期广播的发展呈现不同的特点。《中国广播电视通史》上卷第一章到第四章主要分析民国广播事业发展,四章均由赵玉明撰写,从历史的角度梳理中国广播事业的产生、发展,建构民国时期广播事业发展的完整框架。在《赵玉明文集》第一卷到第三卷中,也收录了多篇关于广播电视史研究的论文,他重视研究民国广播事业发展的同时,还集中研究中国共产党领导的广播电视事业的发展。从研究时间上看,研究成果主要集中在1980年至2007年间,1979年以前,由于受到"文化大革命"的影响,这段时期关于广播电视史研究成果并不多。"文化大革命"结束后,赵玉明解放思想、坚持实事求是的态度开展广播电视史研究,在广播电视史研究领域取得重大突破。2007年退休后,依然坚持进行学术研究。

(一)重视研究民国时期广播事业的发展

赵玉明在《中国广播电视通史》中将民国时期广播事业分为早期的广播事业、抗战前期的广播事业、抗日战争时期的广播事业和解放战争时期的广播事业四个历史时期。并分析了中国早期的广播事业最早是由外国人创办的,直到1926年我国才开始自办广播电台。1927年南京国民政府成立,中国进入国民党统治时期。抗战前,国民党政府以南京的中央台为中心,先后在全国各地建立大小不一的广播电台,形成庞大的国民党广播体系。同时,民营广播电台也得到不同程度的发展,有教育性广播电台、宗教性广播电台和商业性广播电台。1931年九一八事变后,日本妄图侵略中国的野心昭然若揭,在我国东北建立和控制数量众多的广播电台,以进行殖民宣传。另一方面,随着民族意识的觉醒,尽管国民党对广播事业进行严格的管理和控制,但是却有越来越多的广播电台参加到抗日救亡中。抗日战争时期,中国共产党领导的广播事业于1940年12月30日开始广播,不仅在抗日战争时期,在解放战争时期也发挥了积极的作用。民国时期的广播事业是在错综复杂的环境中产生和发展起来的,赵玉明认为民国广播事业具有三个明显的特点:

"外国在华开办广播电台时间之早、数量之多和影响之大,在世界各国中是绝无仅有的;国民党的官办广播电台在民国几百座广播电台中长期居于统治地位,国民党当局利用其统治权力控制着中国的广播事业;中国共产党领导的广播事业在经历了众多的挫折和磨难之后,随着人民革命斗争的最后胜利,终于成为中国广播事业的中坚力量,并形成了自己独有的优良传统。"[1]

"绝无仅有"道出了帝国主义在中国广播领域的殖民侵略力度之大世界鲜有;"统治地位"说明国民党专政官办电台独大,对其他民营台进行严格控制;"优良传统"说明中国共产党领导的广播事业在斗争中形成了艰苦奋斗、实事求是、联系群众的优良作风,从而得到人民的拥护和支持。

赵玉明在民国时期广播事业研究方面主要的研究成果有《外国人最早在我国办的广播电台》《我国广播事业之发轫》《北京广播事业发展概述》《抗战时期的广播事业》《民国广播历史概况》《民国的广播事业》《民国的广播管理概述》和《民国时期广播期刊综述》《对"1923年1月1日,哈尔滨广播无线电台开播"论证材料的意见》等。

《外国人最早在我国办的广播电台》分析了在中国境内最早出现的三座广播电台:1923年1月23日在上海创办的奥斯邦广播电台、美商新孚洋行在上海创办的广播电台、美商开洛电话材料公司于1924年5月在上海创办的广播电台,通过比较提出疑问"为什么开洛电话材料公司的广播电台比其他两座广播电台存在的时间较长"。赵玉明从主客观原因对问题进行分析,认为北洋政府"由多方面的禁止改为有条件的限制。1924年8月北洋政府公布了《装用广播无线电接收机暂行规则》"[2],开洛电话材料公司的广播电台合法化。"开洛公司经理迪莱为了使广播电台的节目能够吸引听众,想出了不少花招"[3],因此开洛广播电台得以存在较长时间。

《民国的广播管理概述》主要从广播管理方面进行研究。分析了北洋政府、国民党政府和日伪政权对广播的管理。1915年到1926年间,北洋政府相继发布了《电信条例》《装用广播无线电接收机暂行规则》《无线电广播条例》《装设广播无线电收听器规则》《运销无线电收听器规则》,对广播的管理从无条件取缔到有条件限制。但是赵玉明认为"北洋政府时期对广播事

---

[1] 赵玉明:《中国广播电视通史》,中国广播影视出版社2014年9月版,第162—163页。

[2] 赵玉明:《外国人最早在我国办的广播电台》,见《赵玉明文集》(第二卷),中国广播影视出版社2014年9月版,第203页。

[3] 同[2],第204页。

业的管理是诉诸法律的,但仅是初步的、粗放的、局部的,其效果也是有限的"①。关于国民党广播管理,赵玉明从抗战前、抗战时与抗战后三个方面进行分析。抗战前国民党颁布了《广播无线电台条例》《装设广播无线电收音机登记暂行办法》《民营广播无线电台暂行取缔规则》《指导全国广播电台播送节目办法》等法规,对官办台、私营台和外商电台采取不同的管理办法。抗战时期两次修订中央广播事业指导委员会的《组织大纲》全面禁止开办私营广播电台。抗战后颁布了《管理收复区报纸通讯社杂志电影广播事业暂行办法》《广播无线电设置规则》,赵玉明认为《广播无线电设置规则》是"国民党当局制定的最有代表性的广播法规则"②。日本侵略者在中国广播事业管理方面,在东北1931年九一八事变后攫取沈阳和哈尔滨两座广播电台,1933年4月在长春成立"新京放送局",炮制《满洲电信及广播事业统制方案》,并建立"满洲电信电话股份有限公司",企图垄断东北地区的电报、电话和广播三大事业。在华北地区,1940年7月成立伪"华北广播协会",企图控制华北地区的广播事业,此外还有伪"蒙疆广播协会",控制着晋北、察南、绥远等地的广播事业。在上海南京地区,1941年2月汪伪政府成立了"中国广播事业建设协会",企图管理沦陷区的广播电台。赵玉明认为"日本帝国主义对其在中国占领区的广播管理尽管形式上有所不同,但实质上都是殖民地的管理,目的在于配合日寇的军事政治攻势,为灭亡中国的反动目的服务"③。此外《民国广播历史概况》《民国的广播事业》《抗战时期的广播事业》等文章都从不同地区、不同政权统治下广播事业发展进行研究,完整地梳理了民国时期中国广播事业的发展脉络与概况。

(二) 集中研究中国共产党领导下的广播电视事业发展

中国共产党领导的广播事业是在艰苦卓绝的抗日战争年代创办的,从星星之火迅速发展成为燎原之势。赵玉明的研究主要分为抗日战争时期、解放战争时期和新中国时期三个历史阶段,对延安(陕北)新华广播电台的研究

---

① 赵玉明:《民国的广播管理概述》,见《赵玉明文集》(第二卷),中国广播影视出版社2014年9月版,第228页。
② 同①,第231页。
③ 同①,第235页。

是赵玉明广播电视史学研究的重要部分，也是他最早涉足并作出重大贡献的领域。

1. 抗日战争时期创建的中国共产党领导的广播事业研究

赵玉明研究抗日战争时期中国共产党领导的广播事业创建成果颇丰，《中国广播电视通史》详细论述了抗日根据地的广播事业，从无线电事业的创办和发展、延安（陕北）新华广播电台在艰苦卓绝的环境中创建等方面分析了中国共产党领导的广播事业的产生。此外还有《早期的人民无线电事业》《延安（陕北）新华广播电台首播时间与 XNCR 含义的探讨》《延安（陕北）新华广播电台筹建领导机构称谓考实》《延安（陕北）新华广播电台筹建和试播始末（调查报告）》《关于人民广播创建情况的历史资料》等成果，主要从两个方面探讨了中国共产党领导下的广播事业创建和广播宣传。

在《人民广播事业的诞生》和《延安（陕北）新华广播电台筹建和试播始末（调查报告）》等文章中赵玉明根据大量史料研究了中国共产党领导的广播事业创建的经过。1940 年春在周恩来、朱德的领导下，中央军委三局九分队和陕北老乡共同努力下，12 月 30 日延安（陕北）新华广播电台在延安王皮湾村开始试播，对延安（陕北）新华广播电台试播时间、波长、播出内容等试播情况进行详细分析。并给予高度赞扬"延安台的试验广播时间虽然不长，但却在我党的新闻史、新华史上留下了珍贵的一页，开创了我党语言广播事业的新篇章"①。

在宣传方面赵玉明写了《延安（陕北）新华广播电台和重庆〈新华日报〉》，《新华日报》与延安（陕北）新华广播电台相互配合报道新闻，侧面分析了延安（陕北）新华广播电台在抗战时期的宣传策略。比如在皖南事变中，由于国民党当局的新闻封锁，《新华日报》发行受到重重阻挠，延安（陕北）新华广播电台便配合向国统区播送了毛泽东的《为皖南事变发表的命令和谈话》，向国统区人民揭露皖南事变的真相。延安（陕北）新华广播电台因设备简陋，需要经常调整波长，《新华日报》便在报纸上公开告诉国统区民众延安（陕北）新华广播电台的波长和播出时间，并且刊登延安（陕北）新华广播电台的广播稿，转收听众来信，使国统区人民能够深入了解延安（陕北）新华广播电台。这种广播与报纸相互配合的宣传方式，对全

---

① 赵玉明：《延安（陕北）新华广播电台筹建和试播始末（调查报告）》，见《赵玉明文集》（第一卷），中国广播影视出版社 2014 年 9 月版，第 150 页。

面宣传党的抗日民族统一战线起着重要作用。

2. **解放战争时期中国共产党领导的广播事业的战斗转移与军事宣传研究**

抗日战争胜利后，蒋介石发动全面内战，中国人民解放军在中国共产党的领导和广大人民的支持下，为推翻国民党统治而英勇战斗。中国共产党领导的广播事业在解放战争中多次转移，克服重重困难坚持播音。赵玉明主要研究了解放战争时期中国共产党领导的广播事业的转移情况和在战争中的宣传策略。

第一，解放战争时期中国共产党领导的广播事业在转移中得到发展。赵玉明在《从延安（陕北）新华广播电台到陕北新华广播电台》中论述了1947年3月28日延安（陕北）新华广播电台在转移前夕播发了中国人民解放军在延安东北青化砭歼灭敌军四千多人的消息，播音结束立刻进行转移，体现了延安（陕北）新华广播电台坚持斗争的精神，同时赵玉明认为播送青化砭大捷的消息"在人民广播历史上是一件很有意义的事情"①。在《接替陕北广播的一场战斗》中论述了中国共产党领导的广播事业转移前的准备情况。1946年11月周恩来召集专门会议研究接替延安广播的问题，并且派人开始选定转移台址。1947年3月29日太行广播立刻接替陕北广播继续进行播音，从太行山发射出去的红色电波把党中央的声音传播向四面八方，再次证明了中国人民的声音是任何反动势力都无法阻挡的。《人民广播事业的诞生》则是详细论述了延安（陕北）新华广播电台的四次转移，1947年3月中旬延安台转移到瓦窑堡后改名为陕北新华广播电台，1947年3月30日起陕北台在河北涉县播音，1948年5月23日起，陕北台迁移至平山播音。1949年3月25日陕北台迁进北平，改名为北平新华广播电台，同年12月5日改名为中央人民广播电台，至此，中国共产党领导的广播事业翻开新的历史篇章。

第二，解放战争时期中国共产党领导的广播注重宣传方法与技巧。解放战争全面爆发后，延安台更加注重通过广播进行宣传，赵玉明认为这个时期延安台宣传的内容主要有三个方面："集中揭露国民党反动派发动内战的罪恶行径，号召解放区军民奋起自卫反抗，保卫解放区；举办国民党军起义人员广播讲话，号召国民党军队退出内战，制止内战；举办各界名人演讲，组

---

① 赵玉明：《从延安（陕北）新华广播电台到陕北新华广播电台》，见《赵玉明文集》（第二卷），中国广播影视出版社2014年9月版，第266页。

织特别节目,声援国民党统治区的爱国运动"①,比如 1946 年 7 月初请第一位驾飞机起义抵达延安的国民党空军刘善本到延安台进行反内战演讲,9 月举办名人演讲,先后邀请李敷仁、艾思奇等各界名人到延安台进行广播演讲,痛诉国民党的独裁阴谋与发动内战的罪恶行径。在宣传方法与技巧方面,赵玉明在《毛主席的〈目前形势和我们的任务〉是怎样播送的?》中分析了 1948 年元旦陕北台播送了毛泽东的《目前形势和我们的任务》,总结陕北台对重要文件的播送特点。如集中时间、连续反复播放全文与标点符号,每个部分播送完都进行简要概括和内容提要,播音注重从感情上表达原著风格。《延安台举办专题节目介绍解放区》介绍了延安台从 1945 年 10 月到 1946 年 2 月先后开办的"解放区介绍""解放区建设"和"解放区政策"三档节目,让全国人民都能够深入了解解放区情况。《延安台的广播讲演节目》分析了延安台通过舆论领袖的广播讲演进行宣传。《瓦解敌军的强大思想武器——〈对国民党军广播〉节目》中介绍了"对国民党军广播"节目,从思想上分化和瓦解敌军。此外还有《延安(陕北)新华广播电台的文艺节目》《陕北新华广播电台的文艺节目》《北平新华广播电台的文艺节目》等文章,从延安台的节目形式与内容分析其宣传技巧。

3. 新中国成立后的中国共产党领导的广播电视事业发展研究

新中国成立后中国共产党领导的广播电视事业得到极大发展,赵玉明主要从以下两个方面进行研究。第一是深入研究新中国成立后大陆地区广播电视的发展。在《中华人民共和国成立初期暂设的广播电台》《建国初期的私营广播电台》《新中国广播事业的建立》《中华人民共和国的广播电视事业》等文章中论述了新中国成立后,中国共产党接收和恢复了广播电台,并对 34 座民营广播电台进行社会主义改造,最终形成以中央人民广播电台为中心的由中央和地方、无线和有线相结合的广播网;全面建设社会主义时期,广播电视事业得到进一步发展,广播电视的宣传对社会主义建设起到积极的促进作用;十一届三中全会后广播电视事业得到飞跃发展,呈现百花齐放的景象。第二是重视研究香港、澳门和台湾地区以及海外华语广播电视事业的发展。在《试论中国广播电视发展的历史分期及其特点》中总结了三个不同地区广播电视事业发展的共同特点,在《华语电视发展的回顾、现状与展望》和《海外华语广播电视的现状与未来》中分析了华语电视的兴起与发展,21

---

① 赵玉明:《中国广播电视通史》,中国广播影视出版社 2014 年 9 月版,第 99—100 页。

世纪海外华语电视主要呈现出了覆盖范围广、由华侨为主到华人为主转变、传播多层次等不同的特点。赵玉明认为"华语电视是全球华人的共同事业,其基本功能和作用当前可概括为三个方面,即弘扬中华文化、促进双向了解和推动中国统一"①。

4. 重视开展党的领导人与广播事业发展的研究

中国人民广播电视事业是在中国共产党的领导和支持下创建并发展起来的,赵玉明重视并集中研究了毛泽东、周恩来、刘少奇、邓小平等党的领导人与广播事业发展的关系。

关于毛泽东与广播电视的研究,赵玉明写了《毛泽东同志与广播电视》《毛泽东向黄维兵团的两篇广播讲话手稿重现始末》《毛泽东身边的视听工具》等文章,论述了不同时期毛泽东对于人民广播事业发展的支持。《毛泽东同志与广播电视》中分析了毛泽东关于无线电是革命的"鲁班石"的思想,足见毛泽东非常重视无线电事业。在解放战争中毛泽东还注意利用广播适时揭露敌人的阴谋,瓦解敌军的意志,巧妙利用广播宣传击退企图进犯的敌军。新中国成立后,毛泽东日理万机,但仍然关心广播工作,提出要把党的宣传方针告诉广播工作人员、报刊和广播要相互转发好文章、要利用广播做好民族工作和对台湾工作,并提出要将"发展农村广播网"列入文化教育规划中,同时注重发展对外广播,让全世界都听到中国的声音。此外毛泽东还是最早提出办电视的领导人,并为"北京电视台"题字。在《毛泽东向黄维兵团的两篇广播讲话手稿重现始末》中,赵玉明将毛泽东向黄维兵团的两篇广播讲话手稿重现经过以及手稿中毛泽东修改的内容进行详细说明,通过毛泽东对稿件的修改,体现毛泽东重视广播稿件。在《毛泽东身边的视听工具》中,展现了毛泽东在不同时期使用过的收音机和电视机,比如在延安时期使用过的美制军用收音机、在北京使用过的国产"熊猫"牌收音机和"北京牌"黑白电视机,等等,展现毛泽东日常生活中也重视收听和收看广播电视。

周恩来是人民广播事业的创建者,是最早在国统区领导建立人民无线电事业的领导人,为人民广播事业的建立奠定基础。在《周恩来同志与广播电视》中展现了周恩来在不同时期对人民广播事业的建立与发展作出的贡献。

---

① 赵玉明:《华语电视发展的回顾、现状和展望》,见《赵玉明文集》(第二卷),中国广播影视出版社 2014 年 9 月版,第 382 页。

比如1929年10月在周恩来的支持下中国共产党在上海建立了第一座秘密电台；红军达到陕北后，周恩来日夜操劳筹划重建党中央在天津上海的地下秘密电台；抗日战争时期周恩来利用广播发表演讲、激励人民抗日的斗志；1940年春领导并筹建人民广播电台；解放战争时期周恩来领导广播工作人员部署广播电台的战斗转移，使延安（陕北）新华广播电台在艰苦卓绝的战争中依然能坚持广播。新中国成立后周恩来依然关怀广播电视事业的发展，比如支持筹办电视、提议做好农村广播节目、搞好体育转播、开办英语讲座、发展民族广播等，周恩来心系人民广播电视事业的发展，让广播电视在新的历史时期发挥了更大的作用。

此外，赵玉明还写了《刘少奇同志与广播电视》《邓小平同志与广播电视》和《陆定一同志与广播电视》等文章，通过研究中国共产党领导人与人民广播电视事业发展的关系，可以看出党的领导人对人民广播电视事业的发展给予的全面关怀，对于广播电视工作者认真办好广播电视起到激励作用，同时也为后人了解中国共产党领导人与广播电视事业的发展提供研究史料。

（三）积极开展名人与广播研究

研究名人与广播对于广播电视史学研究有着重要的意义，赵玉明非常重视研究不同时期的名人与广播的关系，通过名人对广播的利用与评价，可以从侧面了解广播的发展与作用，因此长期以来赵玉明积极开展相关方面的学术研究。

1. 积极开展民国名人与广播研究

1986年至1988年赵玉明曾先后在《中国广播报》发表《孙中山称赞中国出现广播是"大进步"》《鲁迅论30年代的上海广播》《张学良杨虎城将军的抗日广播演说》《为拯救中华而呼吁——宋庆龄的抗日广播演说》等文章，论述民国时期的名人与广播的关系。

赵玉明在《孙中山称赞中国出现广播是"大进步"》说中国无线电公司广播电台播出了孙中山的《和平统一宣言》，孙中山对广播电台表现出极大的信心并给予高度评价，表现了他重视现代科学技术应用的远见卓识。在《鲁迅论30年代的上海广播》中赵玉明通过研究鲁迅的杂文，分析鲁迅对当时上海的广播电台的态度，30年代上海的广播多是富人享乐的工具，靡靡之音不绝于耳，鲁迅在多篇文章中对当时堕落的广播进行讽刺与批判。《张学良杨虎城将军的抗日广播演说》论述了"西安事变"中张学良与杨虎城利用西安广播电台发表广播演说,宣传抗日救亡,周恩来到达西安后也十分关心西安广播电台的广播。赵玉明认为西安广播电台在"西安事变"中向全国广播了"事变"真实情况,对于宣传抗日救亡以及中国人民的抗日事业作出了巨大贡献。民国时期宋庆龄是充分利用广播进行抗日救亡宣传的名人之一,在《为拯救中华而呼吁——宋庆龄的抗日广播演说》中赵玉明分析了四次广播演说,如1937年10月20日宋庆龄在上海美商RCA广播电台发表题为《中国走向民主的途中》的对美广播演说,1939年12月12日在香港广播电台关于发起组织中国工业合作社国际促进委员会领导经济救亡运动的演说,1940年4月18日在国民党中央广播电台和1944年3月12日在国际广播电台发表对美国广播演说,体现了宋庆龄重视利用广播进行抗日救亡宣传,为拯救中华而呼吁,并取得显著效果。

赵玉明通过民国名人对广播的评价与利用分析民国广播百态,有鲁迅批判的庸俗低级、宣传封建迷信、腐蚀人心的广播,也有像西安广播电台等宣传抗日救亡的先进广播,从不同角度展现民国时期广播发展状态。

2. 积极开展新中国广播人物研究

赵玉明除了开展民国名人与广播研究外,还积极开展对新中国著名广播人物的研究,如廖成志、左荧、梅益等人,在抗日战争时期他们利用广播为战斗武器进行抗日救亡宣传,在新闻中国成立后他们为新中国广播事业的发展贡献毕生精力。

温济泽是我国著名无产阶级革命家,更是我国广播电视事业的开拓者,有着丰富的新闻实践经验。赵玉明在《为办好广播不懈探索 为培育英才尽心竭力——赵玉明教授谈温济泽同志对人民广播和新闻教育事业的贡献》中谈及温济泽的峥嵘生涯并认为温济泽在广播系统贡献颇大,他是"人民广播事业的创始人与建设者之一;主管对外国际广播工作,提出'内外有别'的宣传策略;提倡更改中国人民广播诞生纪念日和中国人民对外广播创建纪念日,并积极参与纪念活动;率先撰写广播回忆录,弘扬延安传统,总结历史经验"①,在新闻教育和研究方面,赵玉明总结了三点:第一是温济泽重视筹建社会科学院新闻研究所,指导研究生工作,对新闻学研究做出初步规划;

---

① 赵玉明:《为办好广播不懈探索 为培育英才尽心竭力——赵玉明教授谈温济泽同志对人民广播和新闻教育事业的贡献》,见《赵玉明文集》(第一卷),中国广播影视出版社2014年9月版,第262—267页。

第二是积极参与创办中国新闻教育学会；第三是为新闻学研究事业的发展尽心竭力。温济泽毕生献身于中国共产党和人民事业，赵玉明认为他对广播系统和新闻教育的贡献远不止上述所谈及的几点，研究温济泽新闻思想任重而道远。

梅益是新中国广播事业的奠基者与缔造者，赵玉明在《梅益同志和广播学院的情缘》中回忆了与梅益交往的点滴：梅益工作繁忙却答应为解放区广播回忆录撰文、1996年为《中国广播电视年鉴》题词、关心北京广播学院的发展情况和中国广播电视史的教学研究工作，给后辈提供指导和帮助。2014年1月9日梅益百年诞辰，赵玉明接受《中国广播》的采访，谈及梅益对广播事业的贡献。赵玉明认为梅益在广播电视事业建设的贡献主要有建立以中央台为中心的全国广播网、积极发展我国的国际广播、创办新中国的电视事业、筹建北京广播学院；在广播电视理论方面贡献主要是把中国共产党的新闻思想运用到实际的广播电视宣传中，重视广播宣传教育工作，并提出广播是群众性宣传教育的有力工具思想，具有创新性、科学性和系统性。①

左荧是我国杰出的新闻工作者与新闻教育家，他为广播事业发展与北京广播学院的创办殚精竭虑、不懈奋斗。赵玉明在《一个有强烈事业心的领导者——追忆左荧同志》中从左荧参加新闻工作起到创办北京广播学院、培养新闻人才，追忆左荧无私奉献的一生。在抗日战争与解放战争时期左荧以新闻为武器投身到斗争中，在新中国成立后，他走出广播大楼，参与到北京广播学院创办中。他冒着风险任用被错划为"右派"的老广播，增强新闻系的师资力量；他以办有广播电视为特色的新闻系为目的，闯出新的办学思路与特色；他无私奉献，将珍藏的毛泽东撰写、修改的广播手稿献出以供新闻教学；"文革"后，他大声疾呼重建北京广播学院，强烈要求加强对广播学院的领导，使北京广播学院得以逐步恢复并发展壮大。赵玉明在文中深切地缅怀了左荧，认为"为了把初创的广播学院办好，从选才用人、办出特色和规划未来等几个方面，都充分显示出左荧同志是一个有强烈事业心的领导者"②。

---

① 李晓光：《让全世界都听到中国人民的声音——赵玉明教授谈梅益同志对共和国广电事业的贡献》，原载《中国广播》2013年第12期，后收录于《赵玉明文集》（第一卷），中国广播影视出版社2014年9月版。

② 赵玉明：《一个有强烈事业心的领导者——追忆左荧同志》，见《赵玉明文集》（第一卷），中国广播影视出版社2014年9月版，第307页。

赵玉明还关注国外名人与广播研究，主要成果有《列宁与无线电广播》《列宁和苏联早期无线电事业的重要史料》《列宁无线电广播书信选注》《国际主义广播女战士——绿川英子》。赵玉明关于名人与广播研究横跨不同的时间与地域，时间上从民国时期到新中国时期，地域上从国内到国外，范围广、角度纵深、视角新颖。

三、赵玉明的治学态度与方法

端正的学术研究态度是进行学术研究的根本，良好的学术研究方法是进行学术研究的重要工具。赵玉明在开展学术研究的过程中，既能够坚持正确的学术信念也能够结合时代的发展，运用良好的学术研究方法在专业领域不断探索进取。赵玉明具有广阔的学术视野和敏锐的学术眼光。在学术领域，他提出的见解、观点总能给人以启发。因此总结赵玉明在广播电视史学研究中的学术态度与方法，对于我们提高学术水平也具有借鉴意义。

（一）学术研究专且勇于攻克难题

赵玉明学术研究"专"，长期以来坚持专注研究广播电视史研究领域，不断挖掘新的史料，进行深入研究。1959年赵玉明被分配到北京广播学院新闻系广播史教研组，他开始接触广播史教学与研究工作，经常埋头研究广播史料。至今快60年，他一心扑在广播电视史教学与研究上，在教学上桃李满天下，其中培养广播电视史专业硕、博研究生和博士后25名；在研究上著有《中国现代广播简史》《中国广播电视史文集》《赵玉明文集》，其中1987年出版的《中国现代广播简史》是我国第一部广播事业发展史专著，系统地论述了1923年无线电传入中国到1949年新中国广播的诞生与发展，史料翔实、内容丰富，填补了我国广播史研究的空白，这部著作也成为广播电视史专业师生必读经典书籍。论文有《民国广播历史概况》《新中国广播事业的建立》《我国广播事业之发轫》《抗战时期的广播事业》等，以广播电视史研究为核心内容，同时涵盖广播电视史调查报告等，共发表论文100余篇。赵玉明关于广播电视史研究时间跨度大，从1923年无线电传入中国

至今广播在中国近百年的发展史以及1958年5月1日中国电视事业的诞生至今电视近60年的发展史都是赵玉明研究的对象，在研究内容上全面且丰富，既研究早期外国人在我国创办的广播，也研究早期国人自办广播；既研究国民党广播、日伪广播，也研究共产党领导下的广播；既研究我国广播电视，也研究海外广播电视。赵玉明长期坚持致力于广播电视史研究，专业且专注，成为我国广播电视史研究领域的开拓者。

赵玉明在学术研究中勇于针对广播电视史研究出现的问题进行考证、反复深入研究、攻克难题。比如广播电视史领域长期以来存在一个"悬而未决"的难题，即中国人民广播诞生日的问题。赵玉明发现我国广播历史上有两个广播诞生纪念日，即1945年9月5日和1940年12月30日。尽管学界和业界普遍认为1945年9月5日是广播诞生日，但是现有史料并不能直接证明，因此赵玉明决定对此问题进行求证。1980年春他在老广播的指导下，倡议组织北京广播学院延安（陕北）新华广播电台历史调查小组奔赴延安，沿着延安（陕北）新华广播电台的战斗和转移路线进行了为期一个月、行程约3000公里的实地调查，从实地考察中证实了延安台筹建时期的有关情况。写了《延安（陕北）新华广播电台筹建和试播始末（调查报告）》，从挖掘到的各种文字史料与访谈记录、国民党的旁证材料证明了延安（陕北）新华广播电台成立于1940年12月30日。后来赵玉明写作文章《延安（陕北）新华广播电台首播时间与XNCR含义的探讨》，比较了党中央机关报《新中华报》、中央军委三局机关刊物《通信战士》、山东地区党组织机关报《大众日报》等五份史料，最后确定延安（陕北）新华广播电台首次开播时间为1940年12月30日。广播诞生日的确立，对于学界和业界搞清延安（陕北）新华广播电台的开播、停播、恢复播音等广播电视史学问题有着重要的意义。

（二）坚持实事求是的研究态度

赵玉明多次在文章中指出做研究要本着实事求是的精神态度，"广播电视史的研究应以马列主义、毛泽东思想为指针，实事求是地从广播电视事业发展的具体过程中引申出相应的结论。这里实事求是是史学研究的基石"①。

要做到实事求是，就要不断解放思想，敢于对现有的研究成果提出质疑。2011年建党90周年中共中央党史研究室出版了两卷《党史》，赵玉明写作《两卷〈党史〉中涉及广播电视文字表述的商榷》，对《党史》中关于广播电视事业表述存在的问题提出意见，如《党史》第二卷第735页写到的"1958年5月旧北京电视台（中央电视台前身）"，赵玉明认为"前面加个'旧'字，似欠妥，用'原'字较妥，以区别于现今作为北京市级电视台的北京电视台"②。2006年《纵横》杂志第5期的文章《陕北广播电台在河北的日子》刊登的三幅关于延安（陕北）新华广播电台的照片，赵玉明在文章《三幅插图两幅说明有误》中指出两幅照片说明的错误之处。在《延安（陕北）新华广播电台筹建领导机构称谓考实》中，赵玉明求证了在中国共产党领导的广播事业史上有无"广播委员会"这一机构的问题。"广播委员会"的说法来源于有关同志的口述，但是赵玉明经过大量查找相关党史、军史著作和领袖人物传记，发现都没有"广播委员会"的记载，因此根据调查得来的史料，赵玉明认为"广播委员会是属于临时性的领导机构，称之为'广播筹备委员会'较妥"③。赵玉明以实事求是、解放思想的研究态度，勇于对现有研究成果存在的问题提出质疑，为了求证史实，查找大量史料，根据研究资料提出意见和看法。

要做到实事求是，就要敢于否定自己过去不当的观点和结论。赵玉明在研究中多次提出自己有些提法不妥当，勇于修正自己的观点，比如在《中国现代广播史研究中的若干问题——兼答陈尔泰同志》中就指出，"我在70年代末80年代初期的讲课和编印的小册子中，有时候确曾把奥斯邦台笼统地说成是'我国历史上第一座广播电台'或类似说法，后经识者提醒，此说法容易引起误解"④，赵玉明勇于指出自己在广播电视史教学中出现的不妥当之处，反映了他在研究过程中具有解放思想、实事求是的精神，这种治学态度

---

① 赵玉明：《中国人民广播事业创建纪念日的由来及其意义》，见《赵玉明文集》（第一卷），中国广播影视出版社2014年9月版。

② 赵玉明：《两卷〈党史〉中涉及广播电视文字表述的商榷》，见《赵玉明文集》（第二卷），中国广播影视出版社2014年9月版，第606页。

③ 赵玉明：《延安（陕北）新华广播电台筹建领导机构称谓考实》，见《赵玉明文集》（第二卷），中国广播影视出版社2014年9月版，第306页。

④ 赵玉明：《中国现代广播史研究中的若干问题——兼答陈尔泰同志》，见《赵玉明文集》（第二卷），中国广播影视出版社2014年9月版，第543页。

值得我们去学习。

（三）提倡百家争鸣，促进学科发展

史学研究的发展是随着史料的不断挖掘而发展的，对史料掌握的不同，研究的推断与结论也会不同。因此史学研究提倡百家争鸣，通过争鸣繁荣学科发展，广播电视史研究亦是如此。赵玉明在多次发言中也说到"由于缺乏争鸣，难见批评，使得广播电视史学研究的水平难于提高。建议提倡积极开展广播电视史学的争鸣，各抒己见，见仁见智，推进广播电视史学的发展"①。

赵玉明与陈尔泰在新世纪之初曾经就中国广播电视史研究进行过一次学术争鸣，对于促进广播电视史学研究有重要意义。2000年陈尔泰先后写了《关于20年代境内"外台"史料的几个问题》和《奥斯邦台不是中国的广播电台》两篇文章，对赵玉明著的《中国现代广播简史》中的若干问题提出批评意见。2001年赵玉明在《中国广播电视学刊》第5期发表了《中国现代广播史研究中的若干问题——兼答陈尔泰同志》，就中国现代广播史的研究对象及范围、关于对外台的评价、关于20年代外台史料三个问题进行详细回答。赵玉明认为"只要在中国境内960多万平方公里土地上出现的广播电台，不论是何人所为，属谁所有，为何而办，即使是外国或外国人在中国办的广播电台，也均应在中国现代广播史的研究范围之内"②，并且认为奥斯邦台是"中国境内出现的第一座广播电台"说法无误。在关于对外台的评价中，陈尔泰认为外台"无一例外都是为了帝国主义对中国的侵略，都是列强深入侵略中国的'步骤'"③，但赵玉明认为奥斯邦、新孚洋行等电台"是为了推销无线电器材，与那种赤裸裸的军事侵略和经济掠夺毕竟有所区别。同时他们把无线电广播这一20世纪之初的重大科学技术成果引进中国，开阔了中国人的视野，进一步传播了无线电知识，揭开了中国广播事业发展史的第一页，从历史的观点来分析，它的进步意义是值得肯定的"④。在关于

---

① 赵玉明：《中国现代广播史研究中的若干问题——兼答陈尔泰同志》，见《赵玉明文集》（第二卷），中国广播影视出版社2014年9月版，第541页。
② 同①。
③ 同①，第543页。
④ 同①，第544页。

20年代外台史料的问题上,赵玉明认为应贯彻双百方针,"实行不戴帽子、不打棍子、不抓辫子的'三不主义',造成各抒己见、畅所欲言、相互尊重、共同探讨的气氛"①。2013年赵玉明先后在《现代传播》第2期和第3期连载了《再谈中国现代广播史研究中的若干问题——与陈尔泰同志商榷》,围绕七个问题与陈尔泰进行学术讨论。

在《商榷与补充——罗弘道〈讨论广播电视产业属性的历史回顾及点评〉读后》中赵玉明提出尽管张香山同志在广电史上较早提出广播电视属于生产力、经济范畴,但是不是第一个提出"广播电视是一种社会生产力"的观点,因此值得再商榷。在文中他提到"一个正确或比较正确的学术观点并不是很顺利地就会得到社会(或评委们)的认可。好在我们现在有一个宽松的学术环境,为不断地深入探讨广播电视改革中的理论和实践问题提供有利的条件"②。此外在《对"1923年1月1日,哈尔滨广播无线电台开播"论证材料——2012年8月28日在"中国第一座广播无线电台"论证会上的发言》《广播电视语言文字规范化浅谈》《"文革"前的〈广播业务〉究竟出了多少期》《广播电视统计数据质疑两例》等文章中,赵玉明对于存在的史实问题提出质疑和谈论,提倡在学术争鸣与讨论中去发现广播电视史研究中出现的问题,并通过继续深入的研究解决问题,以此不断推动广播电视史学术研究水平的提升与学科的发展。

赵玉明在广播电视史研究领域,坚持马列主义、毛泽东思想,坚持党性原则,以实事求是的治学态度和解放思想的创新性思维不断开拓广播电视史研究的新领域,并且不断深入挖掘新的研究史料,埋头学术研究,取得了丰硕的研究成果。在研究的过程中,敢于打破常规,不断开辟新的研究领域,并且提倡广播电视史研究,积极开展百家争鸣,推动了广播电视史学的发展,成为国内广播电视史学研究领域的权威专家。在教学上也桃李满天下,培养出了一批又一批优秀的本科生和研究生,他们成为广播电视史学研究的新力量。赵玉明这种为广播电视史学建设、为培养广播电视学科人才的奉献精神值得我们敬佩,同时也勉励我们好好做学问,才能为广播电视史学的发展作出自己的贡献。

---

① 赵玉明:《中国现代广播史研究中的若干问题——兼答陈尔泰同志》,见《赵玉明文集》(第二卷),中国广播影视出版社2014年9月版,第546页。

② 赵玉明:《商榷与补充——罗弘道〈讨论广播电视产业属性的历史回顾及点评〉读后》,见《赵玉明文集》(第二卷),中国广播影视出版社2014年9月版,第594页。

参考文献

1. 赵玉明：《赵玉明文集》（三卷本），中国广播影视出版社 2014 年 9 月版。

2. 赵玉明：《中国现代广播简史》，中国广播电视出版社 2001 年 1 月版。

3. 赵玉明：《中国广播电视通史》，中国广播影视出版社 2014 年 9 月版。

4. 赵玉明、王福顺：《中外广播电视百科全书》，中国广播电视出版社 1995 年 1 月版。

5. 中共中央文献研究室、新华通讯社：《毛泽东新闻工作文选》，新华出版社 1983 年 12 月版。

6. 北京广播学院新闻系选编：《中国人民广播回忆录》，广播出版社 1983 年 5 月版。

7. 陈尔泰：《关于 20 年代境内"外台"史料的几个问题》，载《中国广播电视学刊》2000 年第 4 期。

8. 陈尔泰：《奥斯邦台不是中国的广播电台》，载《中国广播电视学刊》2001 年第 2 期。

在从教 60 周年座谈会上的发言[①]

各位领导、老师、同学们:

今天,新闻学院为我和曹璐举办从教 60 周年座谈会,内心激动,万分感谢!2019 年是校庆 65 周年,又是广播学院新闻系创办 60 周年。今年,我和曹璐已参加过两次 60 年的活动,一次是 9 月,参加了我校新闻系首届 59 级入学 60 年返校活动,时逢新时代,再聚定福庄,畅叙师生情。一次是 10 月,作为中国人民大学新闻学院首届毕业生离校 60 年的返校活动。93 岁高龄的方汉奇教授,作为我们当年的讲课教师来临会场。我们向新闻学院赠送了一幅锦旗,祝贺新闻学院"不忘初心,培育桃李,牢记使命,服务传媒"。究其实,三件事就是一件事,我们离开了人民大学校园结束了学生生涯,来到了广播学院开始从教,迎接了新闻系的首届新生。

回顾在广院从新闻系到新闻学院 60 年的经历,大致可以分为三个阶段、四代人。

第一阶段是新闻系初创时期,从开办到改革开放前夕。作为新闻系的创办人和第一代教师,左荧、康荫、苑子熙、温济泽、高而公等同志既是老革命,又是老广播。他们率先示范,以身作则,为 59 级学生开课办讲座,著文立说,奠定了新闻系广播电视新闻教学科研最初的基础。

我们作为新闻系的第二代教师,是 1959 年从人民大学新闻系毕业分配来的,一共 13 个人。其中既有广播班的调干生,又有一般大学生,几乎占了当时新闻系教工的半数。根据教学工作需要,有的开始做了班主任,有的分配到论史采编各教研组。在老广播的带领下,逐步熟悉业务、编写教材、登台讲课、辅导实习。这十多个人中,有少数同志中间工作调动离开了广院,但大部分同志为广院贡献了自己的毕生精力,如武文芳、李振水、张保安、施旗、赵玉明、曹璐和任远等,其中有的还担任了校领导,大多数成了我校广电课程的骨干教师和学科带头人,我校的首批硕士生导师、博士生导

[①] 在中国传媒大学新闻学院召开的"名师厚德 桃李芬芳——赵玉明、曹璐从教 60 周年纪念座谈会"上的发言。

师均出自其中。

在第一阶段期间，新闻系培养了大批广电新闻人才，其中很多同学服从分配，献身边疆和少数民族地区的广电事业。尚在中央三台和部分省级广播电视台的同学，也都作出了自己的贡献。其中有央台台长杨正泉、国际台台长张振华以及一批地方广电局台的领导和改革开放初期被评为高级编辑、高级记者，荣获长江韬奋奖的杰出人才。

第二阶段始于1980年原新闻系分为四系一部一所，即新闻系、电视系、文编系、播音系、新闻研究所和语言文学部。新闻系是在原采编专业教研室基础上组建的，起初只有十来个教工，1984年起我先后担任新闻系副主任、代主任和主任，主要分管教学科研工作并负责招生工作。当时曹璐作为总支书记、副主任分管政工和毕业分配工作。

1980年新闻系分系以后，播音、文编系专业方向明确，各有自身的特色，新闻系与电视系有交叉，即都涉及新闻。当年我与常院长曾交换意见，我说按照教育部有关新闻专业的培养目标和方向是为报刊、通讯社、广播电视台培养新闻专业人才，从我校来说，广电是重点，新闻系的培养方向，是为广电培养新闻人才，由于有电视系，所以我们偏重广播。但从专业基础知识来说，广电是无法分开的，我们新闻理论教学中涉及广电报刊通讯社等，广电史中广电也分不开。从上级领导机关来说，广电也是一起的。常院长说，可以，但学校只给你们配备广播教学设备，不给你们配备电视摄影设备。从此，新闻系确定以广电基础知识和基本技能（偏重广播）为本，开展教学研究活动。

第一，此后十几年中，我们先后开办了新闻专业的本科、短训、大专、干专、函授、研究生班、师资班、电大班，并在全校首招硕士生（1979年）。我们与广电部有关部门、央广、国际台和部分地方广播电台保持着密切联系。

第二，我们以函授教材为基础，编写了我校也可以说是高校第一套广电新闻系列教材（8种），1986年内部出版，1987年起公开出版，1990年还编写出版了《实用广播电视新闻学》（上下）。进而组织编写了我国第一部广播电视词典，第一部广电百科全书，并尝试构建了广电学学科体系。同时注意发挥教师特长和积极性，开设了主持人课、新闻心理学等课程。

第三，80年代末提出开办广告专业，1989年招收首届本科生，后招收研究生，广告专业发展成广告系。

从新闻专业来说，首先有大批学生支援建设边疆地区的广电事业，其次培养了央视台长胡占凡、凤凰卫视台长刘长乐和一批高级编辑、高级记者、长江韬奋奖获得者，培养了主持人（白岩松、崔永元），以及一批新闻学、广电学的硕士。

从广告专业来说，培养了开拓者，黄升民、丁俊杰等。

经过十几年的奋斗，以第二代教师为主力带领第三代教师，经过不懈努力，于1996年新闻系扩充为新闻传播学院，这是广院第一个二级学院。以上由于是亲身经历，所以讲得比较具体一些。

第三阶段，新世纪以来，随着校内教学机构的不断调整，2002年广告系从新闻传播学院分离，另成立广告学院。2005年，新闻传播学院又与电视学院合并组建电视与新闻学院。2013年，电视与新闻学院与传播研究院合并组建新闻传播学部（实体设党委）。2018年，新闻传播学部内设的电视学院、新闻学院和传播研究院又各设党委，相对独立。在此期间，2004年北京广播学院更名为中国传媒大学，划归教育部管理，与同宗广电总局脱钩。

在校内教学机构和专业不断调整后，当前的新闻学院已不再办广电专业了，失去了与广电部门的天然联系。可喜的是，及时调整了有关专业，在坚持办好新闻系本科专业，继续办好党报党刊研究中心的同时，又开拓了传播学、网络和新媒体两个新专业（及方向），适应新时代新闻传播教研的需要。从2004年起每年连续出版《新闻传播学前沿》，有的教师还从2010年起创办了《新传媒》丛刊，已办九年出版了24期。

限于水平和精力，我也提不出更好的建议。总之，今天办好新闻学院的重担落在了第三代、第四代新闻教师的身上。第三代是80年代初期起，第四代是新世纪以来参加教学工作的，除少数老大学生外，大都是硕士、博士学历，有长江学者，有十多位博导，教学科研水平都比较高，是办好新时代的新闻教育的中坚力量和后备基础。祝愿新闻学院立足新时代，办出新特色，谱写新篇章。

最后，新闻学院已有60年历史了。60年一甲子，建议在30年、35年、40年新闻学院史的基础上，收集史料，回顾既往，总结经验，开拓未来，编写一部新时代的新闻学院史，特别要着重反映历届毕业生为繁荣和发展我国的社会主义广播电视传媒事业作出的贡献。

（2019年11月23日）

新闻学院召开赵玉明、曹璐教授从教 60 周年纪念座谈会

周利娟　曹默

为庆祝赵玉明、曹璐教授从教 60 周年，发扬新闻学院尊师重道的优秀传统，11 月 23 日上午，新闻学院在中传国际交流中心三层召开了"名师厚德　桃李芬芳——赵玉明、曹璐教授从教 60 周年纪念座谈会"。中华女子学院校长刘利群教授，教育部语言文字应用管理司原司长姚喜双教授，中国传媒大学党委常委、宣传部部长陈作平教授，新闻学院院长、教育部长江学者特聘教授隋岩，学科建设与发展规划处处长庞亮教授等校内外嘉宾也出席了本次座谈会。座谈会由新闻学院党委书记薛永斌教授主持，新闻学院百余位师生代表参加了座谈。

上午九点，新闻学院学生合唱团用一首《好大一棵树》揭开了座谈会的序幕，中国传媒大学党委常委、宣传部部长陈作平代表校领导为两位老师送上祝福，高度肯定了此次活动的意义。他指出，2019 年是中国传媒大学建校 65 周年，也是赵玉明、曹璐两位教授从教 60 周年，在他们的指引下，新闻学院的前身新闻系成了我校大部分文科专业的孵化器，于学校的学科架构及建设而言功不可没。两位教授是中国广播电视学奠基人，是中国传媒大学 65 年发展历程的见证者和推动者，他们为新闻学院与学校的发展建设所做的努力及其学术精神值得全校师生学习。

随后，新闻学院院长、教育部长江学者特聘教授隋岩代表新闻学院全体师生向两位教授致以崇高的敬意和诚挚的祝福。隋岩院长从学术科研和教书育人两个角度高度赞扬了二位教授对中国新闻传播学和新闻学院的突出贡献。他指出，60 年一甲子，赵玉明和曹璐教授将毕生的精力都奉献给了广播学研究、奉献给了新中国的新闻教育事业。他们两位老师都是"一辈子没有离开广院，一辈子没有离开新闻传播的教研工作，一辈子没有离开学生"。

见到了阔别已久的两位恩师，台下的学生也有说不完的话。他们纷纷登台，回忆与恩师相处的点点滴滴，感恩恩师春风化雨般的呵护与教育。"赵玉明教授惜才、爱才，在专业上勤奋刻苦，为人处世低调淳朴，在他身上能看到 50 年代大学生的那种政治坚定与自信。"中国传媒大学新闻学院哈艳秋教授表达了对赵玉明教授的深切感激与赞叹。教育部语言文字应用管理司原司长姚喜双教授声情并茂地朗诵了曹操的《观沧海》和《龟虽寿》,借用古诗表达了对二位老师的赞美与祝福。北京体育大学教授、"全国百优论文"获得者薛文婷通过回忆与赵玉明老师在研究生复试和博士论文写作中的故事,彰显了赵玉明老师刚正不阿的正直品格和对待学术一丝不苟的认真态度。

中国传媒大学新闻学院副教授罗哲宇则真情讲述了自己与曹璐老师 20 多年前在办公室通宵达旦备课的经历,感谢了曹璐老师当年对她的包容与成全,教会了她始终要敬畏课堂,为学生尽力上好每一节课。中央广播电视总台视听新媒体中心、副召集人杨继红形容导师曹璐教授是一颗发光的恒星,她结合当下新媒体发展、自身的职业经历印证了"曹璐制造"赋予她的永恒能量。中华女子学院校长刘利群教授结合自身的学术成长和职业发展经历,感谢了曹璐老师对她多年的谆谆教诲和悉心教导。

两位老师的学生有的吟诗颂歌,用诗歌表达自己对恩师的感激之情;有的真情告白、泪洒现场,用真挚的话语诉说自己的心声。参加会议并发言的嘉宾还有山东政法学院传媒学院蒋海升院长、北京外国语大学高金萍教授、中国传媒大学广告学院刘英华教授、中国传媒大学学术期刊中心年鉴编辑部副主任刘书峰、原央视体育中心副主任周经、中央广播电视总台财经节目中心主任陈爱海、中央广播电视总台央广民族中心主任赵连军、爱奇艺副总编辑王亮、中央广播电视总台温秋阳高级编辑。在学生发言过程中,观众席忽而开怀大笑,忽而传来抽泣声。未能出席的两位教授的学生也通过视频献上了对恩师最诚挚的祝福。

"板凳宁坐十年冷,文章不写半句空。"赵玉明教授始终践行"冷板凳"治学精神,影响了一代代学子。在座谈会现场,听完从全国各地赶来的学生们发言后,赵玉明教授缓缓走上讲台,用大量翔实的史料讲述了新闻系成立以来不同阶段的发展和变革故事。现场的老师和同学纷纷拿出笔记本,用笔记录下赵老师的讲话。赵玉明教授的发言既是对自己从教 60 年的总结,更是一堂生动的历史课。

曹璐教授从自己与学生相处的点点滴滴开始回忆,从 77 级学生到自己的博士生,曹老师娓娓道来与他们相处的动人故事。在筚路蓝缕的时代,广院学子就像大雨中的孩子,"我们的学生没有伞,还光着脚,但却跑得最

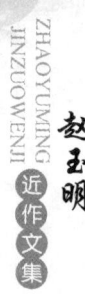

快。"曹璐教授谈及彼时办学、教学经历数度哽咽。回忆起当时通宵达旦备课的场景,曹璐老师坦言只要能让学生有思考、有收获,夜以继日备课的艰难也都变成了美好。

在座谈会的最后,中国传媒大学党委常委、宣传部部长陈作平和新闻学院院长隋岩为两位教授颁发了纪念奖杯,学生代表向两位老师献上了鲜花,现场学生纷纷与恩师合影留念,将现场的气氛推向高潮。

此次座谈会系新闻学院庆祝建校65周年系列活动之一,旨在通过此次纪念活动,传承赵玉明、曹璐教授在学术上敢为人先的开拓意识、在教学上孜孜不倦的敬业精神,推动新闻学院在前辈开拓的高地上建成新的学术和教学高峰。正如陈作平部长所指出的:"不忘初心,牢记育人使命,希望借此次座谈会鞭策在岗的员工、在读的学子、远方的校友,认真学习,努力工作,开创新闻学院与学校建设的新局面。"

【附录一】《赵玉明文集》补遗(2007—2011年)

在第五届吴玉章人文社科奖座谈会上的发言

尊敬的校领导、各位专家、学者、老师们、同学们：

首先祝贺母校70周年大庆。我是1955年考入北京大学中文系新闻专业，1958年随着专业调整转入人民大学新闻系继续学习。1959年作为人大新闻系首届毕业生分配到北京广播学院（今中国传媒大学）任教至今。我家除我外，我的女儿赵虹也是人大新闻系毕业生，儿子赵庆是人大经济学硕士。这里我代表全家三个校友再次祝贺母校繁荣兴旺，桃李满园。

各位老师，1959年我是带着敬爱的吴老签署的毕业证走出校门，迈向工作岗位的。将近半个世纪之后，今天我又获得了以吴老命名的人文社科奖。作为人大老校友获此殊荣，我认为有着双重的意义，既是母校对做出成绩校友的奖励，也可以说是作为校友对母校培养的回报。

这里谈三点感想。

首先，我主编的《中国广播电视通史》之所以获奖，我首先想到的这是与母校当年培养，和我工作之后以方汉奇老师为代表的新闻学院的老师们，几十年来对我所从事的教研工作的关心和支持分不开的。《广电通史》是一部集体创作的结晶，编写组9人中，3人是人大校友，除我外，还有方老师指导的第一个新闻学女博士郭镇之。郭镇之早先是广播学院培养的第一个硕士，但她的学位却是由人大授予的。另一个是方老师指导的第一个博士后艾红红。《广电通史》从1990年作为广电系统的第一个国家社科基金项目立项，直到2004年结项，一直得到方老师的关心和指导，在此，我代表《广电通史》写作组向母校、新闻学院特别是方老师表示衷心感谢！

其次，作为第一部《广电通史》，之所以获得吴玉章人文社科奖，这与广播电视学界和业界的通力合作也是分不开的。写作组中除先后在广院工作过的5人外，还有广电系统的老同志，其中既有在广电部、广电总局有关部门的负责人，也有中央人民广播电台的老编辑、老记者，还有在地方局台工作的老同志。此外，《广电通史》的大纲、书稿，还在广电系统公开的多次研讨会上，得到许多与会同志包括温济泽、丁一岚和杨兆麟等老一辈广电工作者的热心指导和支持。

再次,《广电通史》只是比较系统、全面地反映了中国广播电视事业20世纪近80年来从创业、发展到兴盛的历史过程。作为《广电通史》的写作集体,我们清醒地认识到自己只不过是广电历史的记录者,而真正广电历史的创造者是那些几十年来成年累月一代又一代奋战在广电第一线的编播技术人员和他们的领导者。这里,在获奖之际,应当向他们表示崇高的敬意。《广电通史》的错漏不足之处,是记录者的责任,欢迎与会专家、学者批评、指正。

最后,为表示对母校70大庆的贺意和感谢母校特别是新闻学院对我的培养,特将《通史》第二版和两本自选集敬赠留念。

(2007年10月31日)

在学校研究生导师工作会议上的发言

去年，我指导的博士研究生薛文婷写的博士论文《中国近代体育新闻传播历史研究（1840—1949）》被评为全国优秀博士论文，我也因之荣获了教育部、国务院学位委员会颁发的"全国优秀博士论文指导教师"的荣誉证书。这是自1999年全国百篇优秀博士论文评选以来，我校首次获此殊荣。学校研究生院安排我在此次工作会议上发言，谈谈自己30多年来指导研究生的做法和体会，供各位老师参考。

一、十年一剑，来之不易

首先，从全校来讲，1999年开始招收博士生，截止到2011年，十年来共培养博士生744人，其中新闻传播学方面的博士324人。2010年，刚好十年时光，产生第一篇百优博士论文，可以说是十年一剑，实现了零的突破。从全国来讲，自1999年开始评选百优博士论文以来，到去年共评选12次，获奖论文1182篇，其中人文学科的190篇，具体到新闻传播学仅有4篇，其中中国人民大学独占鳌头共获3篇。有学者统计，新闻传播学获奖论文占人文学科获奖论文的2.1%，占获奖论文总数的0.34%，平均三年获奖一次，这说明新闻传播学在百优博士论文评选中是弱势学科，学科地位较低，社会影响力偏弱。就我校与人民大学相比，我校新闻传播学的博导人数和招生人数均远多于人大，但获奖人数既晚于人大也少于人大，这表明我们的办学水平和培养质量与人大尚有一定的差距。

其次，就我个人来讲也可以说是十年一剑。我作为学校第一批博士生导师，1999年开始首次招生，到2007年退休时共招收12人，截至去年已毕业11人，均获博士学位。这次，有一人获百优博士论文，恰好是十分之一。对此，我甚感欣慰，也以为学校争得了新的荣誉而倍感荣幸。

由此，回忆起我亲身经历过的我校争取成为博士学位授予单位、十年磨一剑的不懈历程。1989年3月，我走上学校领导岗位，作为校领导成员分工负责本科生、研究生的教学科研工作。4月，我参加的上级有关部门召开的第一个会议就是第五批申报博士点的工作会议。当时，我校尚无研究生处，只是在教务处内有一研究生科，有两三位老师负责我校的硕士生的招收培养等工作。我校是从1979年开始招收硕士生，首批入学两人为新闻学方面的。当时仅有两位导师招收到学生，我是其中之一。此后陆续招收其他学科的硕士生。1980年学校被批准为第一批硕士学位授予单位，但授予学科为语言学（播音学方向）。新闻学硕士点的授予权是1984年第二批才获得的，但同年，中国人民大学、复旦大学已成为了新闻学博士点的授予单位。

我校是否具备申报博士点的条件，争取成为第五批博士学位授予单位呢？申报材料要填表，除一般性材料外，重点内容是科研立项和科研获奖数目以及科研经费数额。经向学校有关部门了解，真是不问不知道，一问吓一跳！以1989年为例，近几年来，国家级科研项目为零，省部级科研项目几乎也为零，国家级科研获奖为零，省部级获奖几乎为零，年科研经费只有区区几万元。造成这一现象的原因很多，其中之一，即是部门办学的后果。广播学院是广电部办的，为广电系统培养人才，学生分配方向明确，"皇帝女儿不愁嫁"，作为广电部既无部级科研立项，也无部级科研奖励。中国广播电视学会虽有广电著作论文评奖，但属学会评奖，国家教委不认可，获奖项目也不能填入表中，至于国家级的科研立项，由于了解不多，也无人问津。国家教委、北京市虽有科研立项和奖励，但我校既不属于国家教委直管高校，也非北京市市属高校，如拟申请，也难如愿以偿。所有这些均表明，我校要想申请成为博士学位授予单位，上述几个方面尚须从零开始，寻求突破。

我把突破口选择在国家级科研立项上。在此之前，1987年我参与了中国人民大学方汉奇教授领衔的《中国新闻事业通史》的编写和国家级科研立项的申请工作。1988年，该项目获批为国家哲学社会科学"七五"期间重点研究课题。由此得到启示，我和时任中国广播电视学会广播电视史研究委员会主任委员杨兆麟同志协商，由我作为课题组负责人，联合广电系统从事史志工作的部分同志提出将"中国广播电视通史"课题申请列入国家社科项目。经我校常振铮院长签字上报后，1990年获得批准，成为我校也是广电系统第一个获批国家级社科项目。这一年，我校引进的海归博士柯惠新也首次获准了国家级自然科学科研的立项。

1992年，我有幸成为国家社科基金项目新闻学学科评审、规划组成员。这个双重身份使我作为校领导一方面积极组织申报（自己不再领衔申报），另一方面作为评审组成员推荐我校申报的课题，双管齐下。从这一年起，我校每年均有国家级社科项目获批。1996年是"九五"计划的第一年，4月间，我校一举获批三项国家社科项目。我在欣喜之余，趁热打铁，除向学校主要领导通报上述情况外，执笔起草了《关于全国哲学社会科学"九五"规划工作暨项目评审会议情况汇报——兼谈对我部设立高校科研立项和奖励的建议》，报送广电部教育司并转分管高校工作的田聪明副部长。不久，我的建议原则获准。6月间，在广电部召开的部属高校工作会议上，决定将设立部级科研项目和奖励写入部属高校人文社科研究"九五"规划要点之中。当年，经评审后，我校获广电部人文社科研究立项24个，资助65万元。同时，广电部又配套资助教委立项的15个科研项目33.8万元，加上其他方面的科研经费，1996年我校科研经费突破百万大关，达到134.7万元，创造了历史最好水平。关于广电部部级奖励，第二年也成为现实，首届（1996年度）部级高校人文科研优秀成果奖评审中，我校共获各级奖10项。同时，根据我的建议，将"八五"期间，中广学会主办的广电学术论文、著作评选中的获奖作品也确认具有广电部上述评奖的同等资格。从而使我校一举获得的广电部部级奖增加到24个。为1998年申请博士点填报有关表格提供了有力的数据支持。

1997年春天，经学校和广电部推荐，我成为国务院学位委员会第四届学科评议组，也即首届新闻传播学学科评议组的成员，开始参与新闻传播学学科博士点的评审工作。1998年2月，我因年龄关系，退出学校领导岗位，但在此前后还部分地参与了学校申报博士点的有关工作。5月，我首次参加国务院学位委员会学科评议组第七次会议。会议期间，新闻传播学学科组投票一致同意继人民大学、复旦大学之后新增我校和中国社会科学院研究生院为新闻学博士点，并经批准，我校成为第七批博士学位授予单位。第二年，我校开始招收博士研究生，前后恰好历时十年。至此，我校办学又上了一个新的台阶。

二、良性互动，教学相长

作为一名博士生导师，自感起点低。我既不是硕士也不是博士。1959年大学毕业时连学士学位也尚未设立，其中缘由，众所周知，不必多谈。我之所以先后成为硕导、博导，大概是因为第一个中学教师只能是小学毕业的缘故。作为"半拉子"导师，无论是指导硕士生还是博士生，个人来讲如履薄冰，如临深渊。实际上是一个边教边学的过程，教学相长的探索。概括从1979年开始指导硕士生30年来的体会，大概是三点，即少招生、勤交流、严要求。

第一，少招生。研究生的培养质量要放在首位，只有少招生，才能精培养，招多了，必然顾此失彼。我从1979年开始招收硕士生，到1998年，十年共招收10人，平均一年一个。1989年担任校领导以后，主要精力放在全校的教学科研管理上，所以原则上三年招一个，即毕业一个招收一个，以保证确有时间指导研究生。1999年开始招收博士生，即停招硕士生，到2007年退休时，九年招收12人，现已毕业11人，平均每年1.3人。录取时合格即取，不合格则不录取，2005年、2006年两年缺招。最近，听说有的导师一时间竟然指导博士生、硕士生十几个，甚感惊讶！

第二，勤交流。师生之间除上课外要勤交流，我的方法有两种，一种是集体式的。一般每学年或学期开始，不同年级的博士生，也包括博士后集中在一起，由我讲一下新闻传播学研究进展概况，当年或今后一个时期，新闻传播学方面有关的研讨会和学术争鸣情况。例如，2005年初秋开学时，我就博士生教学研究工作向博士生们讲了知主流、抓机遇、守规范、出成果四个方面的情况和要求。他们也分别就自己所在岗位和撰写论文的进展各述所知，师生之间互相交流。另一种是个别方式，他们可以随时找我，就有关问题进行交流，我则随时与他们保持热线联系，及时通报有关情况。

第三，严要求。既包括对自己，也包括对学生，其内容包括两个方面即治学严谨、学风严肃。道理我不多讲，具体做法上，有以下几点：

每年春末夏初，是博士生论文答辩之前匿名评审的集中时期，我常常收到一些兄弟新闻院系寄来要求评审的论文，为了尽力确保评审质量，我给自己定了个"三不看"的框框，一是最多看3篇（包括自己指导的一篇），超过3篇或是退回，或是征得寄送单位同意后推荐其他导师评审。二是我的专业方向是中国新闻史、中国广播电视史，不是这一方向的论文，我不审阅，以免误人子弟。三是看不懂的不看，有的论文洋洋洒洒几十万字，它的题目竟然有五六十字，参考书目多达几十页，限于自己的水平，实在看不懂，只能退回，另请高明。在论文答辩阶段我给自己提出了"三坚持"：第一，凡是我指导的博士申请答辩的论文，定稿后、答辩前我坚持至少再看两三遍，做好最后的把关；第二，坚持进行博士论文的预答辩，学校有一段时间规定博士论文必须有预答辩，后来又规定可有可无，但我觉得预答辩无论对学生还是对导师来讲都是有利无弊的，应予以坚持；第三，坚持半日答辩，即一个上午答辩一篇论文，确保有答有辩，不走过场，这样做，学生认真准备，答辩教师也有充裕的时间与学生交流，确保答辩质量。我记得80年代硕士生论文答辩均为半日一位。现在有的博士论文答辩多数是半天两位，有的竟然一个下午三四位，学生心存侥幸，教师得过且过。

三、因材施教，扬长补短

古人云："因材施教。"作为博士生的学习，其中重要的一环是论文的写作。我认为论文从选题到完成要"过三关"。

首先在定题。定题要因人而异，因材而定。作为新闻传播学科来说，要尽可能定前人未有之选题，一可避免抄袭之嫌，二有创新之余地。作为新闻传播史类的选题，既要有历史价值，也要有时代特征。"学林探索贵涉远、无人迹处有奇观。"以此次获百优论文的作者薛文婷为例，她是我校新闻学硕士，又在北京体育大学体育传媒系任教，在职攻读博士学位。2004年考取我校博士生。此前，她曾与我交流提出如考取，拟以体育新闻史为研究课题，我当即予以肯定。她曾在体大传媒系任教，而体育新闻史又恰是一项研究空白。这一选题对她来说可以说是因材定题的成功一例。我指导的另一位在职博士生是某大学新闻与传播学院广播电视系主任，经商定后，其选题定为广播电视学术史研究。而另两位在职博士生均是省办大学新闻传播系教师，若给他们定题为广播电视类的选题，毕业后可能与教学任务不挂钩。最后，一人定为中国新闻学术史研究，另一人确定为周恩来新闻实践与思想研究。

其次是"资料关"。博士论文选题确定后，如何多方广泛收集查阅有关史料至关重要。不掌握丰富的第一手史料，"巧妇难为无米之炊"，很难写出内容充实的论文来。以薛文婷为例，她在体大新闻系任教，一般性的体育新闻史料，比较容易收集，这是她的长处，但我国主要新闻媒体的体育传播史料、奥运会在华传播史料等，她并不完全掌握。这又是她的短处，为了扬长补短，扩展她的视野，多方掌握体育传播史料，我拜访了她的系主任易剑东教授，并提议以中国新闻史学会名义与体大共同召开一次学术研讨会，这即北京奥运会前夕，2007年12月在北体大举办的"奥运传播暨体育新闻传播史研讨会"的由来。她尽心竭力地筹备了这次研讨会，会后并参与主编出版了 50 万字的研讨会论文集。所有这些都为她写作论文、多方收集史料打下了良好的基础，创造了"为一篇论文，开一次研讨会"的特例。

最后一关是写作。作为新闻传播史类的论文写作关键在论从史出，史论结合，切忌有史无论和有论无史，这是史学论文的两大忌项。一部近代体育传播史，长达百年（1840—1949），体育传播的事例多多，不胜枚举。但要总结概括出"脉门点"来确非易事。联系近百年中国近现代史的发展，经过反复思考，终于提炼出"启蒙救亡是近代体育传播的时代主题"来，从而提升了论文的理论水平，增添了论文的理论色彩，最终成为一篇公认的优秀博士论文。

四、来之于校，用之于学

2011 年 3 月 1 日，学校制定并公布了《中国传媒大学"全国优秀博士学位论文"奖励办法》。《奖励办法》规定每篇优秀论文奖励 50 万元，其中奖励范围包括优秀论文作者、指导教师、导师团队及导师所在单位。具体分配为作者 5 万元、导师 5 万元、导师团队 20 万元科研经费、导师所在单位 20 万元。各项奖励落实到本人名下总计为 30 万元。如何使用这笔经费？经过慎重考虑，我建议用来设立一项研究生奖助学金，用来资助学习成绩优良且家境困难的新闻传播类的研究生。我的家人支持我的这一想法。学校办公会议已原则同意我的建议，正在由研究生院落实。

从我前面的发言中，大家可以知道，我校首个全国优秀博士论文的产生，绝非我个人之功。它首先离不开学校的培养环境。学校有了博士点，才能产生优秀论文，而博士点的建立是我校几十年来几代校领导和众多师生齐心协力奋斗的结果。其次，离不开众多老师多年来对博士生的多方面的培养和指导。最后，离不开她本人的自我努力。所以，我想这项奖励来之于学校，用之于学生，是理所当然的。就我个人来说，我在大学期间，家庭经济一度困难，是人民助学金资助我完成学业的。没有党和国家的培养，就没有我的今天。因此，用奖励所得设立一项奖助学金也是我对社会和学校的感恩回报。2011 年是建党 90 周年，也是我入党 30 年，从某种意义上说，用奖励所得设立这项奖助学金也算是我对党的生日的献礼。

几十年来在我校的教学生涯中，我深知当前确有一部分生活贫困的大学生急需国家和社会的资助，以使他们顺利完成学业。在 20 世纪 90 年代担任校领导期间，我先后倡议促成"中央三台奖学金"和"星光集团研究生奖学金"的设立，同时还一度将"韬奋新苗奖"和"山东九环研究生奖"引进我校。我期盼获得国家及社会资助的大学生、研究生们能都诚信为人，励志成才，感恩回报，成为社会主义建设的栋梁之材。

最近，学校制定的"十二五"发展规划中提出五年内再产生 1~2 篇优秀博士论文。我相信在各位导师的精心指导和同学们的努力下，这一指标能够顺利实现，为建立高水平的传媒大学增添新的光彩！

(2011 年 7 月 20 日)

赵玉明从事高教研究的标志性成果[①]

选列3项反映本人水平和贡献的标志性成果,并做必要说明:

1. 1986—1990年,作为课题组副组长参与主持完成了"七五"期间中宣部新闻局、北京广播学院课题组承担的两个国家社科重点项目"应用学科高层次专门人才培养途径多样化研究"和"新闻事业与中国现代化"的子课题高层次新闻业务人才培养途径多样化研究。该成果分别收入《应用学科高层次专门人才培养途径多样化研究》(人民教育出版社1991年出版)、《新闻事业与中国现代化》(新华出版社1992年出版)两本书中。全文复印呈送。

2. 1993—2005年,先后发表《中国大陆广播电视教育的回顾与前瞻》(在台北举行的中文传播研究与教育研讨会上的发言,后刊于《北京广播学院学报》1993年第6期及台湾政治大学新闻学系主编的上述研讨会论文汇编)和《十年来中国大陆广播电视教育的新发展》(在香港中文大学举办的第四届世界华文传媒与华夏文明传播国际学术研讨会上主题发言,后刊于《现代传播》2006年第1期及上述研讨会论文集,复旦大学出版社2007年出版),两文收入呈送标志性成果书中。

3. 1998—2008年先后分别与郭镇之、庞亮发表《中国新闻教育和研究八十年》(《现代传播1999年第2—3期》)、《从新闻学到新闻传播学的跨越——近十年来中国新闻传播教育和研究进展评述》(《现代传播》2008年第5期)。全文复印呈送。

选列3项本人主持的代表性研究项目,列明项目级别和完成时间:

1. 1990—2004年作为课题组负责人主持完成了本校第一个国家社科基金项目"中国广播电视通史",2004年由本校出版社出版,并多次重印,2006年获教育部第四届高校人文社科研究优秀成果二等奖 2007年获第五届

[①] 2013年,经中国高等教育学会新闻学与传播学专业委员会推荐为申报中国高等教育学会评选"从事高教工作逾三十年高教研究有重要贡献学者"提供的材料。当年获该称号,为新闻学与传播学专业唯一获奖者。

吴玉章人文社科一等奖。

2. 2005—2012年主持完成了本校教育部人文社科重点研究基地广播电视研究中心重大项目"广播电视学学科体系建设研究",将于今年正式出版,该成果全面总结了广播电视研究近90年来的进展,提出了广电学学科内容构架和学科定位的建议。

周恩来题词探析[①]

2013年是敬爱的周恩来同志诞辰115周年。我自1977年周恩来逝世后，30多年来怀着崇敬与景仰之情，致力于收集、整理和研究周恩来生前留下的数量众多的题词。去年，我应中共中央文献研究室第二编研部邀请作为特邀主编参与编著的《周恩来题词集解》（以下简称《集解》）一书问世。这本《集解》收入了周恩来60多年来的题词300多幅，其中有手迹者200余幅，并对大多数条题词的历史背景和相关人物作了简要、具体的介绍，是我国出版的第一部关于周恩来题词的著作。

一、从"题词"谈起

何谓"题词"？通用辞书中均有简要释义。例如，有的称，题词为泛指留作纪念题写的文字；有的说，题词是为表示纪念或勉励而写下来的话。上述释义，大意略同，但皆过于简略，未能概括出题词应具有的特征。我在研究周恩来题词并参阅有关文史著作后，尝试概括出"题词"应有之义如下：

题词是我国自古即有的一种特殊文体。古代有所谓题壁、题额、题句之说。题词一般来说是主动或应邀为对方题写一段简短的文字，以示勉励或纪念之意。完整的一幅题词包括上下款及年月，其语句有散文式的，间或也有录前人诗文者。广义的题词包括题联（如挽联、贺联）在内。

与"题词"容易引起混淆的是"题字"。那么何谓"题字"呢？它与"题词"区别何在？有的辞书上将"题字"释为"为纪念而写的字"。这样的释义，我认为易与"题词"混淆，因为两者写的都是"字"。但实际上两者殊异。我在收集、整理、研究周恩来题词的同时，对周恩来的题字也作了收集、整理、研究。将收集到的周恩来的40多件题字，与题词反复比较，我认为相对于题词来说，题字的表现形式和内涵则比较单纯，一般来说仅是

[①] 本文为2013年10月在天津南开大学举行的第四届周恩来研究国际学术研讨会提交的论文。后收入该会论文集《周恩来与二十世纪的中国和世界》（下），中央文献出版社2015年3月版。

所题对象名称的表述，虽有勉励或纪念之意，但从文字上看不出来，同时也很少有上下款和书写时间。所以，它构不成一种文体。今试以周恩来的题词、题字各一件为例，比较如下：

1938年1月11日，在周恩来主持下，我党在国统区创办的第一份大型时报出版，创刊号上刊登了他的题词："坚持长期抗战，争取最后胜利 新华日报出版纪念 周恩来 廿七、一、九"（见《集解》第20页）。

1938年5月，新四军在皖南创办了《抗敌报》。1939年初春，周恩来到皖南视察新四军军部时，应邀为该报题写了报名（见《集解》第297页）。

前者为题词，后者为题字，两者截然不同。为《新华日报》创刊号的题词不但标明为何而题（为"新华日报出版纪念"），而且有时间（1938年1月9日）和署名，同时写明了创办《新华日报》的宗旨是为"坚持长期抗战，争取最后胜利"服务，而为《抗敌报》仅题写了报名，并无上述诸项内容。《集解》一书中收入的均为周恩来的题词，而未收入他的题字。我认为，周恩来的有代表性的题词可视为周恩来著作的组成部分。已出版的《建国以来周恩来文稿》第1~3册收入了周恩来的多幅题词即是明证。

二、周恩来题词知多少

在大体上区分清楚题词与题字的不同之处，按照本文前述题词的释义来取舍，那么周总理生前究竟留下多少题词呢？

据目前所知，周恩来的第一幅题词"同心努力万里前程指日登"（见《集解》第5页）系1913年写给同班同学郭思宁的，时年15岁，初中生；他的最后一幅题词写于1975年，即为泰国总理克立·巴莫题词："毛主席教导中国人民深挖洞，广积粮，不称霸。"（见《集解》第235页），时年77岁。前后历时60多年。《集解》一书共收入周恩来的题词320幅，其中有手迹者230多幅。由于参与编著者对某些题词收入与否有不同看法（这是正常的，也是允许的），在我今天看来有的是不应收入的，有的是应收入而未收入的，还有的是《集解》出版后又发现的题词，我粗算下来，还有40幅左右，其中6幅有手迹，其余无手迹。两者合计下来，60多年来，周恩来生前题词360多幅，其中有手迹者250多幅，如果加上某些已知周恩来作了题词，但未见题词内容者，周恩来一生的题词估计近400幅。

周恩来毕生留下近 400 幅的题词，若以新中国成立为界，大体上新中国成立前与新中国成立后各半。若按《集解》一书分期，新中国成立前以抗日战争时期（1937—1945）为最多，约 100 幅左右；新中国成立后以社会主义革命和建设时期（1953—1964）为最多，约 120 幅左右。而以早年时期（1913—1924）和晚年时期（1965—1975）为最少，各约十余幅。这大体上与他在相应时期内从事的革命和建设领导工作的方方面面相适应。

周恩来的题词，若以题词涉及的对象和内容分类，大体上有以下十几个方面，每个方面的题词少则几幅，多则几十幅不等。

1. 为亲友家人的题词；
2. 为战友和烈士的题词；
3. 为妇女、儿童和青少年的题词；
4. 为统战人士的题词；
5. 为身边工作人员的题词；
6. 为文学艺术和文艺工作者的题词；
7. 为体育卫生和医务工作者的题词；
8. 为报刊、广播和新闻工作者的题词；
9. 为厂矿企业的题词；
10. 为农林水利的题词；
11. 为人民军队的题词；
12. 为涉外及在国外的题词。

三、周恩来题词记事辨析

中共中央文献研究室编《周恩来年谱（1898—1949）》（以下简称《年谱》）和中央档案馆编《周恩来手迹选》（以下简称《手迹选》）（第一卷）的《题词题字卷》两书中涉及周恩来的题词的记事诸项数以百计，所记史实绝大部分真实可信，为我研究周恩来题词提供了宝贵的史料，指明了正确的方向，受益良多。但百密一疏，上述两书中涉及周恩来的题词记事与相关史料（特别是周恩来题词手迹）相比较涉及题词的时间、对象和地点等项，偶尔也有不准确甚至失实之处，仅提数条如下，向编者、识者请教。

（一）"教好俄文"题词写于何时？

《手迹选》（第一卷）第58页刊有周恩来"教好俄文，学好俄文，交流中苏文化，为新中国建设事业服务。"题词手迹一幅（见《集解》第136页），编者标明题写时间为"1942年"，但未注明为何人（单位）所题。

对此，笔者在《对〈周恩来手迹选〉〈题词题字卷〉编注工作的几点意见》（载《周恩来邓颖超研究通讯》2002年第1期）中表示存疑。我在文中云："1942年是抗日战争处于困难阶段的一年。这一年周总理全年在重庆活动。据本人所知材料，当年重庆并无专门的俄文学校，也未见有专人从事俄文教学的记载。退一步讲，即或当时周总理为学好俄文作了题词，他在当时也不可能预料到学好俄文是要为新中国建设事业服务。不知《手迹选》根据何处记载，将上述题词的题写时间标定为1942年？"拙文刊出后，未见有关方面的回应。

十多年来，对周恩来这幅题词的时间问题，一直惦念在心。有一年我到北京外国语大学参观，在该校的校史展室中看到有这幅题词，又从该校的介绍中得知原北京俄语学院于1959年与该校合并为新的"北外"。由此想到，这幅题词是否与该校有关？经向该校校史馆函询，未有答复。2000年，在一次学术会议上偶遇该校校长王福祥教授。我向他请教题词之事，他答云，可能是周总理抗日战争时期在延安所题，当时延安曾办有俄文学校。事后，他又函复我："经查校史资料及询问有关人员，并无记载，实为我记忆有误，深致歉意。"至此，我的探讨再次中断。

2008年周总理诞辰110周年之际，人民出版社出版的《永远的怀念》（段建国等主编）的载文为我初步揭开了周恩来这幅题词时间的谜底。书中收入的王浩、龚波《历史不会忘记》一文内称："1949年10月，北京俄文专修学校成立，中央编译局局长师哲兼任校长。周总理对'俄专'的建设十分重视，亲自为之题词：'教好俄文，学好俄文，交流中苏文化，为新中国建设事业服务。'"文末注明作者王浩系北京外国语大学档案馆工作人员。至此，周总理的题词写于新中国成立之初，应无疑问。

且又为"俄专"所题，也符合题词的内容。难以预料的是，此文后面又载张宁《周总理与外语教学》一文，内称："1951年，《俄文教学》杂志创刊，毛泽东题写了刊名，刘少奇、周恩来、朱德和当时任政务院副总理的郭沫若等党和国家领导人都为创刊号题词。其中周恩来总理的题词是：'教好俄文，学好俄文，交流中苏文化，为新中国建设事业服务。'"文中注明作者系第二外国语学院2006届硕士研究生。与前文比较，题写时间更为具体，且有明确出处，可信度更大。但究竟哪个时间更符合史实呢？为寻根究底，我分别向王浩同志和该书执行主编李传松同志致函请教。两三个月后，前者无回音，后者电话回复：《俄文教学》杂志有案可查，应是无误，但也不宜轻率否认为"俄专"题词之事，可能周总理两次均作了同一题词。

2008年岁末的一天，我到国家图书馆查阅了创办初期的《俄文教学》杂志。从中获知，该刊创办于1951年10月，为双月刊，中华书局出版。同年5月开始筹备，7月召开首次编辑委员会，主任委员为刘泽荣，北京及外地的著名俄文教学工作者30余人为编委，经讨论确定该刊宗旨为"交流各地俄文教学的方法和经验，介绍苏联俄文教学的方法和经验，以推进俄文教学工作"。发行对象主要为俄文教育工作者、学生与其他俄文学习者。10月1日出版的创刊号上刊登了毛泽东题写的刊名《俄文教学》以及刘少奇副主席、周恩来总理、朱德总司令和郭沫若副总理题词的手迹。

该刊所载周恩来的题词与本文开始所述《手迹选》（第一卷）所载之手迹相同。据此可以断言：周恩来"教好俄文"题词当为《俄文教学》杂志创刊所题，写于1951年7月至9月之间。至于为"俄专"题词之事尚缺乏确切证据，暂时只能存疑，以待识者指正。

（二）"传邮万里"题词写于何地？

1989年出版的《年谱》第455页载：1940年5月9日，周恩来"会见前来延安协商抗日根据地与国民党地区实现通邮事宜的林卓午，并为他题词：传邮万里，国脉所系！"（见《集解》第72页）"5月10日（或11日）……周恩来离开延安前往重庆……""5月13日到西安。"

1998年出版的同书修订本第465页载：1940年5月9日"……周恩来离开延安前往重庆……途经西安时，会见前来协商抗日根据地与国民党地区实现通邮事宜的林卓午，并为他题词：传邮万里，国脉所系！5月13日到西安。"

原书与修订本两者比较，明显有两处不同：一是题词地点，原书写是在延安，修订本则云在西安；二是题词的时间，原书写明是5月9日，修订本则笼统称"途经西安时",至于究为何日?并未写明。为何有如上改动?修订本未作说明,笔者试探讨如下。

原书写1940年5月9日,周恩来在延安会见林卓午并题词,但实际上林卓午当时并未在延安。据有关林卓午的文章如《国共通邮的先驱者——林卓午》(陈孔屏作,载福建《炎黄纵横》2006年第5期)所述,他第一次到延安也是唯一的一次是1941年12月底,在延安逗留20多天,多次受到毛泽东、朱德的接见,并应邀参加了1942年新年晚会。双方经协商顺利达成了有关通邮协议。当时,周恩来并未在延安,而是在重庆,因此,两人没有也不可能在延安相见。林卓午作为军部总视察常驻西安,周恩来如与之相见并题词的地点,只能是他在离开延安前往重庆"途经西安时"。

至于修订本为何将题词时间由"5月9日"改写为"途经西安时"的模糊表达?修订者未作说明。这里笔者揣测,修订者可能在此处遇到了一个难解之题。原书记载周恩来离开延安前往重庆的时间是"5月10日(或11日)",修订本订正为"5月9日",想是有确实依据的。果真如此,那么题词的时间就不可能是"5月9日"。延安与西安相距三四百公里的山路,按当年的路况车速状况,如坐汽车前往约需三四天始可到达。如(《年谱》记载1943年6月28日周恩来"乘卡车离渝赴延安"。7月9日,到西安。13日离开西安,16日抵延安,其间为三天)周恩来于"5月9日"离开延安前往重庆,当天不可能到达西安,那也就不可能于"5月9日"会见林卓午并题词了。如若乘飞机前往,"5月9日"可以到达西安,当天会见林卓午并题词。但这样表述,又与下文所载"13日到西安"发生矛盾。难道周恩来是"5月9日"当天乘飞机"延安—西安—延安"往返,然后再乘汽车离开延安经西安再往重庆吗?依当时的条件,这似乎不太可能。这样一来只剩下一种可能了,即如修订本所载:"5月9日周恩来(乘汽车)离开延安前往重庆","5月13日到西安",其间为四天。果真如此,那周恩来怎么可能5月9日在西安会见林卓午并题词呢?

笔者曾就上述问题致函八路军西安办事处纪念馆请教。该馆行梅同志回函中称:"我翻阅了伍云甫1940年日记(该日记未出版,纪念馆存有复印件。——笔者注),5月9日没有记载。5月17日有这样的记载:上午,伍云甫陪同周恩来到宋家花园,会见邮政总局军邮总视察林卓午、驻陕军邮局局长西密司……"伍云甫系当年八路军驻西安办事处处长,他的日记所记与修订本的记载是一致的。5月9日,周恩来始离开延安,他的日记中不会有

记录。5月13日,周恩来到西安。这样5月17日,他才有可能会见林卓午。那么,周恩来题词的落款时间为什么是"5月9日"呢?实在令人费解。其中有什么隐情或需要保密之处?如有,笔者盼望知情者或当事人能揭开这个谜底。如没有,笔者有个"大胆假设"试图"小心求证"一下,以博求一得。

我们今天看到的周恩来题词手书,正文是:"传邮万里,国脉所系!"上款是"叔卿先生"(叔卿为林卓午字),下款是"周恩来廿九印章九"。这里,印章处是一个字还是两个字,并不清晰。如是一个字即如历来所说是"五"字,那么题词日期是"廿九,五,九"即"1940年5月9日";如是两个字,则可能是"一九"或"十九"即"1940年5月19日"。若题词日期果真是5月19日,那么前文所述的矛盾之处即可迎刃而解。如伍云甫日记所载,5月17日,周恩来在西安会见林卓午,笔者猜想,会见后,林请求周恩来题词,周应允随后题赠送去(周恩来应允题词为慎重起见随后题赠之事多有记载),5月19日周恩来题词并署日期盖章,然后派人送去。《年谱》记载:"5月21日(周恩来)乘汽车离开西安。"伍云甫日记为"5月21日周恩来乘火车至宝鸡,然后转乘汽车赴渝",一切应顺理成章,是否如此?尚待依照题词手书原件进一步核实。

(三)"毛主席教导中国人民,……"题词为何人所写?

《年谱》(下卷)第714页载1975年7月5日周恩来用毛笔书写:"毛主席教导中国人民,深挖洞,广积粮,不称霸。"《手迹选》第216页也载此条,但标题为"录毛泽东'深挖洞,广积粮,不称霸'"(见《集解》第235页)。时间同《年谱》。

《年谱》和《手迹选》对这幅手书为谁题写,因何题写,均未作说明。笔者根据潘新明著《书法家周恩来》(中央文献出版社2002年12月版)和田曾佩、王泰平主编《老外交官回忆周恩来》(世界知识出版社1998年2月版)载谢黎《世纪风之中的巨人》和范振水《写在周总理诞辰100周年的日子里》两文中涉及上述手书的内容,认为此书是应泰王国总理克立·巴莫之请而题写的。有关情况如下:

1975年6月30日,周恩来在医院抱病会见了前来访华的泰王国总理克立·巴莫。在谈话中,周恩来表示,不管中国如何发达、强大,我们都坚持

· 384 ·

不称霸的原则。克立对周恩来抱病会见他十分感动。交谈中,他拿出一张纸来,请周总理给他"写几个字",并说:"回去后,我把它镶起来,留作一生纪念。"周总理欣然同意,但说:"现在我心脏不好,写字时手发抖。在安静的环境下写,写得清楚些。"周总理还强调说:"明天签字时送给您。"克立告诉周总理:邓小平副总理同他会谈时说到了中国不称霸问题,谈得很好,"我要把它告诉泰国人民,告诉子子孙孙。"这时,周总理想起刚才"写字"的要求,高兴地说:"我就写这几个字。"克立听后十分高兴。第二天是7月1日,周总理同克立总理签署中泰两国建交公报。但当时,周总理未能把题词交给克立。这是因为病情的不稳定使他不能静心书写。7月6日,克立离开广州回国时,陪同的华国锋副总理专门向他解释:"周总理身体不好,尚不能写字,等他身体好一些后再写。"并表示:"周总理的题词将通过新华社香港分社或建馆小组(指建立中国驻泰使馆)带给您。"综上所述,笔者认为7月5日周恩来的手书,从题词的内容和语气上分析,应是应克立要求所作的题词。这也是周恩来一生中最后的一幅题词。

(四)多处题词记事与手迹不符

《年谱》中,有关周恩来题词的记事中有多处题词内容与手迹不符,实属误记,试举例如下:

1. 1938年7月7日,为重庆《新民报》创刊周年纪念题词:"全民团结,持久斗争,抗战必胜,建国必成。"(《年谱》第416页)

按:《新民报》是民国时期著名的民营报纸之一。1929年9月9日创刊于南京。1931年"九一八事变"后,积极宣传抗日救亡,支持学生爱国运动。1937年"七七事变"爆发,《新民报》组织专版、敦促国民党政府,鼓舞全民投入抗战。南京沦陷前夕,被迫撤离,西迁重庆。1938年1月15日,该报在重庆复刊。

周恩来的题词中明确写出"为重庆新民报抗战周年纪念特刊"题词,时间为1938年7月7日(见《集解》第22页)。《年谱》写成"为重庆新民报创刊周年纪念"题词,实属欠妥,应写为"为重庆新民报抗战周年纪念特刊"题词为宜。

2. 1940年12月26日,出席文化工作委员会在中国电影制片厂举行的音乐晚会。应育才学校陈贻鑫的请求,为陈题词:"为新中国培养出一群新的

音乐天才。"(《年谱》第 481 页)

按：据周恩来题词手书，"培养"应为"培育"(见《集解》第 34 页)。

3.1947 年 11 月 10 日，为徐特立六十大寿题词："人民之光，我党之荣。"(《年谱》第 716 页)

按：据周恩来题词手书："徐老七十大庆，人民之光，我党之荣。周恩来"(见《集解》第 94 页)，记事中"六十"应为"七十"。

4.1955 年 11 月 10 日，为广东粤剧团题词"推陈出新，百花齐放"(《年谱》第 517 页)。

按：据周恩来为广东粤剧团题词手书应是"百花齐放，推陈出新"而非"推陈出新，百花齐放"(见《集解》第 159 页)，但此手书上未写年月。两相印证，《年谱》此处记载有误，但为广东粤剧团题词时间是否为 11 月 10 日，尚待查证。

四、周恩来题词的特点

周恩来生前将题词这一文体匠心独运，既有继承又有发扬，成为他一生从事革命工作，交友联谊不可或缺的组成部分。纵览周恩来生前留下的几百幅题词，本人认为有如下几个特点，值得认真研究和赏析。

（一）题词对象的广泛性

周恩来生前书写的 300 多幅题词的对象非常广泛，涉及党政军民学商各个方面，就集体或部门而言，有厂矿企业、农村、部队、机关、团体、体育、书刊、报纸和广播等；就个人而言，有亲朋好友、青年、学生、妇女、儿童、演员、学者、作家、知识分子、少数民族、民主人士，还有身边的工作人员等。新中国成立前，周恩来仅为报刊和新闻工作者的题词就有 20 多幅，其中既有为共产党报纸《新华日报》的题词，也有为民营报纸《新民报》的题词，还有为纪念杰出新闻工作者邹韬奋逝世五周年的题词。新中国成立后，周恩来仅为青少年儿童的题词先后就达十多幅，充分体现了老一辈革命家对培养和造就社会主义建设者和接班人的殷切关怀。

(二) 题词地域的广阔性

周恩来的革命和战斗的一生足迹遍及国内外,其题词之地也甚为众多。以国内的 300 多幅题词而言,现今的 31 个省级行政区划中,他在近 20 个省、自治区和直辖市(北起黑龙江,南到海南岛,东起苏浙,西至新疆)召开会议、视察工作之余都留有墨宝。其中,在革命战争年代以抗日战争时期在重庆、浙江题词为最多;新中国成立以来,以在北京题词为最多。以国外而言,他早年留学日本曾写有题词。新中国成立后,周恩来作为国家总理,任职长达 26 年,1949—1958 年还曾兼任外交部部长。从 1950 年 2 月到 1970 年 5 月的 20 年间,他率代表团出国访问、参加国际会议 60 多次,足迹遍及亚、欧、非三大洲的 30 多个国家。在国外期间,他全力贯彻党和国家对外工作的总方针,高举和平共处五项原则的大旗,为争取世界和平,反对侵略战争和霸权主义,创造有利于我国社会主义建设的国际环境,加强中国人民和世界各国人民的友谊做了大量细致耐心的工作,受到了各国政府和广大群众的普遍尊重和热爱。在国外期间,周恩来为十多个国家的机构、工厂学校、博物馆、名胜古迹和国际友人题词留念,已知者多达 40 余幅。

(三) 题词精神的时代性

周恩来的题词具有鲜明的时代精神。不同历史时期的题词,从某种意义上说反映了那个时代的特点和中国共产党的革命或建设的指导方针。1937 年"七七事变"爆发至 1945 年的"八一五"日本投降的八年间,是周恩来一生最繁忙、最紧张的战斗时期。八年间,他作为中共代表长期住在国民党统治的中心,先是南京、武汉,后是重庆,为了贯彻执行中国共产党的抗日民族统一战线的方针,坚持国共合作、共同抗日的大局,他多方奔波,广泛结交各党派、各阶层人士。在抗日战争时期,周恩来把挥毫题词视为鼓舞同志、团结友人、打击敌人的重要手段之一。他一生题词中大约有三分之一即 100 幅左右写于全面抗战的八年间。90 多幅题词的对象虽各有不同,但均能体现出全民抗战、共御外侮的时代精神。1938 年,周恩来在武汉期间,曾分别为"五一"节、五四运动 19 周年、话剧《阿 Q 正传》的演出题词,这三幅题词均贯穿了"坚持长期抗战,求得中华民族的彻底解放"的时代精神。

20世纪30年代末40年代初,国民党顽固派不断制造摩擦,掀起反共高潮,周恩来坚持有理、有利、有节的斗争策略,与之在政治上周旋,力争维护国共合作、共同抗日的大局。1939年1月,国际反侵略运动大会中国分会在重庆举行。周恩来为之题词:"为民族解放而战,为世界和平而战!"1941年1月,蒋介石制造了"皖南事变",北上转移的新四军遭到围歼,军长叶挺被国民党当局无理扣押,周恩来激愤万分,写下了"千古奇冤,江南一叶;同室操戈,相煎何急?!"以及"为江南死难者志哀"的两幅题词,针锋相对地与国民党顽固派进行了斗争,揭露了"皖南事变"的真相。抗战时期,他为爱国报人胡文虎在香港创办的《星岛日报》题词:"坚持团结抗战,反对分裂投降!"鲜明地表达了中国共产党人与一切爱国抗战人士的坚定立场。

新中国成立后,周恩来在社会主义革命和建设的不同时期的题词也具有鲜明的时代特色。1958年5月,党中央制定了社会主义建设总路线。同年,周恩来分别在为北京十三陵水库、为江苏省淮安县和河南省小麦丰产展览会等的5幅题词,均为"鼓足干劲,力争上游,多快好省地建设社会主义"或与之词句相近的题词。这一年也可能受"大跃进"的影响,周恩来先后题词竟近20幅,是新中国成立以来最多的一年,其中有些题词也反映出周恩来认识上的局限性,如"为实现两千斤社而奋斗""高举共产主义的旗帜,为培育良种,大搞杂交运动而奋斗"等。

(四) 题词内容的指导性

在周恩来的题词中,有些是针对某个行业(部门)或单位(团体)或某项活动所题的。这类题词的内容一般都带有指导性。如为上海《新闻日报》1950年元旦增刊题词:"为报道真实新闻而奋斗!"1952年春天,他在为荆江分洪工程的题词中,提出"要使江湖都对人民有利"。1955年1月20日,周恩来偕邓颖超参观了北京园菊展并为之题词:"推陈出新,百花齐放。"对于这一类题词,周恩来都比较慎重。有的时候,为某事第一次题词后,又觉得需要再次题词才更为合适,他会主动再作题词。代表性的事例就是周恩来曾就开展向雷锋同志学习而两次题词的事迹。1963年春天,全国开展了轰轰烈烈的学习雷锋活动。3月初,《中国青年》杂志在首次刊登毛泽东的题词"向雷锋同志学习"的同时,也刊登了周恩来的题词:"雷锋同志是劳动人民的好儿子,毛主席的好战士。"这个题词虽然对雷锋作了评价,但对为何学习雷锋,向雷锋学习什么等深层次的问题却未作回答。为了精练、准确地表达雷锋精神,周恩来在百忙之中多次阅读、研究了《雷锋日记》和他的模范事迹后再次题词:"向雷锋同志学习,憎爱分明的阶级立场,言行一致的革命精神,公而忘私的共产主义风格,奋不顾身的无产阶级斗志。"

1965年夏天,中央广播事业局为纪念人民广播创建20周年(以1945年9月5日延安新华广播电台开播作为纪念日,后改为1940年12月30日为纪念日)向中央领导呈送了请求题词的报告。周恩来收到报告后不是急于题词,而是首先召见中央广播事业局负责人听取有关广播电视的工作汇报,对进一步发展广电事业作出指示。当时,他认为这样做以后,就可以不题词了。同年冬天,中央广播事业局准备编印纪念专刊,当时中央领导同志毛泽东、刘少奇、朱德、林彪和邓小平等均有题词,但尚缺周恩来的题词。当周恩来再次收到请求题词的报告时,才于11月15日作了题词:"高举毛泽东思想伟大红旗,发扬艰苦奋斗、自力更生的革命精神,为发展人民广播事业而努力。"但是,周恩来对这个题词并不满意,1966年4月9日,他在第九次全国广播工作会议上讲话时,再次提及题词一事。他说,那次的题词并不很理想,是从别的同志拟的当中选了一个,若是现在写,我倒有内容了,就是刚才说的几句话——我们要在毛主席备战、备荒、为人民的战略思想指导下,面向全国、面向全世界,努力办好广播,确保电台安全,为全中国人民和全世界人民服务。仅此一例就可见周恩来对于带有指导性的题词是如何慎重以对的。

(五)题词彰显的国际性

这里说的国际性有两方面的含义:其一是周恩来在国外的题词;其二是周恩来在国内为国际友人的题词。1955年4月,周恩来率领中国政府代表团出席了在印度尼西亚万隆召开的具有重大历史意义的亚非会议。为此,周恩来曾为《南洋画报》亚非会议特刊题词:"亚非各国人民团结起来,为反对殖民主义,促进世界和平和合作而奋斗!"1956年11月至12月,周恩来在贺龙副总理的陪同下访问了越南、柬埔寨、印度和缅甸等七个国家,时间长达一月有余,其简写下近10幅题词。在访问印度期间,周恩来专程参观了著名诗人、文学家泰戈尔的故居和他创办的国际大学,并在留下的两幅题词中盛赞："泰戈尔是伟大的诗人、哲学家、爱国者、艺术家，深受中国人民的尊敬。""泰戈尔对中国的热爱，对于中国人民的民族解放斗争的支持，会永远留在中国人民的记忆中。"1960年5月，周恩来再次访问越南期间，在参观河内肥皂厂后的题词长达200多字，字里行间充满了中越两国人民的友好情谊。1963年12月至1964年3月，周恩来利用两个多月的时间出访亚非欧14国，这是新中国政府首脑首次出访非洲，意义重大。周恩来在访问阿联（今埃及）、阿尔及利亚、摩洛哥、突尼斯等非洲10国期间留下了十多幅题词。盛赞"亚非团结万岁！世界和平万岁！"1965年3月，周恩来在罗马尼亚参观了曾经囚禁过罗共领导人监狱改建的博物馆后，又一次留下了200多字的题词。1970年4月，周恩来访问朝鲜，这是他最后一次出国访问。他在赠给平壤各界人民的锦旗上写着："中朝两国人民用鲜血凝成的战斗友谊和团结万岁！"

中国人民争取民族解放的斗争，一直得到了众多的国际友人的有力支持。周恩来无论在战争年代还是在和平建设时期，都与热爱中国、献身中国革命和建设事业的国际友人保持着紧密的联系。抗日战争时期，美国神学博士吴德施主教在汉口任圣公会鄂湘教区主教。他积极支持共产党人在武汉领导开展的抗日救亡活动。为通过他向世界宣传共产党领导的抗日斗争，周恩来经常去吴主教家拜访。1938年4月，吴主教准备回国时，周恩来题词相赠："兄弟阋于墙，外御其侮——这是吴主教在华四十年的最后宝获；嘤嘤其鸣，求其友声——这是我们希望吴主教带回国去的福音！"题词中的"兄弟阋于墙，外御其侮"意谓兄弟相争于内，但都能联合起来抵御外侮。"嘤嘤其鸣，求其友声"，比喻朋友间同气相求。周恩来还特地在汉口八路军办事处为吴举行告别宴会，并与他合影留念。安娜·路易斯·斯特朗女士是著名的美国记者、中国人民的老朋友。抗日战争时期，她两次访华，与周恩来相识，并多次长谈。1941年，她根据周恩来的建议在美国向全世界揭露了"皖南事变"的真相。1946年7月，她到延安。毛泽东在接受她采访时，发表了"帝国主义和一切反动派都是纸老虎"的著名论断。新中国成立后，她第六次来华后定居中国，主持编辑英文版《中国通讯》，向世界介绍新中国情况。1965年11月25日，周恩来在上海为她举行八十寿辰宴会，并称赞她的精神还很年轻，祝她永远年轻。同日，周恩来题词"庆贺亲爱的斯特朗同志八十大寿"。

(六) 题词书法的艺术性

周恩来自幼年读书时起即注重写字练习。每天坚持写一百个大字,并且亲自检查写得好坏。南开中学毕业的同学录中称他"善演说,能文章,工行书,曾代表本班与全校文试夺得首席,习字比赛,复列其名"。此后半个多世纪的革命生涯中,周恩来为人们留下了难以计数的笔迹,题词手迹是其中最珍贵的一部分。研究周恩来书法的专家认为,他的书法最早得益于王羲之、王献之;中学读书时又吸收了魏碑、颜(真卿)体的特点,集诸家之长,并将之融于己身,形成了自己独特的风格,既为广大群众所珍惜,亦为书法大家所赞赏。现存留下来的周恩来题词手迹,大多数是毛笔书写的,也有少量钢笔写就的。已出版的多种版本的周恩来手迹中的大量题词墨宝,也有专家著有《书法家周恩来》一书均可供广大读者赏析周恩来题词书法艺术时参考。我对书法艺术知之甚少,恕不赘言。

参考文献

1. 中共中央文献研究室主编:《周恩来年谱(1898—1949)》及其修订本,人民出版社、中央文献出版社 1989 年版、1998 年版。

2. 《周恩来年谱(1949—1976)》(上中下),同上,1997 年版。

3. 《周恩来传(1898—1949)》,同上,1989 年版。

4. 《周恩来传(1949—1976)》(上下),同上,1998 年版。

5. 中央档案馆编:《周恩来手迹选》(第一卷)《题词题字卷》,北京出版社 1998 年版。

6. 中央档案馆编辑:《周恩来手迹精选》(第一卷)题词、题字、提纲(上),档案出版社 2000 年版。

7. 中央文献研究室第二编研部编:《周恩来题词集解》,中央文献出版社 2012 年版。

8. 潘新明:《书法家周恩来》,中央文献出版社 2002 年版。

【附录二】其他

《赵玉明文集》（第一、二、三卷）前言及目录

第一卷　前言

这部个人文集共三卷，其中第一卷为广播电视卷（上）、第二卷为广播电视卷（下）、第三卷为新闻传播卷。此前，从1993年到2007年，我曾先后出版过四本自选集。这部《文集》是在上述几本自选集基础上加以增删而成，文稿截止于2013年。《文集》的每卷前言中说明了收入文稿的基本内容。三卷文集从总体上汇集了本人半个世纪以来教学科研的成果（专著、辞书除外）、从教治学的经历和认识以及人世沧桑的回顾与思考。凡已发表过的文稿均在题注内标明。

需要说明的是，三卷《文集》中有关文稿的附录中收入了吴冷西、温济泽同志和方汉奇教授为本人编著之作写的序言，另有部分文稿是分别与温济泽、郭镇之、哈艳秋、袁军、李磊、庞亮和贾临清等同志合作完成的，还有部分文稿是接受校内外媒体记者、相关高校教师以及我和他人指导的博士生、硕士生访谈后形成的。上述同志付出的辛勤劳动，为本人《文集》增彩甚多，除在相关文稿中一一注明外，在此一并表示衷心的感谢。

本卷为广播电视卷（上），收入以下文稿：

第一部分为个人生平回忆与访谈及有关报道，并附个人教学研究工作简况；

第二部分为有关更改中国人民广播事业纪念日的文章、调查报告及纪念活动的评述和访谈等；

第三部分为对几位老一辈人民广播创业者的回忆和访谈；

第四部分为参与征集、编著的广播电视书刊的访谈；

第五部分为参与编写、编辑教材、史料、辞书和专著的前言、后记；

第六部分为几本广播电视著作所写的序言。

此外，文前附有相关活动的若干照片。

第二卷　前言

本卷为广播电视卷（下），收入以下文稿：

第一部分为毛泽东、周恩来、刘少奇、邓小平和陆定一与广播电视的有关文章，列宁与无线电广播的文章及书信选注，以及几篇"名人与广播"的笔记；

第二部分为有关广播电视史的专文，大体分为民国时期的广播、解放区广播和新中国广播电视及海外华语广播电视几个方面；

第三部分为关于中国广播电视史教学研究工作的回顾和评述；

第四部分为对我国广播电视教育的回顾与思考以及关于广播电视学学科建设的探讨；

第五部分为参与中国广播电视学会广播电视史研究委员会工作的发言、报告和访谈等；

第六部分为争鸣文章，主要涉及对广播电视史研究中有关问题的探讨。

此外，文前附有相关活动的若干照片。

第三卷 前言

本卷为新闻传播卷。收入 20 世纪 80 年代改革开放以来涉及新闻传播教育，主要是新闻传播史研究方面的论文、研究报告、访谈、书评、书序和回忆文章以及在新闻传播史研讨会和相关活动中的致辞、讲话和发言等，内容大致分为三个部分：

第一部分为从宏观角度，谈新闻传播教育和研究的著述，按类别排列；

第二部分为从多侧面的微观角度，谈新闻传播教育和研究的著述，按类别排列；

第三部分为参与中国新闻史学会相关活动的访谈、致辞和讲话等，按时间顺序排列。

此外，文前附有相关活动的若干照片。

第一卷　目录

（一）

欢庆新中国沧桑巨变六十载　我为祖国健康地工作五十年
半个世纪新闻路　四十五载广院情
　　——赵玉明教授访谈录／王德平　王永亮
两个二十年　前后不一般
　　——赵玉明教授访问记／赵琳琳　薛文婷
赵玉明的书房／《人民日报》（海外版）
教师是我一辈子的身份
　　——访中国传媒大学教授赵玉明／陈娜

小学和初中的岁月
难忘三年"铃铛阁"
从燕园到"铁一号"
　　——四年大学生活的回忆

白手起家　初创特色——建院初期的新闻系
　　——访北京广播学院原副院长赵玉明
在新闻系59级学生毕业50年返校座谈会上的发言
新闻系二次创业起步的回忆
几件实事的回忆
改革开放三十年来我校历史上的十个"第一"
诚信·励志·报恩
　　——赵玉明教授研究生奖助学金设立前后

　　【附一】我校举行中国传媒大学"赵玉明教授研究生奖助学金"签约
　　　　　仪式
　　【附二】我校研究生院召开第二届赵玉明教授奖助学金座谈会

"知不足然后能自反也，知困然后能自强也"
——记赵玉明教授获中国高等教育学会表彰

周恩来同志与我校记事年表
情系周总理题词三十五年

赵玉明教学研究工作简况
　　【附】指导研究生论文选题

（二）

中国人民广播事业创建纪念日的由来及其意义
更改人民广播创建纪念日的回忆和启示
延安新华广播电台筹建和试播始末（调查报告）
　　【附】关于新华社和延安新华广播电台的诞生日期／温济泽
延安（陕北）新华广播电台旧址调查日记
　　【附】延安（陕北）新华广播电台旧址调查报告／郭镇之
关于人民广播创建情况的历史资料
　　【附】中央广播事业局文件：关于将人民广播诞生纪念日改为
　　　　　1940年12月30日的通知

人民广播第一声
回顾人民广播的战斗历程　发扬延安时代的革命精神
——纪念人民广播创建40周年座谈会发言摘登
半世纪的光辉历程
——中国人民广播事业50年概述
发扬光荣传统　再创世纪辉煌
——纪念中国人民广播事业创建60周年
开拓进取60载　改革开放谱新篇
——祝中国人民对外广播创建60周年
以创新精神再现延安光荣传统
——广播专题《划破夜空的灯塔》听后

延安广播战斗历程的艺术写照
——喜看山西电影厂新片《声震长空》
"中国人民广播诞生地"纪念碑的由来及其意义
——中国传媒大学教授赵玉明访问记 /庞亮
回眸历史长河 追溯广播原点
——专访中国传媒大学赵玉明教授/庞亮
忆30年前人民广播的寻根之旅
三次参与筹办广播史展览 传承延安广播优良传统
人民广播人民办 与时俱进开新篇/王玉娟

（三）

温济泽同志和广播电视史学研究工作
为办好广播不懈探索 为培育英才尽心竭力
——赵玉明教授谈温济泽同志对人民广播和新闻教育事业的贡献 /李晓光
回忆老院长二三事
怀念冷西同志对广播学院的关注之情
欣慰的纪念 宝贵的精神财富
——有关吴冷西同志三本书的评介
梅益同志和广播学院的情缘
让全世界都听到中国人民的声音
——赵玉明教授谈梅益同志对共和国广电事业的贡献 /李晓光
一个有强烈事业心的领导者
——追忆左荧同志
永不消逝的电波
——赵玉明教授谈李强同志对无线电和广播事业的卓越贡献 /庞亮

（四）

十年辛苦不寻常
——访《中国人民广播回忆录》编选者赵玉明教授 /孙伶俐

追踪时代步伐　　反映广电新貌
　　——访《广播电视辞典》主编赵玉明教授 / 艾红红
中国广播电视人物的检阅
　　——访《中国广播电视人物词典》主编赵玉明先生 / 周亭
十年磨一剑　　原创显特色
　　——访《中国广播电视通史》主编赵玉明教授 / 范晓晶
向一个有理想、有思想的新闻教育拓荒者致敬
　　——专访《风范长存——左荧纪念文集》主编赵玉明教授 / 李煜

《中国广播电视年鉴》第十一届年会纪要
向着全国一流年鉴的目标迈进
　　——1995年12月6日在《中国广播电视年鉴》创办十周年座谈会上的讲话（摘要）
与开放时代共进　　与广电改革同行
　　——《中国广播电视年鉴》主编赵玉明教授谈《年鉴》创刊20周年历程 /
　　刘书峰
我与《史志资料》栏目

（五）

《中国人民广播事业大事记》（草稿）说明
《中国人民广播史资料（上册）》编辑说明
《毛主席论宣传》（试编本）说明
关于征集人民广播回忆录的通知
《中国人民广播回忆录》编选后记
　　【附】《中国人民广播回忆录》序言 / 吴冷西
继承和发扬延安精神
　　——介绍《中国人民广播回忆录》

《中国广播史料选辑》说明
《解放区广播历史资料选编》编选说明
《延安（陕北）新华广播电台广播稿选》编后记
　　【附】《延安（陕北）新华广播电台广播稿选》序 / 温济泽

《人民大众的号角——延安（陕北）广播史话》后记

  【附】《人民大众的号角——延安（陕北）广播史话》序／温济泽

《人民大众的号角——延安(陕北)广播史话》(增订本)后记

《延安（陕北）新华广播电台回忆录新编》后记

"新闻广播业务系列教材"出版说明

《新闻广播论集》出版说明

《广播专题讲座》前言

《广播专题讲座参考资料》前言

《实用广播电视新闻学》前言

《中国现代广播简史（1923—1949）》作者前言

《中国现代广播简史》后记

  【附】《中国现代广播简史》序／方汉奇

《中国解放区广播史》后记

《旧中国的上海广播事业》编者说明

《广播电视简明辞典》前言

《广播电视辞典》前言

《中外广播电视百科全书》前言

  【附】"百科全书"家族的新成员／于明

《中国广播电视人物词典》编辑说明

《中国广播电视史文集》后记

《中国广播电视史文集》（续集）后记

《声屏史苑探索录——赵玉明自选集》后记

《声屏史苑探索录之二：回忆与访谈——赵玉明自选集》后记

《中国广播电视通史》前言和后记

《风范长存——左荧纪念文集》编后记

《中国现代广播史料选编》编后记

《中国广播电视图史》后记

《中国广播电视史教程》后记

（六）

《新时期电视新闻改革研究》序

《声屏世界里的思想者——梅益广播电视宣传思想研究》序

《中国广播研究 90 年》序

《记录中国地方广播电视发展轨迹的权威载体——广播电视志理论与实践初探》序

《邯郸新华广播电台暨陕北新华广播电台在太行时期历史资料汇编》序

第二卷 目录

（一）

毛泽东同志与广播电视

《毛泽东同志与广播电视》补记

毛泽东向黄维兵团的两篇广播讲话手稿重现始末

毛泽东身边的视听工具

毛泽东为人民广播题词手迹辨伪

周恩来同志与广播电视

试论周恩来对我国广播电视事业的贡献

——纪念周恩来诞辰 110 周年

刘少奇同志与广播电视

邓小平同志与广播电视

　　【附一】廖承志为接管原昆明广播电台致邓小平信

　　【附二】刘伯承邓小平两将军告被困在云南的国民党军书

邓小平同志与广播电视（续）

陆定一同志与广播电视

列宁与无线电广播

列宁和苏联早期无线电事业的重要史料

列宁论无线电广播书信选注

名人与广播
——读书笔记五则
国际主义广播女战士——绿川英子

（二）

我国广播事业之发轫
外国人最早在我国办的广播电台
北京广播事业发展概述
抗战时期的广播事业
旧中国的广播管理概述
旧中国的广播事业
旧中国广播历史概况
民国时期广播期刊综述
弘扬抗战广播的民族精神
——纪念中国人民抗日战争胜利60周年

早期的人民无线电事业
毛主席的《目前形势和我们的任务》是怎样播送的？
延安《解放日报》上的广播史料
延安新华广播电台和重庆《新华日报》
从延安新华广播电台到陕北新华广播电台
接替陕北广播的一场战斗
陕北新华广播电台编播往来书信选注
延安广播颂"七一"

延安（陕北）新华广播电台专题史话
新华社在革命战争年代的语言广播
中国解放区广播历史概况
人民广播事业的诞生

延安新华广播电台首播时间与 XNCR 含义的探讨
延安新华广播电台筹建领导机构称谓考实
延安（陕北）台广播稿存佚记
中央人民广播电台之名始于何时？
　　【附】致《辞海》编辑部的信
中华人民共和国成立初期暂设的广播电台
建国初期的私营广播电台
新中国广播事业的建立
中华人民共和国的广播电视事业
新中国广播电视事业 60 年（讲课提纲）

为《中国大百科全书·新闻出版卷》(第 1 版) 及第 2 版撰写的条目
为《中外广播电视百科全书》撰写的条目

共产党人对广播规律的探寻：广播要学会自己走路
反右派斗争中，广播系统划了多少"右派分子"？
试论中国广播电视发展的历史分期及其特点

华语电视发展的回顾、现状和展望
海外华语广播电视的现状与未来
"世界电视日"与"世界广播日"的由来及在我国开展相关活动的建议
为《华侨华人百科全书·新闻出版卷》撰写的条目选录

（三）

积极开展中国广播史的调查研究工作
为写好《当代中国丛书·广播电视卷》而努力
在承德广播史座谈会上的发言

广播学院和广播电视史学建设

中国广播电视史教学的回顾和展望

中国广播电视史研究纵横谈
中国广播电视史研究的发端与历程
——访中国传媒大学赵玉明教授

首届编修广播电视志进展评述
首轮广播电视志编修的回顾和展望
中国广播电视学会2001年学术年会综述
广播电视史学研究的新成果
——第七届广播电视学术论文评选史学类获奖论文评述
广播电视史学研究述评

（四）

中国大陆广播电视教育的回顾与前瞻
十年来中国大陆广播电视教育的新发展
关于加强和改进图书资料工作的意见

发扬奉献精神，努力办出特色
播音教育的新飞跃，创造明天的新起点

北京广播学院董事会成立大会暨首届董事会第一次会议纪要

在北京广播学院广播电视研究中心学术委员会成立大会上的讲话
在首届"中国传播论坛"开幕式上的讲话

谈谈广播电视研究和广播电视学学科建设
广播电视学学科体系研究总论

（五）

近几年来中国广播电视史志研究工作的进展和"七五"期间研究规划的设想（摘要）

中国广播电视史学研究的创新问题和 2001—2005 年广播电视史志工作规划的初步设想（摘要）

梳理声屏历史与经验　服务广电改革与发展

——赵玉明会长回顾中广协会广电史研委会创建 20 年历程

中国广播电视协会广播电视史研究委员会第四届理事会工作报告

（六）

中国现代广播史研究中的若干问题

——兼答陈尔泰同志

再谈中国现代广播史研究中的若干问题

——与陈尔泰同志商榷

对"1923 年 1 月 1 日，哈尔滨广播无线电台开播"论证材料的意见

——2012 年 8 月 28 日在"中国第一座广播无线电台"论证会上的发言

不当的删改　必要的补正

谁是最早评述广播节目的中国作家

——致《学刊》编辑部的信

商榷与补充

——罗弘道《讨论广播电视产业属性的历史回顾及点评》读后

广播电视语言文字规范化浅谈

三幅插图两幅说明有误

"文革"前的《广播业务》究竟出了多少期？

两卷《党史》中涉及广播电视文字表述的商榷

广播电视统计数据质疑两例

江西苏区口语广播探究

第三卷 目录

（一）

中国新闻学教育和研究八十年
  【附一】关于将新闻学学科列入一级学科的建议
  【附二】新闻传播学由二级学科升至一级学科
  【附三】全国普通高校、社科研究机构新闻学、传播学博士点、硕士点
    一览表（1998年）
中国新闻学研究工作的发展概况

从新闻学到新闻传播学的跨越
——近十年来中国新闻传播学教育和研究新进展评述
三十年间两大跨越
——改革开放以来从传统新闻教育到新闻传播学教育的发展
  【附】全国高校、社科研究机构新闻传播学研究基地和博士点、硕士点
    统计资料（2010年）

高层次新闻业务人才培养途径多样化研究
新中国新闻教育五十年
20世纪中国新闻教育的回顾
关于在新闻传播学一级学科内增列广告学、广播电视学为二级学科的建议
对河北省发展新闻传播学教育的几点建议
——在河北省政府主办的加快河北省高层次人才培养工作咨询论坛上的书面发言

（二）

中国新闻事业史
延安清凉山新闻出版革命纪念馆
为《中国大百科全书》（第一版）新闻卷撰写的条目

三点建议
学好新闻史　打好基本功
——谈谈学习和研究新闻史
新闻史学研究创新途径的探讨
台湾、香港新闻学书刊简目（初编）前言

一部社史　半部党史
——《新华通讯社史》第一卷读后
用历史烛照未来　以创新引领成长
——写在新华社建社 80 周年之际
《中国共产党新闻工作文件汇编》上卷订正两则
准确、完整地理解和传播邓小平新闻宣传思想
——兼与《邓小平论新闻宣传》编者商榷

半个世纪的"记协"情结
亦师亦友三十年
——怀念丁淦林教授

20 年前的破冰之旅
——忆大陆新闻学者首次访台始末
在"如何发挥媒体真善美的力量"座谈会上的发言

谢鼎新著《中国当代新闻学研究的演变——学术环境与思路的考察》序
薛文婷著《中国近代体育新闻传播史论（1840—1949）》序
韩丛耀等著《中国近代图像新闻史（1840—1919）》序
王大龙编著《红色报刊集萃》序
倪延年主编《中国新闻法制通史》序

（三）

全国首届地方新闻史志研讨会开幕词（1993 年 4 月 29 日）

跨世纪四年间中外新闻传播史研究成果巡礼（2002年11月5日）

求真务实　办好学会
　　——访中国新闻史学会常务副会长赵玉明教授/丁华艳
中国新闻史学会2004年年会暨全国新闻传播史教学学术研讨会闭幕词
（2004年4月25日）
在全国高校新闻传播史师资高级培训班结业式上的讲话（摘要）
（2004年7月25日）
应当加强党报史的研究（2004年9月16日）
在《晋察冀日报》史学术研讨会上的讲话（2005年9月10日）
新闻史学研究：突破口在哪里
——访中国新闻史学会会长赵玉明教授/刘书峰（2005年10月）
"抗日战争与新闻传播学术研讨会"开幕词（2005年11月7日）

在邓拓新闻思想学术研讨会上的讲话（2006年5月18日）
在"林白水烈士就义80周年纪念暨学术研讨会"上的讲话（2006年8月16日）
留给后人的宝贵精神财富
——在纪念仓夷烈士就义60周年座谈会上的讲话（2006年8月8日）
在世纪阅报馆——中国新闻史学会教学研究基地挂牌仪式上的讲话
（2006年10月22日）
中国新闻史研究的学科特点及其发展状态
——访中国新闻史学会会长赵玉明先生/蒋海升（2007年4月）
在"规律与使命——人民军队新闻事业80年历程"研讨会上的讲话
（2007年6月9日）
在"《良友》画报与20世纪新闻出版文化学术论坛"上的讲话
（2007年6月15日）
在"红色报刊展高校行（南宁展）"开展仪式上的讲话
（2007年6月22日）
在"第五届世界华文传媒与华夏文明传播学术研讨会"上的致辞
（2007年7月14日）
在第四届"世界华文传媒论坛"东南亚地区分组会上的发言
（2007年9月3日）

在延安《解放日报》改版 65 周年讨论会上的发言（2007 年 11 月 17 日）
在第三次地方新闻史志研讨会暨中国新闻史学会第三届理事会第二次会议上的讲话（2007 年 12 月 1 日）
在"《晋察冀日报》创刊 70 周年研讨纪念会"上的讲话（2007 年 12 月 11 日）
"奥运传播暨体育新闻传播史研讨会"开幕词（2007 年 12 月 15 日）
在"中国红色新闻事业的理论与实践高层论坛"开幕式上的讲话暨发言
（2008 年 4 月 19 日）
在中国新闻史学会外国新闻传播史研究委员会成立大会上的致辞
（2008 年 11 月 8 日）
在"刘少奇与新闻工作"座谈会上的讲话（2008 年 11 月 24 日）
倾力求真著信史　团结务实谋发展
——访中国新闻史学会会长赵玉明教授/贾临清
在"红色报刊展高校行——走进中国传媒大学"开幕式上的讲话
（2009 年 5 月 4 日）
中国新闻史学会 2009 年年会暨新闻传播专题史研究学术研讨会开幕词
（2009 年 6 月 6 日）
《新闻春秋》出版寄语（2011 年 5 月）

《周恩来题词记事暨研究文集》目录

代前言　情系周总理题词三十五年

上　卷
《周恩来题词编年纪事》

第一章　"愿相会于中华腾飞世界时"
　　——早年时期题词纪事（1913—1937）

　第一节　"志在四方"
　　　　——求学时期的题词
　　为郭思宁题词（一）（二）（三）
　　△自勉联
　　△挽王允彰联（一）（二）（三）
　　△挽刘家麟联
　　为王朴山题词
　　为王朴山《师友赠言录》题词
　　录梁启超诗题赠王朴山
　　为张鸿诰题词

　第二节　"工兵联合　重奠东江"
　　　　——东征时期的题词
　　为中华医院题词
　　为彭克猷题词
　　为大同医院题词
　　为省港罢工委员会题词
　　为广东东江各属行政委员公署题词

　第三节　"为苏维埃在中国的胜利，奋斗到底"
　　　　——江西苏区的题词
　　△为邱会作题词

第四节 "打倒人类公敌——法西斯蒂!"
　　　　——陕北的题词

为魏国禄题词

△为国际纵队中国支队题词

第二章 "坚持长期抗战,争取最后胜利"
　　　　——抗战时期题词纪事(1937—1945)

第一节 "全民团结,持久斗争"
　　　　——太原、武汉的题词

△为李英华题词

为《新华日报》出版题词

为《新华日报》反侵略国际宣传周工农日特刊题词

为《新华日报》"五一"纪念专刊题词

为五四运动十九周年题词

为《救亡日报》题词

为重庆《新民报》抗战周年纪念特刊题词

为张岳题词

为《周恩来论抗战诸问题》题词

△挽李丹桂等烈士联

△挽吴复夏烈士联

△挽张效贤等烈士联

△贺空军英雄联

△挽王铭章联

△挽罗芳珪联

△挽胡笔江词

△挽钱亦石词

为中国学生救国联合会代表大会题词

为柳凌汉题词

为吴德施题词

为鲁迅逝世两周年题词

为话剧《阿Q正传》演出题词

第二节 "为民族解放而战,为世界和平而战!"
　　　——重庆的题词(上)

　为侯遇福题词

　为王席君题词

　贺范长江、沈谱婚礼词

　为伍必端、赵国英等题词

　为育才学校音乐组题词

　为东源学校创立题词

　为合作五金厂题词

　为旅秘鲁中山隆镇隆善社题词(一)(二)(三)

　为国际反侵略运动大会中国分会题词

　为日本反战同盟题词

　△挽徐谦词

　△挽廖磊词

　为傅大庆、冯大璋婚礼题词(一)(二)

第三节 "冲过钱塘江,收复杭嘉湖!"
　　　——安徽、浙江和湖南等地的题词

　为焦恭真题词

　为蒋智和题词

　为小河口医院人员题词

　为刘敬之父子题词

　为陈伯顺题词

　录岳飞《满江红》赠王子余

　为王淄尘题词

　为王觊甫题词

　为王瑾甫题词

　为王云甫题词

　为王同甫题词

　为王逸鸥题词

　为王去病题词

　为王逸莺(去病)题词

　为王慕向题词(一)(二)

为赠王慕向照片题词

为王德怀题词

为王京题词

△为周希农等题词

为陆与可等题词

为任芝英题词

为乐培文题词

录沈复生诗题赠曹天风

为祝更生等题词

为张乃济题词

为巨赞题词

第四节 "坚持团结抗战，反对分裂投降！"
　　　　——重庆的题词（下）

为"皖南事变"题词（一）（二）

△为《大公报》获奖题词

为冯玉祥六十大庆题词

为《星岛日报》创刊题词

△挽宋哲元联

挽张自忠词

△挽戴安澜词

△挽张冲词

△挽张季鸾联

△挽邹韬奋联

△挽马君武词

△挽朝鲜义勇队阵亡同志联

为迁川工厂产品展题词

为渝鑫钢铁厂题词

为"一二·九"运动九周年题词

为"新华报人"运动题词

为双乐天图题词

第五节 "努力学习，准备反攻"
　　　　——延安、西安的题词

为"七七事变"两周年题词

为冼星海题词

△挽平江惨案烈士联

为侦察工作题词

为八路军炮兵团题词

为鲁艺一周年题词

△挽郭潮沛联

△挽蔡元培联

△挽吴承仕联

为林卓午（叔卿）题词

为魏一斋题词

为金茂岳题词

为刘志丹陵题词

△挽马本斋词

△挽朱德母亲联

为崔万生题词

为成军题词

为钱江题词

贺林伯渠六十大寿词

第三章 "为新民主主义的中国奋斗到底"
——解放战争时期题词纪事（1945—1949）

第一节 "民主团结，和平建国"
——重庆的题词

为卢国琦题词

为张一纯题词

为廖梦醒题词

为李湄题词

为柳亚子题词

为华珍、勉功、蔡荇洲题词

为陈嘉庚安全大会题词

△挽范旭东联

△为张君劢祝寿题词

为《新华日报》创刊八周年题词

为"一·二八"十四周年题词

挽"四八"烈士联

挽黄齐生联

为"四八"烈士题词

为曾敏之题词

第二节 "和平可期，民主有望"
　　　　——南京、上海的题词

挽李公朴、闻一多联（一）（二）

挽李公朴、闻一多词

为《益世报》创刊一万号题词

为钱小柏题词

为伊明题词

贺伊明、王云新婚题词

第三节 "继续努力，坚持不屈，来迎接民族民主的新高潮"
　　　　——延安、陕北和西柏坡的题词

为中央军委二局题词

为叶正明题词

为徐特立七十大寿题词

为《新华日报》九周年题词

为吴泽光纪念册题词

为华东军民题词

为警卫战士题词

为中央军委二局题词

△为夏娘娘八十大寿题词

为中国妇女第一次全国代表大会题词

对西柏坡的评语

第四节 "光明之路"
　　　　——北平的题词

为《光明日报》创刊题词

为顾菊楼题词

为凤子题词

为周小燕题词

为陈柏生题词

为许杰题词

为张瑞芳题词

△为李少春题词

为冯亦代题词

为孙瑜、白杨题词

为张文明题词

为邹韬奋逝世五周年题词

为罗炳辉陵墓题词

为山东省革命烈士纪念塔题词

为《世界知识》创刊十五周年题词

为《新民报》创刊二十周年题词

为警卫战士题词

第四章 "为进一步巩固和发展中国人民胜利而奋斗"
——国民经济恢复时期题词纪事（1949—1952）

第一节 "人民胜利万岁！"
　　　——为新中国成立的题词

为《人民日报》题词

为《解放日报》新年增刊题词

为《文汇报》元旦增刊题词

为《新闻日报》元旦增刊题词

为南京《新华日报》出版一周年题词

为新加坡《南侨日报》题词（一）（二）

为新中国成立一周年题词

△为新爱国主义题词

为恽代英牺牲十九周年题词

录恽代英狱中诗

为纪念任弼时题词

第二节 "为建立强大的人民陆军、人民空军和人民海军而努力！"
　　　——为人民军队的题词

为《人民海军》报创刊题词

为《人民海军》杂志创刊题词

为《人民空军》杂志创刊题词

为军队复员工作题词

为全国战斗英雄代表会议题词

第三节 "总结经验，继续战斗"
　　　　——为巩固人民民主专政的题词

为全军保卫工作会议题词

为巩固人民民主专政题词

为刘子云题词

为中央军委情报部二、五局题词

为全国战略情报会议题词

为中共中央机要局题词

为机要工作题词

为中央民族访问团题词

为进藏部队题词

△为方鹤琴题词

为中苏友好同盟题词

为中苏友谊题词

第四节 "为保家卫国，争取抗美援朝的彻底胜利而奋斗"
　　　　——为抗美援朝的题词

为抗美援朝题词

为抗美援朝边打边谈题词

为何香凝《喜鹊牡丹图》题词

为东北烈属、军属模范和拥军优属模范代表大会题词

为张素久、张一伟题词

第五节 "发展经济，改善人民生活"
　　　　——为工农业生产的题词

为荆江分洪工程题词

为成渝铁路通车题词

△为全国铁路劳动模范代表大会题词

为天津新港开港题词

为上海纸业革新促进会题词

为石油工业展览会题词

为中南海电信专用局题词

第六节 "新中国人民艺术的光彩"
　　　　——为文化艺术体育事业的题词

为话剧《钢铁是怎样炼成的》演出题词

为黄宝珣题词

为《学文化》杂志创刊题词

为中国戏曲研究院成立题词

△为福芝芳题词

为周信芳从艺五十周年题词

为"新片展览月"题词

为《俄文教学》杂志创刊题词

为"苏联影片展览"题词

△为新中国首次参加奥运会题词

第七节 "艰苦奋斗,努力学习"
　　　　——为身边工作人员和留苏学生等的题词

为管开智题词

为马列题词

为李银桥题词

为韩桂馨题词

为"六一国际儿童节"题词

为徐文伯题词

为留苏学生题词

第五章 "迎接社会主义建设和改造的高潮"
　　　——"一五"期间题词纪事

第一节 "为实现社会主义工业化贡献出更大的力量"
　　　　——为社会主义建设的题词

为鞍钢三大工程开工生产题词

为苏联经济及文化建设成就展览会题词

为全国青年社会主义建设积极分子大会题词

为迎接社会主义建设和改造高潮题词

为办公室同志题词

为测绘人员题词

为武汉长江大桥建成题词

为全国水力发电建设展览会题词

为日本商品展览会题词

第二节 "中国各民族团结起来"
　　　　——为民族工作的题词

为达赖、班禅题词

为云南少数民族文物展览题词

为西藏自治区筹备委员会成立题词

第三节 "为社会主义社会培养新的一代"
　　　　——为青少年儿童的题词

为中央军委保育院题词

为殷文均题词

为"五四青年节"题词（一）（二）

为"六一国际儿童节"题词

为上海下乡上山青年学生题词

为上海少年宫题词

第四节 "百花齐放，推陈出新"
　　　　——为文化艺术和体育、中医工作的题词

为第一届工人体育运动大会题词

为北京园菊展题词

为广东粤剧团题词（一）（二）

为《中国建设》创刊五周年题词

为《外国文学》月刊题词

为石家庄丝弦剧团题词

为艺术工作者题词

为徐悲鸿画马题词

为"亚洲电影周"题词

为中医研究成立题词

第五节 "庆贺中国人民解放军建军三十周年纪念！"
　　　　——为人民解放军的题词

　为第一支潜艇部队题词

　为502号护卫舰题词

　为海军航空兵题词

　为中国人民解放军军事工程学院成立题词

　为建军三十周年题词

第六节 "革命先烈永垂不朽"
　　　　——为革命先烈的题词

　为东北烈士纪念馆题词

　为冯玉祥骨灰安放仪式题词

　△为冯玉祥之女题词

　为参加亚非会议的殉难烈士公墓题词

第七节 "亚非各国人民团结起来"
　　　　——访问亚洲各国的题词

　为仰光大金塔题词

　为《南洋画报》亚非会议特刊题词

　为越中友好协会题词

　为印度中央水利和动力研究所题词

　为巴基斯坦水坝题词

　为巴基斯坦巴塔拉机器制造厂题词

　为阿富汗喀布尔博物馆题词

　为尼泊尔孤儿院题词

　为尼泊尔佛教徒寄宿学校题词

　为印度泰戈尔故居题词

　为印度国际大学题词

第六章 "在党的社会主义建设总路线的光辉照耀下"
　　　　——"大跃进"和经济调整时期题词纪事（1958—1964）

第一节 "鼓足干劲，力争上游，多快好省地建设社会主义"
　　　　——为社会主义建设的题词

　为江峡轮题词

为十三陵水库题词

为王汝祥题词

为河南省小麦丰产展览会题词

为广东新会劳动大学题词

为广东新会周郡农业生产合作社题词（一）（二）

为广东新会粮食局题词

为广东新会县废物利用展览题词

为周汉华题词

为广东新会大泽人民公社题词

为四川狮子滩水电站题词

为湖北武昌锦绣大队题词

为北京钢厂题词

为"东风"牌轿车题词

为河北安国制药厂题词

为甘肃兰州炼油厂题词

为浙江新安江水电站题词

为北京站题词

为海南岛榆林港海军基地题词

为海南岛儋县西联农场题词

为海南岛华南热带植物研究院和华南热带植物学院题词

为调整国民经济题词

为战胜洪涝灾害的河北、天津军民题词

为河北省抗洪抢险展览会题词（一）（二）

为日本工业展览会题词

为四川成都市轻工业展览馆题词

为新中国成立十五周年题词

第二节 "高举毛主席思想的胜利红旗奋勇前进"
　　　　——为人民解放军的题词

为《中国人民解放军复员工作文件汇编》题词

为四川省革命残废军人疗养院课余演出题词

为迎接志愿军归来与悼念出国访问遇难烈士题词

为"鞍山号"舰题词

为上饶集中营革命烈士纪念碑题词

　　为淮海战役纪念塔题词

第三节　"要立雄心，怀大志，作坚定的促进派"

　　　　——为各界人士的题词

　　为邓颖超题词

　　为张秋香题词

　　为矫景兰题词

　　为中国青年题词

　　为刘和题词

　　为田华题词

　　为贵州黔剧演出团题词

　　为冯珍珍题词

　　为周瘦鹃题词

第四节　"向雷锋同志学习"

　　　　——为学习雷锋活动的题词

　　为学习雷锋活动题词（一）（二）

　　为郑淑芸题词

第五节　"把中国人民对全世界各国人民的友好愿望传播得更广更远"

　　　　——为对外宣传工作的题词

　　为中国福利会成立二十周年题词

　　为《中国建设》（英文版）创刊十周年题词（一）（二）

　　为《北京周报》创刊五周年题词

第六节　"亚非团结万岁！世界和平万岁！"

　　　　——访问亚非欧诸国的题词

　　为朝鲜解放战争纪念馆题词

　　为柬埔寨胶合板工厂题词

　　为柬埔寨磅湛皇家纺织厂题词

　　为越南河内卷烟厂题词

　　为越南河内肥皂厂题词

　　为越南橡胶厂题词

　　为蒙古额尔古庙题词

　　为乌兰巴托面粉厂题词

为阿联军事学院题词

为埃及博物馆题词

为开罗胜利汽车厂题词

为塞得港烈士纪念馆题词

为塞得港体育场题词

为苏伊士运河管理局题词

为阿尔及利亚现代油脂厂题词

为贝利埃汽车厂题词

为"阿尔泽"综合工厂题词

为阿尔及利亚一饭店题词

为在国外工作同志题词

为摩洛哥炼油厂题词

为阿尔巴尼亚民族解放斗争博物馆题词

为阿尔巴尼亚民族独立纪念馆题词

为突尼斯斯蒂牛奶工业公司题词

为突尼斯手工艺中心题词

为马里库利科罗市政府题词

为索马里摩加迪沙市政府题词

为巴基斯坦达乌德纺织厂题词

为巴基斯坦新首都伊斯兰堡题词（一）

第七章 "高举毛泽东思想伟大红旗"
——晚年题词纪事（1965—1975）

第一节 "从实从严从难训练部队"
——为人民解放军的题词

为东海舰队题词

为新疆生产建设兵团题词

为学习王杰题词

第二节 "精益求精，后来居上"
——为文体广播工作的题词

为电影《东方红》题词

· 424 ·

为第二届全运会题词

　　为人民广播事业题词

第三节　为中外三位耄耋老人的题词

　　为斯特朗八十大寿题词

　　△为熊瑾玎、朱端绶题词

第四节　"支持世界被压迫阶级和被压迫民族的革命运动"

　　　　——访问亚非欧诸国的题词

　　为罗马尼亚多弗塔纳博物馆题词

　　为巴基斯坦新首都伊斯兰堡题词（二）

　　为阿联赫勒万钢铁厂题词

　　为阿联亚历山大橡胶轮胎厂题词

　　为阿联亚历山大造纸厂题词

　　为阿联海军训练中心题词

　　为"今日柬埔寨"展览会题词

　　为罗马尼亚重型机器制造厂题词

　　为罗马尼亚农作物研究实验中心题词

　　为罗马尼亚克拉约瓦市电力工厂题词

　　为罗马尼亚斯拉蒂纳炼铝厂题词

　　为罗马尼亚革命历史博物馆题词

　　为朝鲜平壤市题词

第五节　"言必信，行必果"

　　　　——中日两国领导人互赠题词

　　为田中角荣题词

第六节　"毛主席教导中国人民……"

　　　　——最后的题词

　　为克立·巴莫的题词

　　为泰国旺亲王题词

下 卷
《周恩来题词研究》

一、探索篇

周恩来题词探析

周恩来题词的特点

对《周恩来手迹选》（第一卷）《题词题字卷》编注工作的几点意见
——与编者商榷

《周恩来年谱》中有关题词纪事辨析十则

周恩来题词求索三题

 一、周恩来"上马杀贼，下马学佛"究为何人所题？

 二、周恩来为合作五金厂题词写于何时？

 三、周恩来"为红军题"乃陆定一所作

周恩来题词再求索三题

 一、"传邮万里"题词写在何地？题于何时？

 二、"教好俄文"题词写于何时？

 三、录徐悲鸿《画马》诗句题赠何人？

周恩来一则题词时间、地点问题的商榷

 【附】陈屏孔《国共通邮的先驱者——林卓午》

周恩来同志最后一幅题词的考证

周恩来的三帧名片

二、题字纪事篇

周恩来为书报刊题字纪事

周恩来为单位和建筑物题字纪事

周恩来为墓碑题字纪事

三、索引篇

周恩来题词索引

四、附录篇

  楚欣 历史的见证 品格的体现
     ——读《周恩来题词集解》
  刘书峰 赵玉明：情系总理 35 年
  陆原 缅怀深深 激励殷殷
     ——《周恩来题词集解》读后

参考书目

《周恩来题词纪事》（书稿）后记

本书后记

赵玉明教学研究工作简况（续）[①]

一、学习与工作经历

2007年起退休，被返聘为《中国广播电视年鉴》主编，至2017年（自1993年起任主编，历时24年）。

二、学术方面任职

2009年6月起中国新闻史学会名誉会长，至今。

2014年春，继续担任国家社科项目新闻学学科通讯评审工作，至2017年止。

2014年5月，南京师范大学倪延年教授主持的国家社科重大项目"中华民国新闻史"顾问委员会执行主任委员。

2014年10月，应邀指导本校传媒博物馆收藏的梅益日记（1948—1996年）整理出版工作。

2015年12月，中国人民大学王润泽教授主持的国家社科重大项目"百年中国新闻史料整理与研究"顾问。

2019年1月，中国社会科学院新闻与传播研究所主持的中国社会科学院重点学科马克思主义新闻学特聘研究员，聘期一年。

三、历年科研立项简表

四、历年编著目录简表

（一）内部出版部分

△《周恩来题词记事暨研究文集》，2014年编印。

[①] 本文与《赵玉明文集》第一卷《赵玉明教学研究简况》相衔接。

（二）公开出版部分

△《梅益百年纪念文集》，本人为副主编，社会科学文献出版社 2014 年 1 月出版。

△《赵玉明文集》（三卷本），广播电视学学科建设书系之一，中国广播影视出版社 2014 年 9 月出版。

△《广播电视学学科体系建设研究》，上述书系之二，与艾红红、庞亮主编，中国广播影视出版社 2015 年 10 月出版。

△《新修地方志早期广播史料汇编》（上下），上述书系之三，与艾红红、刘书峰主编，中国广播影视出版社 2016 年 3 月出版。

△《中国广播电视通史》（新一版），赵玉明主编，中国广播影视出版社 2014 年 9 月出版。

△《日本侵华广播史料选编》，赵玉明主编，中国广播影视出版社 2015 年 8 月出版。

△《中国抗战广播史料选编》，与艾红红主编，中国广播影视出版社 2017 年 6 月出版。

△《中国广播电视史教程》（第三版），与艾红红合著，中国广播影视出版社 2018 年 11 月出版。

（三）参与策划、摄制、接受采访的音像制品及有关报道

△2018 年 5 月，本校党委宣传部尚新英等视频访谈《甲子忆芳华，我与中传一起走过——专访"中国传媒大学突出贡献教授"赵玉明》。

（四）参与策划延安（陕北）台广播史展览事

△2018 年夏秋，就河北省井陉县拟筹建陕北台、中央台发射机房旧址展览提出有关建议和意见。

（五）论文和著作获奖简表

（六）荣誉获奖简表

△2016 年 5 月，中国新闻史学会授予"第二届终身成就奖"。

△2019 年 11 月，《中国新闻传播教育年鉴》编委会授予"编撰工作杰出贡献奖"。

△2019 年 6 月，中国传媒大学授予捐赠证书。

关于赵玉明教授及其著作的相关评介

一

1987年3月，中国人民大学方汉奇教授为《中国现代广播简史》（中国广播电视出版社1987年12月版）所作的序中称：

"近几年来，在广播事业领导机关和广播系统老同志的关怀和支持下，广播史的教学和研究工作受到了应有的重视。有关中国广播史的资料征集工作取得了明显的成绩，举办了多次广播史讨论会，组织了多次实地访问和调查，发表了一批有关广播史的论著和回忆文章。本书的作者从50年代末期起即从事中国广播史的教学和研究工作，也是上述各项活动的积极参加者。长期以来，他在中国广播史这块园地上勤奋耕耘，取得了初步的成果。呈现在读者面前的这部《中国现代广播简史》就是他多年来从事广播史教学研究工作的结晶。这部《简史》是中国历史上第一部比较系统、全面的记述1923—1949年间中国广播事业发展的专著。尽管它在探讨广播事业发展规律、总结广播历史经验等方面还有不足之处，但是它的公开出版毕竟填补了中国广播史研究的空白，丰富了中国新闻史的内容，同时也给广大文化战线、新闻战线和广播战线的工作者和正在从事广播专业学习的青年学生提供了一部了解中国广播历史的重要参考书和教材。我相信每一个关心中国广播历史的人，都可以从作者的这部专著中得到一定的启示和教益。"

二

1990年第4期《中国广播电视学刊》刊登四川省广电厅陆原《厚积薄发　存真求实——评赵玉明〈中国现代广播简史〉》一文中称该书是"中国历史上第一部比较系统地记述中国广播事业发展的专著，填补了中国历史著作中一个方面的空白"。全文以"志在厚积薄发""旨在存真求实""贵在锲而不舍"三个小标题对《简史》一书作了比较全面的评介。

三

2001年1月，复旦大学徐培汀教授著《20世纪中国新闻学与传播学·新闻史学史卷》（复旦大学出版社出版）中涉及本人的有第一章第三节温济泽、康荫、赵玉明与广播电视史学研究；第四章第一节赵玉明与《中国现代广播简史》；第六章梁家禄（与钟紫、韩松、赵玉明）等与《中国新闻业史》；第七章第一节中国新闻史学会及其活动历史，第二节中国广播电视学会史学研究委员会及其活动。

四

2001年3月，复旦大学黄瑚教授著《中国新闻事业发展史》（复旦大学出版社出版），他在《后记》中称："进入20世纪80年代后，方汉奇、李龙牧、宁树藩、丁淦林、赵玉明等一大批中国新闻事业史研究学者借改革开放、解放思想的强劲东风，在研究中国新闻事业的发展历史时，内容与形式并重，不仅继续强调对中国新闻事业在社会发展和革命斗争中的历史作用的研究，而且还重视对中国新闻事业自身发展的历史规律的研究，将中国新闻事业史的研究水平提升到一个新的高度。"

五

2002年11月，新加坡旅日学者卓南生教授在其所著《中国近代报业发展史》（中国社会科学出版社出版）附录《新闻传播史研究的"诱惑"与"陷阱"——与中国青年谈治史的苦与乐》中说："认真地说，客观的通史和概论的书最不好写，这类的书籍可以请教像方汉奇、宁树藩、丁淦林、赵玉明等老一辈的资深教授牵头编写或总结。年轻的学者与其做重复研究，不如花更多气力从事现代史和个案的研究。"

六

2004年复旦大学童兵教授主编的《新闻传播学名家自选本》由复旦大学出版社陆续出版。他在《主编絮语》中称:"随着新闻传播学研究的日益深化与二三级学科的不断延伸,一批有全国影响的学术领军人物应运而生。他们之中有王中、甘惜分、李龙牧、方汉奇、张隆栋、宁树藩、丁淦林、赵玉明等一批学界元老。他们是新中国新闻学研究和新闻学教育的开创者、拓荒者。他们有的提出了崭新的理论体系,有的著作等身,有的向国人较早介绍新的新闻传播学说,有的以史论结合方法推动学科建设——在他们的言传身教下,新的一代脱颖而出……本辑自选本的八位作者是其中的首批代表。"

七

2006年3月,日本学者村井宽志在《战争·广播·记忆》(日本贵志俊彦等著,勉诚出版株式会社2006年3月版)一书中对《中国广播电视通史》有如下评述:

"中国在1992年,以国家标准的形式规定'广播电视'研究为'新闻传播学'研究下属的二级学科,广播电视史是下属的三级学科。该书是在广播电视史作为一个学问研究领域得到认定的同一时期编写的,是一本教材类的通史。

"研究与教学的领域分类由国家标准规定,这是中国的一个特色。无法否定的是,该书大框架的设定难免有流于固定套路的地方,然而该书同时也有一大优点,就是它属于在被认定、划定的领域阐述全面的一部通史、概论,从书中可以获得非常翔实的信息。这种教材类的书籍很容易大同小异,但是在广播电视史方面,该书是我所见到的最全面的一本真正的通史(编者赵玉明还著有《中国现代广播简史》(1987年),但是覆盖的只是1949年之前的情况)。

"从年代上来看,该书从20世纪初引进用于军事目的的无线电技术讲起,直到近些年的卫星电视、数字化动向,涉及了整个广播电视的发展史。从区域上看,尽管非常简单,但还是用一章的篇幅介绍了港澳台广播电视的情况。因此真的可以说是阐述全面。在抗日战争时期的广播部分，阐述的内容包括国民党的广播事业、满洲国（译注：原文如此）和汪精卫政权等日本占领地区的广播事业、抗日战争时期孤岛上海的民营广播、美国和苏联等盟国方面的广播事业等，对共产党以外的广播事业也都有相应阐述。

"但是另一方面，从传媒史角度看该书时也让人感到，从无线电技术的引进开始，到广播、电视（地面无线电波）、卫星电视、数字电视，同等并列式地仅以'广播电视'来笼统阐述就不免显得平淡。比如，单以广播为例，就可以有短波和长波、有线和无线等划分成不同领域的阐述，况且在电视普及前后，广播的定位是会发生变化的。所以该书的阐述很难说是充分考虑到了各种不同形式广播的特性。传媒和受众之间的相互作用、各种传媒之间的相互作用、传媒发挥独自特性等方面的进一步探讨应当是今后需要探讨的课题。

"虽说如此，但该书信息量非常丰富，作为一本通史，定会极大地助推今后的研究。尽管在1949年之前的阐述方面没有看到更多的运用档案史料的痕迹，但是，该书全面介绍了正式刊行的各种文献，而且对研究史的介绍、书后的年表和文献目录都是非常有价值的。该书提供了相关领域的基本材料，今后如何充分利用这些素材开展研究想必就是后续跟上的学者需要面对的一个课题。"

在该书的《文献书目·中国语文献》中列入8种赵玉明编著的书目：

北京广播学院新闻系编：《中国人民广播回忆录》（广播出版社）

杨兆麟、赵玉明：《人民大众的号角》

赵玉明：《中国现代广播简史》（1923—1949）

赵玉明：《中国广播电视史文集》

赵玉明：《中国广播电视通史》（上卷）

赵玉明、王福顺主编：《中外广播电视百科全书》

《解放区广播历史资料选编》

《延安（陕北）新华广播电台广播稿选》　　　　　　　（李立军译）

八

2006年6月，徐培汀著《中国新闻传播学说史（1949—2005）》第九

章广播电视新闻学研究第三节历史广播电视新闻学研究之三内（二）现代广播史研究初获成果称：赵玉明著"《中国现代广播简史》是我国首部比较系统、全面概述现代中国广播的史著，填补了中国内地广播史研究的一项空白。"（三）当代广播电视史的研究成果辉煌内关于赵玉明与《中国广播电视通史》有近8页篇幅的评述。

九

2006年方汉奇教授为台湾世新大学新闻传播学院主办的新闻史学术研讨会提供的《1949年以来中国新闻史研究》中称："在广播电视史的众多研究成果中，赵玉明主编的《中国广播电视通史》堪称巨构。这部专著的编写工作起始于1990年，全书分上下两卷，共65万字，内容从中国早期的广播事业、抗日战争前的广播事业，一直写到当代的广播电视事业，涵盖了大陆和港澳台。有关资料截止于2000年。上卷出版于2000年，下卷出版于2004年，成为广播电视史研究的一部集大成的专著，深受学术界的重视。"（《新闻春秋》第七辑，《纪念陆定一同志100周年诞辰暨中国新闻与传播理论创新学术研讨会、中国新闻史学会2006年年会论文集》，第334页，主编张国良，上海人民出版社2008年6月版，又见《新闻与写作》2007年第1—2期。）

十

2009年4月3日，方汉奇教授在中国新闻史学会成立20周年纪念座谈会上发言中说："今天，中国新闻史学会已经成为中国新闻传播界最负声望、最有影响的一个学术团体，除总会外，我们今天还拥有新闻教育史、网络传播史、外国新闻史等多个二级分会。这是全体会员，特别是以赵玉明会长为首的这两届常务理事们共同努力的结果，是值得庆贺的。"（《方汉奇文集》（增订版）下册第945—946页，清华大学出版社2018年10月版。）

十一

2009年6月6日，复旦大学丁淦林教授在中国新闻史学会2009年年会暨新闻传播专题史研究学术研讨会的主题发言中，代表因身体原因未能与会的宁树藩教授问候大家，并特别谈道："赵玉明会长做了很多事情，劳苦功高，特别是赵会长在广播电视史研究方面在全国有很大的影响，我要向他学习。"（《新闻春秋》第十二辑，上述研讨会《论文集》第9页，南京师范大学出版社2010年10月版。）

十二

2009年，岳淼在《中国电视新闻发展史研究（1958—2008）》（厦门大学出版社出版）一书中说："改革开放以来，我国内地新闻史研究，出现过三次突破性进展。第一次是1981年山西人民出版社出版方汉奇先生著的《中国近代报刊史》；第二次是1992—1999年中国人民大学出版社陆续出版方汉奇、宁树藩、陈业劭合编的3卷本《中国新闻事业通史》；第三次是2000年北京广播学院出版社出版的赵玉明先生主编的《中国广播电视通史》。"

十三

2011年7月，吴廷俊教授主编《中国新闻传播史（1978—2008）》（复旦大学出版社出版）第十章新闻传播学术发展史（五）新闻传播学术人物之三内称："赵玉明教授是我国新闻传播学界享有盛誉的著名学者，在新闻史论研究、新闻学科建设、新闻学教育等方面均有突出贡献，在国内外学术界有广泛影响。科研方面，尤在中国广播电视史、人民广播、建设具有中国特色的广播电视学等方面卓有建树，是这一领域的开创者和学术权威。"

十四

2012年10月，刘习良主编《中国广播电视改革发展十年回眸（2001—2010年）》（中国国际广播出版社出版）第十章第二节广播电视学术理论研究中称："《中国广播电视通史》以新中国成立为界限，分上、下两卷，共十章六十余万字。上溯1923年中国境内出现第一座广播电台，下至2000年，对20世纪我国广播电视的成长轨迹和重大史实做了全景式的描述和评析。该书详近略远，每一章末尾都有一段小结，上下卷的书末也各有一篇结束语，主要是对每个历史时期广播电视发展的特点作简要的概括和评述，体系完整。《通史》是广电系统首次获得国家社科研究基金，列入国家哲学社会科学'七五'规划项目的课题。它的出版，对深化广播电视史学研究有重要意义。"

十五

2013年6月荣获中国高等教育学会颁发的"从事高教工作逾30年高教研究有重要贡献学者"称号。该学会在表彰《决定》中称共有所属55个单位从申报的204位学者中推荐，161位作为候选人进行了评审，最后经专家评审，网站公示，学会办公会研究决定对其中30位学者予以表彰。本人为新闻传播学科中唯一受表彰的学者。（据《中国高等教育学会三十年纪念荣誉册》）

十六

2013年8月，中国人民大学陈力丹教授在《新闻大学》第4期发表《新闻传播学科发展的文献保障与实践基础》一文，其中二之（三）1978年以后的中国新闻学基础文献（4）内称："在中国（广播）电视史研究方面，赵玉明提供了较早的文献基础。"

十七

2013年11月，刘泱育在《治学与治己——方汉奇学术之路研究》（中国书籍出版社出版）第241页称："方汉奇在新闻史学领域所从事的研究，是需要将之与讲好课放在一起进行评价（做科研是为了讲好课），才更能看出他们那一代人作为'学者'的特殊性。换言之，做科研，从事学术研究（主要的动因）并非是为了个人的'名山事业'，而是为了讲好课，为了培养人才。在这一点上，不独方汉奇如此，其同行，如宁树藩、丁淦林、赵玉明等皆是如此。"又第288页："'与人为善'，这并不是只有方汉奇才具备或者表现出来的价值观念。在中国新闻史学界，宁树藩、丁淦林、赵玉明等前辈学者，无一不信奉和践行'与人为善'。""如赵玉明先生，笔者在与其交往过程中，处处感觉他的'与人为善'。"又："不难发现，方汉奇和其他新闻史学前辈学者（如宁树藩、丁淦林、赵玉明）得到学者尊重的共同之处在于他们都践行'与人为善'。"又，第297页："如（方汉奇）与赵玉明、丁淦林一起促成新闻学成为一级学科。1996年，作为当时中国语言文学学科评议组内唯一的新闻学学科代表的中国人民大学教授方汉奇建议，新闻学应成为文学门类中和中国语言文学并列的一级学科并得到所在组的支持。"（宋超主编、黄瑚副主编：《新闻事业与新闻传播学》，上海人民出版社2000年版，第182页。）

十八

2014年10月18日，中国新闻史学会会长、北京大学程曼丽教授在"广播电视史学：机遇与挑战"学术研讨会致辞时说：

"如果从20世纪50年代末期算起，中国传媒大学的广播电视史教学、研究已经走过半个多世纪的历程。当我们回顾那段历史的时候，可以清晰地看到广播电视史学的学科建设从无到有、从小到大、从弱到强的足迹，也可以清晰地看到学术前辈们筚路蓝缕以启山林的创举。而作为这一学科领域的奠基者和学术带头人，赵玉明教授在其中发挥了重要的作用。

"赵玉明教授1959年从中国人民大学毕业后，就分配到北京广播学院，从此走上了中国广播电视史教学、研究之路。算起来，今年正好是赵老师从教的一个整年份，并且是一个大年份——55周年。让我们祝贺他，向他表示敬意！

"赵玉明教授1987年出版的《中国现代广播简史》，是国内第一部系统、全面地阐述现代中国广播历史的专著，填补了广播史研究的一个空白；2004年，由他主编的《中国广播电视通史》（上下）问世，第一次全面展示了中国广播电视事业的发展历程。这两部著作奠定了中国广播电视史学研究的基础，也在很大程度上丰富了中国新闻史的研究。

"赵玉明教授也是国内最早招收广电史方向硕士生、博士生的指导教师，累计指导学生30多人。在赵老师的指导和引领下，他的学生们也相继投入到广播电视史的教学、研究中来，并各自出版了代表性的学术成果，进一步丰富了这一领域的积淀。令人欣喜的是，经过多年的辛勤耕耘，广播电视史作为一门分支学科的地位已经逐步得到确认。

"最后特别要提到的是，《赵玉明文集》（三卷本）于2014年9月由中国广播影视出版社出版。文集的出版恰逢他从教55周年纪念日，也给了我们系统了解赵老师教学、研究的经历、经验，并向他学习的极好的机会。在此一并祝贺！"（参见哈艳秋主编：《"广播电视史学：机遇与挑战"学术研讨会论文集》，中国广播影视出版社2015年10月版。）

十九

2014年10月18日，中国传媒大学副校长袁军教授在上述学术研讨会致辞时说：

"随着广播电视事业的发展，广播电视史已被公认为是中国新闻事业史的一个重要组成部分。广播电视史学，一直是中国传媒大学一个重要的研究领域，也是我们在全国兄弟高校中独具特色的一个研究方向。1959年，中国传媒大学前身——北京广播学院成立后不久，就开设了广播电视史这门课，在全国一枝独秀，广电史初创阶段的三大奠基者康荫、张纪明、温济泽皆在传媒大学担任过教学研究工作。此后，赵玉明教授扛起了中国传媒大学乃至全国广播电视史研究的大旗。1979年我校招收广电史硕士研究生，1999年招博士研究生，至今已经培养博士、硕士总计130余人，其中博士、博士后

30 人。60 年来，先后培养了郭镇之、姚喜双、哈艳秋、艾红红、王文利、谢鼎新、高金萍、金梦玉、庞亮、薛文婷等一批知名的教授。我本人也师承赵玉明老师，是赵老师所带的广电史 88 级硕士研究生。在座的嘉宾中，也有很多中国传媒大学广电史毕业的人。可以说，中国传媒大学是中国第一家开创广播电视史学并系统地进行专业教学的高校，是公认的广播电视史研究和教育的重镇。"（参见哈艳秋主编：《"广播电视史学：机遇与挑战"学术研讨会论文集》，中国广播影视出版社 2015 年 10 月版。）

二十

2014 年 10 月 18 日，南京师范大学民国新闻史研究所所长倪延年教授在上述研讨会《试论"中国广播电视史学"的几个问题》发言中说："我们认为，产生'中国广播电视史学'的学术条件已基本具备。主要表现在：（一）有学者提出'学科'的概念：1987 年春节，时任北京广播学院新闻系代系主任的赵玉明先生，就在他撰写的我国第一本广播史专著《中国现代广播简史》后记中提出'中国广播史是一门发展中的新兴学科'的观点。尔后，赵玉明先生又在 2004 年出版的《中国广播电视通史》前言中先后两次表述了这个观点。第一次是《前言》开门见山地提出'广播电视史是一门正在发展中的新兴学科'；第二次是在文章中间说到'中国广播电视史是一门发展中的新兴的学科'。尽管两处的表述不完全相同——1987 年说'中国广播史'，2004 年说'中国广播电视史'；2004 年版《中国广播电视通史》前言中说'广播电视史是一门正在发展中的新兴学科'，文中则是说的'中国广播电视史是一门发展中的新兴的学科'——但基本观点是一致的，'中国广播（电视）史'是一门（新兴）学科。这一观点自 1987 年提出，至今没有见到学术界对此有不同的看法，说明学术界或者确切地说在广播电视学界，大家是认同这一观点的。"（参见哈艳秋主编：《"广播电视史学：机遇与挑战"学术研讨会论文集》，中国广播影视出版社 2015 年 10 月版。）

二十一

2015 年 12 月 27 日，中国高教学会新闻学与传播学专业委员会新闻学组召集人、教育部社会科学委员会学部委员兼新闻传播学科召集人、中国人民大学教授郑保卫在第八届中国新闻学年会上致辞说:"来到复旦大学,不由得使我想起了这些年来始终让我深深怀念着的丁淦林老师……谈到丁老师,自然会联想到这几十年来同丁老师一起,为我们新闻学与传播学学科建设不辞辛苦、奔走呼号的另两位可敬可爱的师长方汉奇老师和赵玉明老师。他们三人在担任国务院学位委员会第一届新闻传播学学科评议组成员期间,为我们新闻学科提升为一级学科,为新闻学和传播学的博士点设置,为新闻教育改革所做出的工作可圈可点,让我们钦佩,更让我们感念!""来到复旦大学,还让我想起了王中先生。王老师不但是复旦大学的骄傲,也是我们整个新闻学界的骄傲。他同我的研究生导师甘惜分先生,是我们新闻理论领域的两位大家……""今天当我们在谈论新闻学科建设和新闻教育改革的时候,对上面几位老先生不由地会发出一种浓厚的敬意!我们在座的大都是这几位老先生的学生,或是学生的学生,甚至是学生的学生的学生。我想我们应该感谢他们在新闻学领域为我们开创的宏伟事业和奠定的坚固基石。他们的这些贡献,为我们今后更好地传承他们的精神和事业增强了更多的责任和信心。"

二十二

2016年2月,日本学者白户健一郎在《满洲电信电话株式会社其传媒史的研究》(日本大阪创元社出版)的"序章"中称:有关伪满广播"作为中文领域的现行研究成果有赵玉明的《中国广播电视通史》(2000年),这是一部以通史形式研究中国广播电视事业的鸿篇巨制,书中将满洲电电的广播政策定性为'奴化政策',所用的篇幅仅有5页。这是基于何种认识与理论,又分析了哪些节目?这方面的具体情况很难说得到了阐明"。在第三章"'帝国广播'系统"的注(2)中,又称:"赵玉明的《中国广播电视通史》(北京广播学院出版社2000年版)分上下两卷,是一部超过500页的巨著。该书将满洲国的广播定位于极力进行'王道乐土''日满一统一心'等建国精神宣传的'奴化政策',而且这方面的论述仅用了5页的篇幅。"(李利军译)

二十三

2017年4月10日，日本老一辈新闻史学者上智大学教授春原昭彦（1985年本人访日时，曾获赠他所著《日本新闻通史》一书）在来函中称："首先对能获赠由您主编的《中国广播电视通史》这一大作表示深深的谢意。我注意到中国大众传媒的变化可谓日新月异，尤其是电视、电子媒体等领域，然而在我国却几乎找不到对此进行系统性论述的著作。因此，由您主编的这部著作对我们来说就更显得不同一般，非常有益，而且不仅是对日本的学术界，对所有相关人员来说都是非常有益的。因为上智大学也有许多中国留学生和中国学者在这里学习、研究，相信此书对我们学校来说也都是十分难得的一部学术著作。再次向您表示感谢。"（李利军译）

【附一】有关评介文章

1. 宫承波：《中国广播电视发展的首次全程考察与审视——中国广播电视通史评介》（《中国广播》2004年第5期）

2. 庞亮：《中国广播电视史学研究的又一力作——评〈中国广播电视通史〉》（《中国广播电视学刊》2004年第5期）

3. 李煜：《治中国广播电视史要应对的八种关系——兼评〈中华人民共和国广播电视简史〉与〈中国广播电视通史〉》（《现代传播》2006年第1期）

4. 谢鼎新：《精密的功力与高远的想象力——评赵玉明主编的〈中国广播电视通史〉》（《新闻战线》2006年第4期）

5. 贾临清：《书里有人生——读〈中国现代广播史料选编〉》（《新闻与写作》2008年第1期）

6. 蒋海升：《见证广电学科成长 书写新闻学人心路——对〈荧屏史苑探索录（二）：回忆与访谈〉两个维度的解读》（《国际新闻界》2008年第2期）

7. 庞亮：《广播史学研究的新收获——评赵玉明教授主编〈中国现代广播史料选编〉》（《传媒》2010年第9期）

8. 王启祥：《构筑中国广播电视史的"形象"空间——简评〈中国广播电视图史〉》（《中国广播电视学刊》2019年第2期）

9. 高铁军：《近几年我国广播史研究概况浅析》(《中国广播》2012 年第 6 期)

10. 庞亮：《赵玉明主编〈日本侵华广播史料选编〉出版发行》(《中国广播电视学刊》2015 年第 10 期)

11. 高铁军：《一块沉甸甸的基石——评赵玉明教授〈日本侵华广播史料选编〉》(《中国广播》2016 年第 1 期)

12. 高铁军：《为广播史研究拓展新的空间——评〈新编地方志早期广播史料汇编〉》(《中国广播》2016 年第 12 期)

【附二】有关争鸣论著

1. 陈尔泰：《关于 20 年代境内"外台"史料的几个问题》(《中国广播电视学刊》2000 年第 4 期)

2. 陈尔泰：《奥斯邦台不是中国的广播电台》(《中国广播电视学刊》2001 年第 2 期)

3. 陈尔泰：《中国广播史学批评构建——以〈中国广播电视通史〉上卷为个例展开》(中国广播电视出版社 2009 年 1 月版)

4. 陈尔泰：《关于中国广播史若干问题的讨论——兼答赵玉明教授》(《现代传播》2010 年第 12 期)

5. 陈尔泰：《延安台开端史实》(中国广播影视出版社 2013 年 12 月版)

6. 陈尔泰：《中国广播诞生九十周年》(中国广播影视出版社 2015 年 9 月版)

7. 韩文婷：《史学视域下广播电视史研究的思考——兼论中国广播史学领域的争鸣问题》(见哈艳秋主编：《"广播电视史学：机遇与挑战"学术研讨会论文集》，中国广播影视出版社 2015 年 10 月版)

8. 陈雪：《历史学视角下中国广播史研究——兼论中国广播史研究中的两大争鸣》(见哈艳秋主编：《"广播电视史学：机遇与挑战"学术研讨会论文集》，中国广播影视出版社 2015 年 10 月版)

9. 段然：《关于广播电视史学开展学术争鸣的原则思考——兼谈赵玉明教授与陈尔泰先生两次学术争鸣》(见哈艳秋主编：《"广播电视史学：机遇与挑战"学术研讨会论文集》，中国广播影视出版社 2015 年 10 月版)

10. 张立雷：《广播电视史学争鸣需厘清的一些基本问题——以赵玉明、陈尔泰关于中国广播史的相关争鸣为例》（见哈艳秋主编：《"广播电视史学：机遇与挑战"学术研讨会论文集》，中国广播影视出版社 2015 年 10 月版）

《赵玉明55年广播电视史学道路研究》[①] 要目

绪论
  一、选题意义
  二、文献综述
  三、研究方法

第一章　学术奠基
 第一节　学术启蒙
  一、考入北京大学中文系
  二、执教北京广播学院新闻系
  三、师长的影响
 第二节　学术起源
  一、学术源起的论定
  二、学术起源于教学
 第三节　学术低谷
  一、"文革"中的学术空白
  二、重新走上教学科研岗位

第二章　学术耕耘
 第一节《中国现代广播简史》
  一、中国广播成"史"的最初构思
  二、《简史》与厚积薄发
  三、《简史》的学术影响
 第二节《中国广播电视通史》
  一、史学研究的至高追求
  二、广播电视史研究的集大成
  三、《通史》的学术意义

[①] 作者为李晓光，中国传媒大学2014届硕士论文。

第三章　组织研究

　第一节　学会活动

　　一、参与筹办广播电视史研会

　　二、担任中国新闻史学会会长

　　三、其他社会职务

　第二节　编选专业工具书

　　一、教材类

　　二、工具类

　　三、史料类

第四章　教育培养

　第一节　课程与教材

　　一、讲好广播电视史课程

　　二、编写广播电视史教材

　第二节　培养后学

　　一、能力培养

　　二、要求严格

第五章　赵玉明学术道路之评价

　第一节　赵玉明学术道路的阶段划分

　　一、学术起步期（1959—1979）

　　二、学术突破期（1980—1989）

　　三、学术成熟期（1989—1998）

　　四、学术深化期（1998—2007）

　　五、学术延续期（2007至今）

　第二节　赵玉明的广播电视史观

　　一、史料说话

　　二、论从史出

　　三、与时俱进

　第三节　赵玉明广播电视史学研究的贡献与不足

　　一、赵玉明广播电视史研究之贡献

　　二、赵玉明广播电视史研究之不足

结　语

《赵玉明广播电视史学思想研究》[①] 要目

绪论

 第一节　研究动机

  一、一个伪命题——能不能进行健在人物的研究

  二、研究价值——为什么研究

 第二节　文献综述

  一、赵玉明个人作品

  二、他人相关研究

 第三节　研究方法

  一、主要研究方法

  二、创新之处

 第四节　研究框架

  一、概念界定

  二、本文框架

第一章　赵玉明广播电视史学研究轨迹

 第一节　对解放区广播的研究——重要出发点

  一、解放区广播研究的背景

  二、关于解放区广播的研究

  三、赵玉明解放区广播研究的价值与贡献

 第二节　《中国现代广播简史》——引起关注

  一、《简史》诞生的背景

  二、《简史》的主要内容

  三、《简史》的学术价值和贡献

 第三节　《中国广播电视通史》——"集大成者"

  一、《通史》编撰的背景

[①] 作者为燕频，中国传媒大学2018届博士论文。

二、《通史》的主要内容

　　三、《通史》的学术价值与贡献

第四节　组织研究及工具书编撰——延伸影响

　　一、参编教材，推动广播史融入新闻史教研视域

　　二、汇编史集、捐赠书刊、设立中心，方便后人研究查阅

　　三、编纂工具书，为后学铺路

　　四、筹建广播电视史研委会，推动全国广播电视史志研究

第二章　赵玉明广播电视史学观

第一节　唯物史观下的广播电视发生史

　　一、客观追溯中国广播史的发端

　　二、辩证看待不同性质的广播电台的地位和作用

　　三、全面认识人民广播的历史

第二节　纵横结合的专业史分期主张

　　一、关于历史分期问题的一般观点

　　二、赵玉明专业史分期的思想与实践

第三节　"论从史出"的史学研究实证性原则

　　一、"历史研究必须实事求是"

　　二、"寓论于史、论从史出、史论结合"

第四节　"学术争鸣是广播电视史学发展的重要动力"

　　一、赵玉明关于广播史争鸣的几个主要方面

　　二、"学术争鸣是广播电视史学发展的重要动力"

第三章　赵玉明广播电视史学研究方法论

第一节　收集史料法：注重一手史料的收集和运用

　　一、强调　于文字史料的收集

　　二、注重实地调查研究方法的运用

　　三、抢救活史料：征集人民广播回忆录

第二节　考证史料法：广参互证追本溯源

　　一、广参互证的史料来源

　　二、考证实践：对人民广播创建日的考订及其意义

第三节　长期计划与持之以恒：坐得十年冷板凳

　　一、不同时期主要研究领域的规划

　　二、"板凳需坐十年冷，文字不著一字空"

第四章　赵玉明广播电视史学思想的形成理路

第一节　教育因素

一、潜移默化的家庭教育——朴实学术品格的影响

二、学校教育的浸润——夯实通识知识基础

第二节　个人兴趣

一、获益终生的一册书

二、兴趣是最好的老师

第三节　友朋影响

一、温济泽：教研方法的引导者

二、杨兆麟：史学研究的同行者

三、丁淦林：学科发展的相谋者

第五章　赵玉明广播电视史学思想的传承与突破

第一节　赵玉明与方汉奇老师

一、史学道路比较——指引启迪，殊途同归

二、史学思想的接力与开拓

第二节　赵玉明与他的学生

一、赵玉明与郭镇之

二、赵玉明与哈艳秋

结　语

一、赵玉明广播电视史学思想与实践的特点与启示

二、赵玉明广播电视史学思想与实践的历史局限

江山常在掌中看[①]（略）

——写在《中国广播电视年鉴》创刊30周年

（参见《中国广播电视学刊》2017年第1期）

为全民族抗战呐喊的中国广播[②]（略）

（参见《炎黄纵横》2017年第12期）

呐喊，上海广播界的救亡图强[③]（略）

（参见《档案春秋》2017年第9期）

[①][②][③]此三篇文章限于篇幅未收入本书，原文请参阅所标明刊物。

图书在版编目（CIP）数据

赵玉明近作文集/赵玉明著. -- 北京：中国广播影视出版社，2020.10
　　ISBN 978-7-5043-8439-3

　　Ⅰ. ①赵… Ⅱ. ①赵… Ⅲ. ①广播工作—中国—文集②电视工作—中国—文集 Ⅳ. ①G229.2-53

中国版本图书馆CIP数据核字（2020）第014296号

赵玉明近作文集

赵玉明　著

责任编辑	王丽丹
装帧设计	新立风格
责任校对	张　哲

出版发行	中国广播影视出版社
电　　话	010-86093580　010-86093583
社　　址	北京市西城区真武庙二条9号
邮　　编	100045
网　　址	www.crtp.com.cn
电子信箱	crtp8@sina.com

经　　销	全国各地新华书店
印　　刷	涿州市京南印刷厂

开　　本	710毫米×1000毫米　1/16
字　　数	500（千）字
印　　张	29
版　　次	2020年10月第1版　2020年10月第1次印刷

书　　号	ISBN 978-7-5043-8439-3
定　　价	80.00元

（版权所有　翻印必究·印装有误　负责调换）